普通高等教育"十一五"国家级规划教材
北京联合大学"十三五"校级规划建设教材

风险投资运作

FENGXIAN TOUZI YUNZUO

（第三版）

徐　枫　高成亮◎主　编
赵绍全　王　玲◎副主编

首都经济贸易大学出版社
Capital University of Economics and Business Press
·北　京·

图书在版编目(CIP)数据

风险投资运作/徐枫，高成亮主编. --3版. --北京：首都经济贸易大学出版社，2020.2

ISBN 978-7-5638-3007-7

Ⅰ. ①风… Ⅱ. ①徐… ②高… Ⅲ. ①风险投资—高等学校—教材 Ⅳ. ①F830.59

中国版本图书馆CIP数据核字(2019)第244294号

风险投资运作(第三版)
徐 枫 高成亮 主 编
赵绍全 王 玲 副主编

责任编辑 王玉荣
封面设计 砚祥志远·激光照排 TEL: 010-65976003
出版发行 首都经济贸易大学出版社
地　　址 北京市朝阳区红庙（邮编 100026）
电　　话 (010)65976483 65065761 65071505(传真)
网　　址 http://www.sjmcb.com
E-mail publish@cueb.edu.cn
经　　销 全国新华书店
照　　排 北京砚祥志远激光照排技术有限公司
印　　刷 北京市泰锐印刷有限责任公司
开　　本 787毫米×980毫米 1/16
字　　数 492千字
印　　张 22
版　　次 2008年6月第1版 **2020年2月第3版**
2020年2月总第6次印刷
书　　号 ISBN 978-7-5638-3007-7
定　　价 45.00元

教材编写人员

主　编:徐　枫　高成亮

副主编:赵绍全　王　玲

参　编:田　园　李丽君

第三版前言

风险投资是技术创新与金融创新良性互动的产物。早在我国“十一五”规划纲要中，就提出了自主创新战略的落实，现代高新产业和高科技成为最具发展潜力的领域：风险投资，以其促进技术创新和高新技术产业发展，进而带动经济增长方式从粗放式发展逐步转为集约型内涵式发展的功效，成为推动我国经济持续高速增长的新锐力量。自2004年以来，在中国宏观经济迅猛增长以及政策层面的强力推动下，特别是科创板的推出运行，进一步促进了中国风险投资业延续着可持续发展的良好态势。

当前，科技创新和金融创新是经济发展的重要因素和先导力量，随着中国证券市场的强劲复苏以及多层次资本市场体系的完善，中国风险投资业已经步入高速发展的阶段。以技术创新带动经济增长，以及金融创新与经济增长的良性循环，是一个国家和地区经济持续快速增长的重要保证。风险资本通过超常规配置，刺激和培育高新技术产业，分散技术创新过程中不确定性带来的潜在风险，对促进知识向高新技术转化，加速高新技术成果商品化、产业化进程，起到了显著的作用，风险投资造就的新产品和新劳务正在改变着社会经济结构，也改变着人类的生活方式。在美国，约有80%以上的高科技中小企业在其发展过程中得到过风险投资的支持，很多风险资本市场培育的企业已成长为具有极大经济和社会影响力的新生力量。例如，微软、英特尔、苹果、FACEBOOK等公司都是风险投资的经典之作，风险投资造就了著名的“硅谷”。

本书是普通高等教育“十一五”国家级规划教材，也是北京联合大学“十三五”校级规划建设教材。全书系统论述了风险投资运作的基本原理，详细介绍了风险投资运作中核心要素——风险企业、风险投资机构以及风险资本的基本内容；重点阐述了风险企业和风险投资机构融资、投资、管理、退出各阶段的运作方式及策略。在编写过程中，我们研究、参阅了许多本学科前沿研究的中外资料，并与国内外大型风险投资机构进行交流与沟通，在强调基本理论的同时，力求反映当今风险投资理论的最新成果和风险投资实践的最新进展情况。每章内容后附的案例均来源于国内外风险投资的实践领域。风险投资的高风险性和高收益性使其显著区别于传统的投资形式。从风险投资的运作机制到具体的投资策略都显示出其与传统投资形式的不同,而且风险资本对每个项目的投资都有其不可复制的地方。风险投资兼具科学与艺术的双重属性。因此本教材在认真学习与研究已有相关教材的体系、结构和原理的基础上,博采众长,对内容和体例作了独特的设计。本书修订第三版由徐枫、高成亮和赵绍全主编,王玲和田园协助进行了案例分析。

在第三版中,我们结合科创板的开通和教学过程中的师生反馈,以及风险投资的发展现状,对相关内容进行了细致的修订。并在各章内容后面,精选了案例,并在每一篇配备了模拟实训内容,进一步提高了风险投资运作的借鉴性与实操性,增强了读者应用理论知识解决实际问题的能力和技能。本书适合作为高校经济管理类专业本科生和研究生的相关课程教材,也可作为其他经济类专业学生的参考书,还可以作为风险投资机构的培训教材和风险投资从业人员的参考用书。

2019 年 6 月 1 日

目录

第一篇　风险投资运作原理篇

第一篇

风险投资运作原理篇

第一章

风险投资概述

本章要点：

◆风险投资和投资风险的概念
◆风险投资的功能和作用
◆风险投资在国内外的发展

投资就是将一定的经济资源投入到某一生产和服务过程中，以获得一定收益的经济行为。在市场经济中，投资是社会经济活动的重要组成部分，也是推动国民经济增长的主要动力。任何一项投资都是有风险的，获得的收益都具有不确定性。通常情况下，收益高的投资，其风险也就相对较高，风险低的投资，其收益也相应较低，这是由收益和风险之间的相关关系决定的。针对传统项目的投资，具有低风险、低收益的特点，其风险相对较小，风险报酬也相对较低。而投资一些新型的高科技项目，其风险就很大，原因在于：如果是产品的市场需求、产品生产技术等原因导致对高科技产品投资失败，就会给投资者带来巨大损失，从而产生较高的投资风险。这种高风险的投资，相应地也要求有较高的风险报酬，因此，把这类投资称为风险投资。对于现代社会经济而言，风险投资对高新技术的产业化作用不可低估，是促进高新技术发展不可或缺的重要力量。

第一节　风险投资的产生与发展

一、风险投资的起源和发展

风险投资产生的历史最早可以追溯到15世纪的欧洲。英国、荷兰等国的一些富商为了到海外开拓市场和寻找新的商业机会，开始投资于远洋探险。典型的事例就是哥伦布的新大陆探险。克里斯托夫·哥伦布计划从欧洲航行到达印度，由于缺乏足够的资源，在1484年向葡萄牙的约翰二世请求支持，但是遭到拒绝。第二年，他来到西班牙，请求依斯贝拉女王和费迪南国王的帮助。尽管西班牙统治者最终拒绝了哥伦布，但女王与其智囊团商议之后，接受了智囊团的建议，还是支持了哥伦布的冒险行动，这就是风险投资的雏形。

19世纪的工业革命彻底改变了世界经济格局和生产方式，机器大工业逐步取代了手工业，科学技术在经济增长中发挥着越来越重要的作用。这期间美国一些私人银行通过对钢铁、石油和铁路等新兴行业进行投资，获得了高额回报，最典型的案例就是IBM公司。1911年，一群富裕的个人出人意料地为三个弱小的公司——计算规模公司、计算表格公司以及国际计时公司融资，并且将它们合成一个公司。1924年该公司在其主席马斯·沃特森的倡导之下将其名称变更为国际商用机器公司（IBM），该公司目前拥有的资产已达上百亿美元。

第二次世界大战之后，现代风险投资开始成型。通过建立特别的风险投资基金实现风险投资的机构化，始于1946年由Ralph Flanders（波士顿联邦储备银行主席）和Georges Doriot（哈佛教授）在波士顿设立的美国研究发展公司（American Research and Development Corp.，AR&D），是个可公开交易的封闭型基金，主要投资于以二战期间开发的军事技术为基础的新兴企业。

风险投资在美国兴起之后，很快在世界范围内产生了巨大影响，成为世界风险投资的风向标。虽然2008年金融危机使风险投资受到了一定的影响，但2010年美国风险投资市场强劲复苏。道琼斯公司公布的数据显示，金融危机之后的两年期间，美国风险投资市场出现强劲复苏。在所有创业行业中，2010年交易金额较2009年增长25%，交易公司数量接近2007年经济衰退前的613家。基于网络的创业投资格外强劲，年内共发生62宗收购案，涉及金额总计达41亿美元，从数量上和金额上看，较前两年都近乎翻倍。2018年，美国风险投资再创新高，达到1 309亿美元，完成8 948笔，比2017年同期增长

148%。其中,投资总额的61.9%来源于5 000 万美元或更大的交易。风险投资发展较早的另一个国家是英国。1945 年,英国诞生了全欧洲第一家风险投资公司——工商金融公司。英国风险投资业起步虽早,但发展却很缓慢,直至20 世纪80 年代英国政府采取了一系列鼓励风险投资业发展的政策和措施后,风险投资业在英国才得以迅速发展。目前,英国的风险投资已位于欧洲的榜首,英国2018 年获得的风险投资资金达79 亿美元,成为国际科技投资者在欧洲的主要投资目的地。其他一些国家如加拿大、法国、德国的风险投资业随着新技术的发展和政府管制的放松,也在20 世纪80 年代有了相当程度的发展。日本作为亚洲的经济领头羊,其风险投资业也开展得如火如荼。到2010 年,日本的风险投资机构超过了200 家,投资额超过500 亿日元。2016 年,日本用于风险投资的资金创新高,达2 760 亿日元。但与美国不同的是,日本的风险投资机构中有相当一部分是由政府成立的,这些投资机构大多不是从事股权投资,而是向高技术产业或中小企业提供无息贷款或贷款担保。

二、风险投资在美国的发展

美国是风险投资的发源地,也是目前风险投资发展最成熟的国家。美国风险投资经历了20 世纪50 年代的成型、60 年代的发展、70 年代的衰退和80 年代的复兴、80 年代末90 年代初的低潮、90 年代中后期的蓬勃发展,以及2001 年的下滑、2003 年以来的回暖,在组织形式、运行机制、资金筹集、国家政策法规、资本市场等方面,对其他国家和地区风险投资市场的发展都具有重要的借鉴意义。

(一)美国风险投资的发展历程

美国风险资本发展大体经历了五个阶段。

第一阶段:小企业投资公司诞生阶段。20 世纪50 年代中期,美国政府要求加速高科技发展,以遏止冷战时期苏联正在成长的科技实力威胁。1957 年,美联储主导的一项调查报告显示:创业融资的不足是创业企业发展的主要障碍。为了解决这一问题,1958 年,美国颁布了《小企业投资公司法》(Small Business Investment Corporation Act,SBICA)。该法案提供税收优惠以及政府支持的杠杆贷款(数额为小企业投资公司注册资本的3 倍),旨在鼓励建立小企业投资公司来为小企业提供融资。于是,大量小企业投资公司纷纷成立。不久,商业银行也被允许组建小企业投资公司。这显著推动了风险投资业在美国的发展。在该法案实施后5 年之中,政府总共批准了692 家小企业投资公司,这些公司中4.64万亿美元来自私人风险投资,而其中47 家公共持股的小企业投资公司通过上市发行募集了3.5 万亿美元。

与此同时,大量风险资本公司正在SBICA 模式以外组建私人合伙企业。这些合伙企业通过提供SBICA 所不具有的一定程度的弹性优势,增加了风险资本家的“筹码”。不到

10 年,私人风险资本合伙企业(Private Venture Capital Partnerships)的总资本便超过了小企业投资公司。

第二阶段:风险资本成长阶段。20 世纪 60 年代美国经济步入了一个"黄金"增长时期,同时,它也带来了一个巨大的 IPO(首次公募上市)繁荣时期,并允许风险资本公司(Venture Capital Firms)上市。例如,1968 年"数字设备"上市时,它提供给 AR&D 的年度投资回报为 101%。1959 年数字投资创设公司时的 7 万美元,上市后市值变为 3 700 万美元。正因为如此大的财富效应,风险资本成为美国富有个人和家庭的一个热门投资市场。

20 世纪 60 年代中后期,越来越多的风险投资企业成立,其中包括 Whitneys, Rothschilds, 以及大型的钢铁企业集团 Hillmans, Phipps 和 Bessemers, 这些企业中的绝大部分今天仍然活跃在为新兴成长型企业提供融资的领域。另一个范例是 1969 年洛克菲勒家族创立的主要向创建阶段的高技术企业投资的 Venrock 基金,Venrock 投资于诸如计算机(Apple and Apollo)、电信(3Com)、工业自动化(Mentor Graphics and American Robot)以及生物技术与生命科学(Centocor and Genetics Institute)等领域。这些新的风险投资企业主要采用了有限合伙的形式,并且在 20 世纪 70 年代早期募集了大约 5 万亿美元。资金来源主要为富裕的个人、家庭以及机构投资者,例如养老基金、公积金、保险公司以及银行信托部门。

第三阶段:风险资本市场萎缩阶段。20 世纪 70 年代,风险资本遭遇了严厉的双重打击。一是狂热过后的"理性"。1968 年,有超过 1 000 家风险资本支持公司首次公募上市,这是市场疯狂的顶峰,此后,股市进入了一个长达 7 年的漫漫熊市,这让许多股市投资者和风险资本投资者大失所望。二是 1974 年,国会通过《雇员退休保障收入法》,严格禁止滥用公司养老金(包括与风险资本无关的滥用),以保护公司退休者。从此,这些养老金的所有高风险投资被停止。由于低迷的公开市场和养老金立法,风险资本基金筹资在 1975 年跌入谷底。这一年整个风险资本行业为新投资而筹资总计仅为 1 000 万美元。许多小企业和公司的风险投资部门都退出了该产业,而小企业投资公司的风险投资活动则完全停滞不前。

第四阶段:风险资本市场复苏阶段。从 1978 年开始,一系列立法与规则变革渐渐改进了风险投资的不景气。首先,国会大幅削减资本利得税率(从 49.5% 减至 28%)。同时,劳工部取消作为风险投资障碍的养老金立法案。政府政策的重大变化消除了风险股权投资的障碍。几乎与此同时,有大量风险支持公司高姿态首次公募上市,这重新点燃了部分富有家庭和机构投资者对风险资本的兴趣。于是,20 世纪 80 年代风险资本行业开始了一个最长周期的增长。1980 年,风险公司筹资和投资不足 6 亿美元。1987 年这一数字陡增至 40 亿美元附近。这 10 年来也引发了管理层收购(MBO)企业的大批涌现。

20 世纪 80 年代末期,一个显著的变化是,风险资本基金的主要来源由富有的个人和家庭明显地转向了捐赠基金、养老金和其他机构基金。例如，1978 年，富有的个人和家庭是最大的单独资本来源，它占所有筹资的大约 1/3。后来，个人与家庭的这一比例下降至 10%，公共养老金与公司养老金已成为到目前为止最重要的资金来源，它占全部资金的大约一半。

第五阶段：风险资本快速扩张阶段。20 世纪 90 年代是新经济产生与网络时代形成的 10 年。这 10 年美国经历了长达 100 多个月的经济持续增长，风险资本市场在"硅谷"与"纳斯达克"的双重动力推动下，与高科技产业在 20 世纪 90 年代末期一并步入了一个极盛时期。Yahoo、Sohu、Sina、Ebay、Google、JetBlue 等便是这一时期的代表，计算机、生物制药、电子通信等高科技领域企业飞速发展，美国风险投资业真正进入蓬勃发展阶段。1997 年，美国进行了税法改革，制定了对风险投资业非常有利的税务政策。美国风险投资额由 1998 年 213.47 亿美元上升到 1999 年的 546.04 亿美元，2000 年更是扶摇直上到 1 058.92 亿美元，而到了 2005 年更是超过了 1 500 亿美元。

然而，从 2000 年开始，以网络股为龙头的股市大跌，直接引发了网络、生物工程等高科技风险资本泡沫的破灭，美国风险投资业的发展重又跌入低谷。风险投资机构和风险资本大幅缩减，风险投资回报率甚至创下 30 年来最低水平。2001 年，全美的风险投资额陡然降到 410.15 亿美元，2002 年继续保持这种下降趋势。直到 2003 年年初，受 IT 企业经营业绩的回升、IPO 市场的复苏和世界经济的好转等综合因素的影响，创业资本才逐渐复苏。普华永道国际会计公司发布的美国风险投资活动的研究和美国风险投资协会（NVCA）的一项调查表明，受风险资本支持的企业在 2006 年共获投资总额接近 300 亿美元，比 2005 年同期增长了 10% 左右，创下了 5 年来的最高纪录。虽然总数仍不及 1999 年与 2000 年鼎盛时期，但是风险投资开始复苏并活跃。而 2008 年的金融危机又使风险投资跌落，2009 年的风险投资总共也只有 200 多亿美元，相当于 2001 年的一半左右。2010 年又重新复苏，2010 年交易金额总计 393 亿美元，较 2009 年增长 25%。2016 年，全美国的总投资额为 691 亿美元，共计 7 350 家公司获得风险投资。美国持续吸引着全球大部分风险投资，总体来看，2012 年以后，新基金增长了 42%。尤其是 2018 年，风险投资总额创下历史新高，达到 1 309 亿美元，其中种子基金增长了 2.3 倍。活跃的投资者培育了一个又一个的硅谷奇迹。

（二）美国风险投资的发展优势

美国风险投资作为一个产业，与其他国家相比，具有一定的竞争优势。除了存在大量的天然投资者（指直接或者间接投资于创业企业的富裕的个人）之外，还有其他三个主要因素决定了美国风险投资相对优越的地位。

1. 美国小企业的借贷融资已经有相当的发展。美国存在许多较为独立的地方专业银行，其全国连锁表现积极，能够提供广泛的贷款工具，并能覆盖全国乃至全球，例如硅谷银行，此外还存在很多能够提供大量资金的"不是银行的银行"。至少在目前，这一市场要比世界任何其他地方的市场(除了中国香港)更具有竞争力和创造力。

2. 美国的银行要比其他国家的同行(除了以色列)更加习惯于根据现金流决定贷款,并且更加愿意承担权益风险或者为了更高的收益贷款,或者为中小企业设计夹层融资工具。目前这一情况正在改变,因为权益投资的文化正在渗入欧洲大陆以及世界其他地方。当然,这还有很长的路要走,特别是对于高风险的中小企业投资来说。

3. 美国存在已执行了很久的计划来弥补资金的不足,这一计划有相当的运作规模,并且能对市场的高端造成巨大影响。这就是小企业投资公司计划,该计划经常被描述成担保计划,但是它更应当被称为政府扶持的融资工具。它建立于 1958 年,最初旨在促进风险投资产业的发展,当然,该计划的目标在几十年中已经发生了变化。该计划已经度过了好几个困难时期,但是总的来说,美国的观察家们,无论是政治上的左派还是右派,都对其持积极观点。

虽然美国是当今世界上风险投资业最发达的国家。接受风险投资的企业中有 80% 以上是高新技术企业,许多新建高科技企业的股权资本中 3/4 以上由风险投资提供。闻名世界的微软公司、英特尔公司、苹果电脑公司、康帕克通信公司等无一不是借助风险投资起家的,正是风险投资推动了美国甚至全球高新技术产业迅猛发展。然而,与一些欧洲国家相比,对于创业企业、风险投资、天使投资以及研发投资中的私人投资者,美国提供的税收刺激还不够有效。如法国、西班牙以及英国都为风险投资基金以及在成长型企业中的个人创业投资者提供特别的税制。

三、风险投资在我国的发展

(一)风险投资在我国的发展历程

我国的风险投资始于 20 世纪 80 年代,被称为创业投资。1985 年 3 月,中共中央在《关于科学技术体制改革的决定》中指出:“对于变化迅速、风险较大的高技术开发工作,可以设立创业投资给以支持。”这一决定的精神,给我国高新技术风险投资的发展提供了政策依据和保证。自此,我国风险投资在政府的扶持下开始起步发展。

1985 年 9 月,由原国家科委和中国人民银行支持,国务院批准成立了第一家风险投资公司——中国新技术创业投资公司(简称中创公司)。这是我国第一家专营风险投资的全国性金融机构。“中创公司”通过投资、贷款、租赁、财务担保、咨询等方面的业务,为风险企业进行高新技术的创新和产业化提供资金支持。继中创公司以后,又陆续成立了中国招商技术有限公司、江苏省高新技术风险投资公司、武汉东湖高新技术服务中心、广州技术创业公司等。从 1986 年起,国家开始实施“863 计划”“火炬计划”,这实际上是政府风险投资规划的开始。

1987 年以来,在一些技术和知识相对密集的高科技园区,先后成立了一批具有风险投资性质的创业中心，通过提供资金、信息、管理、市场等服务，吸引高新技术项目和高科技中小企业，促进高新技术成果的商品化、产业化，取得了较好的效果，起到了新兴中小企业“孵化器”的作用。其中，武汉、成都、上海等地的创业中心由于较早开始风险投资的尝试，成绩显著，为我国发展风险投资积累了不少成功的经验。

1989 年，在中国人民银行的支持下，中国工商银行和中国农业银行率先开办了科技贷款业务。同年 6 月，中国科招高技术有限公司成立，该公司主要从事国内外高新技术企业的投资。1991 年，国务院在《国家高新技术产业开发区若干政策的暂行规定》第六条中指出：“有关部门可以在高新技术产业开发区建立风险投资基金，用于风险较大的高技术产业开发。条件成熟的高技术产业开发区可创办风险投资公司。”这意味着风险投资已逐步受到了政府的重视。但由于市场环境不完善，经济体制改革的步伐比较缓慢，风险投资未能真正发展壮大。1992 年，沈阳市率先建立了科技开发投资基金，采取了贷款担保、贴息垫息、入股分红等多种有偿投资方式，为企业发展科技分担投资风险。随后，重庆、太原、江苏、浙江、广东、上海等相继成立了相应的科技创业投资(基金)公司。

随着我国对外开放的进一步扩大，国外的风险投资公司开始进入我国市场。1992 年，美国太平洋技术风险投资基金(PTVC)在中国成立，这是美国国际数据集团(IDG)在我国投资成立的第一家风险投资基金。1994 年，财政部和国家经贸委联合组建了中国经济技术担保公司，其经营宗旨是，通过运用信用担保和投资等经济手段，引导投融资流向，支持高新科技成果转化为现实生产力，促进企业技术进步，以及疏通流通渠道，促进商品交换，为我国国民经济发展服务。中国经济技术担保公司是我国唯一一家经批准专营信用担保业务的金融机构，成立以来，对担保业务进行了初步的探索，并对高新技术企业进行了直接的风险投资，对促进科技成果的转化及高新技术企业的发展起到了积极的作用。1995 年 5 月 6 日，国务院在《关于加速科技进步的决定》中指出：“发展科技风险投资事业，建立科技风险投资机制。”同年，深圳市投资管理公司、科技局、经发局和计划局共同投资 1 亿元，组建了深圳市高新技术投资服务有限公司，开始进行科技风险投资的担保尝试。1996 年，国务院在《关于“九五”期间深化科学技术体制改革的决定》中，再次强调：“积极探索科技发展风险投资机制，促进科技成果转化。”此后，掀起了一股对风险投资进行考察研究和尝试的浪潮。1997 年，深圳市成立了深圳市科技风险投资顾问有限公司，即中科融公司，是一家专门从事高科技等高成长行业的策略性投资银行业务的精品型专业服务机构。

1998 年，人大、政协“两会”期间，时任全国人大常委会副委员长、民建中央主席成思危提交了《尽快发展我国的风险投资事业》的提案，被列为政协“一号提案”，引起了党中央和国务院的高度重视与社会各界的关注。其主要原因是：一方面，美国经济持续高速发展给人们一个启示，就是只有发展风险投资，才能推动技术的进步，才能实现经济的可持续高质量增长;另一方面,中国的科技转化正面临着一个融资困境。中国每年有专利技术2万多项,但能够得到资金转化成商品的只占10% ~15%,有相当比例的科技成果没有转化,技术进步对经济增长的贡献率不高。国家积极行动,制定了有关风险投资基金的政策法规,并于2002年出台。一些沿海城市也已经或正在酝酿成立风险投资公司,支持当地高科技企业的发展,其中深圳高科技风险投资股份有限公司于1998年8月底注册成立,注册资本10亿元,由政府出资5亿元,中兴、通信、海王集团等企业主动参股其余部分。该公司拟以"准基金"模式运作,目前已落实了若干项优先扶持的高新技术项目。深圳市政府还设立了"深圳境外科技投资基金",拟筹资1亿美元,与风险投资公司的资金进行配套使用。1999年,国务院转发了《关于建立风险投资机制的若干意见》,更有力地促进了我国风险投资业的发展。同时伴随着互联网浪潮在全球范围内迅速蔓延,我国互联网企业的风险投资快速膨胀。

但20世纪90年代末世界性风险投资的泡沫不断放大,导致了2000年以来全球性股市暴跌,以网络为代表的美国风险投资在"9·11"后雪上加霜,2001年末中国证监会宣布延迟开设二板市场,我国刚刚加速起步的新兴风险投资遭到严重的打击,风险投资额急剧下降。

从2003年开始,我国经济的强劲增长、人民币升值的预期以及多起风险投资成功退出案例的出现(2003年年底携程上市,随后盛大、百度、分众等在纳斯达克上市),开始促进风险投资的快速反弹与增长。同时一系列政策和法规的推出,也极大地改善了我国风险投资业的发展环境。2004年年初,《国务院关于推进资本市场改革开放和稳定发展的若干意见》出台,同年5月,深圳"中小企业板块"正式启动,同年7月,《国务院关于投资体制改革的决定》颁布,与此同时,许多地方性相关法规细则发布。我国的风险投资业开始步入全面复苏阶段,2003年我国风险投资额达到9.92亿美元,2004年达12.69亿美元,分别比上年增长了137%和27.92%;截至2006年年底,我国风险资本总量超过583.85亿元人民币,比2005年年底的441.29亿元高出32.31%;2006年高达240.85亿元的新筹资风险资本规模,比2005年对应的195.71亿元增加了23.06%。随着内外部环境的改善和风险投资投入的增加,我国风险投资业有望得到更大的发展。

2009年10月30日发生了我国风险投资的标志性事件,这一天,酝酿良久的中国创业板正式开通交易。首批28家公司正式挂牌交易,它标志着我国风险投资进入了一个新时代。受此推动,风险投资也迅猛发展。2010年,我国创业风险投资企业(基金)达到720家,较2009年增加144家,增幅25%;创业投资管理资金总量达到2 406.6亿元,增幅达49.9%。

从机构上来看,中国本土风投行业的重要开拓者是中国风险投资有限公司(中国风投,成立于2000年),在北京、上海、深圳、济南、沈阳、青岛、武汉等重要城市均设有投资办公室。投资涉及智能制造、生物医药、军工航天、清洁技术、集成电路、新材料等领域,并不断探索前沿科技领域投资机会。其投资的200多家企业中，数十家企业已登陆国内外资本市场。

2016年，中国市场的风险投资总额超过500亿美元，首次与美国持平。与10年前相比，增加了约十倍。并且风险资本主要来自国内的资金渠道，以人民币基金为主体，占中国风险资本总额的75%。2017年，全球风险投资总额达1 540亿美元，亚洲地区占比达40%，主要部分来自中国的贡献。目前中国是世界第二大风险投资市场。风险资本的迅速发展，促使中国开始出现具有全球化特征的科技中心。高度活跃的风险资本也培育了大量的独角兽企业。在全国的重要城市中，北京已经成为继硅谷之后吸引风险资本最多的城市。上海在全球的排名也升至第四位。

在我国，风险投资虽然起步较晚，但随着"互联网+"的发展，新兴产业的崛起，风险投资已经有了可持续迅速发展的产业领域，尤其是从2015年开始，随着5G通信技术、AI人工智能、量子通信、新能源、新材料这五大产业的迅速兴起，风险投资在互联网与新技术领域的集聚不断深化。我国政府目前在全国范围内提出了"大众创业、万众创新"的口号，进一步推动并引导着风险投资的发展。当前，"互联网+"产业领域，是风险投资的焦点领域，其风险投资的交易额占据整体投资的半壁江山。

（二）制约我国风险投资发展的主要因素

虽然风险投资在我国发展迅速，但与一些风险投资发达的国家相比，我国风险投资还存在一定的距离，还没有与国民经济发展相适应，其主要原因有以下几个方面。

1. 投资主体单一，资金规模较小。我国的风险投资机构主要是由国家和地方政府创办或资助的，投资主体一般是国有银行和地方科委，投资对象主要是国有企业或有国有背景的高科技企业，投资主体单一，还没有真正成为一个市场化和商业化的产业。虽然我国居民储蓄存款超过70万亿元，但缺少民间资本进入风险投资领域的渠道和运作保障机制。社保基金、保险公司等大资金机构尚未能进入风险较高的风险投资业务。由于投资主体单一，资金来源有限，风险投资公司的规模普遍偏小，很难成为我国高新技术产业发展的主要支持力量。

2. 缺乏可供投资的风险企业群。与美国等发达国家相比，我国高新技术产业发展相对缓慢，技术创新的强度、速度和频率，远不及发达国家，特别是在自主创新、拥有企业自主知识产权的创新上，更显得不足，还没有形成一个可供风险资本进行大规模投资的风险企业群。

3. 缺少高素质的风险投资家群体和风险企业家群体。风险投资的成功很大程度上取决于一批高素质的人才队伍，特别是具有丰富知识和经验、能够驾驭市场风险的风险投资家和具有创新精神、敢于冒险、具有综合知识和能力的风险企业家。由于我国风险投资起步晚，还没有形成一个文化环境和机制来不断培养出一批能支持风险投资业发展的风险投资家和风险企业家，严重影响和制约了我国风险投资业的发展。

4. 风险投资退出机制尚未完全形成。风险投资是一种权益投资，追求的是股权增值收益，只有在合适的时机顺利地变现，股权才能获得收益。而变现股权最有效的方式就是风险企业的股票首次公开上市（IPO）。目前，我国证券市场中，沪深两市的主板市场上市要求较高（特别是净资产和盈利的要求），一般高新技术中小企业难以达到要求，中小企业板不仅容量尚小，而且也不是专为风险企业退出设立的，创业板市场刚刚建立，许多方面尚待完善，因此，在我国，为风险投资提供的退出通道还没有全面打通，这是阻碍风险投资规模化发展的一个重要因素。需要说明的是，2019 年 6 月，上交所科创板正式推出，科创板的正式运行将为风险投资运作提供有效的机制。尤其是在退出机制上，科创板对风险投资的退出将提供高效率的渠道。

5. 风险投资的支持体系不够完善。首先表现在现行的经济法律法规中，有许多规定既不符合高科技产业与风险投资发展的客观要求，也滞后于我国高科技产业和风险投资迅速发展的实践。国内金融业市场准入尚未真正引入市场机制，还存在着相当多的壁垒和自然垄断因素。此外，由于对知识产权保护不够，使不少风险投资不敢涉足风险较大的中试前期的投资，这不仅影响风险投资公司对技术价值的肯定，也限制了风险投资对企业无形资产进行运作的空间。其次表现在中介机构的服务质量上。风险投资的过程涉及投资银行、会计师事务所、资产评估事务所等相关中介机构。我国风险投资业起步晚，但发展迅猛，中介机构的服务职能和评估的科学性、真实性等远远不能适应风险投资的要求。许多中介机构缺乏足够的职业约束机制和职业操守，这些都与风险投资业的发展要求不相适应。

总体来看，与美国市场相比，我国市场风险投资还存在较大差距。国内更关注商业模式创新，但技术驱动型创业较少。并且，国内风险资本更关注消费端，企业级服务较少。但风险资本的成熟程度正在不断提高，尤其是新经济下的人工智能领域，中国是全球人工智能创新、创业与投资的热土。

第二节　风险投资的内涵与特点

一、风险投资的概念和内涵

（一）风险和投资风险

风险是指某一行动或事件发生后的结果具有多样性，且每一结果出现的可能性难以确定。对于投资活动来说，风险就是投资收益的不确定性。在投资活动中，由于各种难以预料或控制的因素的作用，使投资的预期收益与实际收益发生背离，从而使投资者有蒙受经济损失的可能性，这就是投资风险。投资风险的大小就是由经济损失额的大小和发生这种经济损失的可能性大小决定的，经济损失额越大和经济损失发生的可能性越大，风险则越大。

从投资风险来源角度可以将投资风险分为系统风险和非系统风险。如果把投资及其相关的活动作为一个系统，那么，来自系统之外的因素的变化对投资活动产生影响，而造成投资收益降低的可能性，称之为系统风险。因系统内部影响投资活动的某些个别因素的变化造成投资收益的降低，从而给投资者带来损失的可能性，称之为非系统风险。

系统风险主要来自与投资活动相关的政府政策及外在环境发生变化而产生的风险，如：由于利率和汇率变动对投资活动的影响而产生的利率风险和汇率风险；政府对某个行业实行特别的限制政策而产生的政策风险；突发战争和自然灾害、生产环境变化而产生的意外事件风险等。

非系统风险主要来自系统内部，是由系统内部一些个别因素变化而导致的风险。一个投资项目非系统风险的主要形式有：①经营管理风险，即因投资项目的经营管理不善而产生的风险；②技术风险，即因使用的技术不成熟、不完善而产生的风险；③产品风险，即投资项目的产品或服务不能满足消费者需要而产生的风险；④市场风险，即因市场销售策略和方法不当导致产品滞销而产生的风险；⑤财务风险，即因财务管理策略和方法不当降低了资金使用效率而产生的风险。

（二）风险与收益

1. 风险报酬。风险报酬是指投资者因承担一定的投资风险而要求得到的超过无风险收益的那部分额外报酬。所谓风险报酬率是指投资者因承担风险进行投资所获得的超过无风险收益率的那部分额外报酬率，也称之为风险溢价，即风险报酬额与原投资额的比率。无风险收益也称为有保障收益，是进行无风险投资所获得的报酬，一般以银行存款和国债的收益为无风险收益，银行利率和国债利率被视为无风险收益率。需要指出的是无风险收益并非绝对没有风险，只是说在正常情况下，其风险相对很小，可以不予考虑。

投资者进行投资想达到的收益水平，可以用期望投资报酬率来表示：

$$期望投资报酬率 = 无风险收益率 + 风险报酬率$$

也可以将各种可能结果与其所对应的发生概率相乘，并将乘积相加，则得到各种结果的加权平均数。此处权重系数为各种结果发生的概率，加权平均数则为期望报酬率。期望报酬率的计算公式为：

$$\bar{R} = \sum_{i=1}^{n}(P_i K_i)$$

公式中,$\bar{R}$ 为期望报酬率;

P_i 为第 i 种结果出现的概率;

K_i 为第 i 种结果的预期报酬率;

n 为所有可能结果的数目。

2. 风险与收益的对等原则。风险与收益的对等原则是指:在投资活动中,收益率越高,风险也就越大;收益率越低,风险相对就越小。

风险与收益的对等原则,可以用经济学来加以解释:在市场经济中,收益越高,说明产品和服务的价格越高,需求大于供给。由于价格机制的作用,按资源最优配置原则,收益率高的行业会吸引其他收益率低的行业的资源进入本行业,从而加剧了收益率高的行业的竞争,增加了产品的供给,使产品和服务的价格下降,导致收益率降低,从而加大了投资风险。收益率低,说明产品和服务供大于求,利润率低于社会平均收益率时,会有投资者撤出低收益率行业,从而有助于改善供求关系,使产品和服务的价格升高,收益率上升,使投资风险减小。

(三)风险投资的概念

风险投资和投资风险是不同的两个概念。

投资风险是与投资活动相伴而生的,是指投资活动所具有的风险的大小。任何投资都具有风险,无风险收益也只是相对的,一般将银行存款利率和国债利率视为无风险收益率,但银行存款和国债投资也是有风险的,只不过风险很小可以不予以考虑而已。所以,在投资过程中,投资风险是投资活动主要的考察指标之一。投资风险强调的是投资活动中风险的大小,风险投资不是强调投资过程的风险,而是指一种高风险、高收益的投资,是一种特殊类型的投资。

风险投资(Venture Capital,VC),在国外又称为风险资本,是指将资本投入到那些具有很大发展潜力和广阔市场前景的企业或项目,尤其是对那些新兴的高技术产业进行投资,并承担巨大投资风险的活动。风险投资以承担风险为前提,以获取最大的资本增值为目的。风险投资不是对被投资企业股份永久地占有和控制,而是在投入的资本获得理想的增值后转让其产权并撤出该企业,获得投资收益。风险投资作为一种资本形态,在现代投资中占有重要的地位。风险投资在高新技术产业化过程中,与科研、企业和金融有机结合的投资机制,不仅能取得项目本身的投资收益,更重要的是能够带动产业升级和经济增长方式的改变,影响一个行业甚至国民经济的发展。

1. 有关风险投资的各种表述。关于风险投资概念,理论界有很多种表述,有的侧重于风险投资高风险的特点,将风险投资表述为将资金投入具有高风险的经济活动中,并期望获取高收益;有的侧重于风险投资高成长性的特点,将风险投资描述为对面临技术上、市场上的高风险但具有增长潜力的高技术企业的投资;有的则从风险投资对产业的影响角度出发,将风险投资定义为以科学技术为基础,研究、开发、生产、经营技术密集型产品并使之产业化的投资。

联合国经济合作与发展组织(OECD)24个工业发达国家在1983年第二次投资方式研讨会上对风险投资的定义是:凡是对以高科技与知识为基础,进行生产、经营技术密集型创新产品或服务的投资,都称之为风险投资。并对其含义作了三个方面的解释:①风险投资是以高新技术和知识为基础,对生产技术密集型的创新产品和服务进行的投资。②风险投资是购买在新思想和新技术方面独具特色的中小企业股份,并培养和促进这些企业形成与创立的投资。③风险投资是一种向极具发展潜力的新建企业或中小企业提供股权资本的投资行为。

美国全美风险投资协会的定义是:风险投资是由职业金融家投入到新兴的、迅速发展的、有巨大竞争潜力的企业中的一种权益资本。

根据欧洲投资银行的研究,风险投资指为形成和建立专门从事某种新思想或新技术生产的小型企业而以持有一定的股份形式承诺的资本。

我国对风险投资的定义也没有达成共识,在对"Venture Capital"翻译时,出现了风险投资、创业投资等不同的概念。目前对风险投资比较权威的定义出自1999年11月16日国务院转发的有关部门的文件——《关于建立风险投资的若干意见》:风险投资是指向主要属于科技型的高成长性创业企业提供股权资本,并为其提供经营管理和咨询服务,以期在被投资企业发展成熟后,通过股权转让获取中长期资本增值收益的投资行为。风险投资是指投资者对风险项目的投资行为。

1998年,民建中央提交九届政协的《关于发展我国风险投资事业的提案》对风险投资这样定义:风险投资是指一种把资金投向蕴藏着失败危险的高新技术及其产品的研究开发领域,旨在促进高新技术成果尽快商品化,以获得高资本收益的投资行为。

2. 风险投资内涵的界定。尽管理论界对风险投资有多种表述,但归结起来风险投资包含了两种类型,即广义风险投资和狭义风险投资。广义风险投资泛指一切具有高风险和高潜在收益的资本投资。例如,一个石油钻探项目,由几家投资者共同购买石油探测设备进行钻探,由于存在着相当大的风险,同时也有相当高的潜在收益,因此属于广义风险投资。狭义风险投资则指专门用于购买在新思想、新技术、新解决方案、新产品和服务方面独具特色的小企业的股份,并以股东的身份参与创新小企业的建立和管理,也就是专门用于高新技术、新产品和服务产业化小企业创建的资本投资。一般说来,风险投资是指狭义风险投资。

综合以上分析和研究,本书将风险投资定义为:风险投资是一种以股权投资为主要方式，对以创新技术、产品和服务为主的高成长性企业提供资金支持、管理服务、技术和市场支持，以期在企业成长后获得股权增值超额收益的投资方式。它包含三个方面的内涵：

（1）风险投资是以高新技术和知识为基础，对生产技术密集型的创新产品或服务的企业进行的投资。

（2）风险投资是一种股权投资，投资创新性企业，获得其股份，并不同程度参与企业的经营和管理。

（3）风险投资目标是通过股权增值后转让股权获得超额收益，而不是仅仅为了利润分配的股权收益。

二、风险投资的特点

风险投资作为一种投资，既具有一般投资活动所具有的共性，又具有一般投资所没有的特性。概括起来，风险投资具有以下主要特点。

（一）风险投资具有高风险性

高风险性是风险投资区别于一般投资的首要特征，是由风险投资对象的性质决定的。首先，风险投资的对象主要是具有高成长潜力同时又蕴藏较大风险的中小型创业企业，尤其是刚刚起步或还没有起步的高新技术企业，因而具有投资方面的前沿性和前瞻性，同时也具有高风险性。以中国为例，中国的风险投资有近 90% 投向 IT 产业、生物医药、电子信息、通信产业、网络产业、新材料，以及传统的中医中药产业。而投向传统产业技术改造和技术创新的仅约 12%。这类风险企业规模较小，没有固定资产或资金作为贷款的抵押或担保，因此很难获得银行贷款，缺乏企业发展所需要的资金，企业抗风险能力较差。其次，由于投资对象常常是高新技术中的“种子技术”或创新思想，处于设计起步阶段，不够成熟，尚未经历市场检验，能否转化为现实生产力，尚有很多不确定的因素，风险较大。一般来说，发达国家风险企业成功的比例很低，通常每 10 项投资只有 1 ~2 项是真正成功的。

由于投资的高风险性，客观上使风险投资家对风险投资项目的选择、决策和经营非常谨慎和严谨。他们不奢望每一个风险投资项目都能成功，因而在风险投资领域中就存在所谓“大拇指定律”。即如果风险投资 1 年投资于 10 家风险企业，在 5 年左右的发展过程中，会有 3 家公司垮掉；有 3 家会停滞不前，最终被收购；有 3 家公司能够上市，并有不错的业绩；10 家企业中只有一个能迅速成长，上市后为社会看好，成为一颗耀眼的明星，市值数十倍甚至上百倍地增长，给投资者带来巨额回报，而这家企业就成为“大拇指定律”中的“大拇指”。

（二）风险投资具有高收益性

风险投资是一种着眼于未来的战略投资。风险投资家并非对所投资项目的高风险视而不见，而是因为在风险背后蕴涵着获取巨额利润的机会。企业的预期高增长、高增值是风险投资的内在动因。风险投资作为一种经济机制之所以能够经受住长时间的考验，并没有因为高风险而衰败没落，反而愈显蓬勃发展之势，关键就在于其高利润所带来的补偿是超额收益的激励。一般来说，投资于创立和研究开发阶段的风险企业，所要求的年回报率在40%左右；投资于市场导入阶段和成长阶段的风险企业，所要求的年回报率在30%左右；对于即将上市的公司，要求20%以上的年回报率。这样才可能补偿风险，否则风险投资机构不会进行投资。虽然风险投资的成功率不足30%，但一旦一项风险投资项目成功，就足以弥补因其余项目投资失败所带来的损失，还能有丰厚的综合投资回报率。举两个比较典型的风险投资案例来说明这一点：WhatsApp（WhatsApp Messenger）是一款目前可供iPhone手机、Android手机等手机用户使用的、用于智能手机之间通信的应用程序。其借助推送通知服务，可以即刻接收亲友和同事发送的信息。可免费从发送手机短信转为使用WhatsApp程序，以发送和接收信息、图片、音频文件和视频信息，是一款非常受欢迎的跨平台应用程序。2018年12月，世界品牌实验室发布《2018世界品牌500强》榜单，WhatsApp排名第333。WhatsApp与投资者红杉资本（Sequoia Capital）合作，红杉资本向该公司一共投资了6 000万美元，最后获得了30亿美元的巨额回报，回报率高达投资的50倍，是红杉资本最成功的风险投资之一。以风险投资高度发达的美国为例，从整个风险投资行业看，自出现风险投资以来，风险投资基金收益平均为15.8%，是股票投资的2倍，是长期债券的5倍。

（三）风险投资具有低流动性

风险投资属于中长期战略性投资。风险投资往往在风险企业创立之初时就开始投入，到收回投资要经历投资企业发展壮大的长期过程，通常为5年左右，而且在此期间还要不断地对有成功希望的项目进行增资。对美国157家由风险投资支持的企业的调查资料表明：风险企业平均用30个月实现收支平衡，用75个月的时间恢复原始股本价值。正因如此，人们将风险投资称为“有耐心和勇敢”的投资。另外，风险投资是一种权益投资，在风险投资最后退出时，若退出机制不畅，撤资将非常困难，这也使得风险投资的流动性较低。

（四）风险投资具有较高的专业性和参与性

由于高新技术成果的持有者大都是专业技术人员，一般来说，他们缺乏经营管理、市场开拓的能力，如果让他们自己将研究的成果商业化、产业化，往往效率低，成功率也不会太高。而风险投资不同于单纯的投资行为，风险投资公司一旦将资金投入风险企业，就与风险企业结成利益与共的整体关系,风险投资家会利用他们的资源和经验等优势,不仅仅向风险企业提供资金支持,还将直接参与企业的经营管理、提供咨询、参与重大问题的决策。根据企业的需求,从产品的开发到商业化生产,从组织机构的设置到人员的安排,从产品的上市到市场的开拓、企业形象的策划,一直到企业的股票上市都离不开风险投资机构的积极参与。

三、风险投资与其他投资的区别

风险投资与一般投资最大的区别在于它是智力与资金的紧密结合。风险投资的对象主要是高新技术企业,尤其是处于创业期和成长期的企业。它承担着投资项目中技术开发与市场开拓的风险,因而,它严格地进行项目选择、评审,并参与该项目的管理,以尽可能地减少风险;它以投资组合所取得的收益来保证资金的回报,即以某些项目的高额回报补偿另一些项目的风险亏损,从而超过一般传统投资的收益率,使风险投资不断得到发展和壮大。

(一)风险投资与传统实业投资的区别

风险投资不同于传统的实业投资,其区别主要表现在以下几个方面。

1. 投资方式不同。传统投资主要是以资金形式或技术或资产等方式投入,并有固定的偿还期限,收益形式以分红和利息为主;而风险投资以股权投入为主,在投资期间还参与经营管理,待风险项目开发成功,股权得到增值后,便按其股份取得投资收益,因此,投资时无法约定确定的回收期,只能提前对项目的风险与回报期进行了风险预判。

2. 投资审查方式不同。传统投资的可行性论证都是把重点放在财务分析和技术保证方面,是现实的可行性研究,考察的指标是内部收益率、净现值等指标。而风险投资考虑的首要因素是投资项目的科技含量、产品和技术的创新性、创业家的精神和合作者的素质,以及未来的前景。传统投资都尽量避免风险,而风险投资却甘愿冒风险,确信风险与收益成正比,所追求的首先是风险收益,其次才是投资收益。

3. 投资支付方式不同。传统投资通常是一次性支付或时间确定的分期支付;而风险投资具有分段投资的特点,通常事先没有确定的投资总量和准确的投资期限,往往是根据风险企业的发展情况,分阶段追加投资或退出投资。

4. 投资机构与被投资企业之间的关系不同。传统投资在投资企业之后,并不参与被投资企业的经营管理,只关心企业的财务状况,以保证其投资如期回收并获得相应的收益;而风险投资机构在进行风险投资之后,往往十分关注风险企业的经营管理情况,包括为风险企业提供各方面的咨询和技术建议,甚至推荐人才参与风险企业的经营与财务管理。

5. 对收益的要求不同。传统投资往往是注重确定期限内的经济收益;而风险投资投资的高科技产业的投资回报周期长，一般在 3 ~ 5 年或更长时间，所以风险投资十分看重发展潜力大的项目和企业，更注重投资的长期收益或间接效益。

6. 风险偏好不同。风险投资具有高风险性，它对所开发的高技术项目能否成功，成功后能否转化为新产品正式投产，以及投产后市场需求等，都具有很大的不确定性，因此风险投资非常注意分散风险。大多采取同时、多项跨领域投资，或联合投资的方式，一般不以单独出资的形式出现，以避免过大的风险损失。

7. 投资对象不同。风险投资集中于高技术产业的创建和新产品的研究开发。风险投资的合作对象多以高技术中小企业为主，具有投资小、获得股份大的优势；一般传统投资则主要投资于成熟技术领域的企业，这些企业侧重于生产较为定型的产品，着眼于经营，投资相对大，股份比例也相对较低。

（二）风险投资与银行信贷的区别

风险投资也不同于银行信贷，其区别主要表现在以下几个方面。

1. 收益形式不同。银行以贷款利息获利，注重投资的安全性，尽量避免风险；而风险投资却偏好高风险项目，追逐高风险后面隐藏的高收益，多采取参股的形式投资到高技术创业企业，从红利和卖出股份中获利。

2. 投资对象不同。风险投资在筛选投资对象时放眼未来的收益和高成长性，重点在于评估风险企业未来是否具有发展前景和增长潜力，因而主要投资新兴的、有高速成长性的企业和项目；而银行信贷的评估重点在于贷款企业过去是否有良好的信用记录，关注企业的现状、企业目前的资金周转和偿还能力，所以贷款一般投向处于成长和成熟阶段的企业。

3. 投资期限不同。风险投资是中长期投资，从投资到回收一般需要 3 ~ 5 年的时间，甚至更长，而且在投资期间，风险投资者还需要配合创业企业的发展阶段，给予不同性质的资金融通；而银行信贷通常是中短期融资，注重现金回报，强调资金的流动性。

4. 参与程度不同。为降低投资风险，提高投资的成功率，一旦进行投资，风险投资者不仅要参与创业企业的董事会，对创业企业的发展进行实地管理和经营，而且还要提供各种专业性的服务，以帮助创业企业顺利运营；而银行信贷是债权关系，一般不介入企业的经营活动，银行只要求企业按期还款。

（三）风险投资与证券投资的区别

证券投资由于具有投机性和虚拟性，常常也蕴涵着较大的风险，而风险投资主要是指高技术产业化过程中的实业投资，它与证券风险投资具有很大差别。

1. 资金的性质不同。风险投资是具有生产要素意义的投资，它将储蓄或闲置资金转化为生产性资本，是经济增长的要素之一；而在证券流通市场上进行的证券投资，只是一种虚拟资本的流通，是一种资金的转移和资源的再分配，并没有增加生产资本的存量。

2. 流动性不同。风险投资属于实业投资，投入资金不能随时变现，需经过数年苦心经营，获得成功后在产权市场和股票市场上转让；而证券投资可随时变卖，具有良好的流动性和变现能力。

3. 风险的来源不同。风险投资在不同的阶段其风险来源不同，风险大小也不同。比如投资种子期的风险企业，主要风险是技术风险，并且风险很大；而投资创建期的风险企业，主要风险是技术风险、产品风险、市场风险和管理风险等，风险相对要小。而证券投资的主要风险是政策风险、市场风险、企业风险、操作风险等，风险大小变化也没有明显的阶段性特征。

4. 风险评价方法不同。风险投资采用综合的风险评价方法来估测风险大小和可能的风险损失；而证券投资主要是通过资产组合定价模型进行风险估计。

5. 规避风险的方法不同。风险投资通过严格评审、筛选项目、参与管理、协助企业成长和一些预防性协议条款等措施来规避投资风险，通过对企业全面评估和经营管理全面渗透来降低风险；而证券投资规避风险的方法主要是利用证券组合和资产定价模型，对上市公司财务报表进行分析和研究，以及采用价格变化过程中的技术分析等进行风险规避。

第三节　风险投资的功能与作用

一、风险投资的功能

风险投资能够在短短的几十年内发展成为一种重要的投资方式，并得到各国政府的大力扶持，说明其对经济和社会的发展具有独特的功能。这种独特的功能是由其特征所决定的，其中重要的一点就是对高新技术产业的发展具有强大的支撑作用，并由此促进产业升级和经济增长向技术密集型和资金密集型生产方式转变，提高国民经济增长的速度和质量。风险投资的功能主要表现如下。

（一）"资金放大器"功能

风险投资具有较强的资金放大功能，可将一些社会闲置资金转化为建设资金，将短期性资金转变为长期投资资金，将本属安全性资金转变为具有高风险、高效益的创业资本，从而迅速集聚分散资金特别是社会闲置资金向中长期投资转化。在风险投资发展比较成熟的地区和国家，私人资本、抚恤基金、学院基金、养老基金等都大量被风险投资吸收,投向风险企业,满足高新技术成果转化和产业化发展所需的资金需求,并借助于风险投资公司专业经营管理人员的经验和技巧,直接参与风险企业经营,扶持企业成长,并从中获取高额投资回报。

(二)"资源配置器"功能

由于风险投资机构一般都拥有庞大的资金和丰富的投资经验,对吸引资金进入高新技术产业化过程具有较强的示范和吸引作用,因而在高新技术产业化过程中起到种子融资的作用,能够吸引一批资金对风险投资进行匹配。而吸引风险投资者进行风险投资的重要原因就是风险投资的效益功能,投资行为的最基本的动力是经济效益,与以高效益为主的高新技术产业结合在一起的风险投资必然具有较高的效益功能。目前世界上风险投资的平均收益率在20% ~30%,有的高达50%以上。超额的投资收益率源源不断地吸引投资者进行风险投资。

(三)"成果转化器"功能

一般而言,高新技术企业的成功率要明显低于其他传统行业,这是因为高新技术企业的成长过程具有很高的风险性,具体包括技术风险、产品风险、市场风险和财务风险等。尽管高新技术企业存在着高风险性,但是,因为高新技术产品一般具有较强的垄断性,一旦产品为市场所接受,就会表现出极强的扩张性。因此,高新技术同时也有着高成长性的特点。如果高新技术企业能渡过初创期艰难的时刻,就会迅速发展壮大起来,获得超额的垄断利润,这就是高新技术产业的高收益性。由于高新技术企业具有的高风险性,一般的投资资本不愿意介入。而风险投资基于对高收益的预期,愿意投资于具有高风险性的高科技企业,于是风险投资出现在高技术产业化的每一阶段,从技术的酝酿、发明,到大批量生产中的每一环节都有可能出现风险投资的身影,它填补了高科技产业化过程中研究与开发阶段的政府拨款或企业自筹资金与工业化大生产阶段的银行贷款之间的空白,使高科技产业化的各个环节由于有了资金的保证而能顺利进行。从发达国家和地区的成功实践来看,发展高新技术产业都需要依靠风险投资的扶持。风险投资是高新技术产业的血液,高新技术产业和风险投资的有机结合,是产生出真正的高新技术产业和真正的高新技术产品的保证。

(四)"风险调节器"功能

由于风险资金来源的多元化,使得高新技术产业的高风险被有效地分散转移到多个投资者身上,通过风险投资经营管理者的运作,把资金投在多个项目以及每个项目的不同发展阶段上,来降低管理与经营风险,因此风险投资作为风险调节器的作用主要表现在:资金分散,降低单位投资主体的风险承担强度;通过风险调节手段,均衡投资项目,降低管理经营风险;风险投资公司汇集了各方面的专家,包括金融专家、技术专家、财务专家、企业管理专家和法律专家等,可以满足项目评估、企业咨询和参与企业管理的需要。此外,风险投资公司以减少和分散风险为经营的主要方针,通过严格的项目选择和项目执行过程管理,辅之以科学的技术分析和市场预测,来减少企业的技术风险、市场风险和经营管理风险,从而降低了高新技术产业化过程的风险损失。国际经验表明,通过风险投资公司的严格管理,风险投资总体的失败率会大大降低。

(五)“企业孵化器”功能

风险投资又被称之为企业孵化器。高新技术产业创业初期的高风险特征使其难以通过正常的金融渠道筹集产业化发展所需资金,而风险投资机构对高新技术从创意到产品研发,乃至市场经营全过程的参与和全方位的扶持可以大大降低高新技术企业的创业风险,提高高新技术项目成功和创新企业成长的可能性。企业孵化器在推动高新技术产业发展、孵化和培育中小科技型企业,以及振兴区域经济,培养新的经济增长点等方面发挥了巨大的作用。它以一些建筑和设施为依托,由一支精干的管理和服务队伍将小企业和与其成长相关的社会资源有效结合,服务于创业者成长的初始阶段。也就是说,企业孵化器是一个创造成功的、创新型的新企业的综合系统,旨在成功造就一批充满创新活力的企业。它对那些尚处于种子期的企业,有组织地、适时地提供其长期成长所需要的资源,以促使其顺利发展。在美国,约有 80% 的高新企业是在风险投资的支持下或是按照风险投资模式发展起来的。这些企业已成为当今美国经济增长的重要源泉。如,国际数据设备、英特尔、微软、苹果、康柏、网景公司等,所有这些公司都是风险投资“孵化”的产物。在高新技术企业的发展初期,风险投资往往充当了填补这些企业“投资缺口”的角色,当风险企业成功之后,风险投资的孵化使命即告结束。风险投资通过资本市场退出,形成更大的投资能力,去寻找新的投资机会,形成一种“投入—孵化—回收—再投入”的良性循环,从而为资本市场源源不断输送新兴企业,促进资本市场的繁荣和健康发展。

二、风险投资的作用

风险投资作为一种新兴的投融资方式和工具,作为一种新的企业成长方式,及作为一种新的市场力量,对促进国家(地区)的科技、经济和社会发展发挥了重要的作用。其作用集中表现在以下几个方面。

(一)促进企业技术创新

技术创新是企业不断发展的动力和源泉,是企业可持续发展的重要保证。生产的实际需要刺激了技术的快速发展,生产和技术的运用为科学理论的形成和发展奠定基础。在知识经济时代,生产、技术、科学三者相互作用的机制已发生了根本性的变化,形成了科学—技术—生产的相互促进的运行机制。市场上涌现的有竞争力的新产品、新技术和新工艺并非来源于对原有产品、技术和工艺的改进，而是来源于实验室，来源于科学家、工程师创造性的劳动成果，来源于重大的技术创新和产品创新。科学技术不仅走在生产的前面，而且为生产的发展开辟了广阔的空间；不仅成为国家发展的重要资源，而且对产业结构、产品结构、技术结构的优化产生重要的推动作用。世界经济中增长最快的行业和世界贸易中增长最快的产品类别都是技术密集型和资金密集型，劳动力在经济增长中的贡献率越来越低，技术进步的作用越来越大。据统计，发达国家科学技术对国民经济增长的贡献率在20世纪初为5%～20%，20世纪中叶上升到50%，2010年以后这一比例已超过60%。科学技术即技术进步对经济增长的贡献已经明显超出了资本和劳动的作用，成为经济发展的主要推动力。在科学技术飞速发展、科学技术与经济不断融合的今天，一个显著的特点就是新的企业和产业不断涌现，产品升级换代不断加速，产品生命周期缩短，产品更新淘汰的速度加快，经济活动中的竞争因素和风险因素日益扩大。而在以高风险、竞争激烈、跳跃式发展的高新技术领域，新兴的企业建立后，为了维持技术优势，只有不断致力于新技术和新产品的开发，保持技术领先和垄断，才能在激烈的市场竞争中占有一席之地，不断发展壮大。

融资渠道对于企业的发展十分重要，限制了企业的融资渠道就等于降低了企业的增长能力、竞争能力和技术创新能力。与传统大企业相比，高科技中小企业具有很高的风险，主要表现在：高科技中小企业的市场是需要开拓的潜在市场；现金流量存在巨大的不确定性，往往不是巨大成功就是完全失败；企业在成长初期一般既没有资产可抵押，也很难找到合适的担保，同时往往还没有得到社会的承认，所以很难从银行这样的金融机构获得贷款，缺少企业发展壮大的资金支持。但是从技术创新角度看，中小企业比大企业更具有活力，往往具有巨大的发展潜力和空间，一旦企业成功，就会获得巨大的超额利润。风险投资以其特有的投资方式，为中小企业尤其是高科技中小企业的成长与发展开辟了新的融资渠道，不仅解决了风险企业融资问题，也为获得高额的投资回报提供了可能。

获得资金的风险企业能不断增加研究与开发投入，从而带动全社会科技投入水平的大幅度上升，并使企业取代政府成为研究和开发投入的主体，并成为技术创新的主体。另外，在企业研究与开发的效率上，风险投资扶持的风险企业又大大高于大型企业，而且风险投资培育的风险企业在开发新产品和取得技术突破方面明显优于大公司，像世界财富500强之类的大公司也经常需要风险企业为其创造新产品，因为它们不可能在所有市场上角逐或者去开发每一项潜在的技术，而风险投资培养的风险企业，一般都是小而灵，随着技术的进步能够迅速、便捷地改变研究与开发方向，而且风险企业结构没有固定模式，比较灵活，更适合进行技术创新。这样风险投资就带动和促进了整个社会的技术创新，使技术进步对经济增长的贡献越来越大。

(二)促进产业结构调整

不断加快的技术创新带来了产业结构的巨大变化,以美国为例,电脑软件技术、通信技术、半导体和电子技术、生物技术等高新技术产业正是有风险投资的介入,才得以从获利微薄的新兴产业迅速发展成为获得高额利润的优势产业,这些高新技术带动了相关产业的发展,培养了新的经济增长点。而这些高新技术企业已经成为经济发展的引擎,使经济发展进入了知识经济时代。最先进入知识经济时代的美国,自20世纪80年代开始,进行了大规模的产业结构调整,曾经是美国经济三大支柱产业的建筑工业、汽车工业、钢铁工业逐渐让位于信息技术产业、生物工程产业等高新技术产业。早在2000年初,高新技术产业对美国GDP增长的贡献率已达30%,远远超过房地产业的14%和汽车工业的4%。从营业收入或销售收入看,在20世纪末期的20年间,美国最成功的24家生物和信息技术公司的营业额增长超过了3 000亿美元,而这些企业绝大多数都是在风险投资扶持下发展起来的。进入21世纪以后,美国的风险投资扶持的风险企业营业收入年均增长30%以上,而同期作为美国经济基石的世界财富500强企业营业收入年均增长率为3%左右,在此期间美国经济能够保持平均3%以上的增长速度,很大程度上要归功于风险企业和风险投资。从促进出口来看,风险投资扶持的风险企业在高新技术产品出口和高新技术出口方面遥遥领先,调查表明,建立仅一年的风险企业已经平均有17%的销售收入来自出口,到成立第五年,平均已经有36%的销售收入来自出口,这种比例和增长速度远远高于一般企业,可以说,风险企业通过促进出口,有力地推动了经济的增长。2008年金融危机,使之后的风险投资活动受到了一定的影响,但其投资增长率仍高于其他领域的增长速度。红点创投的知名投资人托马斯(Tomasz Tunguz)发布的市场分析数据显示:2010—2016年,全球增长最快的风险投资市场分别是韩国、中国和日本。分别达到69%,52%,50%。持续6年以上50%的增长率意味着风险投资在此期间增长11倍(美国的增长率为75%)。同期,美国是增长最慢的市场,全年复合增长率为12%。

风险投资对产业结构的调整主要在于,风险投资使高新技术产业化后,改变了国民经济各产业的比重,使尖端产业的比例提高,高附加值的产品淘汰了低附加值的老旧产品,促进产品换代和产业升级,提升国民经济增长的质量。所以,风险投资对国民经济增长方式的改变会起到一定的积极作用。

(三)促进资本市场完善

在西方,现代金融业被喻为经济领域中的“航天工业”。现代国际金融已不再是传统意义上的存款与贷款的传统银行服务。而被界定为风险管理或风险转换、价值发现和价值创造行业。自东南亚诸国发生金融危机以后,国际社会对金融业在经济发展中的作用有了更深刻的认识,金融创新已成为全球化的趋势。风险投资市场是金融创新的代表,是资本市场的一种高级形式。虽然 2008 年国际金融危机的发生，对过去金融业的发展产生了一些质疑，但这种发展趋势不会因之改变。

风险投资在金融创新和资本市场完善方面的作用除了表现在通过多渠道筹集资金，提高了全社会的资源利用率，以及培养了一大批风险投资家这种金融专业人才以外，更主要的是表现在有效地提供了高质量的上市公司，促进了证券市场和资本市场的繁荣。风险投资占一个国家资本市场的份额虽然不大，但它却是资本市场的重要组成部分，担负着为公开资本市场提供高质量上市公司的重任。在美国，纳斯达克证券市场是风险企业上市的主要场所，在所有的高新技术上市公司中，96% 的因特网公司、92% 的计算机软件公司、82% 的计算机制造公司和 81% 的电子通信公司和生物技术公司都是纳斯达克证券市场的上市公司。纳斯达克证券市场为风险投资的增值提供了主要渠道，而高质量的风险企业在纳斯达克证券市场大量上市并不断成长，又促进了纳斯达克证券市场成为高新技术产业数量最多、价格表现最佳、市值增长最快、交易最活跃、筹资能力最强的股票市场。

（四）带动国民经济迅速增长

经济增长来源于劳动、资本、技术进步三个生产要素，在经济发展的初级阶段，劳动在经济增长中发挥的作用较大，但随着经济的发展，技术进步发挥着越来越大的作用，技术进步集中体现在技术创新上。因为技术创新可以刺激投资，引起信贷扩张和扩大再生产，扩大再生产也增加了对生产资料的需求，增加了投资需求和社会总需求，从而推动国民经济不断从一种平衡走向更高层次的平衡。企业家之所以进行技术创新，最根本的原因就是技术创新能使企业因新技术和新产品而获得竞争垄断地位，从而获得超额的垄断利润。风险投资在现代经济发展中的作用正如熊彼特所言，它通过加速科技成果向生产力的转化，推动了高科技企业从小到大、从弱到强的可持续发展，进而带动了整个国民经济的增长。所以人们把风险投资称为“经济增长的发动机”。

风险投资通过加速科技成果向生产力转化推动高新技术企业的发展，从而推动整个国民经济的发展。美国以电子计算机和生物工程为代表的高新技术产业的蓬勃发展，正是高新技术与风险投资有机结合的结果，也是美国保持经济领先地位的基石。同样，第二次世界大战后日本的经济振兴也是一个很有说服力的例子。近几十年来，日本许多工业产品的国际竞争力逐步赶上和超过了美国和西欧国家，成为世界经济强国，其中一个很重要的原因就是日本的科学与经济是一体化发展的，而风险投资则起到了重要的推动作用。

按照经济学理论的分析，在新的经济增长点真正形成以前，其投资在客观上都存在巨大的风险。这种风险的存在，在相当大的程度上限制了各种经济资源的投入。而在相应的需求逐渐被开发出来后，其价格必然攀升，这样也就会给敢于冒巨大风险、率先投入并提供有限供给的投资者带来十分丰厚的利润回报。正是因为如此,才吸引了一些有胆识、有知识、有经验的投资者,以权益资本形式投入到这些期望驾驭和利用新的经济增长点来发展自己,却又基于融资困难的创新企业当中。由于专业操作风险投资的机构,一般都具有极其丰富的管理、营销经验和专业知识,当他们的权益资本投入到创新企业中去以后,为了最大限度地规避风险,确保创新企业成功并为投资者带来巨大回报,这些机构都要尽全力介入创新企业的管理决策中去,全方位地推动创新企业的发展。而创新企业的成功,就意味着这个新的经济增长点已经由潜在变成了现实。同时也将由点到线再到面,推动整个国民经济在新的、更高的层次上取得新的平衡。当一个个风险投资行为取得成功以后,客观上的巨额经济回报必然会进一步增强风险投资企业和风险投资人的实力,进而提高了在更大规模和更大范围内对创新企业的创新行为给予资金支持的可能性,同时也将进一步增强现有和潜在风险投资人的从业信心,使风险投资行业得以健康、稳步地发展。

通过以上分析,可以明确一点,发展风险投资的基点必须放在能真正带动国民经济发展、创造新经济增长点的新领域。但这些领域并不仅仅限于高新技术领域,在非高新技术领域也会存在能够引领国民经济向更高一个台阶迈进的潜在机会,即通过一种技术创新,开发一个新的市场和机会,在规避风险和发展成熟以后,都会迅速形成拉动国民经济发展的新的经济增长点。当然,风险投资机构无论将其权益资本投向何方,都要尽最大的努力,调动自身可以调动的一切经济资源,帮助创新企业,也是帮助自己提高规避风险的能力,最终在自己和创新企业都受益的同时,形成一个行业、一个区域以至一个国家经济的繁荣。而当风险投资与新的经济增长点之间的良性互动关系真正形成时,风险投资与其他融资手段的有机结合同国民经济健康发展之间的良性循环也就形成了。

案例

全球巨额风险投资轰炸地——硅谷

硅谷,是全球顶尖的“创新栖息地”,也是全球顶尖的“孵化器”。是世界高新技术创新和发展的开创者和中心。其风险投资占据全美国风险投资的1/3。2018年硅谷初创企业获得的风险投资额占整个加州的风险投资额度的79%,占全美的45%。在全球各个国家,提到高新技术和技术创新,人们自然会想起硅谷,因为当今世界上许多著名的高新技术公司总部都设在硅谷,如全球IT领跑者惠普(HP)、世界上最大的互联网设备制造公司之一思科(CISCO)、微电子领域的霸主英特尔(INTEL)、全美最大的社交网络平台

Facebook（脸书）等。硅谷作为信息技术革命最早的产业核心，在科技创新的历史上具有无可争辩的领导地位。目前硅谷的计算机公司已发展到大约 1 500 家。

为什么一个小小的硅谷能取得举世瞩目的成就？许多专家学者从不同的角度来解析它成功的内因和外因。把硅谷成功的经验归纳起来得出了这样的观点：首先，硅谷的成功归结于以斯坦福大学为首的科研院所和硅谷聚积的大量技术精英；其次，硅谷有自由创新和创业的制度环境；再次，硅谷有不断促进创新和创业的风险投资市场，纳斯达克（NASTAQ）为硅谷技术产品提供了良好的定价机制与风险资本的退出机制；再次，硅谷有完善的市场机制，以及高效而高度专业化的技术市场服务体系。

在硅谷成功的因素中，专家学者尤其强调风险投资机制在硅谷发展中的重要作用，认为风险投资是硅谷科技创新和产业化的前提，正因为硅谷有了世界上最完备的风险投资机制，有上千家风险投资公司和 2 000 多家中介服务机构，有以斯坦福大学为首的科研院所与充裕的风险资本的结合，才造就了今天硅谷发展的辉煌。我们可以从硅谷发展的历程和影响硅谷发展的重要事件来说明这一点。

硅谷的形成可以追溯到 1955 年，肖克利（William Shockly）在帕罗奥多地区成立肖克利半导体公司，随之引来了大批半导体和电子公司，如 IBM、施乐公司先后进入该地区，使该地区成了半导体和电子产品的聚集地。1973 年，《电子信息报》（Electronic News）将该地区命名为“硅谷”。1959 年进入硅谷的科研人员在 6 000 人左右，而到了 1989 年，在美国硅谷从事研究与开发的人员增加到 33 万人，其中自然科学家和工学博士达到 6 000 多名。1997 年硅谷研究中心的数量为 861 个，每百万人口中拥有研究中心的数量为 132 个，居全美首位。由于跨国公司的集中和研究与开发中心的建立，硅谷 1998 年取得专利数量为 8 280 项，也居全美首位，并超过了第二名波士顿所获专利数 3 687 的 2 倍。1999 年，硅谷首次公开上市的企业达到 72 家，有 130 亿美元的风险投资涌向这一地区，占美国风险投资总额的 1/3。今天，硅谷聚集了大约 7 000 多家高科技公司，其发展最快的时期，每星期诞生 10 多家新公司。硅谷共有 40 多个诺贝尔奖奖金获得者，有上千个科学家和工程院院士。在硅谷，造就了大批世界上科技领袖型的公司，从而最终形成创业者创新和冒险的文化，即人才、资金和鼓励创新的文化，硅谷成为世界上绝无仅有的地方，成为人类有史以来单位土地面积和单位大脑创造财富最多的地段，成为全世界 IT 人瞩目的焦点。而促成硅谷发生这一巨变的一个重要事件就是风险投资型企业苹果电脑公司的上市。

在 20 世纪 70 年代之前，风险投资在硅谷与高科技公司几乎没有接触，更不用说进行风险投资了。而开创这一先河的就是美国著名的投资银行——摩根 · 斯坦利。1980 年摩根 · 斯坦利将苹果电脑公司推荐在 NASDAQ 上市，使最先介入的风险投资获得了巨额的投资回报：在最初以 5.75 万美元进行风险投资所获得的苹果公司的股票，在不到 3 年的时间内，市值达到了 1 400 多万美元，风险投资获得了巨大的成功。这一风险投资与高科技公司结合产生的成功典范，掀起了风险投资进入硅谷的浪潮。摩根·斯坦利 1983 年在靠近硅谷的地方建立了一个永久性的分支机构，高盛公司等著名的投资银行也接踵而至，纷纷开展了硅谷的风险投资业务。到了 20 世纪 90 年代，在硅谷进行风险投资业务的投资银行数量急剧增加，形成了几个投资群体：第一个群体是以摩根·斯坦利、高盛、美林等为代表的美国本地的大型投资银行；第二群体是专门从事兼并收购或融资业务的小型投资银行；第三个群体是一些国外大型跨国投资银行，如德意志摩根建富、瑞士联合银行等。这些投资银行在硅谷进行风险投资或融资几乎达到了疯狂的程度。如，德意志摩根建富在硅谷不到 10 年的风险投资中，股权交易金额高达 180 亿美元，并购交易高过 140 亿美元。

风险投资如潮水一般涌进硅谷，极大地满足了高新技术公司对资金的需求，使高新技术公司迅速发展壮大，很多原有的小型袖珍公司，不到几年就发展成为市值数十亿、百亿甚至上千亿的大中型公司。而在这些公司发展壮大的同时，也需要更多的金融服务，包括公开发行股票、私募、收购、发行债券等一系列金融服务。如，德意志摩根建富在 1997 年 13 项最大的高新技术并购中独揽了其中的 8 项，涉及攀登通信公司 37 亿美元收购瀑布公司、路森特 18 亿美元收购奥科托尔等。摩根·斯坦利通过 23 次股票发行为一些高科技公司上市融资，筹集资金高达 46 亿美元。

在硅谷，一方面，风险投资为高新技术公司融资，使其迅速发展壮大，风险投资也在其发展壮大过程中获得高额的投资回报；另一方面，高新技术公司发展壮大后，又为投资银行提供更多的业务，帮助投资银行发展壮大。硅谷就在这种风险投资和高新技术产业相互需要、相互促进的良性循环中不断走向巅峰。

案例评析

从硅谷的成功经验中，我们得到这样的结论。

1. 风险投资必须是双赢合作。硅谷的风险投资与高新技术公司的合作已经成为双赢的典型范例，风险投资公司的投资使高新技术的产业化成为可能；同时，高新技术产业化又给风险投资公司带来高额的回报。风险投资公司获得了高额的投资回报就更有能力和动力为高新技术企业继续服务，高新技术公司能够得到发展所需要的资金，就有了发展壮大的基础和机会，也就更进一步激发了技术创新的动力。这种相互促进、相互发展的良性循环机制，是风险投资可持续发展的基础。没有产业化潜力的假高新技术，不仅伤害了风险投资，也会伤害高新技术公司本身。

2. 风险投资要有一个良好的环境。硅谷的风险投资环境体现在其支持体系上。首先，硅谷中有大量的法律服务机构，为创业家提供企业经营、知识产权、管理方面的知识，为风险投资的发展起到了规范化的作用。其次,硅谷的创业文化也是硅谷成功的基础。在硅谷中,新的技术和新的企业能够引起社会的足够重视,成为新技术潮流的领导者或参与者的梦想,吸引着世界上最优秀的技术人才投身这一领域,敢于冒险、敢于创新的“企业家精神”是硅谷文化的精髓,这也是硅谷发展的根本。再次,完整和高质量的投资银行服务是硅谷成功的关键。风险投资获得真正的投资回报,必须让其所获得的股权能够变现,而NASDAQ和投资银行在硅谷中的精英们能够高质高效地实现这一目标,纳斯达克股票市场为美国硅谷创业公司上市创造了有利条件,为美国硅谷的风险投资提供了退出渠道。所以,硅谷风险投资的成功,很大程度上得益于这种完美无缺的硅谷环境。

3. 政府在硅谷风险投资中的角色。美国政府在硅谷的形成和发展中,只是起到一个间接扶持和引导的作用。同样,对于硅谷风险投资的形成与发展,美国政府也只是起到间接扶植和引导的作用,政府对风险投资业务基本不干预,让市场机制自发地对其进行调节,政府只制定相关的政策为风险投资的发展给予支持,如小企业投资法(SBIC)、小企业研究计划(SBIR)、知识产权保护政策,美国的对外贸易政策等都有力地支持了风险投资的发展。美国政府的间接扶持政策主要是通过立法、制定政策和发展计划、健全服务与监管体系,来规范风险投资的规则,优化风险投资的环境,形成风险投资的社会化和市场化,提高风险投资能力。

复习思考题

1. 什么是风险投资?它与投资风险有什么区别?
2. 风险投资区别一般传统投资的本质特征是什么?
3. 简述风险投资的主要功能。
4. 我国风险投资发展需要解决哪些主要问题?

第二章

风险投资运作的基本原理

本章要点：

- ◆风险投资运作的主、客体之间的关系
- ◆风险投资的运作流程和内在机理
- ◆政策体系及中介服务机构体系对风险投资的支持作用

第一节　风险投资运作的基本要素

风险投资因其投资特殊性，使其筹资、投资、收益与一般传统投资存在明显的差别，而形成了自己特有的运作模式。该模式的运转，围绕着一个核心：风险资本（风险投资运作的客体）；经历了三个过程：融资过程、投资过程和撤资过程；涉及三个直接参与者：风险资本投资者、风险投资机构和风险企业。风险资本投资者、风险投资机构和风险企业作为风险投资的主体，在风险投资运作中起着主要的作用。

一、风险投资运作的主体

风险投资运作主体是指风险投资的实际控制者和运作者，具体包括风险资本投资者、风险投资机构和风险企业。这三个主体涉及风险投资的各个方面，贯穿风险投资的始终，是风险投资的重要组成部分。其中，风险资本投资者是风险资本的来源，风险企业是风险资本的最终投向,风险投资机构是风险资本投资者和风险企业的纽带和桥梁,三者缺一不可。

(一)风险资本投资者

风险资本投资者(Venture Capital Investors)是风险资本的原始提供者。

风险资本潜在的供给主体主要有:政府、大企业(包括上市公司)、金融机构、民间私人投资者、科研单位以及外国投资者等。这些潜在的供给主体能否成为有效的供给主体,要视各个国家的经济结构、制度环境和文化背景而定,所以不同国家风险资本的来源各不相同。

(二)风险投资机构

风险投资机构也就是风险投资公司(Venture Capital Firms),是具体运作和经营管理风险资本的组织。一般一家风险投资机构可能设立多个风险资本基金(Venture Capital Fund,简称风险基金),对不同的行业和领域进行投资。

风险投资机构是风险资本的经营者和管理者,是连接风险资本投资者和风险企业的桥梁和纽带,因为风险资本并非都是由风险资本投资者直接投资于风险企业的,风险投资的普遍运作模式是:风险资本→风险投资机构→风险企业。在这一模式中,风险投资机构是风险资本从资本供给者(投资者)流向资本需求者(风险企业)的金融中介。具体职能表现在:首先风险投资机构从愿意承担高风险的投资者手中融入风险资本,建立起一种与高新技术企业的资产经营特色相匹配的资金来源结构;然后为风险资本经营实行规范化、专业化的管理,发现和遴选投资机会,创造和安排风险资本与投资对象进行有效结合的机会,把所融入的风险资本投到精心选择的、具有高收益、高风险特性的高新技术项目(企业)上,解决了高技术成果从实验室向正规生产转移过程中可能发生的断层问题;由于风险企业发展早期的一般优势在于技术能力,除缺少资本外还缺乏市场研究、生产规划、经营战略制定等方面的经营管理能力,而风险投资公司作为一个专业投资公司,有着成熟的管理和市场开发经验,甚至还有技术资源。所以风险投资公司除了向风险企业投入创业资本以外,还会参与创业企业的经营管理活动,这是风险投资机构有别于其他金融投资机构最主要的区别;最后,待时机成熟时,从风险企业撤回增值后的资金,并继续投资于其他项目,以实现风险资金的滚动增值。所以风险投资公司集融资、投资、管理三项职能于一身,不仅是资本的供给者,而且是为风险企业提供创立、市场战略制定、组织管理协调等技能的高附加值创造者。

(三)风险企业

风险企业是风险投资的接受者、需求方,也称为创业企业。风险企业往往是一个新技术、新发明、新思路的创造者或拥有者。他们在其发明、创新进行到一定程度时,会由于缺乏后续资金而寻求风险投资机构的帮助。风险企业在风险投资过程中的作用在于，它是风险投资的对象，是风险投资的载体，它提供能实现产业化的高新技术的创意和成果，在风险投资支持和促进下，实现成果的产业化，并最终通过市场机制的运作，使企业获得技术创新与成果产业化的经济回报。

二、风险投资运作的客体

风险投资运作的客体即风险资本(Venture Capita1)，是指投资于未上市的、快速成长并且具有很大升值潜力的新兴公司的一种资本。

风险资本主要有以下几方面的特点。

第一，风险资本是一种有组织、有中介的资本形式。风险投资机构是资本供给者和资本使用者之间的中介机构。风险投资机构以资金增值为目的，为风险资本追求最大利润，满足风险资本所有者的利益要求而得到源源不断的风险资本。

第二，风险资本是一种长期资本。因为风险企业大多是高新技术企业，或处于初创期的新兴公司，其财务状况通常不能满足投资人在短期内抽回资金的需要，因此无法从传统的融资渠道如银行贷款获得所需资金。所以风险资本成为高新技术企业成长过程中重要的资本形式，一般会陪伴着新生企业成长直到其被购并或上市。

第三，风险资本通常采取渐进投资的方式，选择灵活的投资工具进行投资。对于所投资企业，风险资本通常先注入部分资金，待企业发展前景有所明朗后视情况再追加投资。在投资工具的选择上，风险资本较多投资于非上市企业的可转换优先股、可转换公司债，既可确保优先获取股息、债息的有利地位，又可在企业上市前转换为普通股。

第四，风险资本是一种高风险与高收益机会并存的资本。高新技术企业与一般企业相比，具有独创性和开拓性，但也因此具有不成熟性和不稳定性，这就使高新技术企业具有很大的风险性。此外，由于风险资本市场中的企业多数是处于发育成长早期的新生企业，它与一般资本市场上规模较大、发育较成熟的企业相比，信息透明度较低。这种低信息透明度会带来投资决策和管理上较大的盲目性，因而增加了市场的风险性。但同时由风险资本支持而发展起来的公司成长速度远高于普通同类公司，通过将增值后的企业以上市、并购等形式出售，风险投资家也可能得到高额的投资回报。20世纪90年代，美国风险资本投资的年收益率达到28.4%。在Internet繁荣时期，风险投资的收益率曾高达54.5%。通常情况下，风险投资年收益率会达到30%以上。在美国，风险投资的回报率平均每年在35%以上。在欧洲，风险投资的年平均回报率也至少在20%。

风险资本在风险投资的运作过程中处于核心地位，风险投资主体的一切活动都围绕着风险资本展开。风险资金从投资者流向风险投资机构，经过风险投资家的筛选决策，再流向风险企业。在通常情况下，风险资本是通过购买股权、提供贷款或既购买股权又提供贷款的方式进入这些企业。通过风险企业的运作，资本得到增值，再流回至风险投资机构，由其将收益回馈给投资者，构成一个资金循环，如图2－1所示。

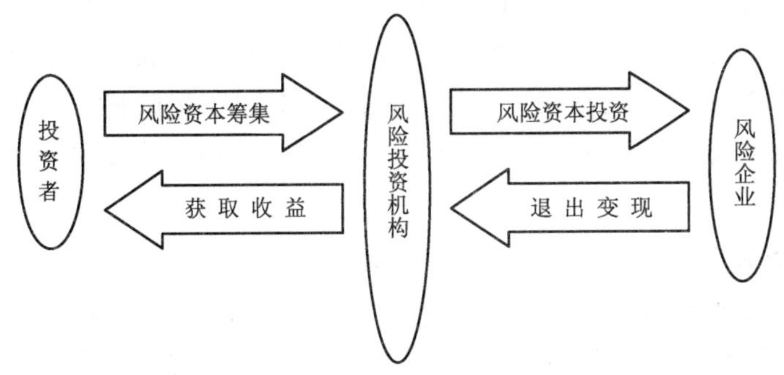

图2－1　风险资本流转图

风险资本不仅把风险投资运作的筹资和投资过程顺畅、有机地联系起来，而且使投资者、风险投资机构和风险企业成为紧密关联的利益整体，在风险资本市场运行的不同阶段发挥着各自不同的作用，使风险资本市场得以顺利运行。

第二节　风险投资运作的基本过程及内在机理

一、风险投资的运作过程

从本质上讲，风险投资的运作流程属于买方金融性质的范畴，是金融资本而不是产业资本，是权益资本投资而不是实业投资。风险投资主要目的在于以资本利得方式获得高额的回报。即风险投资首先要筹集资本，然后以所筹集资金投入经过严格筛选的有增长潜力但缺少发展资金的高新技术企业（一般是处于创业阶段和成长阶段的企业），其利润主要来自资产买卖的价差即股权增值。风险投资的具体运作过程表现为以下三个阶段。

（一）筹资阶段

在这一阶段，风险投资机构向一般风险资本的投资者筹集资金，并与投资者签订契约,成立风险投资机构(风险投资基金)。

(二)投资阶段

在这一阶段,风险投资机构把风险资本投入到一定的企业组合中,这一过程包括:选择目标企业;规划投资阶段;达成投资契约;参与企业管理。例如,某一高新技术创业者在完成了实验室研制任务并取得成果后,需要资金以使高技术成果转变为实用产品,于是多方筹措资金。风险投资公司在评估了该项目的市场价值、成功可能性和所需资金及竞争状况后决定投资。这样,高新技术创业者以技术入股,风险投资公司以资金入股共同组成一个高技术风险企业,双方共同经营,风险投资公司往往在财务、经营、市场开拓方面给风险企业以支持。

(三)撤资阶段

在这一阶段,风险投资机构根据投资组合中各个风险企业(项目)的经营情况,以分红或者高价出让股权的形式收回投资。当然风险企业也可以继续投资扩大其生产规模,直到企业股票上市后高价出售其股票。此时,企业经营已经相当稳定,其资金问题可通过银行解决,风险投资撤出不影响风险企业的正常生产和经营。

显然,风险投资在筹资时,风险投资机构购买的是资本,出售的是自己的信誉、诱人的投资计划、对未来收益的预期;投资时,他们购买的是企业的股份,出售的是资本金;退出时,则出售企业的股份,然后风险资本进入下一次投资,形成新的风险投资运作过程。风险资本的这种"投入—退出—再投入"的过程构成了风险投资循环模式,如图 2 - 2 所示。

在风险投资的运作过程中,充足的风险资本供给是发展风险投资的首要条件,风险投资机构的良好运作是风险投资发展的主要推动力,风险企业的丰厚回报是风险投资良性循环的根本保障,风险投资的成功运作依赖于三方的有效合作。三者在风险资本运动的过程中协调组织、紧密配合,发挥着各自的作用,为了投资成功、共享收益这一共同目标组成了一个利益共同体。

二、风险投资运作的内在机理

(一)风险投资运作过程的特殊性

在风险投资的运作过程中存在着高度的不确定性、严重的信息不对称和复杂的双重委托代理关系。这就使得风险投资具有区别于一般投资的特殊性,主要表现在以下几个方面。

1. 高度的不确定性。风险投资之所以比一般投资具有更高的风险,最直接的原因是高新技术企业或初创企业在未来发展中高度的不确定性。从风险企业的技术创新,到新

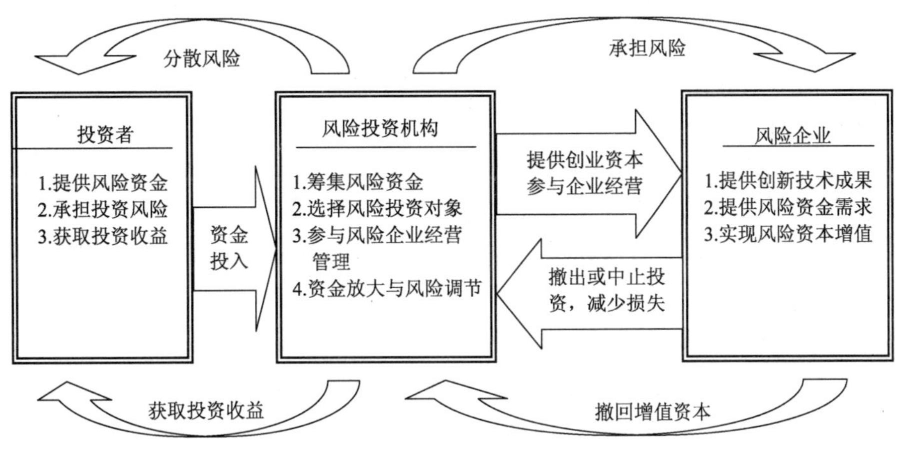

图 2－2 风险投资运作流程

产品的产业化生产、市场销售直至风险投资退出都具有很大的不确定性。每一阶段都有可能失败而导致投资损失。

2. 严重的信息不对称。信息不对称是指交易双方在某种交易活动中各自占有的相关信息不对称的现象。信息不对称现象在风险投资活动中表现尤为突出。信息不对称包括事前信息不对称和事后信息不对称两个方面。

在风险投资机构与风险企业正式签订协议之前,作为投资委托人的风险投资机构与作为投资代理人的风险企业家之间存在着严重的信息不对称现象,称之为“事前信息不对称”。风险投资机构可能由于同风险企业家接触时间比较短,对风险企业家能力的了解很难做到真实。在风险投资发展的早期阶段,风险企业家撰写的商业计划书被认为是显示其能力的重要手段。但是,后来随着中介服务业的发展,在它们的帮助下,任何一个风险企业家都可以做出高质量的商业计划书,这就把有关风险企业家能力的真实信息隐藏了。因此,在这种情况下,即使风险投资机构具有丰富的经验和较高的判断能力,也很难对风险企业家所提供的信息进行识别。这种错误的信息报告导致风险投资机构作出错误选择,就是逆向选择。

在风险投资机构与风险企业正式签订投资协议之后,作为投资委托人的风险投资机构与作为投资代理人的风险企业家之间仍然存在着信息不对称的现象,称为“事后信息不对称”。这种不对称主要表现在,作为委托者的投资人的利益要靠代理者即风险企业家的行动来实现。风险投资机构即使参与被投资风险企业的管理,也不可能像风险企业家那样从事企业的日常管理工作,这就给风险企业家向风险投资机构隐瞒自己的行为和其他信息提供了可能。当风险投资机构和风险企业家利益发生冲突时,风险企业家就有可能利用这种不对称信息作出对风险投资机构不利的行为选择，道德风险就这样产生了。

3. 复杂的双重委托代理关系。在风险投资过程中，风险投资机构向投资者筹集资金，成立风险投资公司，风险投资机构是风险投资公司的实际管理者。于是投资者与风险投资机构之间形成第一层委托—代理关系。风险投资机构把风险资本投入到风险企业，在风险投资机构和风险企业家之间就形成了第二层委托—代理关系，风险投资机构成为委托人，风险企业家成为代理人。这种双重委托代理关系相对于一般的委托代理关系，更为复杂。

（二）风险投资的运作机制

新生创新型小企业的不断出现要求适应其特点的资本形式与之配合。一方面，创新型企业的发展周期比一般企业长，从而增加了对资本的需求，降低了投资的流动性；另一方面，由于创新型新生企业信息不对称比一般企业更加突出，这就需要在风险企业与风险投资机构之间建立一套规范的融投资机制，风险投资通过建立一套行之有效的资金配置、使用和监管约束机制和以绩效为标准的激励机制，把投资者、风险投资家和企业经理的目标统一起来，把资金、人力资本和高新技术有机地结合起来，并通过参与企业的战略规划、资金投入、人事安排和组织结构等关键决策，大大减少信息不对称和委托—代理问题所产生的风险，从而使风险企业的生产率在风险投资的推动下能真正得到提高。

所谓风险投资运作机制是指风险投资过程中主客体之间的相互关系和运作方式以及支持和调节风险投资发展的组织形式和管理模式。风险投资运作机制包括以下几种类型。

1. 融资机制。融资机制是指在风险投资融资过程中各主客观之间的相互关系和运作方式。融资是风险投资运作的首要问题，也是风险投资公司面临的最困难的环节，关系着解决风险资本的来源和发展问题。一般的投资者资金实力有限，无法承担高新技术企业巨额的研究和开发费用，难以进行风险投资；银行资金充裕，但大部分来自厌恶高风险的储户，银行为了应对客户随时可能出现的提现，必须在保证资金的安全性和流动性的前提下追求盈利性，难以承担可能发生巨额损失的交易成本，也难以进行风险投资；而风险投资家是愿意承担高交易成本、追求高收益的风险偏好者，与普通投资者相比，具有降低交易成本的规模效应。风险投资正好弥补了高新技术产业化活动中常规投资的空白地带，能保证高新技术成果转化的顺利进行。鉴于风险资本高风险的特点，不同国家会根据各国的具体国情，选择风险容忍程度高、风险控制能力强的主体作为风险资本投资者。

2. 效率机制。效率机制是指在风险投资过程中提高投资效率的运作方式和管理模式。与普通投资相比，风险投资是一个知识密度和专业程度相当高的行业，风险投资公司聚集了一大批集专业知识和投资技巧于一身的专业人士，对复杂的、不确定的环境具有较强的计算能力和认识能力，能用敏锐的眼光洞察风险投资项目未来结果不确定的风险概率分布，对投资项目前的调研和投资项目后的管理工作具有较强的信息搜寻、处理、加工和分析能力，风险投资机构作为特殊的外部人能最大限度地减少信息不对称，防范逆向选择，从而保证在众多的风险企业中，挑选出最适合进行风险投资的企业，让风险资本与风险企业快速地结合起来，发挥创造社会财富的功能。此外，效率机制也作用于风险企业经营管理过程和风险资本的退出阶段。在风险企业经营管理中，风险投资机构和风险企业力求以利润最大化的目标来对企业进行经营管理，提高企业的成长速度。在风险投资退出时，选择适当的时机和方式退出也直接影响风险投资的效率。

3. 收益机制。所谓收益机制就是风险投资过程中各投资主体追求高收益的运作方式和管理模式。风险投资的高风险要求获得高收益，而高新技术成果转化活动为风险投资实现高收益提供了最佳载体。尽管风险投资的风险通常很高，不少项目最终有可能失败，从而血本无归，但通过风险投资专家对被投资项目的精心审查和严格筛选以及不同程度地参与企业经营管理，风险资本有可能在成功的项目上获得巨额的超额利润。通常高技术的发展要经过成果化、商品化、产业化和国际化这四个阶段，投资的风险随着各阶段的递进呈不同程度的减弱趋势。由于存在种种风险，因此风险投资失败率比较高。然而，风险投资一旦成功，成功企业在一定时期具有的技术和价格垄断优势，将会带来数倍于投资额的经济收益，这使得风险投资的平均收益在30%左右。这样，从总的利润水平或者从平均利润水平上看，风险投资就能获得超过正常利润率的利润水平。这意味着，风险资本通过把更多的资金引导到高科技行业，能实现较高水平的收益。不仅如此，风险资本对技术进步的促进作用还会由于技术的溢出效应而传导至其他行业。

4. 管理机制。风险投资运作的管理机制是指在风险投资过程中，保证和调节风险投资正常运行的组织形式和管理模式。风险投资从筹集风险资本，到风险投资机构的风险管理和风险企业的风险资本的运用，都涉及一系列的管理问题，如何采取行之有效的组织结构和管理模式，关系到风险投资效率和成败。风险投资以权益资本介入风险企业，通过过程管理使风险企业形成一个合理的公司治理结构并建立起有效的内部管理制度来解决道德风险和信息不对称所带来的障碍，同时与风险企业共同分享高收益，解决了股票等投资中存在的“搭便车”问题，能使直接收益内部化。

5. 风险控制机制。风险投资运作的风险控制机制是指风险投资过程中风险控制和风险管理的组织方式和管理模式。风险投资大多采取分阶段投资的方式，即根据风险企业的不同发展阶段，将对风险企业的投资分不同的时间段注入企业发展的不同时期。这种以不同额度陆续投入风险资本的策略，能够达到减少损失、回避风险的效果。在这一过程中，风险投资商对下一阶段的资金投入情况取决于投资双方对项目前一阶段运行情况的评价。如果项目运行良好,则风险投资商就会追加投资;否则,风险投资机构就可能减少甚至停止追加投资。与此同时,随着双方合作的深入,风险投资机构还可以越来越多地了解风险企业的一些情况,使信息的真实性大大提高,有利于对终止投资还是继续投资作出正确的决策。分段投资能进一步强化风险投资机构对风险经理层的控制,防范道德风险的发生。

6. 退出机制。风险投资运作的退出机制是指风险资本退出风险企业的运行方式和管理模式。构建和选择方便灵活的退出机制是发展风险投资业的必要条件,它会直接影响风险投资公司的收益。风险投资的目的不是为了获得风险企业的长久控制权,而是在于通过风险投资的退出,从股权增值中获得高额回报。因此风险投资需要建立灵活便利的退出机制,实现风险资本的良性循环,同时退出机制也是对风险企业道德风险的约束。尤其在风险投资项目失败的情况下,退出机制能够使风险资本尽快地撤出,在一定程度上实现资产保全。

风险资本的运作是体现了金融特点的直接投资,并在金融资本与产业资本的结合中形成了一套独特的行业选择、投资管理、金融运作机制。风险资本独特的运作机制是针对新生高新技术企业高度的信息不对称和信息不完全而形成和发展起来的,其高度组织化、理性化和程序化的运作过程及其治理结构已成为现代金融工程中一个重要的资本运作模式。正是基于以上特殊的内在机理,风险投资才得以在现实中迅速发展,并作为一种有效率的制度安排,促进着社会资源的合理配置。

第三节　风险投资运作的支持体系

国际风险投资界认为,“风险投资”并不仅仅是指风险资金或“钱”,它的内涵远比这深远得多,其实质上是指高技术产业化中资金有效使用的支持系统,是一种科研、企业和金融有机结合的投资机制。

风险企业与风险投资的结合具有内在的动力:高新技术企业对资金的需求与风险投资对高收益的追逐是促使两者结合的原动力。但仅有动力并不意味着高新技术企业与风险投资就能实现合作,必须有相应的支持系统和环境作为保障,为高新技术企业与风险投资的有效协作创造良好的运行环境。

风险投资的支持体系指的是支持风险投资健康发展的相关支持因素和内外部环境,包括政策环境、中介服务体系、人才支持体系、文化支持体系和金融支持体系等多方面支持要素。风险投资支持体系的各要素构成一个有机的整体,各支持要素之间存在着相互作用、影响、制约的协同关系，某一种支持要素的改变或缺乏都会影响其他要素作用的发挥，从而影响整个风险投资业发展的方向和进程。

一、政策环境对风险投资的支持

政策环境对风险投资的支持是指政府制定有利于促进风险投资的政策，以引导和支持风险投资业的健康发展。其作用机理主要表现在：在战略层面上政府通过制定发展战略和规划，在战术层面上政府通过激励手段，以直接或间接的方式影响风险投资业的形成和发展。不论是发展战略还是激励手段，均体现政府的导向作用，两者均是影响风险投资业形成和发展的政府行为，有效的政府激励能促进资本向高新科技企业流动，推动风险投资的发展。

从风险投资发展历史过程来看，各国风险投资的发展都得到了政府政策方面的大力扶持，以便使风险投资迅速发展壮大而成为支持和带动整个国民经济发展的动力。政府对风险投资的支持集中体现利用一系列有利于风险投资发展的政策支持上，主要表现在财政支出、金融支持、税收优惠、风险分担、人才政策和法律环境等政策支持上。

（一）财政支出政策

财政支出政策是指政府利用财政资金对风险投资进行扶持。财政支出政策主要包括财政投资、财政补贴和政府采购三种主要形式。

1. 财政投资是政府直接提供风险资本，向风险企业提供资金支持或者向风险投资机构投入风险资本。政府直接或者间接地进行风险投资，有利于提高风险投资的信誉和政府产业政策导向，引导社会资金的积极参与，形成一种良好的政策环境。政府直接进行风险投资，主要是起引导和促进作用，在风险投资发展初期，政府直接进行风险投资的规模比较大，在风险投资发展壮大到一定的规模后，政府直接进行的风险投资就会逐渐减少，转而把工作重点放在政策支持、法律保障和环境建设上面。

2. 财政补贴主要是通过向风险投资机构或风险企业提供各种无偿经济补助，相对提高风险投资机构或风险企业的收益率，从而支持风险投资的发展。许多国家政府为了支持和刺激风险投资的发展，都对风险投资和风险企业采取财政补贴措施。比如，我国现有的中小企业创新基金和国家、部委、地方政府的各种科研基金，也可以看成是政府进行风险投资补贴的一部分。在国外风险投资的实践中，政府对风险投资的补贴数量不大，但却起到了对民间资本介入风险投资的示范和导向作用。如，美国里根政府在1982年签署的《小企业发展法》，就规定研究发展经费超过1亿美元的部门，应将预算的1.3%用于支持高新技术小企业的发展，一些地方政府如芝加哥市政府还建立了专门的地方科学基金，对从事高新技术开发的风险企业提供财政补贴；新加坡政府规定，对投资于高新技术产业的企业，连续三年亏损可以获得50%的补贴；英国政府制定的创新资助计划就规定，给资产低于2.5万英镑符合条件的小企业高新技术项目以1/3～2/3的经费补贴。

3. 政府采购是政府以财政资金通过法定的形式、方法和程序，从市场上为政府部门或所属公共部门购买所需商品、工程或服务的行为。通过政府采购为技术创新活动开拓初期市场，对于促进风险投资和高新技术产业的发展起着十分重要的作用。政府采购可以有效地降低风险投资的投资风险，将高科技产品引入市场，引导和开发新产品的市场需求，从而减小新产品的市场风险。许多国家将本国企业生产出的高新技术产品列入政府采购，优先进行采购。20世纪中期，美国以发展高新技术产品为中心的采购制度，催生了“硅谷”和“128号公路技术产业带”，大大地激发了美国高技术产业和风险投资的发展，把风险投资业推向了一个新的高潮。

（二）金融支持

金融支持主要是指政府在投融资方面对风险投资的支持，主要表现在政府风险资本的供给、风险资本的退出等方面。

1. 风险资本的供给。在风险资本供给方面政府不仅允许银行和投资银行参与风险投资，同时也放松了养老基金、保险基金等机构参与风险投资的限制，从而极大地增加了风险资本的供给。

2. 风险资本的退出。在风险资本退出方面，许多国家还创设了以发行和交易高新技术风险企业为主的第二板市场，也就是称之为创业板的证券交易市场，为高风险企业直接融资提供了方便和快捷的融资渠道，也为风险投资退出提供了可靠的保障。美国纳斯达克的设立对促进和完善美国风险投资起到了巨大的推动作用。网景、思科、雅虎等高新企业成功上市不仅解决了风险企业所需要的资金问题，也让风险资本增值数十倍甚至数百倍，掀起了风险投资在美国的浪潮。

（三）税收政策

税收政策主要是通过各种形式的税收优惠，使风险投资者享受到较高的收益，以实现对风险投资的支持，并吸引资本以风险投资的形式向高科技产业倾斜。对新兴产业和高技术开发的企业实行税收优惠是许多国家促进风险投资发展的重要措施之一。如，我国政府就规定，高新技术企业享受所得税减半或者免征所得税的税收优惠政策，以扶持高新技术企业的发展。再如，美国政府从1978—1982年期间，降低所得税率，从最高49%降低到20%，使美国的风险资本从1975年的1 000万美元增加到1982年的14亿美元，并对经核准的风险投资公司，可以冲抵8年内一切资本所得，对研究开发的投资额减税25%；新加坡政府也规定，风险投资最初的5～10年完全免税。

（四）风险分担政策

风险分担政策，即政府以一定的财政资金为基础，为机构或企业的债务融资提供偿债担保，降低投资的风险。如我国由政府或者国有控股集团出资成立了专门为高新技术企业提供担保的金融担保公司，为高新技术企业向商业贷款进行担保，从某种程度上解决了我国高新技术中小企业融资难的问题。美国成立的中小企业管理署，为高技术企业向银行贷款提供90%左右的担保。日本的“研究开发企业中心”为风险企业提供80%左右的担保。这些担保实际上就是担保机构为风险企业分担风险。

（五）人才政策

从风险投资机构到风险企业，没有创新的人才作保障，是难以获得成功的。技术创新是风险企业的基石，也是风险企业成长的动力和源泉，而技术创新都来自于人才。风险投资机构和风险投资家，不仅要具有极强的风险意识，更需要有高瞻远瞩的投资眼光，选择具有巨大发展潜力和空间的投资项目，并且有时还需要具有技术、产品、市场、财务、经营管理等各方面的专业能力，对风险企业进行全方位的咨询和指导。根据美国硅谷的经验，风险投资家是既具有企业管理专业知识，又具有工程技术和产品生产、金融投资经验的综合性人才，风险投资机构也是各类人才的综合体。而风险企业家不仅是某行业的技术人才，更需要是一个企业经营管理方面的专家，一个成功的风险企业家要求各方面都具有卓越的才能。所以人才是风险投资支持体系中最关键的环节。在人才政策方面，许多国家都为培养杰出的人才而制定相应的政策，以鼓励风险投资快速健康发展。如，我国大部分城市为引进和使用高技术人才而制定相应的奖励和优惠政策，以支持高新技术企业的发展。

（六）法律环境

一个完善的风险投资市场应当有一套与之相配套的完善的法律体系，以保护投资者和创新企业的利益，鼓励和促进风险投资业的发展。考察风险投资比较发达的国家，可以发现有关风险投资的法律法规主要涉及三个方面。

1. 有关资金融通的法律法规。如，为支持小企业特别是高新技术企业的发展，1958年，美国国会通过了小企业投资法，通过立法形式确立了政府支持小企业投资公司的政策，向其提供优惠贷款；1979 年美国国会通过了《雇员退休收入保障法》，允许一定比例的养老基金进入风险投资；1982 年里根政府签署《小企业发展法》规定，研究发展经费超过 1 亿美元的部门，要将财政预算的 1.3% 用于支持小企业的发展。

2. 有关知识产权的法律法规。对于许多创新企业，特别是高科技企业，知识产权诸如专利权、商标权等是其重要的财产，于是知识产权法的建立与完善对于保护技术创新项目、保护投资者和企业家的利益就是至关重要的。如，为了促进本国高新技术产业和风险投资的发展，美国在网络、集成电路、电子商务、信息技术等许多方面都制定了相关法律，如《半导体芯片保护法》《高性能计算机与通讯法》《高性能计算机与高速网络应用法》等。

3. 涉及有关企业制度法律以及风险投资的存在依据和操作指南,特别是有关股份制法律。这是风险投资赖以存在的基础和保证,如我国的《公司法》《合伙企业法》等。为风险投资提供了法律保障。实践证明,完整的法律体系是风险投资业健康发展的基本保证。

二、中介机构服务体系对风险投资的支持

风险投资的中介机构服务体系是指沟通和联结风险投资机构与风险企业并为其提供融投资中介服务的专业性服务机构,主要通过运用各种专业工具与技术手段,为融投资双方提供高水平的财务、法律咨询与投资顾问等风险投资过程中所涉及的专业性服务。

风险投资的发展离不开中介服务体系的支持。中介机构服务体系在风险投资过程存在的必要性在于:首先,随着风险投资业市场规模的扩大和发展的成熟,与风险投资相关的一些专业性很强的外围业务,如资产变动、产权交易等,逐渐从风险投资的专项业务中分离出来,从而形成对社会中介服务的市场需求。这些中介机构的产生,既促进了社会服务体系结构的完善和发展,又提高了风险投资业的运行效率和资源配置效率。其次,风险投资中介机构在风险投资各参与主体间牵线搭桥,进行有效的沟通,从专业分工的角度提供优质的服务,提高工作效率和交易的公正性。最后,中介机构通过专业化的操作,可为风险投资的评估、决策和风险企业的经营提供良好的支持,弥补投资者和创业者在技术、管理、法律或战略等方面知识与能力的不足。

(一)中介机构的类型和作用

风险投资在正式投资风险企业之前,有大量的工作要做,包括行业调研、企业考察、尽职调查、资产评估等各方面的工作。从科学与效率的角度上考虑,风险投资机构往往需要聘请相关的专业性中介机构,进行相关方面的专业性服务。具体来说,与风险投资相关的主要中介机构有投资银行、会计师事务所、资产评估机构、项目评估机构、律师事务所等。

1. 投资银行。投资银行是指从事证券承销、并购重组、基金管理等资本市场业务的金融机构。风险投资发展初期,风险投资机构是投资银行业务的一个重要部分,是投资银行的一个业务部门或者是一个附属机构。随着不断发展,风险投资作为一项专门投资的独立性越来越强;投资银行作为风险投资市场上金融服务中介的角色也不断加强,而作为风险投资的直接投资者和风险资本的供应者角色日趋淡化。如,在美国,到2000年年底,在风险资本的来源中,投资银行所投资的风险资本份额在总风险资本份额中的比例不到5%。目前,风险投资的主体是一些专业风险投资机构,尽管有些专业风险投资机

构还隶属某个大型投资银行，但它们自身是一个独立核算和自主经营的实体，专业从事与投资银行业务相分离的风险投资业务。

虽然专业风险投资机构独立于投资银行，但投资银行仍在风险投资中起着重要的作用。概括起来，投资银行为风险投资提供的主要服务如下：

(1)担当风险投资的融资中介。一方面，投资银行作为风险投资公司的筹资代理人，为风险投资筹集风险资本。在发达的风险投资市场中，风险资本主要是从私人资金和资本市场中筹集，而风险投资筹资者与投资者之间，在信息交流和沟通上往往不能顺畅并缺乏效率，投资者不熟悉筹资者的能力，筹资者也很难用全部的精力与潜在的投资者进行直接接触，而专业的投资银行往往为投资者和筹资者所了解，因此投资银行作为第三方，在投资者与筹资者之间发挥了代理人的角色，提高了工作效率。另一方面，投资银行为投资者提供投资咨询，负责为投资者特别是机构投资者评估和推荐风险投资机构，同时也为风险投资机构推荐和评估有发展潜力的风险企业，以供风险投资进行投资选择。

(2)担当风险投资的退出中介。风险投资是一种周期性投资，追求的是一种股权增值收益，要获得这种增值收益，就必须在适当的时机，出让风险企业的股权。而出让股权交易是投资银行的强项，特别是上市流通更需要投资银行在证券设计、证券发行、证券承销、股票定价等方面提供专业化服务。

(3)提供融资服务。有些风险投资机构在对风险企业进行投资时，也吸引投资银行作为战略投资者进入风险企业，这一方面为风险企业提供多渠道融资，另一方面也为风险企业在退出时，借助投资银行证券发行的优势，为风险企业股权上市流通提供便利。

(4)为融投资双方设计创新的金融工具。风险投资机构或者风险企业在风险投资过程中，为了防范和规避风险，常常会利用一些金融工具起辅助作用，如设计可转换债券、认股权证等。而这些都必须借助于投资银行来完成。

2. 会计师事务所。会计师事务所是风险投资过程中聘请的对风险企业进行审计和财务调查服务的专业性机构，会计师事务所在风险投资过程中的作用主要是对风险企业进行财务分析和财务审计。财务审计和财务分析主要是对企业的资产、负债、现金流等方面的财务状况进行确认，以反映企业真实的财务状况，为风险投资决策提供财务依据。会计师事务所有时也根据风险机构的要求对风险企业进行尽职调查，尽职调查也叫责任调查，是指对企业现状、产品技术、发展前景及其管理层所作的详细考察和分析，分析其各个方面存在的优势不足，为风险投资机构全面准确地了解风险企业提供帮助。

3. 资产评估机构。在对风险企业进行投资时，要对风险企业的资产规模进行评估，以便能合理确定各方的权益，特别是高新技术的风险企业，有形资产相对较小，而技术、专利等无形资产就显得更为重要。而无形资产只有通过专业资产评估机构才能正确加以确定。此外，在风险投资过程中，企业的价值往往不是有形资产和无形资产价值的简单相加,更不能只从财务报表上的净资产或所有者权益来判断企业的价值,而需要从整体上把握才能使双方的利益得到保证。所以,在风险投资过程中,往往要聘请专业的资产评估机构对风险企业的资产进行评估,为融投资双方提供比较准确和真实的投资价值,为双方进行企业股权分配提供参考依据。

4. 项目评估机构。风险企业所采用的技术和生产的产品往往是新技术和新产品,对其发展趋势、成熟性、应用性都必须依靠相关专家才能得出正确的结论,所以聘请相关行业的专业评估机构才能正确对项目进行评估。风险投资机构有可能是直接聘请业已成立的项目专业评估机构,也可能是聘请相关专家组成项目评估小组。其目的是对风险企业技术和产品的市场前景,作出科学的判断,为风险投资提供决策依据。

5. 律师事务所。律师事务所是在风险投资过程中为融投资双方提供法律咨询的中介机构,在公司设立、股权转让、资产过户、签订协议等方面帮助起草法律文件。律师事务所在风险投资过程中,甚至是风险投资完成后都充当法律顾问,帮助融投资双方解决相关法律问题。风险投资过程中会涉及一系列法律问题,律师在风险投资过程中就显得特别重要,具体作用如下:

(1)制定法律意见书。在较大规模的风险投资项目中,风险企业和风险投资机构均会要求律师出具法律意见书,作为投资项目赖以进行的基础性文件。法律意见书的内容通常包括:风险企业成立的合法性和存在的有效性、经营业务的合法性、引进风险资本及股权结构安排的合法性、融资文件及协议签署的有效性、已取得或应取得的相关政府部门的审批、投资协议的有效性及可履行性、风险企业现有的或可能发生的诉讼或仲裁案件、投资协议与风险企业原有对外协议间的矛盾等。如果涉及专利或著作权等知识产权,还应就这些权利的合法性及完整性出具意见,甚至要请知识产权律师出具专业意见。

(2)协助风险投资退出。在风险投资中,不论是成功还是失败,退出是必不可少的环节。成功的风险投资退出时才能真正实现其资本增值;对于失败的投资来说,退出可以收回部分投资本金,减少损失。风险资本退出的基本方式有多种:首次公开发行上市、股权转让、管理层回购和清算等。风险资本不论以哪一种方式退出,律师在风险资本退出过程中都责任重大,无论是首次公开发行上市、股权转让还是清算,都必须由律师协助完成。

除了上述几种中介机构外,风险投资根据实际需要,可能还会有融资担保机构、标准认证机构、行业协会等不同程度地参与。

(二)中介机构与风险投资的关系

在风险投资过程中,中介机构与风险投资的融投资双方既有联系又有区别。它们之间的联系在于中介机构为融投资双方起到纽带和桥梁的作用,为融投资双方合作提供中介服务;它们的区别在于,中介机构是只提供相关的专业化服务,既不和风险投资机构一起对风险企业进行投资，也不参与风险企业的经营管理，更不获得风险企业的股权，双方合作成功与否，投资成功与否，与中介机构没有直接的关系，中介机构完全是为获得中介费用而提供专业性服务。但也并非说中介机构与风险投资毫无关系，中介机构的服务质量直接影响着风险投资的进程和成败，也关系到融投资双方的利益。所以中介机构应当以公平、公正、公开的原则对融投资双方负责。因此在风险投资过程中，选择中介机构也很重要。

图 2－3 从风险投资的全过程，说明中介机构与风险投资间的关系。

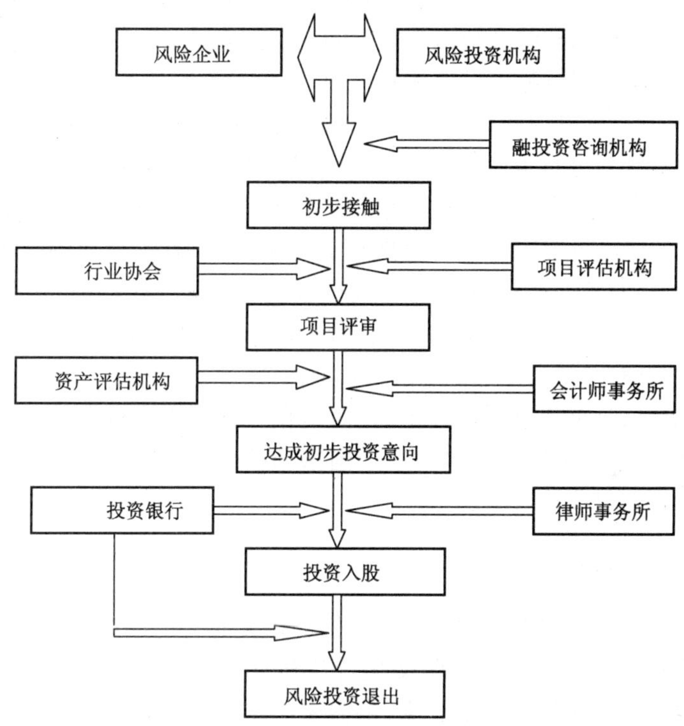

图 2－3　中介机构与风险投资间的关系

三、人才支持体系

风险投资的人才支持体系指的是支持风险投资存在和发展的各类人才的总称。具体包括两个人才群体：一个是风险企业家人才群体；另一个是风险投资家人才群体。这两个人才群体是构成风险投资业发展的两大基石，是风险投资赖以存在和发展的人才基础和保证。

风险企业家是指风险企业的创立者，作为风险企业主要形式的高新技术企业，虽然起初规模往往较小，但由于高新技术本身的特性，要进行技术创新，需要多人的合作，所以风险企业创立者常常是一个团队，只是有时有一个领军人物代表这个团队，所以风险企业家就是风险企业创立团队或者是其代表人物。风险企业家的核心内容是风险企业家素质，是一种勇于冒险和勇于创新的精神、一种把握未来和洞悉商机的智力、一种善于管理和精于协调的能力。只有培养出层出不穷的风险企业家，才能有不断发展的风险投资业。

风险投资家是指管理和运用风险资本的管理者，风险机构需要一批懂得技术、善于管理、精通金融、具有全面和综合知识及技能的复合型人才，在项目选择、项目评估、帮助风险企业成长等风险投资过程中发挥重要作用，风险投资家通常指这类人才中的核心和决策人物，或者风险投资机构的代表人物。风险投资家最重要的一种素质就是"慧眼识珠"，有一种对投资项目进行准确判断和敏锐识别的能力，能够在众多的风险企业中挑选出具有一定的发展潜力和空间的企业，进行风险投资，这也是风险投资成功的关键因素之一。一个优秀的风险投资家不仅是金融行业专家，还要有多行业的技术才能；不仅具备财务分析能力、企业管理经验，而且还要具有敏锐的商业直觉；不仅需要很强的事业心和责任心，而且还要有风险意识和抗风险能力。只有一流的风险投资家，才会有一流的风险投资机构，才会有可持续发展的风险投资业。

风险投资家和风险企业家不是天生的，而是在一种环境中逐渐培养出来的，更是在社会、经济、生活、教育中磨炼出来的。一个国家和社会的风险投资文化环境，对培养风险投资家和风险企业家非常重要。

四、文化支持体系

风险投资的文化支持体系指的是与风险投资相关的文化背景、价值观念等人文环境的总称。风险投资业是一个具有鲜明文化特色和背景的行业，因为从事这个行业的人员，不管是风险投资家，还是风险企业家，都需要具备一定知识和文化背景，具备一些独特的素质，而这些独特的素质也只有在一定的文化环境中才能培养、才能形成、才能发挥、才能运用。这种文化环境的中心内容就是：激励创新、敢于冒险、不断进取、勇于挑战、允许失败，在风险投资的文化环境中，核心内容就是创新精神。创新精神是风险投资得以存在和发展的动力和源泉，只有不断地技术创新才能产生真正的风险企业家，才有可投资的高新技术项目，才有可用于风险管理的金融工具。

在研究文化环境对风险投资的重要性时，一个条件相似但结果不同的事件足可以说明这一点。在风险投资历史中，引起人们关注的两个案例，一个是"硅谷"，另一个是"128号公路"。这两个地方开发相似的技术和相同的市场，结果硅谷成了今天高新技术产业的代名词，而“128 号公路”默默无闻，研究人员发现产生这一差异的根本原因是两个地方的制度环境和文化背景的不同。“128 号公路”以政府和成熟的大中型公司为主体，等级制度、僵化和保守的思想是其文化环境的主流；而硅谷侧重于中小企业的发展，营造了一个勇于进取、勇于创新、勇于冒险的文化环境。

对美国的风险投资文化环境研究表明，创新是风险投资的文化精髓，没有持续的创新，就没有持续涌现的新技术成果，也就没有可供投资的风险企业，更没有可持续发展的高科技企业。风险投资只有在不断地创新中才能得到一轮又一轮地发展。

五、金融支持体系

风险投资的金融支持体系是指在风险投资过程中起支持作用的金融机构、金融工具、金融市场等手段和环境的总称。与风险投资相关的金融机构主要有银行、保险公司、投资银行和各种形式的基金，这些金融机构与风险投资的关系密切。一些金融机构为风险投资提供大量的风险资本，如养老基金，不仅可以为风险投资提供巨额的风险资本，还可以改变风险投资基金的组织结构。银行在风险投资扶持风险企业发展壮大后，也会进行贷款支持企业的发展。金融机构对风险投资的支持作用主要体现在风险资本的供给方面和风险企业的融资方面。

涉及风险投资的金融工具主要是指优先股、可转换债券、认股权证等形式。在风险投资中运用金融工具也是金融创新的结果，使风险投资既能减少、分散或者规避风险企业可能出现的风险，又能分享企业成长而获得的高额回报，既能激励风险企业实现既定的经营目标，又能促进风险投资家尽力进行增值服务，对风险投资中的融投资双方起到激励和约束的作用。

金融市场是指以货币或者金融工具为交易对象，通过各种信用工具来融通资金的市场。金融市场的交易内容包括货币的借贷、票据承兑与贴现、有价证券的买卖等。金融市场在风险投资中的作用表现在：①为风险资本提供筹资渠道，风险投资机构和风险企业都必须通过金融市场筹集所需要的资金，银行贷款、发行股票或债券、募集风险资本都必须通过金融市场。②是风险投资退出的最优途径，风险投资在风险企业成熟后，要退出风险企业，就必须出让股权。而股权交易只有借助金融市场的优势，一方面通过发达的证券市场，一方面通过完善的产权交易市场才能完成。许多风险投资发达国家，都开设了专门为风险投资退出服务的以交易高新技术企业为主的第二板市场。完善和发达的金融市场是风险投资发展的重要保证。③是风险投资的“晴雨表”。金融市场繁荣，必然表现出资金充裕、利率较低，支持风险投资的资金也就充裕，风险投资也随之会繁荣，高新技术公司的股价也会“水涨船高”，这样风险投资不仅拥有更多的风险资本，而且能获得更高的收益；反之，金融市场萧条，也必然影响到风险资本和风险投资的回报率。

案例

风险投资与阿里巴巴的发展

一、概况

阿里巴巴于1999年在杭州市成立，目前已经有13家旗下公司，分别是：阿里巴巴B2B、淘宝、天猫、支付宝、阿里软件、阿里妈妈、口碑网、阿里云、中国雅虎、一淘网、中国万网、聚划算、CNZZ、一达通。阿里巴巴集团公司通过旗下三个交易市场协助世界各地数以百万计的买家和供应商从事网上生意。三个网上交易市场包括：集中服务全球进出口商的国际交易市场、集中国内贸易的中国交易市场，以及通过一家联营公司经营、促进日本外销及内销的日本交易市场。此外，阿里巴巴也在国际交易市场上设有一个全球批发交易平台，为规模较小、需要小批量货物快速付运的买家提供服务。所有交易市场形成一个拥有来自240多个国家和地区的超过6 100万名注册用户的网上社区。

二、项目调研

风险投资机构通过对阿里巴巴的初步调查，发现公司的优势表现在以下几点：

1. 页面设计风格简约、简单以及操作方便。当打开阿里的页面后，会感觉页面做得很漂亮，阿里的页面做到了静态与动态的合理搭配、文字和图片的完美搭配，并且很有层次感，符合人们的审美观，同时其总体页面风格是简约的，体现了网站所提倡的文化精神，阿里页面的简约性体现了阿里网站操作简单化的特点。同时阿里的信息更新快并且比较真实，没有垃圾类的信息和无用、过期的信息，网站的内容和网站的主题相一致，网站的版块布局也体现了网站的主题等。

2. 主题明确，重点突出。阿里虽然信息量很大，但是不会给人很乱的感觉，就是因为其主题明确，重点突出，因为阿里就是围绕四个版块来操作的，即“我要销售”“我要采购”“以商会友”“我的阿里助手”。

3. 人性化的服务。阿里成功的因素虽然很多，但是其人性化的服务却是很重要的一点，因为网站本身看起来是虚拟的，但是阿里却提供真实和人性化的服务，所以使人们感觉阿里网站是实在的，可以产生效益。

但同时，公司的内部与外部也存在某些方面的劣势，主要表现为：阿里巴巴是水平型的综合类B2B电子商务网站，此模式较成熟，风险低，但模式单一、陈旧，例如以“供求商机信息服务”为主的、以“行业咨询服务”为主的、以“招商加盟服务”为主的、以“项目外包服务”为主的、以“在线服务”为主的和以“技术社区服务”为主的模式。B2B需要商业模式创新，依靠单一陈旧模式难以超越同行。

三、风险投资的整体过程

1. 创业原始资本：创始人的共同出资。1999年2月21日，马云和18位创业者筹集50万本金，成为阿里巴巴起飞的原始资本。

2. 第一轮投资：天使基金。1999年10月，以高盛为主的一批投资银行向阿里巴巴投资了500万美元。

3. 第二轮投资：大玩家软银。从2000年4月起，纳斯达克指数开始暴跌，长达两年的熊市寒冬开始了，阿里巴巴因为没有上市和获得的2000多万融资，逃过一劫。2001年1月18日，软银向阿里巴巴注资2000万美元，在投资完成后，软银同时还投入大量资金、资源与阿里巴巴在日本和韩国成立合资公司，帮助阿里巴巴开拓全球业务。

4. 第三轮投资：进军日本市场。2002年2月，日本亚洲投资公司与阿里巴巴签署投资协议，投入500万美元。同年10月，阿里巴巴正式发布日文网站，进军日本市场。

5. 第四轮投资：最大私募投资。2003年非典的爆发，虚拟交易受到重视，使得电子商务价值凸显，阿里巴巴各项经营指标持续上升。2003年7月7日，阿里巴巴斥资1亿秘密炮制淘宝网，正式进军C2C市场，为用户提供个人网上交易服务。而淘宝坚持的免费交易策略需要大量资金的投入。2004年2月18日，包括软银、新加坡科技发展基金、富达等四家基金共向阿里巴巴投资8200万美元，这是中国互联网行业最大的私募投资。

6. 第五轮投资：战略结盟。2005年8月，雅虎、软银再向阿里巴巴投资数亿美元。阿里巴巴与雅虎结成战略同盟。雅虎成为第一大股东，拥有40%股份；马云及其团队为第二大股东，拥有28.2%股份；软银为第三大股东，拥有股份16%。

四、风险投资的引入历程

1999年，阿里巴巴成立后没多久即遭遇了发展的瓶颈：公司账上没钱了。后来由于蔡崇信的关系，马云得到了一笔“天使基金”——500万美元。

1999年秋，日本软银总裁孙正义约见了马云，并给了他2 000万美元的软银投资，阿里巴巴管理团队绝对控股。

软银不是阿里巴巴的第一个风险投资商，却是坚持到最后的那个。1999年10月，马云私募到手第一笔天使投资500万美元，由高盛公司牵头，联合美国、亚洲、欧洲一流的基金公司参与。在阿里巴巴的第二轮融资中，软银开始出现。

2000年，马云为阿里巴巴引进第二笔融资，2 500万美元的投资来自软银、富达、汇亚资金、TDF、瑞典投资等6家风险投资商，其中软银为2 000万美元，阿里巴巴管理团队仍绝对控股。

2004年2月，阿里巴巴第三次融资，再从软银等风险投资商手中募集到8 200万美元,其中软银出资6000万美元。马云及其创业团队仍然是阿里巴巴的第一大股东,占47%股份;第二大股东为软银,约占20%;富达约占18%;其他几家股东合计约15%。

综上可知,私募对阿里巴巴的投资融合了分段投资和联合投资的策略。通过不同的投资策略组合,企业可以灵活应对企业变动,有效地降低了风险。

在引入风险投资过程中,阿里巴巴不断进行战略调整,将目标瞄准公司商务,建立独特的技术平台:针对中国买家推出'中国供应商'的服务,针对国际卖家推出'诚信通'会员计划。在互联网不赚钱的年月,阿里巴巴开始赢利。

五、风险投资的分段投资小结

第一、第二轮投资处于企业发展早期,投资风险最大;第三轮投资处于企业成长期,投资风险逐渐减小;而进入第四轮投资,企业进入扩张期,投资风险进一步降低。联合投资体现在:第一轮投资,高盛领头,几家投资公司共同参与投资;第四轮投资,软银牵头,几家投资公司共同参与投资。

六、退出风险投资

1. 并购。一般的风险投资期限为3~5年,到2005年,包括高盛在内的几家风险投资全部到期,当然期望早点上市实现套现。但马云认为应该坚持到淘宝战胜eBay、阿里巴巴垄断B2B市场、淘宝垄断C2C市场后再上市。面临投资者套现压力,阿里巴巴决定与雅虎中国联姻,阿里巴巴收购雅虎中国旗下所有资产,而雅虎投资10亿美元给阿里巴巴。

2. 香港上市。马云前瞻性预测,2008年将引来经济低迷,抓紧整合实现阿里巴巴上市。2007年11月6日,全球最大的B2B公司阿里巴巴在香港联交所正式挂牌上市,正式登上全球资本市场舞台。按收盘价估算,阿里巴巴市值约280亿美元,超过百度、腾讯,成为中国市值最大的互联网公司。在此次全球发售过程中,阿里巴巴融资额将达131亿港元(约16.95亿美元),接近谷歌纪录(2003年8月,谷歌上市融资19亿美元),成为全球互联网业第二大规模融资项目。风险投资获得了高额的回报。

3. 退出收益分析。经过阿里巴巴上市后,软银当初投资阿里巴巴的回报率已经高达71倍,创下了投资神话;雅虎介入阿里巴巴不过两年,同样获益甚厚。作为阿里巴巴集团的大股东,雅虎间接持有阿里巴巴28.4%的股权,其市值高达73亿美元;其他的风险投资商显然错过了最好的收获期。从阿里巴巴集团的第三轮融资开始,早期的一些风险投资商已经开始陆续套现。在第四轮投资时,高盛就没有跟投,并套现了部分股份。到阿里巴巴上市之前,只有软银一家风险投资商还一直在阿里巴巴的股份中牢牢占据主要地位,其他风险投资商已经全部退出。

2007年11月6日,全球最大的B2B公司阿里巴巴网络有限公司在香港联交所正式挂牌上市,正式登上全球资本市场舞台。并且以280亿美元的市值超过百度、腾讯,成为中国市值最大的互联网公司。2012 年阿里巴巴网络有限公司在香港联交所退市。

2008 年 4 月,淘宝网推出专注于服务第三方品牌及零售商的淘宝商城。2014 年 9 月 19 日,阿里巴巴集团在纽约证券交易所正式挂牌上市,股票代码“BABA”。2018 年 7 月 19 日,全球同步《财富》世界 500 强排行榜发布,阿里巴巴集团排名第 300 位。2018 年 12 月,阿里巴巴入围 2018 世界品牌 500 强。

截至 2019 年 6 月 14 日,阿里巴巴最新市值高达 4 116.18 亿美元。

案例引用

高艳辉. 阿里巴巴风险投资. 知识 - 力量[EB/OL]. http://www.chinaqking.com/yc/2017/887093.html,2017 - 9 - 5/2019 - 6 - 15.

复习思考题

1. 风险投资的运作中涉及哪些主体？他们在运作过程中各自起到什么作用？相互之间有什么联系？
2. 风险资本有哪些特点？
3. 风险投资运作的过程包括哪几个阶段？各阶段的基本功能是什么？
4. 简述风险投资运作过程中信息不对称的表现及其产生的风险。
5. 试述风险投资有哪些有别于一般投资的独特的运行机制。
6. 在政策环境方面对风险投资支持的具体手段有哪些？
7. 简述中介机构与风险投资的关系。

第三章

风险投资的风险管理

本章要点：

- ◆风险和投资风险的类型
- ◆风险投资中风险的识别和计量
- ◆风险投资过程中的风险防范

风险投资作为一种高风险与高收益并存的投融资机制，其最大的特点就在于高风险。风险投资的风险不单存在于风险投资的某个特定环节，而是遍布全过程。事实上，高风险与高收益是互为依存的，没有高风险就没有高收益。对于风险投资家来说，重要的不是根除风险，而是要把风险控制在一个合理的、可承受的范围内，然后去追求高收益。

从风险投资运作过程考察，风险投资所涉及的风险主要有：融资风险、投资风险、退出风险。

融资风险是风险投资机构筹集风险资金过程中遇到的风险。风险投资机构的资本除少量是风险投资家的自有资金外，绝大部分是吸引外部资金，如社会闲散资金、机构资金和政府资金。如果风险机构在风险投资过程中，由于经营不善，没有取得资本所有者所期望的投资收益，风险资本的投资人就可能撤出投资，使风险机构面临资金压力，甚至有关闭的可能，从而产生融资风险。同时，如果金融市场出现流动性不足，造成资金紧缺，会使风险资本的所有人不仅不会继续投资，反而会抽离资金，也同样产生融资风险。

投资风险主要表现为选择风险企业和风险企业经营管理过程中出现的风险，风险投资公司如果投向一个缺乏成长性的风险企业，即使以后投入大量的资源进行培育，也难以使其发展壮大，从而导致投资失败。

退出风险是风险资本在退出风险企业时所遇到的风险。风险投资是权益资本，要求在股权增值后适时退出。退出风险主要表现为风险企业成长后无法上市进行股权转让，或风险企业经营不善宣布破产而进行清算，致使风险资本因抵偿债务不能收回。

风险投资的整体风险中包含着一系列具体的风险因素，如要对风险投资的风险有更明确的认识，必须细化分析，才能准确地识别和计量。

第一节　风险投资的风险类别

一、风险投资的风险内涵

目前，学术界对风险还没有统一的定义，由于对风险的认识程度和角度不同，对风险概念也就有着不同的理解。代表性的观点有：风险是损失发生的不确定性；风险是指可能发生损失的损害程度的大小；风险是在一定时间内，以相应的风险因素为必要条件，以相应的风险事件为充分条件，有关行为主体承受相应的风险结果的可能性；在正常的市场环境下，给定一定的时间区间和置信度水平，预期最大的损失（或最坏情况下的损失）等等。

有一种主流观点认为：风险就是一种不确定性，与不确定性没有本质区别。持有这种观点的人将不确定性直观地理解为事件发生的最终结果会有多种可能，但最终结果呈现出何种可能难以事前准确预知。

但是从金融投资的角度来看，尽管风险与不确定性有密切的联系，但二者又有本质的区别。风险是指决策者面临的这样一种状态，即能够事先知道事件最终呈现的可能状态，并且可以根据经验知识或历史数据比较准确地预知可能状态出现的可能性的大小，即知道整个事件发生的概率分布。而在不确定性的状态下，决策者是不能预知事件产生最终结果的可能状态以及相应的可能性大小即概率分布的。随着决策者的认知能力的提高和所掌握的信息量的增加，不确定性决策也可能演化为风险决策。因此，风险和不确定性的区别是建立在投资者的主观认知能力和认知条件（主要是信息量的拥有状况）基础上的，具有明显的主观色彩。

结合以上分析，我们将风险投资的风险定义为：由于风险投资中风险因素的出现而引起未来收益具有不确定性或减少，从而导致投资失败的可能性。如果实际产生的收益与预期收益之间的可能偏离程度越大，则表明投资风险越高；反之则表明投资风险越低。而这种可能性随着风险投资公司与风险企业的主观认知能力的提高和认知条件的改善会进一步减少。

二、风险投资的风险种类

风险投资涉及三方当事人，分别是投资者（风险资本的所有者）、风险投资公司、风险企业。资金从投资者流向风险投资公司，经过风险投资公司的投资决策，再流向风险企业，通过风险企业的运作，资本得到增值，再回流至风险投资公司，风险投资公司再将收益回馈给投资者，如果投资收益对投资者有较强的吸引力，投资者会将更多的资金投入风险投资公司，这一过程构成一个资金循环，形成风险投资的周转和存续。从风险投资三位一体的运作方式可以看出，风险投资是一个不断循环的资本运作和增值过程。然而，在这一过程中，可能由于风险投资机制不健全，或某个环节存在缺陷，或管理行为出现失误，或是受到外部环境的冲击等原因，使得风险投资过程产生风险。

风险投资过程中的风险从整体上来分，可以分为系统风险和非系统风险。系统风险又称整体性风险，是由基本经济因素的不确定性引起的，对系统风险的识别就是对一个国家一定时期内宏观经济状况作出判断。影响系统风险的因素很多，如宏观经济环境、政治环境、经济周期、政策法规、利率、通货膨胀、投资理念等。由于系统风险不能通过多元化投资来分散，所以又被称为不可分散风险；非系统风险又被称为可分散风险，是指由公司自身经营管理过程中的商业活动和财务活动所造成损失的可能性，如技术风险、产品风险、管理风险、财务风险、信用风险、资金风险、技术风险、人员风险等都属于非系统风险的范畴。它是属于微观层面上公司所具有的风险，投资者可以通过制定投资组合或改善管理来分散风险。

系统风险和非系统风险也可以用系统论的观点加以说明，其基本出发点就是将风险投资过程作为一个系统。来自系统外的宏观因素对风险投资的影响就是系统风险；反之，就是非系统风险。

（一）风险投资的系统风险

在风险投资中，系统风险主要包括政策风险、自然风险、体制风险、经济波动风险。

1.政策风险。政策风险是指因政府调整与风险企业经营有关的政策，使风险企业的经营活动不能按预定目标进行而带来的风险，或是相关政策法规不完备而带来的风险。如财政、金融、消费、外贸、环境保护、行业限制等政策的变动，都会给风险投资带来很大的不确定性，这种不确定性可能会影响风险企业的盈利水平，出现亏损甚至导致投资失败。由于风险投资不仅仅是一个简单的投资过程，还包括筹资、管理和退出多个阶段，涉及投资者、风险企业、风险投资公司等不同的主体,包含了很多复杂的责权利关系。政府政策面的变化,对风险投资过程影响巨大,对风险投资机制的建立与发展也会产生巨大影响。无论是在风险投资发展比较成熟的国家,还是在风险投资初步发展的国家,政府政策在风险投资活动中都扮演着重要的角色。

2. 自然风险。自然风险是指由自然因素的变化或者由突发事件带来的不可抗拒的风险,比如地震、洪涝、风暴、火灾、战争等突发事件引发风险投资环境变化或引起整个市场波动,进而对风险投资相关的过程产生影响,由此可能给风险投资带来损失。

3. 体制风险。体制风险是指由于风险投资主体所在地区的经济体制,包括市场体制和风险投资体制等不完善所带来的风险。风险投资是在成熟的市场经济中形成的资本运作方式。它首先要求市场经济体制规范,这也是风险投资健康发展的基础;其次要求风险投资体制完善,包括融资体制、退出机制、保障机制等。比如,从融资角度来看,高技术项目难于融资,主要问题是由于体制和机制的制约,而不是缺少资金。由于高技术企业主要是依赖权益资本来发展的,如果不能解决权益资本的来源而只是单纯提供贷款的渠道,那么这种貌似优惠的政策只能迫使企业在承担巨大技术、市场风险的同时再承担巨大的债务风险,增加其生存难度。又如,从退出角度来看,风险投资还面临退出风险,风险投资者投资的目的并不是长期控制该企业,而是期望在将来退出时可获得高额利润,所以资金能否安全退出就显得格外重要了。风险投资的退出渠道主要有首次公开上市(IPO)、回购协议、企业兼并等,那么证券市场的完善程度和参与条件、投资项目价值量的大小和投资项目的发展前景等都是影响风险投资退出风险的重要因素。

4. 经济波动风险。经济发展具有周期性变化的特征,在繁荣和萧条之间交替运行,呈现阶段性的循环和波动,这就是经济周期。在经济繁荣时期,经济增长较快,社会总需求增加,投资者对投资项目的收益也会相应有较高的预期,投资需求也相应增加。而在经济萧条时,经济增长放缓,社会总需求会减小,投资需求也会减小。由于风险投资是一个长期投资,有可能风险投资者在经济高涨时期作出的投资决策,到需要退出时却处于经济低迷时期,这无疑将给风险投资者带来投资风险。而且投资回收期越长的项目,风险投资者所面临的风险也就越大。

(二)风险投资的非系统风险

风险投资的非系统风险涉及风险企业和风险投资机构两方面。风险企业的风险主要包括技术风险、管理风险、产品风险、融资风险、价格风险、信用风险、信息不对称风险等,风险投资机构的风险主要包括资金风险、退出风险等,此外,还有涉及融投资双方的风险。具体风险类型如下。

1. 技术风险。科研成果转化中的新技术的技术路线和技术原理究竟是否可行,能否适应大批量生产的技术和工艺要求,在预期与实践之间可能会出现偏差,从而形成风险。

高新技术具有技术复杂、研发周期长的特点，而风险企业技术创新初期是不成熟的，可能存在很多问题，如适用性、配套性、技术寿命等，这些问题都有可能导致技术风险的发生。技术风险具体表现在以下几个方面：

(1)技术成功的不确定性。技术的先进性与创新性是风险投资的核心所在。成功的风险投资不仅要求核心技术具有独特性和超前性，还要求其能带来现实的生产力。产品的开发、设计、工艺制定、制造等任何一个环节的技术存在问题，都会让新技术难以发挥其功效，使技术创新前功尽弃。一项技术能否按预期的目标实现预期的功能，在研制之前和研制过程中是不能确定的，从而存在技术风险。

(2)技术转化的不确定性。一项新技术由于没有参照物，难以用成功和失败案例来类比。新技术能否运用到生产实际中发挥提高生产率的效用难以确定，如新技术可能需要解决材料、生产工艺等诸多技术难题，而且一项高新技术产品即使能成功开发、生产并顺利步入产业化，但其技术效果还需要在一个较长的时期内才能得以验证和评估。例如，有的技术有副作用，会造成环境污染、生态破坏等，这类技术很可能因为受到限制而不能继续推广下去。另外，高新技术产品的更新换代一般都比较快，但具体被更新替代的时间是预先难以确定的。当更新的技术比预期提前出现时，原有技术将蒙受提前被淘汰的损失。这些都有可能产生技术转化风险。

(3)技术配套的不确定性。技术配套的不确定性是指一项科研成果转化所需的配套条件不成熟而引致的风险。配套风险在技术扩散、技术转移过程中表现得尤其突出。一项新的技术发明后，往往需要一些专门的配套技术的支援才能使该项技术实现商业化生产运作，如果所需的配套技术不成熟，也可能带来风险。如，美国的 TRITIUM 公司在风险资本的帮助下于 1998 年年初开始进军免费网络服务领域，但 TRITIUM 公司一时无法解决在技术上遇到的难题，即廉价带宽技术问题，在经营了半年之后，难以继续生产，只好宣布无限期停业。

(4)技术寿命周期的不确定性。由于技术进步的速度越来越快，使新技术的生命周期缩短，一项技术被另一项技术替代的时间将会缩短，所以，新技术如果不能在其生命周期内迅速实现产业化，就有可能被淘汰。

2. 管理风险。管理风险指因企业组织结构不合理、管理不善而导致风险投资失败所造成的风险。如，企业管理者缺乏管理知识和经验、决策失误以及企业组织结构不合理、管理方法不当等，引起了企业效益下降，从而产生管理风险。

风险企业大都有这样一个特点，即公司的创始人大多是专业技术人员，他们在专业技术上各有特长，但他们缺乏管理知识和经验。随着风险资本的进入，公司进入了一个超常发展阶段，这时公司创始人的管理能力已不能适应公司快速发展的要求，他们在公司管理上的风险日渐突出，主要表现为以下几个方面：

(1)决策风险。决策风险是风险企业因决策失误而带来的风险。由于风险企业具有投资大、产品更新快的特点,使得风险企业对高新技术产品的决策尤为重要,决策一旦失误将会给企业带来不可估量的损失。

(2)组织风险。风险企业主要以技术创新为主,企业的增长速度都比较快,如果不能及时调整企业的组织结构,就会造成企业规模的扩大与组织结构落后的矛盾。我国目前盛行的以技术参股的高新技术产品创新模式,其合作成功率不足60%;因组织结构不合理导致失败的占相当大的部分。例如,曾名噪一时的我国珠海巨人集团最终经营失败,因素之一就是组织松散、管理混乱。又如,1977 年 4 月,在风险资本的帮助下,苹果公司首次公开推出的 AppleⅡ型机取得巨大成功,但是公司的超常规发展使公司的组织结构出现了问题,而公司的创始人乔布斯和沃兹尼克都深感自己不能胜任日常的管理工作,于是他们任命管理经验丰富的马古拉为执行主席,并从国家半导体公司挖来了他们的总经理麦克尔·斯格特担任苹果公司的总经理。这样,苹果公司及时调整组织机构渡过了当时的管理危机并得到快速发展。

(3)人才风险。技术人才是风险投资成功与否的关键因素。与传统技术企业相比,风险企业在劳动力需求的数量和结构上有较大的不同,由于风险企业成长较快,且一般属于高度知识密集型的企业,因此对科技人员和高素质劳动力的需求较大,因而容易形成高科技人才的相对短缺。如果由于管理的原因,导致高级人才流失,核心技术难以持续,就会给风险企业带来致命的威胁。如何重视和开发人才资源,吸引科技人才是非常重要的环节。

3. 产品风险。产品风险是指风险企业生产的新产品或服务不符合产业发展趋势,不能适应市场的需求,可能给风险企业带来的损失。例如,在 20 世纪 80 年代初,IBM 根据市场变化的需求,率先提出走电脑相互兼容的道路,其他的一些电脑公司都纷纷响应。然而苹果公司却没有注意到市场的需求及竞争形势发生了变化,在技术上拒不走兼容化道路,使苹果机与其他品牌 PC 机不兼容,市场供应的大量软件无法应用,从而难以增加新的客户,失掉了大部分的市场份额,导致了苹果公司经营状况恶化。产品风险具体表现在这样几个方面:

(1)产品市场需求小,难以进行大规模生产,从而导致产品风险。

(2)产品不符合产业发展方向,逐渐被市场淘汰,如不具有节能环保的要求。

(3)产品还没有形成规模经济时,就被其他的新产品所替代。

(4)产品没有足够的竞争力,不能替代现有的产品。

4. 融资风险。融资风险既有针对风险投资机构的,也有针对风险企业的。前者是指风险投资机构的资金规模有限,不能形成规模效应,不能通过多元化的组合投资分散风险;后者是指风险投资资金周转困难,致使在某一阶段因资金瓶颈而失去先机,被对手超过或者面临经营失败的可能性。

5. 价格风险。价格风险是指由于金融市场利率、汇率及价格水平的变化所带来的资金收益的不确定性。风险投资公司向风险企业大量注入资金后，在企业运行过程中应特别注意利率水平及相关因素的变化，如通货膨胀、金融政策、财经政策等。其中通货膨胀尤为重要。在通货膨胀的时候，政府会采取紧缩的货币政策，利率上升，致使贷款成本随之增加，或难以得到贷款，导致风险企业资金紧张，从而带来资金风险。在成本推动的通货膨胀时期，价格上升，拉动生产中所使用的材料、设备等成本上升，同时消费者也会因为企业产品价格上涨而减少购买，导致产品销售量减少，从而影响企业的收入，进而影响投资收益。对于风险投资公司来说，由于通货膨胀引起了股市和汇率波动，会因为股票价格的下降或汇率的下滑，使风险投资者承担一定的资金风险。

6. 信用风险。信用风险是指提供信用保证的参与者（包括投资者、风险投资公司、风险企业、管理和技术开发人员）的资信发生问题而导致投资损失的可能性。由于成功的风险投资离不开有效的信用保证结构支撑，因此，最重要的是各成员是否有能力履行其职责，是否愿意并且能够按照法律文件的规定，在需要时履行其所承担的对转化项目的信用保证责任，这种信用支持应贯穿于风险投资的各个环节和阶段。

7. 信息不对称风险。某个利益主体出于自身利益的考虑，对对方封闭信息，从而会给对方带来损失的可能性，就构成了信息不对称风险。风险投资活动中广泛存在着各种信息不对称的问题，如风险投资家和风险企业家之间的信息不对称，风险企业家与高新技术创新者之间的信息不对称等。为了保证风险投资的成功，应该最大限度地消除信息不对称问题，使风险投资中的各个利益主体能够充分沟通和了解。

从以上的分析可以看出，要想确保投资的效益，就必须尽可能合理选择风险管理技术和手段，制定好风险管理总体方案和行动措施，利用各种创新来有效地激励创业家和风险资本家，有效地减少信息不对称，并提供技术创新所必需的管理机制，尽可能减少、控制和消除存在于风险投资中的各种风险。

第二节　风险识别、计量与控制

风险贯穿于风险投资的全过程，风险管理也是个持续的过程，有效地进行风险控制显得十分重要。而进行风险控制之前，必须对风险进行识别、计量，然后才能有针对性地提出控制风险的方法和措施。风险投资中风险的识别和计量，是风险投资成败的一个关键过程。

一、风险识别

风险识别是指在各种风险发生之前，通过一系列的方法、工具，对风险的类型及其产生原因进行分析判断，识别出风险投资过程中可能存在的风险因素的过程。

风险识别首先是信息分析机构通过对收集到的信息资料及有关数据进行投资项目的横向、纵向比较，判定投资项目运行过程属于何种景气状态以及预示着何种状态，经过风险评价，判断风险大小以及会带来什么严重后果。一般而言，任何风险的出现都会有预兆，通常某些指标会提前出现异常的波动，风险识别阶段就是要根据一定的原则捕捉到这些异常。

正确的风险识别应集中在两个方面：一是如何正确认识和理解风险的存在；二是识别新业务发生的风险。对风险的识别工具最主要的是非现场的监管或者稽核监督分析和现场稽核检查。风险识别应当连续进行，包括对企业产品本身和整个业务运作流程都应予以考虑。一般来说风险投资中风险识别的方法有以下几种。

（一）德尔菲法

德尔菲法又称专家意见法，用德尔菲法识别风险投资过程的风险的一般程序是：由风险投资机构的风险管理人员制定一种调查方案，确定调查内容，聘请若干专家，以风险管理人员发放调查表的方式向专家就风险因素进行提问，同时也提供反映风险企业的经营状况的相关资料。专家根据风险企业的经营情况，就调查的问题进行回答，发表自己的意见。风险管理人员把专家的意见汇总起来，反馈给专家，让专家在综合意见的基础上，进行二次询问和发表意见。如此反复直到意见收敛，最后达到一致的结果。

（二）财务透视法

财务透视法是通过观察企业资产负债表上资金的来源和运用情况以及企业现金流量表中现金流量、收益的变动情况，来透视风险企业的风险程度的方法。如果企业资产负债表上的资产或现金流量表上的销售收入和收益突然发生异常变动，就有可能生产风险。在实际操作上，一般设定几个重要的财务指标及其异常、正常的区间，一旦某个时候这些财务指标变动超过正常区间，风险管理人员就要对风险企业的具体情况进行详细的分析和研究，得出风险的来源和大小。

（三）事件推测法

事件推测法是对于当前影响企业的较重大事件作出一定时期内（如一年）的推测，并在此基础上确定企业风险的大小。一般采取事件跟踪法，风险管理人员事前将影响风险企业的重大事件一一列举出来，然后对这些事件进行跟踪，查看某种事件发生时，会产生什么样的风险。

（四）风险因果图法

风险因果图法是将收集的信息分类，找出风险因素，根据各风险因素之间的关系，分析风险因素可能带来的后果，并挑选出危险系数大的风险因素，重点监测。该方法的主要优点是比较全面地分析了所有的风险因素，并且比较形象化，直观性较强。

（五）情景分析法

情景分析法是一种能够分析引起风险的关键因素及其影响程度的方法。一个情景就是对一个事件未来某种状态的描述，当某种因素变化时，如何影响整个企业的经营，在这种情景下，会有什么样的风险发生？它可以采用图标或曲线等形式来描述当影响项目的某种因素发生变化时，整个项目情况的变化及其后果，供分析人员进行比较研究。情景分析法主要用于以下情景：提醒分析人员注意某种措施或者政策可能引起的风险和危机性后果，研究分析某些关键因素对未来过程中可能出现的经济风险的影响。

（六）经验观察法

经验观察法是老练的风险投资公司经理根据自己的经营经验，从一个风险企业的生产经营现象上就可以觉察出它的问题所在以及风险程度的大小。这种方法最大的优点是在缺乏足够统计数据和原始资料的情况下，就可以进行风险判断；其缺点是容易受心理因素的影响。

二、风险计量

风险计量是指在识别了风险投资过程中可能面临的风险后，应用一定的方法估计和测量发生风险后所造成的损失的可能性和大小。通过对风险的估计，可以准确地估测风险投资过程中的风险状况，确定各种风险投资过程的风险大小，并由此判断各风险投资主体对风险的抵抗能力。

风险计量需要完成两个方面的工作：一是确定某一风险发生的概率；二是确定发生这一风险会造成的损失额。目前可用于风险计量的方法有以下几种。

（一）主观评分法

主观评分法首先将项目主要的单个风险都列出来，并为每一个风险赋予一个权值，例如从0～10之间选一个数，0代表没有风险，10代表风险最大，然后把各个风险的权值都加起来，再同风险评价标准进行比较。主观评分法容易使用，其用途大小取决于填入表中数值的准确性。该评价方法的特点为将定性分析与定量分析结合起来，由此将主观分析扩展到能够同时完成综合评价风险因素与测量风险临界值的双重任务。最具代表性的是所谓的“A记分”方法。“A记分”方法首先试图将与风险企业的风险有关系的各种现象或标志性因素列出，然后根据它们对企业经营成败的影响大小进行赋值，最后将这个企业的所得数值或记分加起来，就可以知道该企业的确切风险程度。其思路是，企业的经营失败并不是一下子突然发生的，而是有一个循序渐退的过程。在这个过程中，企业首先发生一些失误，这时虽离失败还很远，但如果不能加以克服，这些缺点就会导致经营上的错误产生；如果错误得不到纠正，企业就会出现明显的破产前征兆，而这时企业假如还不能悬崖勒马，则下一步必然是破产。这一思路不仅给人们分析和判定风险企业的风险提供了很好的基础，而且也为以后考虑如何治理风险指出了一条道路。

（二）层次分析法

层次分析法可以将无法量化的风险按照大小排出顺序，把它们彼此区别开来。层次分析法通常有两个步骤：第一，先确定评价的目标，再明确方案评价的准则；第二，把目标评价准则连同方案一起构造一个层次结构模型。在这个模型中目标方案和评价准则处于不同的层次，彼此之间有无关系用连线表示，评价准则可以分为多个层次。层次结构模型做出之后，评价者根据自己的知识、经验和判断，从一个准则层开始向下，逐步确定一层因素相对于上一层各因素的重要性权数，然后经过计算，排出各方案的风险大小顺序。

（三）决策树法

决策树法用树状图表示项目所有可供选择的行动方案、行动方案之间的关系、行动方案的后果以及这些后果的数学期望，进而对项目的风险进行评价，作出该项目是应该就此止步还是应继续进行的决策。在决策树中，“树根”表示构想项目的初步决策，称为决策点。从“树根”向右画出若干“树枝”，每条“树枝”都代表一个行动方案，称为方案枝，方案枝右端称状态结点。从每个状态结点向右又伸出两个或更多的小“树枝”，代表该方案的两种或更多的后果，每条小树枝上都注明该种后果出现的概率，称为概率枝。小“树枝”右端是“树叶”，“树叶”处注明该种后果的大小。后果若是正的，表示收益；后果若是负的，则表示损失。

（四）比率分析法

比率分析法是根据风险企业的财务账目的有关数据，利用财务报表中常用的比率来进行风险分析。常用的比率主要包括资本结构比率、流动比率、存货周转率、资本回报率、收入结构比率、资产周转率、酸性试验比率、利润边际率、债务比率9个。该方法最具代表性的是“Z记分”方法。作为一种综合评价风险企业风险的方法，“Z记分”方法首先挑选出一组决定企业风险大小的最重要的财务和非财务的数据比率，然后根据这些比率在预先显示或预测风险企业经营失败方面的能力大小给予不同的权重，最后将这些加权数值进行加总，就得到一个风险企业的综合风险分数值，将其对比临界值就可知企业风险的危急程度。

（五）盈亏平衡分析法

盈亏平衡分析分为静态盈亏平衡分析和动态盈亏平衡分析。其原理是利用成本、产量和利润之间的关系，求出投资项目的收入等于支出的平衡点（平衡产销量、平衡销售额等），平衡点越低，表明投资项目风险越小。静态平衡点分析研究项目某一年的投入产出的关系；动态平衡点分析研究项目在整个寿命周期内的投入产出关系，考虑了资金的时间价值，全面反映了投资项目在整个寿命周期内的不确定性与风险。

（六）敏感性分析法

敏感性分析是研究在项目寿命周期内，项目中某个不确定因素（如产量、产品价格、固定成本、变动成本、项目寿命周期、固定资产投资、流动资金、汇率等）的变动对项目性能指标（如净现值、内部收益率等）的影响。通过敏感性分析，风险分析人员可以知道是否需要用其他方法作进一步的风险分析。如果敏感性分析表明，不确定因素即使发生很大的变动，性能指标也不会发生很大的变化，那么就没有必要进行费时、费力、代价高昂的概率分析。根据不确定因素每次变动的数目，可分为单因素敏感性分析和多因素敏感性分析。

（七）随机型风险估计法

随机型风险估计即概率分析，它是对不确定因素发生变动的可能性及其对经济效益的影响进行评价的方法。其原理是：假设不确定因素是服从某种概率分布的随机变量，因而经济效益作为不确定因素的函数必然也是随机变量。通过研究和分析这些不确定因素的变化规律及其与经济效益的关系，可以全面了解风险投资的不确定性和风险。概率分析主要包括期望值分析、（均）方差分析以及投资项目的经济效益达到某种要求的可能性分析。其一般程序是：在平衡点分析和敏感性分析的基础上，确定一个或几个主要的不确定因素；估算不确定因素可能出现的概率或概率分布；计算投资项目经济效益的期望值、（均）方差以及进行期望值和均方差的综合分析；计算和分析项目经济效益达到某种要求的概率，通常是计算分析净现值小于零的概率或大于零的概率。

（八）风险报酬法

风险报酬法又称调整标准贴现率法，这种方法除考虑资金的时间价值外，还认为资金具有风险价值，即投资者在投资中因冒风险的报酬。风险越大，风险报酬越大；风险越小，风险报酬越小。风险报酬的大小随投资项目的类型不同而变化。投资项目可根据对风险的主观判断进行粗略划分，如可以划分成无风险、低风险、中等风险、高风险四类。

风险估计与评价的方法还有很多，如风险当量法、等风险图法、灰色理论系统、模糊分析法、效用理论、计划评审技术（PERT）和图形评审技术（GERT）等，总的说这些理论和方法各有所长,进行风险分析时必须根据项目实际情况进行选择。

三、风险控制

(一)风险控制的含义

风险控制是指在风险识别和计量的基础上,根据风险的性质和大小,对不同类型、不同程度的风险,采取适当的方法和措施加以规避和防范的过程。风险控制是风险投资的重要环节,也是风险投资活动中必不可少的过程。

风险存在于风险投资的每一个过程和环节中,风险投资最大的特点就是风险大。风险投资过程中的风险是不可能被消除的,只能加强管理和控制,使风险减小到最低程度。风险投资的风险管理就是将风险控制在风险投资主体所能承受的范围内,实现收益最大化。

(二)风险控制的方法

在风险管理中,常见的风险控制方法有:风险预防、风险规避、风险转移、风险分散、风险保险、损失控制。

1. 风险预防。风险预防就是通过严密的措施阻止风险及其损失的发生。在风险投资过程中,风险投资机构在投资前对投资项目的严格考察,就是一种风险预防措施。

2. 风险规避。风险规避是指放弃某活动或拒绝实施某决策以达到回避因从事该项活动可能导致风险损失的目的。风险投资的风险避免是指风险投资主体在决策中对高风险的领域、项目和方案进行回避,进行低风险选择。

一方面,从防范风险的后果看,风险规避的后果是最好的。它能够在风险事件发生之前完全消除某一特定风险可能造成的种种损失,而其他任何方式只能减少损失发生的概率或降低损失程度,或在损失发生后及时予以经济补偿。而这些方法都不如采用避免风险那样彻底。对风险投资来说,如果在仔细考察和研究风险企业后,确定风险企业有无法克服的技术障碍、无法获得实现的市场需求等情况,就应该采取规避的方法进行风险控制。

另一方面,规避风险有其局限性。其一,如果对风险识别、风险估计尚无把握,规避风险的方法就没有任何意义。规避风险只有在人们对风险事件的存在与发生、对损失的严重性完全有把握的基础上才具有积极的意义。但事实上,由于自然界和社会活动的极端复杂性和人们认识能力的局限性,人们无法对所有的风险都识别评价,因而避免风险的方法存在着很大的局限性。其二,规避风险是通过放弃某项计划为代价而消除可能由此产生的风险与损失,但与风险相对的则是收益,为了避免风险而放弃某项活动也必然要随之失去与这种活动相伴随的种种机会和利益。所以,规避风险带有消极防御的性质,只有在可以规避风险的情况下,方可采用。

3. 风险转移。风险投资的风险转移,是指风险投资过程的部分风险或全部风险由一个承担主体向另一个承担主体转移。尽管风险转移者的原因和手段各异,但都试图达到同一目的,即将可能由自己承担的风险损失转由其他人来承担。

转移风险一般采用两种形式:一是所有权转移的风险预控型转移,即将可能遭受损失的财产及有关活动转移出去。这种随所有权转移而实现的风险转嫁属于风险预控型转移,是转移风险的重要形式。二是转移给保险公司的财务型转移,即将标的物面临的财务损失转嫁给保险公司承担。保险是财务型转移的最重要形式。三是转移给非保险公司的财务型转移,是指将某种特定的风险转移给专门机构或部门,如将一些特定的业务交给具有丰富经验、技能,拥有专门人员和设备的专业公司去完成。在对外投资时,企业可以采用联营投资方式,将投资风险部分转移给参与投资的其他企业;对企业闲置的资产,采用出租或立即售出的处理方式,可以将资产损失的风险转移给承租方或购买方。总之,采用转移风险的方式将财务风险部分或全部转移给他人承担,可以大大降低企业的财务风险。

风险投资的风险转移,是指风险投资过程的部分风险或全部风险由一个承担主体向另一个承担主体转移。这种风险转移也分为二种形式:退出投资、联合投资。退出投资是指风险投资公司一经发现所投资项目或企业成功的可能性较小,及时退出、参与科技保险或项目保险。联合投资是在风险投资中吸收多种来源的风险投资,此时项目的承担主体仍是企业,而各风险投资公司主要是参与风险损失的分摊和风险收益的分摊。在联合投资中,风险的分摊意味着风险的一种转移,而风险转移又必然伴随着收益的分摊而转移。

4. 风险分散。风险分散是指通过投资组合将风险分散。风险投资的风险分散,是指风险投资者通过科学的投资组合,如选择合适的项目组合、不同成长阶段的投资组合、投资主体的组合,使整体风险得到分散而降低,从而有效地预控风险。作为风险投资的发源地及风险投资最发达的国家——美国的统计情况是:10%的风险投资项目进展情况很好;30%的风险投资项目进展情况一般;30%的风险投资项目在两年内倒闭;30%的风险投资项目在两年后倒闭。所以,风险投资组合的成功往往依赖于一两个项目的巨大商业成功。故有必要进行不同项目的组合,我们可以近似地认为只要项目组合的成功概率超过风险投资的总体平均成功率,就是一项有效的组合投资决策。

风险投资在使用分散风险进行风险控制时,应当做到以下几点:

(1)在风险分散中,应当注意两点:一是高风险项目和低风险项目适当搭配,以便在高风险项目失败时,通过低风险项目来弥补部分损失。二是项目组合的数量要适当,项目数量太少时,风险分散作用不明显,而项目数量过多时,会加大项目组织的难度,导致资源分散,影响项目组合的整体效果。

(2)创业企业的成长有其特殊的轨迹,一般要经过四个发展阶段:种子期、初创期、成长期、成熟期。不同的成长阶段,企业所需的投资、面临的风险以及投资者投资增值的机会和空间都是不同的。当风险投资公司筹集到资本之后,所面临的第一个考验就是选择在什么时机进入风险企业,能够使风险最低、收益最大。为了使风险降低,最好采用不同阶段的投资组合。

(3)集合多个投资者、联手进行投资活动、分散投资的风险,这已经被其他领域的实践证明是一种有效的推动发展、分摊风险的方法。例如,国际金融市场上的银团贷款、政府和多家公司联合进行大型项目,特别是基础设施和基础产业项目的投资等,都是投资主体组合的成功例子。

5. 风险保险。参与科技保险或项目保险是一种补偿措施,旨在使被保险人能以确定的小额成本(保险费)来补偿不确定的大额损失,最高补偿金额以保险金额为限。项目的承担主体不发生变化,仍是原来的企业,但风险损失的承担主体发生了变化。当技术创新项目失败时,保险公司将承担部分损失,即保险公司成了技术创新的财务风险的承担主体之一。

6. 损失控制。损失控制是指在损失发生前尽可能全面地消除损失发生的根源,并竭力减少致损事故发生的概率,在损失发生后减少损失的严重程度。所以,损失控制的基本点是预防损失发生和减少损失的严重程度。

风险投资的损失控制,是指在对风险投资的风险因素进行充分辨识和分析的情况下,事前对风险进行预测和预控,降低风险发生的可能性或风险发生后的损失程度。风险投资的风险因素包括可控制的风险因素和不可控制的风险因素,如决策风险、技术风险、生产风险中的部分风险因素是可控的风险因素,对于这些可控的风险因素,可以通过计划、组织、协调等方式对其加以预防和控制。而对于一些不可控的风险因素,如由于宏观政策环境、市场需求所导致的风险因素,则可采用风险避免、风险转移、风险分散等风险管理方式。

损失控制是风险管理中最积极主动的处置风险的方法。相对于其他方法,损失控制更积极、合理、有效。

第三节 风险投资的风险管理体系

风险管理是指为实现一定的管理目标和策略,在全面系统及动态分析的基础上,对各种风险管理方法进行选择和组合，制定并监督实施风险管理总体方案的决策体系、方法与过程的总称。

风险管理体系是企业风险管理的整体设计，包括制定企业的风险管理目标、完善企业的内控体系、设计与优化企业的风险管理流程、设计企业风险管理组织结构及其职能，从而建立起风险管理的长效机制，从根本上提升风险管理的效率和效果。

由于风险投资比一般的投资面临更大风险，因此建立更加完善、更加强大的风险管理体系就显得尤为重要。

一、风险管理体系的目标和功能

（一）风险管理体系的目标

投资风险有三个构成要素：风险因素、风险事件和风险结果。风险因素是指引起或增加风险事件发生的机会或增大损失程度的条件，是风险事件发生的潜在原因；风险事件是外界环境变量发生预料未及的变动从而导致风险结果的事件，它是风险存在的充分条件，在整个风险中占据核心地位，是造成损失的直接的或外在的原因；风险结果是指风险事件发生后风险投资所处的状态。风险投资的风险管理的目标就是：通过对风险投资过程中风险因素的异动检测，分析评价其可能的后果，对结果有不良影响的因素要重点监控，通过各种措施来防止、纠正风险因素的异动，以保证风险投资的安全运行，如果风险事件发生，要采取有效手段积极应对，尽量将损失减少到最小。其中风险的预防是最重要的。

（二）风险管理体系的功能

风险投资的风险管理体系的构建不但要求能有效保证或提高其常规管理职能，而且还要发挥其独特的功能。这些独特的功能包括以下三方面。

1. 预警功能。预警功能是指对风险投资的所有内部与外部风险进行监测、识别、评价与警示的一种功能。它通过设立各类风险因素能产生后果的风险警示区域，对某些可能带来失衡状态的风险因素进行识别与警告，以便各方当事人对风险提高警惕，并采取必要的预防措施。

2. 矫正功能。矫正功能是指对风险投资可能存在的管理风险进行预控和纠错的一种功能。它依照风险预警管理的信息，对风险投资管理失误进行主动的预防控制并纠正其错误，促成风险投资管理平稳和有效。

3. 应急功能。应急功能是指如果风险突然发生，风险管理体系能及时调整，按过去设计的应急预案，组建应急小组，制定应急方法，集中一切力量化解风险。

二、风险管理体系的组织机构及其职能

风险管理体系的组织机构在风险控制中起着组织和决策作用，是风险管理机制的神经中枢。组织机构的设立是否合理对风险控制效果至关重要。一个健全的风险管理组织机构应该包含有指挥机构、联络机构、信息收集机构、信息分析机构、决策咨询机构，以及执行机构。其中，核心机构是指挥机构，各机构及其具体职能如下。

（一）指挥机构

指挥机构一般负责研究风险管理的总方针、确定风险管理目标，及时解决经营过程中出现的问题，并制定风险防范与处理的策略决策。指挥机构需要有足够的权威进行决策、进行风险控制，需要能够管理混乱的形势，并能够在短的时间内进行决策以及作出适当反应。

（二）联络机构

联络机构是指挥机构与执行部门相连的纽带。联络机构的任务就是保证指挥机构与其他部门之间持续的信息交流。该机构的工作人员需要接受一定的培训，并准确掌握接收和记录信息的技能与应变能力。

（三）信息收集机构

信息收集机构为信息分析机构和决策机构收集信息。其成员致力于收集信息而不是对信息作出反应，因而需要他们的服务快速和准确。

（四）信息分析机构

信息分析机构是风险管理团队中主要的信息整理者与评估鉴定者。他们负责信息分类、整理、评估，把其他机构从繁重的获取、筛选和评估风险信息的工作中解放出来，使其他机构能专心地进行决策及控制任务。信息分析人员应接受搜集与评估信息方面的训练，并同信息收集机构保持持续良好的沟通。

（五）决策咨询机构

决策咨询机构为指挥机构提供专家建议，这使得指挥机构能有充分的思考空间、有更多的时间应付风险投资中遇到的困难；决策咨询机构能够弥补指挥机构风险管理经验的不足与专业知识的缺乏，减少思维定式和组织惯性，减少决策失误带来的严重后果；决策咨询机构的存在使得指挥机构在处理投资危机的时候不必面面俱到，指挥机构有更多的时间和经验去考虑信息及可供选择方案。

（六）执行机构

执行机构负责将指挥机构的决策具体实施。该机构的作用发挥分散在设计、生产、

管理各环节,上层的命令能否贯彻实施,与该机构密切相关。执行机构的工作人员要有能力与经验理解决策的内涵,并能圆满完成风险控制的任务。

三、风险管理的流程设计

风险管理一般分为风险识别、风险分析和评价、风险处理三个阶段。现实经济生活中的风险并不都是显露在外的,不加识别或者错误识别不仅难以管理风险,而且还会造成难以预料的损失。

风险识别是根据风险投资过程中出现的各种迹象判断所出现的风险属于哪一类,一般都是根据风险管理经验及投资理论中对各类风险的描述进行判断。风险的分析与评价主要是分析风险发生的概率及估算风险发生后预期的风险损失对投资过程可能产生的危害程度,一般采用数学方法和模型,并运用计算机系统来帮助分析。如VAR、CAR的计算、不确定性程度的度量、敏感性和波动性分析、忍受水平和信心水平估计等等。还要对一些隐含性风险进行分析和显性化处理。在完成了以上步骤之后,要对是否实施风险管理和如何实施风险管理作出决策,即风险处理。风险处理的手段通常有三个:风险控制、风险自留和风险转移。风险控制是采取一定的措施将风险控制在最低的限度以内或者消除风险、避免风险。风险自留是让风险自生自灭,不采取措施预防或避免。风险转移是将风险转移到投资的其他各方。

对于风险投资而言,风险管理也应包括这几个阶段,只是由于风险投资的风险相对较大,其风险流程的设计需更严密、更紧凑,功能更复杂。本节把风险投资的风险管理流程分为三个阶段:一是风险预警;二是风险处理;三是风险管理效果的评判与调整。

(一)风险预警阶段

风险预警是在对相关风险信息采集的基础上,分析可能导致风险投资出现风险的根源性因素,通过定性与定量相结合的方法发现风险投资活动中的潜在风险,并发出警示,最终实现对风险投资活动的风险预控。风险投资的风险预警阶段发挥着风险晴雨表的作用,其又分为以下几个阶段。

1.信息收集阶段。预警阶段的前期工作主要是信息收集机构搜集关于企业外部生存环境以及内部经营方面的资料和信息,如相关的产业政策、国内外市场竞争状况、行业发展状况、企业本身的各类信息等等,并进行初步整理、加工、存储及传输。信息收集工作是整个预警阶段的基础,是保证风险投资机构获得高质量信息,充分识别、正确分析风险企业风险状况的前提条件。

这一阶段风险要素的选择很重要,因为有关企业的信息繁多,如果没有重点、不分主次地收集所有的信息,不仅工作效率低,而且还不能准确地把握风险的实际状况。所以,在收集信息之前,要明确影响风险的主要因素,即风险要素。

风险要素一般应满足这样几个基本条件:一是科学性,即所采用的风险要素应能够较全面、深刻、客观地动态反映风险投资活动各方面、各环节、各因素的关系,并且每一项概念要科学、合理。二是一致性,即风险要素要与风险投资活动状况大体一致或略有超前,且能比较敏感地反映风险投资的异动。三是可比性,即在进行风险预测时,可利用要素体系对不同历史时期或年代的风险投资活动状况进行纵向分析和比较,在各风险投资公司规模结构大体相近、时间跨度和年代一致的情况下可进行横向比较。四是易操作性,即每一项要素的设置都必须考虑能得到足够的基础数据的支持,否则等于虚设而无实际意义。同时,指标要素又要便于量化,计算简便、可行,易于操作。五是定量和定性相结合,即对那些能够通过数据获得的风险要素,应尽可能采取定量方法得到比较准确、肯定的分析,而对于那些难以定量表示的风险要素,则应作较详细的定性说明,以便对风险投资运行规律全面理解和掌握。六是关联性和独立性相统一,关联性要求列入指标体系中的每项指标都能从某一个角度正确地反映风险投资的风险状态,使指标与指标之间成为相互联系的有机整体。独立性是指应尽量减少各指标因素之间的重叠区域。然而,指标间的这种既关联又独立的关系并不矛盾,关联性使得相互独立的指标成为一个整体服务于风险管理体系。

2. 风险识别与评价阶段。风险的识别是风险分析机构对所面临的以及潜在的风险加以判断、归类整理并对风险的性质进行鉴定的过程。信息分析机构通过对收集到的信息资料及有关的数据进行投资项目的横向、纵向比较,判定投资项目运行过程特征属于何种景气状态以及预示着何种风险状态。风险评价是判断风险大或小,会带来什么严重后果。一般而言,任何风险的出现都会有预兆,通常某些指标会提前出现异常的波动,该阶段就是要根据一定的原则捕捉到这些异常。

(二)风险处理阶段

好的风险控制体系不仅能在运行不佳时先于风险的实际发生发出预警,而且能够及时指出导致状况恶化的根源因素,使决策者能在实际危机发生前尽早采取有效的应对措施,以防止风险的实际发生或尽量减少风险可能造成的损失。该阶段对预防风险的发生尤为重要。如果风险发生,应有应急举措,将损失的后果减少到最低限度,尽量做到能在维持企业生存的前提下,保持原有生产能力并实现利润计划。

(三)风险管理效果的评判与调整阶段

风险管理效果评价是分析、比较已实施的风险管理方法的结果与预期目标的契合程度,以此来评判管理方案的科学性、适应性和收益性。如果效果与预期目标相去甚远,应对风险管理方法予以调整。

案例

作为"投资天使"的雷军投资电商凡客诚品失败的教训

凡客诚品曾经繁盛一时，在垂直电商领域曾经创造了成长力第一名的神话。它由卓越网创始人陈年于2007年创立。2007—2009年，凡客以29 576%的增速疯狂成长。凡客经过8年7轮融资，共获得超6.2亿美元的投资总额，投资方包括联创策源、IDG资本、赛富投资基金、启明创投、中信产业基金、淡马锡等，最高估值达50亿美元。雷军曾领投了1亿美元给凡客。只可惜寄托了太多投资人期望的凡客，经历了盲目扩张、库存危机、资金链断裂、上市折戟等挫折之后，从此一蹶不振。投资打了水漂的雷军这样调侃自己："我人生最倒霉的事情是投了凡客，以后只能穿凡客的产品。"

一、项目调研

作为天使投资的雷军，在项目的选择上，的确是下了很大功夫，而且经过了认真的分析和论证，才决定投资该项目。客观地讲，雷军的风险投资原则是只投熟悉的人，或熟人的熟人。雷军认为该项目(公司)具有以下几点投资价值。

(一)企业成长有价值

凡客诚品与传统的服装品牌相比，是非常具有成长力的互联网电商。产品涵盖男装、女装、童装、鞋、家居、配饰、化妆品七大类，支持全国1 100个城市货到付款、当面试穿、30天无条件退换货。凡客诚品店铺的所有商品都包邮，客服24小时服务，以及30天的无理由退货，吸引了很多买家来购买凡客诚品的商品。2009年，凡客就拥有了自己建立的物流体系，店铺里面的所有货都是自家的物流。发货、送货速度特别快。这项技术模式创新对互联网服装品牌是一个福音，具有行业的领先性。在"清科2010年中国最具投资价值企业50强"评选中，凡客诚品(VANCL)凭借其服装电子商务领域的卓越表现荣膺该奖项榜首。成为"中国最具投资价值企业50强"的企业。该评选活动已经成为中国最具权威性的创业投资家对企业的评选平台，是反映年度最具成长潜力企业的风向标，同时也是创业投资家发掘具有投资潜力的优质中小型企业的最佳平台。

(二)研发队伍雄厚、品牌定位精准

凡客诚品品牌定位是打造"互联网快时尚品牌"。深度整合国际领先的时尚资源，采取开放的众包设计平台方式，和西班牙、瑞士、斯洛文尼亚、英国、法国、加拿大、德国、日本、韩国等多个国家的一线设计师建立了合作关系，依托互联网品牌力量集聚全世界的一流设计师资源。其具体合作方法是，凡客主要与国外的设计工作室合作，与西班牙的4个工作室有合作，设计师有200多人，还与日本的7个工作室合作，这些工作室以前都为

ZARA、H&M、优衣库服务。此外，VANCL 也和国内各大院线、娱乐公司、时尚杂志、国内外跨界设计师联系，酝酿各种选美类活动、时尚服装走秀、设计师专属服饰等。例如，凡客畅销的 59 元帆布鞋是由西班牙一家名为 Actionshoes 的知名设计工作室打造的，2011 年热推的 1 500 款 29 元 T 恤，则邀请了众多 80 后的艺术家和设计师参与原创设计。其卓越的研发能力得到业界的称赞。因此，品牌极受年轻人的喜爱。

（三）产品市场前景诱人

创业以来，凡客诚品依靠良好的产品和个性化的服务，建立了企业的口碑；在让消费者对凡客诚品的产品建立信任之后，逐步从电子商务行业向服装行业的本质回归。凡客诚品开始时尚品牌塑造的进程。凡客诚品首先走出电子商务企业的思维定式，回归到服装品牌的定位，按照时尚品牌的方式，塑造强势品牌。在短短两年的时间，凡客的平均增长速度达到了 29 576%，没看错，这数字没有小数点，涨了将近 300 倍。凡客诚品荣膺由 21 世纪商业评论、21 世纪经济报道主办的“2008 最佳商业模式企业大奖”。在营销上，凡客诚品更是全面发力，邀请了韩寒、王珞丹当产品代言人。由此创造的“凡客体”文案，更是一下子火爆了全国。越来越多的买家选择买凡客诚品，尤其是年轻人、学生群体。这一年，放眼全国，似乎只有两个服装品牌，一个是其他品牌，一个是凡客。

（四）产品将在市场保持霸主地位

据艾瑞咨询发布的数据显示，2010 年第三季度中国网络购物市场交易规模为 1 210 亿元，同比增长 76.9%，增速逐步放缓。反观中国的自主销售式购物网站，VANCL 增速超平均水平跃居电子商务行业第四，VANCL 的单日销售额超过 1 000 万元。凡客诚品创始人、董事长兼 CEO 陈年认为，凡客诚品成立后短短 3 年时间，注册用户超过 1 000 万。据艾瑞咨询统计数据表明，2009 年在服装自有品牌 B2C 电子商务网站中，凡客诚品因占有 28.4% 的市场份额而排名第一。2009 年 12 月，凡客诚品曾获得“2009 德勤高科技、高成长亚太区 500 强”第一名。VANCL 的使命就是“平价快时尚”“人民时尚”。中国还没有诞生千亿级别的服装企业，凡客诚品的愿景是，与中国市场一起成长，努力成为千亿级别的企业。

二、风险控制的失误

明明是一个市场潜力巨大的好项目，却没有成功，原因就在于凡客诚品犯了两个致命的错误：第一，大规模地快速扩张导致了库存过多。一方面是凡客诚品本来走的就是物美价廉的路子，利润比较低；另一方面，库存多，资金回流就比较慢，结果导致资金链断裂，负债十多亿。第二，转型错误。本来只专注做服装的凡客，开始扩大经营范围，童装、鞋子、包包，甚至还有拖把。这些转型直接就破坏了之前通过辛辛苦苦营销在消费者心中建立的凡客形象。于是，消费者减少，产品卖不出去，库存增加，资金跟不上，就这样形成了一个恶性循环，最终把凡客拖垮了。

（一）外部风险

1. 行业发展速度导致竞争激烈。快速是互联网一个重要的特征。VANCL每一步都是快速策划、快速履行、快速出作品。从价格促销到宣传推广方面看似简略的方法，却推翻了传统服装业的模式。但在互联网服装行业里，速度虽然重要，但由于行业进入门槛较低，加之服装产业本身就是一个充分竞争的成熟产业。因此，行业的同质性竞争激烈。由于过度关注新品速度，导致服装的品类特色全无，质量不佳，虽然VANCL不断强调说要做产品，但是结果越走越偏，越做越没产品。匡威比它有格调，优衣库比它舒服，ZARA比它时尚，就连GAP也比它受认可。在此过程中，VANCL对产品开发推广中遇到的种种困难作过详细的分析和探索，却低估了同行替代产品的竞争抵抗和行业管理上种种传统行为方式的制约，管理层出于保护现有市场格局和既得经济利益的考虑，忽视了自身产品特色的定位，这也是导致VANCL惨败的最重要原因。没有产品特色的品牌支持，没有消费者持续的认同，产品可持续的市场化将是一句空话。

2. 风险资本的退出机制不完善。风险投资与其他投资不同的地方是风险投资既要有入口（风险项目或风险企业），又要有特定的资本退出机制作为其“出口”，由此才能形成一个完整的投资循环体系。当时国内虽然有创业板市场，但正处于起步发展阶段，其他资本退出渠道也不通畅，没有“出口”的问题使风险投资没有机会变现已得到增值的原始投资，无法获取风险投资在高增长阶段形成的高利润。因此，VANCL在市场的巅峰期，风险资本没有及时退出，导致了后来的投资失败。

3. 资金缺乏成为发展的瓶颈。VANCL处于创业阶段，虽然获得了7轮的融资，但一直没有成功进行IPO上市，因此无法获得资本市场的持续性资金支持；当VANCL密集开拓市场需要大量资金支持的时候，大量资金用在互联网推广上，VANCL库存十几亿元，人员工资每年至少5亿元，四年累计亏空可能超20亿元。所融资的资金无法真正满足人员薪酬、市场推广、库存积压等各种因素对资金的实际需求。由于现金流在终端市场遭遇瓶颈问题，并且一直没有获得商业银行的金融支持，使资金问题成为制约VANCL可持续发展的重要障碍。

（二）内部风险

1. 管理机制有缺陷。运营上的精细化问题可能是凡客诚品需要解决的。这些问题在一定程度上也影响到凡客诚品的IPO以及日后的良性运营。VANCL当时非常注重产品推向市场后的占有率与产品更新的速度，并在互联网上大量做广告，进行大面积的宣传，但这种粗放式的广告投入模式背后，却忽视了管理机制的完善和建立。当时精力主要集中在宣传上，却缺乏后续的服务，处于“无服务”经营状态，并且对于产品库存缺失等现实的销售问题，不能及时处理，消费者的满意度不断下降，最终导致市场口碑不断下降。随着风险资本的进入，公司进入了一个超常发展阶段，这时公司的管理能力已不能适应公司快速发展的要求，在公司管理上的风险日渐突出，事实上正是因管理者的决策失误使 VANCL 的经营状况雪上加霜。雷军对此缺乏足够的重视，其实这在很大程度上影响到风险投资各主体间的相互关系，如主体间的契约安排、内部治理结构和经营绩效评价等。这主要是风险投资后续风险预警不足造成的。

2. 营销定位失误。VANCL 学京东做全品类，片面追求产品的多而全，结果卖不掉的东西被源源不断地生产出来。此后凡客清库存、大裁员，从巅峰时拥有超过 1.3 万名员工、7 轮融资超 4 亿美元、最高估值达到过 30 亿美金的如日中天的“独角兽”，变成零售界的又一个“伤仲永”。2016 年，凡客背负了高达十几亿元的债务和高达 19 亿元的库存，缩水和裁员随之而来，当年，凡客团队仅剩 180 人。

3. 风险投资经验缺乏。雷军投资有自己的原则，只给熟人投资，只投资自己熟悉的项目。对于正处于创业初期的凡客诚品，当时的风险投资经验不足、缺乏一支专门从事创业投资的专业队伍，在管理、人才资源上还不能完全达到风险投资的要求，缺乏全盘操作风险投资项目与管理风险的能力，无法提供管理、财务、金融等全方位支持。另外由于缺乏专业的行业及市场分析人员，没有对企业的经营能力、可信程度以及其所在市场的政策环境等问题进行彻底的透视，造成投资的盲目性。

案例分析

雷军遇到的风险是风险投资过程中常常出现的、相当有代表性的问题：在现阶段，中国的投资银行能否进行风险投资？应该怎样进行风险投资？从上述风险投资失败案例中，我们总结出以下几条经验教训。

1. 必须建立项目储备和筛选体系，严格按照科学程序进行项目筛选。风险投资的成功与否在很大程度上取决于对项目的考察、筛选、论证和培育。由于我国目前一些新型的创新类企业在世界产业链条中仅处于比较低的位置，要取得丰厚的回报难度更大，因此选择项目和企业非常关键。这就要求投资者开展风险投资业务必须建立自身的项目储备和筛选体系，从项目库和客户群中选择有潜力、有价值的项目进行严格论证。

2. 必须适度介入企业运营，变单纯融资支持为积极参与管理。风险投资是把资金投向蕴藏着相当大失败危险的新型商业模式及其产品的研究开发区域，因此在一定程度上风险投资的真实含义是“冒险创新资本运营”，风险投资是一项集投资、融资、管理、股权运营为一体的金融系统工程，所以风险投资不仅向企业注入资金，而且还要有帮助建立新企业、制定市场战略、组织、管理所需的技能。因此进行风险投资必须要有更大的积极性参与到风险企业的运营中去，对风险企业也要进行严格监管，使风险投资家和风险企业家具有同舟共济的合作基础。

3. 必须与合作方建立长期稳定的战略合作伙伴关系。作为一种长期的、流动性低的权益资本,发达国家风险投资平均投资时间一般都达到5—7年。风险投资只有成为一个完整的循环过程,才能不断壮大,任何一个环节的堵塞,都会使整个风险投资系统丧失其应有的效率。鉴于我国风险投资选择的非灵活性,导致我国一个风险投资循环周期比其他国家更长,因此在相当长一段时间内,我国风险投资应当选择已相对成熟、市场前景较为清晰的项目或企业,而且必须与项目企业保持长期稳定的战略合作伙伴关系,以保证整个风险投资体系的稳定和可持续性。

4. 必须坚持持续性的资本运作,全面提高金融服务水平。在追求资产以及产品市场的流动性中获得高收益是风险投资的独特之处。正是基于这种行为理念,风险投资者凭借其拥有的对公司上市和资产重组的丰富经验,要积极通过持续性的资本运营实现多渠道投资变现和资产增值。除了将二板市场作为退资"出口"外,目前也还有次级收购、商业出售、管理层购并、场外交易等多种途径可供选择。风险投资者还要采取多种金融手段实现完整灵活的要素市场(技术、人才、股权交易)的合理组合机制,为风险创业资本提供全方位的金融服务。

在总结中发现,在当初风险投资项目中的一些失误现在看来恰恰是投资者本身没有深度思考的问题,风险投资的资金不应该与公司的商业模式创新割裂开来,风险投资应关注或适度参与投资者业务创新和市场拓展,要在企业的业务创新中培养并构建全流程的风险预警机制。

天使投资的雷军开展风险投资的基本思路是:立足于现有的熟悉的人或熟悉的项目,只投资,并未参与管理。因此,没有及时发现企业的终端销售市场风险。2010年的凡客可谓是风光无限,仅仅一年时间,凡客就卖出了3 000多万件服装,总销售额突破20亿元,同比增长300%。但是由于凡客高速扩张造成了高达19亿元的库存堆积,直到2016年凡客才将积压的存货处理妥当。

坦率地讲,中国风险投资理念和市场环境仍在发展与完备的阶段中,在业务开展过程中遇到的困难比发达国家要多得多。但从根本上讲,风险投资成败的关键还在于投资者能否坚持自己的理念和选择正确的投资途径。必须充分认识到,以传统融资和投资的思维进行风险投资活动,不能保证风险投资的成功;依赖传统的投资思维,只投资熟悉的人也不能保证风险投资的成功。

复习思考题

1. 风险投资面临的系统性风险与非系统性风险有哪些?有何区别?
2. 风险投资风险管理的目标是什么?
3. 风险投资各风险评价方法的特点是什么?

4. 风险投资的风险管理各机构是如何分工的？

5. 在本章的案例中，你认为风险投资失败主要是哪些风险造成的？

6. 如果你是一位风险投资家，发现了一个好的项目，你准备投资该项目，你该如何控制该项目的风险？

模拟实训

太阳能手机电池产业化风险分析

有个创业人研制了一种太阳能电池，这种电池能量获得的方式，是以太阳能替代传统电池充电方式获得电能。充电时，可将电池电板放在太阳下照射。正常情况下，太阳下照射一天可获得5天左右的待机能量或3天的电话通量。其价格比普通手机电池稍低。从技术上看，这种手机电池有节能环保的优点，在价格上也具有优势，但风险投资评审中却被否决。试分析这种手机电池失败的原因。

（提示：主要从风险角度进行分析，重点考虑市场风险）

第二篇

风险投资运作要素篇

第四章

风险企业

本章要点：

- ◆风险企业的四个发展阶段及其特征
- ◆风险企业的设立
- ◆风险企业规划

一项高新技术的产业化，通常划分为四个阶段：技术酝酿与发明阶段、技术创新阶段、技术扩散阶段和工业化大生产阶段。每一阶段完成后向下一阶段过渡和发展，都需要资金、人才、管理等多要素的配合，而完成高新技术产业化的主要形式就是企业，我们一般把这种高新技术产业中创立初期的企业叫风险企业，它是高新技术产业的组成部分，是高新技术产业的细胞，也是风险投资的载体。风险投资能否成功关键在于风险企业能否发展壮大。

第一节 风险企业的概念

一、风险企业的概念

风险企业是指风险投资的投资对象，也就是接受风险资本的企业，主要是指正在用最新的技术和方法研究开发和生产新产品的中小型企业,甚至是微型企业。由于这些企业经营成功与否尚未明确,技术可能尚未成熟,产品市场前景尚不明确,存在收益的巨大不确定性,因此投资这类企业存在着巨大的风险,所以称之为风险企业。

风险企业可以存在于各行各业中,既可以是高新技术产业,也可以是传统产业。风险企业与一般传统企业最主要的区别在于两方面:第一,风险企业采用的是最新技术和方法,生产的是最新的产品和服务,技术和方法不一定成熟,产品和服务也不一定能得到市场承认,因而风险较大。而一般传统产业,由于生产历史长,技术成熟度高,产品性能和需求也很稳定,风险也相对较小。第二,传统产业由于技术成熟度高,技术创新难度较大,往往难以形成重大的技术突破和产品创新,因此也难以获得超额的利润。而高新技术产业中,常常能产生重大的技术创新,生产出全新的产品和服务,满足现实或潜在的巨大的市场需求,从而给生产者能带来巨大的超额利润。风险企业通常就是指这种高新技术企业。此外,高新技术企业产品一旦成熟,形成产业化进行大批量生产后,企业的风险也随之降低,所以,风险企业更多时候是指那些中小型高新技术企业。

二、风险企业的特点

风险企业与一般传统的企业相比,具有以下特点。

(一)技术和方法的创新性

风险企业生产产品和服务所用的技术和方法,通常是全新的技术和方法,从技术原理和技术路线上,与现有的生产技术和方法相比,可能有较大甚至是本质的改进,往往是重大的技术创新,表现出来的效果就是成本的显著降低或者是功能的显著提升。成本的降低是由于采用新的技术和方法而使用更便宜、更普通的材料,在保证产品功能不变甚至提高的基础上,降低产品的生产成本。功能的提升是指利用新的技术和方法,在成本不变甚至降低的情况下,会使产品的原有功能更强大,或者会增加更新、更强的功能。技术创新是风险企业未来发展的潜力和空间所在,也是吸引风险投资的关键所在,更是企业发展壮大的保证。

(二)产品和服务的全新性

风险企业要获得成功,光有先进的生产技术和方法是远远不够的,必须把先进的生产技术和方法进行产业化,转变为能满足市场需要的产品和服务,通过产品和服务的销售,才能获得投资回报。而要在竞争激烈的市场中,获得超额利润,就必须有比现有产品和服务更具竞争优势的新产品,获得相对垄断的竞争地位,这样才有可能获得超额的垄断利润。而与现有的产品差异,是取得垄断竞争的必要条件,所以,用全新的技术和方法生产出来的全新产品和服务，是风险企业成功的重要因素之一。

（三）企业规模小型化

风险企业主要指一些中小型高新技术企业，这些企业在发展成熟前，企业资产规模小，人员也较少，收益更少甚至亏损。也正是由于企业小，所以才有较大的发展空间，为风险投资提供投资机会。

（四）企业的高成长性

风险投资与一般传统投资最大的区别在于：一般传统投资在投资企业后，以其所拥有的股份获得企业的分红派息，投资回报是企业利润分配收益；风险投资者不仅仅是为了获得风险企业的利润分配收益，而是着眼于风险企业高风险性带来的巨大的股权增值收益。风险企业利用新技术和新方法生产新产品和新服务，最终的目标是企业发展壮大，获得巨额的经济利润。一方面，投资者从超额利润中获得巨额的投资回报；另一方面，由于企业的成长潜力和空间，企业自身的价值也会随之增加，风险投资者可以从股权转让中，获得更大的投资回报。这是风险投资最终的目标和理想的期望收益，也是风险投资区别于传统投资的本质特征。风险企业的高成长性是保证企业增值的关键。

（五）产业促进性

风险企业主要是高新技术产业中的企业，国际上对高新技术产业的分类是：生物工程技术、电子信息、软件、生物医学工程、新材料、新能源、空间技术、海洋、纳米材料和转基因技术等产业。高新技术产业的主要特点是：高技术附加值、高增值性经济效益、最新科技、尖端科学技术、高度知识密集。从高新技术产业的分类来看，大部分是为其他产业生产提供新型的原材料和新的技术方法和手段，因而，高新技术产业的发展，会带动相关产业的整体发展和结构的调整，进而影响整个国民经济发展。而风险企业是高新技术产业的细胞和支柱，只有风险企业的发展，才能带动和促进整个高新技术产业的发展。所以，风险企业的发展对产业结构调整和产业升级具有积极的推动作用。

第二节 风险企业的发展阶段

根据风险企业不同阶段的特点，我们将风险企业的发展阶段分为四个时期：种子期、创建期、成长期和成熟期。

一、风险企业的种子期

（一）种子期的含义

种子期是指风险企业在发展过程中的最初阶段，是一种新技术、新方法、新思想的酝酿与发明阶段，此时新产品处于萌芽时期。这一时期主要任务是新技术和新思想的酝酿，产生实验室样品或样机，并在不断的实验中改进和完善新技术、方法和思想。大多数发明和创造都是一个技术积累过程，是经过大量的实验取得的。种子期实际上就是这种实验过程。

（二）种子期的特征

1. 资金的需求量小。由于种子期主要处在技术创新的酝酿阶段，主要是在实验室完成，因此所需要的资金较小，创业家可以利用个人资金、朋友借款、政府科研资金援助等方式加以解决。如果这些资金还不能满足需要，则会寻找专门的风险投资家和风险投资机构，这个时期的风险投资称作种子资本（Seed Capital），或者叫"天使投资"。

2. 获得风险投资难度大。由于这个时期，企业还没有真正成型，要获得风险投资，仅仅从口头上说明这种产品的技术如何先进、如何可行是不够的，必须对这种产品的市场前景、发展潜力和空间，进行科学的预测和详细的论证，设计出商务计划书，供风险投资家分析和判断，接受其考察，才有可能获得风险投资。风险投资在种子期进行的风险投资占风险投资总额的份额较小。

3. 风险企业家需要具备多方面知识和技能。一个风险企业家的成功不能仅仅是优秀的工程师和卓越的发明家，还必须有经营管理、市场营销、培养人才等企业发展所需要的各方面的知识和技能。风险投资者经过考察，若同意出资，就可在此基础上合建一个小型股份公司，风险投资者和发明家各占一定股份，合作生产，直至形成正式的产品。所以，在这个阶段要获得风险投资，风险企业家的综合素质对风险企业的成功至关重要。

（三）种子期的风险

风险企业在种子期面临的风险主要是技术风险。处于种子期的风险企业，主要处在技术创新阶段，是新技术、新方法和新思想的酝酿阶段，但这种新的技术路线能不能实现，技术原理的可靠性和可行性有多大，实现新技术的手段和条件能否符合实际，都存在着一定的不确定性，不能保证能运用到实际生产中去，更不能确定可实现产业化。一旦被证明不能运用到生产和产业化过程中，就会导致技术创新的失败，具体表现在技术原理不够科学、技术路线难以完成、技术方法难以实现。

风险投资者在种子期的投资承担着很大的风险。这些风险不确定性因素多且不易测评,并且离企业成熟时间周期较长。但投资种子期的风险企业也有优点,由于企业没有真正形成规模,可以投资较少的资金就能获得较大的企业原始股权,一旦企业运作成功,其投资回报就十分巨大。苹果电脑公司的风险投资就是这种投资的一种典范。

二、风险企业的创建期

(一)创建期的含义

创建期指风险企业完成技术创新、新产品试销阶段直至企业成型的阶段。这个阶段风险企业的主要任务有两个:一是要通过中试,进一步解决技术问题,排除技术风险,进行小批量生产,解决批量生产的技术、设备、原材料供应等问题;二是要进入市场进行新产品试销,听取市场反应和消费者意见,以进一步对产品进行改进和完善。

(二)创建期的特征

1. 资金需求量较大。由于创建期要进行中试和小批量生产,所以需要的资金量要比种子期多。这个阶段的资金主要来源于原有风险投资机构的增加资本或者是新风险投资机构的介入。这时期投入的资本称作创建资本(Start-up Capital)。如果这种资本无法完全满足资金需要,可能还需要从其他渠道获得资金。

2. 企业逐渐成形。进入创建期的风险企业,基本上完成了技术创新过程,企业经过小批量生产和产品试销,使技术和产品逐渐得到完善,为产品进入大批量生产创造了条件。

3. 风险逐渐加大。由于创建期的风险企业,需要安装设备和采购原材料、招聘更多技术人员来进行小批量生产,使资金投入量增加,如果风险企业失败,那就会带来较大损失,所以风险也因此加大。同时,由于要进行小批量生产和新产品试销,技术风险和产品市场风险也随之暴露。一旦被实践证明技术不可行或产品无市场需求,企业只有从头再来,或者倒闭。

4. 企业赢利能力差。创建期的风险企业还没有进行大规模生产,企业还不能通过产品销售获得利润,企业还处在投入期,成本费用较高,大多处于亏损状态。

5. 属于风险企业转折关键时期。这一阶段所需资金量较大,风险企业难以通过自筹资金满足需要,开始积极引进风险投资。这个阶段也是一些比较激进的风险投资开始介入的时期。如果风险投资者发现存在的技术风险或市场风险超过自己所能接受的限度,就有可能退出投资;但如果对风险企业更有把握和信心,风险投资机构会增加投资。是增加投资还是退出投资,除了科学冷静的判断分析外,还要依靠风险投资家敏锐的识别能力和洞察能力。如果风险投资加大投入,风险企业会加速发展;相反,风险投资退出,风险企业就会陷入困境。因此创建期是风险企业一个重要的转折时期。

（三）创建期的风险

创建期的风险主要体现在以下几个方面。

1. 技术风险。创建期是将创新的技术应用到生产实际中的一个过渡阶段，也就是从实验室到大批量生产的转移时期，创新的技术经过中试和小批量生产，可以发现技术存在的问题和需要改进、完善的方面。如果有不可克服的障碍，也就宣告了技术创新的失败。小批量生产就可以显示技术风险的大小。

2. 产品风险。风险企业运用新技术和新方法生产出来的产品，还得经过市场的检验，也就是看有没有市场需求、有多大的市场需求。有些产品即使功能强大，但由于成本过高，致使市场需求很小，导致风险企业难以发展壮大。有些产品虽然价廉物美，却不一定有市场需求，不能形成一定的市场规模，也会导致企业失败。产品试销就是检验产品风险的大小。

三、风险投资的成长期

（一）成长期的含义

成长期是指风险企业进入大批量生产的产业化阶段。这一阶段是通过创建期对生产技术和产品改进、完善后，并确定技术成熟、产品可靠后，正式进入大批量生产的阶段。风险企业开始进行生产工艺的布置、设备的安装调试、原材料和配件的采购、生产和技术人员的招聘和培训等扩大再生产准备，产品也陆续进入市场，开始建立营销网络，企业组织结构、管理体系都逐渐健全，以便适应大规模生产的需要。

（二）成长期的特征

1. 企业结构和功能健全。成长期的风险企业，是在经过种子期和创建期，完成了技术创新和产品创新，完善了生产技术和产品后，进行的大批量生产阶段，企业也真正成为一个组织结构和生产功能健全的企业，从原材料采购到产品生产和销售都基本上进入正常运行，风险企业已经成为一个追求利润最大化的经营实体。

2. 资金需求量大。成长期的风险企业，由于要进行大规模生产，不仅需要购置厂房、机器设备，进行固定资产投资，而且还要采购原材料、配件等，进行流动资产投资，同时还需要招聘和培训技术人员、生产人员、营销人员、管理人员，以开拓市场建立销售渠道，因此对资金需求量也相应地增加。

3. 企业赢利能力提高。由于成长期的风险企业已经进入大批量生产时期，企业赢利能力与创建期相比会大大提高。但由于成长期处于市场扩张阶段，大规模生产在逐渐建成中，市场营销也在逐渐开拓过程中，投入也在逐渐增加中。由于这个阶段投入较大，产品的市场占有率也不很高，所以企业财务状况虽然好转，但有可能还处在微利甚至亏损状态。

4. 属于风险投资的主要投资阶段。由于成长期的风险企业已经完成技术创新，完善了大规模生产的技术工艺，产品也得到了市场检验，技术风险和产品风险也随之降低。由于企业进行大规模生产需要的资金量大，风险企业也有进一步融资的要求，所以这个阶段是风险投资进入的最佳阶段，也是风险投资的主要阶段。风险投资会寻找时机积极介入。另外，产品销售也能回笼部分的资金，银行等稳健资金也会择机而入。企业进入良好的发展阶段。

（三）成长期的风险

1. 技术风险。风险企业进入成长期，说明具有大批量生产的条件，技术和工艺都已经成熟和完善，即使有部分技术和工艺需要改进，也已经不会影响整个企业的生产了，所以技术风险较小，已经不是成长期的主要风险。

2. 产品风险。进入成长期的产品，虽然通过部分产品销售，得到了市场的检验，但仍然不能完全确定产业化的产品能否形成竞争优势、能否获得较高的市场份额。有可能因为产品规格不全、品种单调，而不能取得优势的竞争地位；也有可能性能不够完备，难以替代现有的产品，也有可能因消费者不能认知而不能激发潜在的市场需求。所以，成长期的产品风险仍然存在，不可忽视。企业要降低产品风险，需要在销售过程中，得到消费者对产品质量、功能、外观等多方面的反馈信息，然后根据消费者的需要不断改进和完善产品的设计和性能。

3. 市场风险。一方面，由于进行大批量生产，产品销售成为风险企业的主要环节。风险企业能否打开销售局面、建立良好的销售渠道、保持顺畅的销售，取决于企业所制定的销售计划、设计的销售策略、选择的销售方法正确与否。如果企业选择的销售方法不当、销售策略不正确，即使产品具有竞争优势，也可能导致销售失败。另一方面，由于技术和产品已经成熟，并投入市场，竞争者开始仿效，如果不能抢占先机，也会失去一部分市场。所以，市场风险是成长期风险企业主要的风险之一。

4. 管理风险。风险企业家多是技术背景出身，随着企业规模的扩大，会面临组织结构和管理模式等方面的挑战。如何既保持技术先进又尽享市场成果，这都是管理的艺术之所在。为此，风险投资机构应积极评估风险，并派员参加董事会，参与重大事件的决策，提供管理咨询，或通过选聘更换管理人员等方法来降低风险。

5. 财务风险。成长期的企业需要安排大量的资金进行产业化的准备，如果资金安排不当，或者无法筹措到企业生产所需要的足够资金，都会影响风险企业产业化进程，影响风险企业产品进入市场的先机，从而影响风险企业的成长。所以风险企业要加强财务管理，对资金统筹规划，降低财务风险。

四、风险投资的成熟期

(一)成熟期的含义

成熟期是指风险企业经过成长期后,已经发展壮大成为具有一定实力的企业,在本行业中具有明显的竞争优势和竞争地位,并能在行业中占有一席之地。严格来说,这时的企业已经不能称之为风险企业,但本书仍然将它作为风险企业发展的一个过程和阶段来研究。

(二)成熟期的特征

1. 企业规模变大。进入成熟期的风险企业,产业化过程已经完成,产品规模在市场上不断扩张,市场占有率和市场份额不断提高,企业获利能力不断增强,企业规模不断扩大,风险企业已不再是小型高新技术企业了。

2. 风险大幅降低。风险企业在成熟期,技术风险和产品风险已经大幅度降低,不是风险企业的主要风险。市场风险、管理风险和财务风险,也在企业不断扩张、产品的市场占有率和市场份额不断提高的情况下逐渐降低。

3. 企业获利能力逐渐增强。成熟期的企业,以其创新的技术和创新的产品,取得市场竞争优势,以其技术和产品的相对垄断地位,取得产品的定价权,获得超额利润。

4. 风险投资逐渐退出。成熟期的风险企业,资金需要量仍然很大,主要是大批量生产所需要的流动资金和市场开拓费用,但风险投资已很少再增加投资了。一方面是因为企业产品的销售已能产生相当的现金流入;另一方面是因为这一阶段技术成熟、市场稳定,企业已有足够的资信能力去吸引银行借款、发行债券或发行股票。更重要的是,随着各种风险的大幅降低,风险投资的利润率也已不再处于诱人的高位,对风险投资不再具有足够的吸引力。

成熟阶段是风险投资的收获季节,也是风险投资的退出阶段。风险投资选择这一阶段退出,主要是因为这一阶段对其他投资者,如银行、一般投资者具有吸引力,风险投资可以以较好的价格和合适的时机退出。

(三)成熟期的风险

风险企业进入成熟期,各种风险都会随着企业不断壮大而大幅度降低,相对都较小。其主要的风险是产品风险、市场风险、管理风险和财务风险。

1. 产品风险。在成熟期,产品风险主要是由于产品和技术成熟,产品利润率高,可能引来竞争者的模仿,生产出模仿的创新产品,或者激发了竞争者进一步技术创新,而生产出更新的可替代产品。这一风险特别是在成熟期的后期更容易出现,这是市场经济中价格机制和资源最优配置的市场规律作用的结果,也是不可避免的。

2. 市场风险。成熟期的市场风险主要是由产品风险带来的。竞争者的模仿产品和创新产品,必然会降低风险企业产品的市场占有率和市场份额,从而产生市场风险。

3. 管理风险。成熟期的风险企业,无论在资产规模、企业组织还是在市场营销网络上都渐渐变大、变强、变得更为复杂,这也对企业管理提出了更高的要求。如果管理不科学,就会使企业效率下降,影响企业的发展。所以,风险企业在成熟期也要注意加强企业管理。

4. 财务风险。进入成熟期的企业,由于产品销售量大,企业的现金流量也特别大,资金往来也会大幅增加,这对企业资金使用效率提出了更高的要求。如果财务管理不当,也会影响企业资金效率。

第三节　风险企业的设立、经营和规划

一、风险企业的设立

风险企业的设立是指风险企业获得合格的法律地位。风险企业是接受风险投资的主体,因此具有合法的法人地位是风险投资的前提条件。但由于处于不同时期的风险企业有不同的特点,所以在企业设立公司时要受到资金、资产等其他条件的限制,而不能任意选择公司形式。在设立公司时,公司形式主要有有限公司、无限公司(合伙制)两种形式。

有限公司是指由符合法律规定的股东出资组建,股东以其出资额为限对公司承担责任,公司以其全部资产对公司的债务承担责任的企业法人。在我国,有限公司有两种形式:一是有限责任公司;二是股份有限公司。股份有限公司,是指由一定人数以上的股东组成,公司全部资本分为等额股份,股东以其所持股份为限对公司承担责任,公司以全部资产对公司的债务承担责任的企业法人。

无限责任公司是指由两个以上股东组成,股东对公司债务承担连带无限清偿责任的公司。股东以自己的全部动产与不动产对公司所欠债务负责,当公司资产不足以清偿公司债务时,股东要以自己的个人财产来抵偿。无限责任公司的全体股东对公司债务负连带责任。

无限责任公司在我国还没有被完全承认和接受,股份有限公司设立的要求很高,所以,在我国设立公司的主要形式是有限责任公司。对于在种子期、创建期和成长期的风险企业设立公司的形式也只是有限责任公司;而在成熟期,为了能够发行股票和上市流

通,则必须成立股份有限公司。

(一)有限责任公司的设立

在我国,设立有限责任公司应当具备下列条件。

1. 股东符合法定人数。法定人数是指法定资格和所限人数两重含义。法定资格是指国家法律、法规和政策规定的可以作为股东的资格。法定人数是《公司法》规定的设立有限责任公司的股东人数。《公司法》对有限责任公司的股东限定为 50 人以下。

2. 股东应当按期足额缴纳公司章程中规定的各自所认缴的出资额。公司必须有充足的资金才能正常运营。股东没有出资,公司就不可能设立。2018 年修改后的现行《公司法》,取消了原《公司法》中对货币最低出资比例的限制。新法规定,有限责任公司的注册资本为在公司登记机关登记的全体股东认缴的出资额。法律、行政法规以及国务院决定对有限责任公司注册资本实缴,注册资本最低限额另有规定的,从其规定。股东应当按期足额缴纳公司章程中规定的各自所认缴的出资额。股东以货币出资的,应当将货币出资足额存入有限责任公司在银行开设的账户;以非货币财产出资的,应当依法办理其财产权的转移手续。股东不按照前款规定缴纳出资的,除应当向公司足额缴纳外,还应当向已按期足额缴纳出资的股东承担违约责任。股东可以用货币出资,也可以用实物、知识产权、土地使用权等可以用货币估价并可以依法转让的非货币财产作价出资;但是,法律、行政法规规定不得作为出资的财产除外。对作为出资的非货币财产应当评估作价,核实财产,不得高估或者低估作价。法律、行政法规对评估作价有规定的,从其规定。

3. 股东共同制定章程。制定有限责任公司章程,是设立公司的重要环节,公司章程由全体出资者在自愿协商的基础上制定,经全体出资者同意,股东应当在公司章程上签名、盖章。

4. 有公司名称,建立符合有限责任公司要求的组织机构。设立有限责任公司,除其名称应符合企业法人名称的一般性规定外,还必须在公司名称中标明“有限责任公司”或“有限公司”。建立符合有限责任公司要求的组织机构,是指有限责任公司组织机构的组成、产生、职权等符合《公司法》规定的要求。公司的组织机构一般是指股东会、董事会、监事会、经理或股东会、执行董事、一至两名监事、经理。股东人数较多,公司规模较大的适用前者;反之,适用后者。

5. 有固定的生产经营场所和必要的生产经营条件。

(二)股份有限公司的设立

在我国,设立股份有限公司应具备如下条件。

1. 发起人符合法定资格和法定人数。发起人就是进行公司设立活动的人。可以是自然人,也可以是法人。设立股份有限公司,应当有 2 人以上 200 人以下的发起人,其中半数以上的发起人在中国境内有住所,采取募集设立方式。股份有限公司的发起人,必须依法认购其应认购的股份,并承担公司筹办事务。

2. 发起人以募集方式发起设立的,注册资本为在公司登记机关登记的全体发起人认购的股本总额。在发起人认购的股份缴足前,不得向他人募集股份。发起人认购的股份不得少于公司股份总数的35%;但是,法律、行政法规另有规定的,从其规定。股份有限公司采取募集方式设立的,注册资本为在公司登记机关登记的实收股本总额。法律、行政法规以及国务院决定对股份有限公司注册资本实缴,注册资本最低限额另有规定的,从其规定。

3. 发起人制定公司章程,并经创立大会通过。公司章程是指由发起人全体同意,经股东会通过,依法规定公司的宗旨、任务,指导规范公司组织及行动的基本原则,是公司投资者和经营者必须遵守的法律契约,也是政府及社会监督机构对公司进行监督管理的重要依据。

4. 有公司名称,建立符合股份有限公司要求的组织机构。设立股份有限公司必须在公司名称中标明“股份有限公司”字样。此外,由于股份有限公司规模大,股东多,发生问题会影响广大股票持有者的利益和社会安定,所以《公司法》规定必须依法建立健全组织机构,包括设立股东大会、董事会及监事会等。

5. 有固定的住所、生产经营场所和必要的生产经营条件。

6. 股份有限公司应当设立以下组织机构:股东大会、董事会、总经理、监事会。

(三)风险企业设立的时机

公司的设立涉及很多方面的问题:一是合法的法人资格;二是关系到公司运行和维持的费用;三是关系到公司的发展历史。创业者选择合适的时机注册公司取得合法地位也很重要。在种子期初期,企业一般不具备设立公司的条件,如果没有融资的需要,设立公司的必要性不大,因为设立公司不仅要花费一定的成本和维持费用,还要分散精力来处理一些相关事宜。同时,各种不确定性因素还没有消除,设立公司也会带来一定的风险。此外,过早地设立公司,也使公司长期处在没有经营记录的状态下,某种程度上会给风险企业带来负面影响。但在种子期后期,如果创业者特别是创业团队,对技术创新有很大的信心,就需要设立公司,这样一方面能保持技术创新团队稳定,另一方面可保障各方面的利益。创建期是技术创新完成阶段,也是风险投资开始进入的阶段,设立公司就显得十分必要。这种必要性表现在:①创建期是完成技术创新的阶段,技术创新所形成的无形资产,如专利、技术、商标,必须以公司名义所有,才能吸引风险投资进入。②企业进行小批量生产时,也能形成部分有形资产,也应该在公司资产中体现出来。此外,产品试销也必须有合法的法人资格,才能进入市场销售。③风险资本进入也要求具有法人资格,风险投资不是投资个人,而是投资企业,只有具备了法人资格,才能接受和运用风险资本，方便风险投资进入。

所以，风险企业的设立，可以从种子期后期开始，视企业发展的实际情况而定，选择合适的时机进行注册，一般来说，创建期是设立公司的最佳时期。

二、风险企业的经营

风险企业经营管理，要根据企业不同的发展阶段，采取相应的经营管理策略。风险企业主要是指处于成熟期以前的企业，它具有这样一些特点：①组织管理方面。企业常常没有正式的组织方式，特别是种子期和创建期的风险企业，没有明确的组织结构。②金融支持方面。企业融资渠道主要是合作伙伴共同出资、亲戚朋友和熟人，很少有正式的融资渠道。③固定资本方面。企业固定资本少，企业很少拥有机器、设备与厂房。④人力资源方面。主要是以合伙创业人为主，在职职工很少，人力资源管理更不完善。⑤财务会计方面。企业没有建立正式的会计科目和会计制度。

这些特点都决定了风险企业有着自身的经营管理的特殊性，所以，风险企业的经营管理要因时因地进行经营管理。处于不同时期的风险企业，其经营管理的重点也不同。

处于种子期的风险企业，经营管理的重点是通过市场调查、技术实现的可行性论证、产品设计的完善、市场检验等新产品、新技术和新模式的论证和可行性分析。一方面要进行大量的市场调查和行业分析，确定新产品和新技术是否符合市场发展趋势和行业发展方向，从而确立新产品和新技术的产业化的可行性。另一方面，要进行技术实现的论证，包括新产品和新技术的技术原理的可靠性、技术解决方案成熟度，以及产品和技术配套可能性、原材料供应难度等。种子期的风险企业，经营管理的重点就是为产业化做先前充分的准备。这个时期工作直接关系到投资风险的大小。

创建期的风险企业，经营管理的重点是产业化的实证检验。通过产品小批量生产来检验新产品的市场前景和技术实施的可靠性。这个时期，需要建立小规模厂房，购买一定量的机器设备，采购一定量的原材料，招聘少量技术人员、生产人员和市场开发人员。通过产品小批量生产，一方面根据市场需求的反馈，改进产品的设计、性能；另一方面可达到技术的不断完善，同时落实大规模生产的各种原材料配套问题。同时，和一些风险投资机构接触和沟通，为解决大规模生产所需要的资金做准备。

成长期的风险企业，经营管理的重点是大规模生产的前期准备阶段。进入成长期的风险企业，产品基本上得到了市场检验，技术也得到了完善，原材料供应和生产各环节都能通畅。这个时期，资金需求最大，需要具备大规模生产所需要的各种生产资料和人员，还需要开发市场和销售渠道，建立良好的销售和供应网络。所以，成长期的风险企业，要突出两个经营管理重点：一是融资。风险企业要进行大规模生产需要建立大规模厂房，购买机器设备主原材料，招聘技术人员、管理人员和操作工人，开拓市场，这些都需要大量的资金。这些资金很难由合伙人自己出资来满足生产需要,必须进行融资。除了银行、信贷机构等借贷融资外,风险投资是首选的融资方式,它可以减轻风险企业财务成本,降低企业债务比率,控制财务风险。二是建立完善的组织结构和管理结构。健全的组织结构是现代企业的标志之一,是企业健康成长的保证,也是吸引风险投资的手段。完善的组织结构的要求,就是股权比例合理,法人治理科学。完善的管理结构是指企业生产和经营过程中,职责明确、岗位设置科学,部门运行协调、企业经营效率高。

三、风险企业的规划

企业规划是指设定企业发展目标,研究如何配置企业所拥有的资源来实现这一目标。一个合理而科学的企业规划,对于风险企业的发展是至关重要的。现实中,一些风险企业家由于没有认真地进行市场调查和经营预测,没有计划、没有目标、没有规划,企业设立后由于没有市场需求而遭遇失败。因此,在设立风险企业后,就应该先着手制定一个企业规划,明确每一个阶段所要完成的任务和所要达到的目标,设计一条明确清晰的路径达到这一目标。

(一)风险企业的发展目标

风险企业规划中的一个重要方面是设定企业发展目标。企业目标包括:技术目标、产品目标、经营管理目标。企业发展目标的制定不能靠企业家的主观臆测,必须建立在充分的市场调研和科学预测的基础上。

1. 技术目标和产品目标是风险企业技术创新所要达到的最终成果。对风险企业来说,一个技术创新所指向的新技术和新产品,是企业成败的关键,也是能否吸引风险投资的关键。一个风险企业未来生产的产品如果没有强大的竞争力,很难在市场竞争中获胜,也就没有发展潜力和前途。纵观风险企业成长历史可以看出,成功的风险企业无一不是以具有强大竞争力的新产品来支持企业不断发展壮大的。如果风险企业所要生产的新产品代表着市场未来的方向,那么企业就会成功、发展、壮大。

而新产品的产生是用创新的技术作为支持的,没有新技术支持的新产品就不具有竞争力,因为这样产品很容易仿制,缺乏竞争优势。所以风险企业能否成功,从技术和产品两方面来说有两个关键的要素:一是风险企业要开发的产品是否代表着市场未来的发展方向;二是支持新产品生产的技术是否也是最先进的。风险企业家要进行创业时,如这两个问题能得到明确和肯定的答案,就完全有必要投入更大的精力和财力继续下去。

代表着市场未来发展方向的新产品,应该具备三个基本条件:首先必须符合产业发展潮流,符合国家产业政策。如,在世界能源紧缺和环境污染的今天和未来,节能环保的产品就是产业发展的方向和潮流。随着经济的发展,资源消耗也越来越大,新材料,特别是替代稀缺资源的新材料就是产业未来发展方向。其次要代表市场需求的未来发展方向。要代表市场需求未来发展方向的产品,必须能替代市场上现有的产品,这就必然要求新产品具有更强的性能、更低的制造成本和运营成本,更方便地使用。如果是一种能激发和满足潜在的市场需求的全新产品,那更符合市场未来发展方向。再次新产品所用的技术是最先进的技术,用最先进的技术生产出来的新产品才具有强大的市场竞争力。

风险企业在确定技术和产品目标时,不仅要认真研究技术和市场,对新产品的市场进行认真分析和科学预测,对实现产品的技术原理和技术路线的可行性与可靠性进行研究,还要研究产品使用和发挥功能的现实条件和可行性。

2. 经营管理目标。风险企业在制定技术目标和产品目标后,还要制定为保证实现技术目标和产品目标的经营管理目标。经营管理目标是在充分的市场调研和科学的经营预测基础上制定的,是对企业所能达到的经营成果以及实现这一成果所采取的措施和手段进行规划。它代表着风险企业未来的增长潜力和发展空间,也决定着投资收益的大小。

3. 相关发展计划的制订。风险企业在设立后,除设立企业规划、企业目标外,还必须制定实现这些目标的发展阶段、采取的措施、所利用的资源的计划,计划制定要可行和切合实际。

(二)风险企业的股权结构设计

风险企业在设立时,涉及股权结构设计问题。股权结构设计包括股东的人数、类型、所持股份比例等多个方面,科学的股权结构需要科学的思考和设计。

1. 股东人数。合适的股东人数,要根据公司情况和《公司法》相关规定而定,应结合风险企业所处的发展时期、资产规模、行业领域、未来发展空间等具体因素进行设置,过多或过少的股东人数都会成为制约公司发展的障碍。股东人数过少不利于分散经营风险,股东之间缺少必要的调和空间,而且可能造成公司内部股东会和董事会的重合,出现权责不明、越权缺位等弊端。股东人数过多不利于公司重大事务及时决策,各个股东的利益难以统一,可能由于利益冲突导致公司的解散。一般来说,处于种子期的风险企业,企业创立人相对较小,可以根据创立人的作用和贡献大小,分配股权。在创建期和成长期,股权分配就相对复杂,不仅要考虑到创立人股份,还要考虑到投资者和企业高级管理人员、技术人员以及职工的持股问题。

此外,股权结构也是一个动态的变化过程,股东人数也会随着公司发展而变化。比如,风险投资者的介入就会引起股权结构的变化;从有限公司升级为股份公司,股权结构也会发生较大的变化。我们只能依据公司某一时期各类因素的特点以及预测这些因素未来发展变化的可能性,来确定符合发展需要的股权结构。

2. 股权类型。公司股权一般可分为普通股和优先股。优先股是公司在筹集资金时,给予投资者某些优先权的股票,这种优先权主要表现在两个方面:一是优先股有固定的股息,不随公司业绩好坏而波动,可以先于普通股股东领取股息;二是当公司破产进行财产清算时,优先股股东对公司剩余财产有先于普通股股东的要求权。普通股是指在公司的经营管理和赢利及财产的分配上享有普通权利的股份,代表满足所有债权偿付要求及优先股东的收益权与求偿权要求后对企业赢利和剩余财产的索取权,它构成公司资本的基础,是股票的一种基本形式。普通股股票持有者按其所持有股份比例享有以下基本权利:一是公司决策参与权。普通股股东有权参与股东大会,并有建议权、表决权和选举权,也可以委托他人代表其行使其股东权利。二是利润分配权。普通股股东有权从公司利润分配中得到股息。普通股的股息是不固定的,由公司赢利状况及其分配政策决定。普通股股东必须在优先股股东取得固定股息之后才有权享受股息分配权。三是优先认股权。如果公司需要扩张而增发普通股股票时,现有普通股股东有权按其持股比例,以低于市价的某一特定价格优先购买一定数量的新发行股票,从而保持其对企业所有权的原有比例。四是剩余资产分配权。当公司破产或清算时,若公司的资产在偿还欠债后还有剩余,其剩余部分按先优先股股东、后普通股股东的顺序进行分配。

优先股一般不参加公司的红利分配,持股人亦无表决权,不能借助表决权参加公司的经营管理。因此,优先股与普通股相比较,虽然收益权和决策参与权有限,但风险较小。优先股起源于欧洲,英国在16世纪就已发行过优先股。但在以后几百年内,由于生产力水平不高,一般公司为了便于管理,只发行普通股,很少发行优先股。进入20世纪后,随着经济发展和技术进步,为了筹集急需的巨额资金,优先股就有了适宜生长的土壤。公司发行优先股主要出于以下考虑:①清偿公司债务;②帮助公司渡过财政难关;③增加公司资产,又不影响普通股股东的控制权。一些国家的公司法规定,优先股只能在公司增募新股或清理债务等特殊情况下才能发行,到目前为止,我国还没有发行过优先股。

3. 股权比例。决定风险企业股权结构的另一个因素就是股权比例。股权比例是各股东所持股份数额的多少,也就是股权的集中与分散问题。一定的股权集中度是必要的,因为大股东具有限制管理层和小股东谋取自身利益行为的动机及能力,可以更有效地监督经理层的行为,有助于增强并购市场运行的有效性、增强公司决策的有效性和权威性,有助于公司决策的形成和执行。但股权过分集中也会出现一些弊端,如大股东凭借所拥有的绝对或相对控制权,可以损害小股东的利益,这会引发大股东与小股东的利益冲突问题。

风险企业在股权设计中,应根据自身实际情况进行综合考虑,股权既不能过分集中,也不宜过分分散,一个科学合理的股权结构对企业未来的发展会产生重要的影响,涉及各方面利益的分配和积极性的发挥。同时,在风险企业运作中需要建立多重标准进行检验,并根据实际的需要不断完善和规范。

（三）风险企业的组织结构设计

1. 组织结构的相关理论。风险企业在设立后，根据企业发展目标和发展战略，设计与之相适应的科学合理的组织结构，来提高管理的科学性和规范性。科学合理的企业结构反映了企业家的管理能力和企业管理的规范性，也是风险投资考察的目标之一。

企业组织结构是指企业全体员工为实现企业目标而进行的分工协作，在职务范围、责任、权力方面所形成的结构体系，包括职能结构、层次结构、部门结构和职权结构。一般可分为纵向组织结构和横向组织结构两种，其主要形式有以下几种：

（1）直线制组织结构。直线制组织结构的中心内容是：上一级管理者负责其管辖范围内所有下属的行动，并且有权下达下属无条件服从的命令。下属的首要职责是立即按照上级的命令去做，而不该去考虑什么是正确的或者什么需要做。通过组织劳动分工、制度管理决策以及制订一种程序和一套规则使每个员工可以齐心协力地为一个共同目标努力。

直线制组织结构具有四大特征：等级分明的指挥链；专业化的职能分工；权利和责任相结合的责任约定；标准化的工作制度。直线制组织结构创造了一种制度，这种制度能够有效地管理大量投资、劳动分工和大规模机械化生产。专业化分工使组织的每一项任务，都能得到一个有效的工作方法。采用直线制组织结构的组织通过明确的书面规则和政策来管理，这些规则和政策由公司董事会和管理部门制定。直线制组织结构极大地拓宽了组织所能达到的知识广度和深度。直线制组织结构如图 4－1 所示。

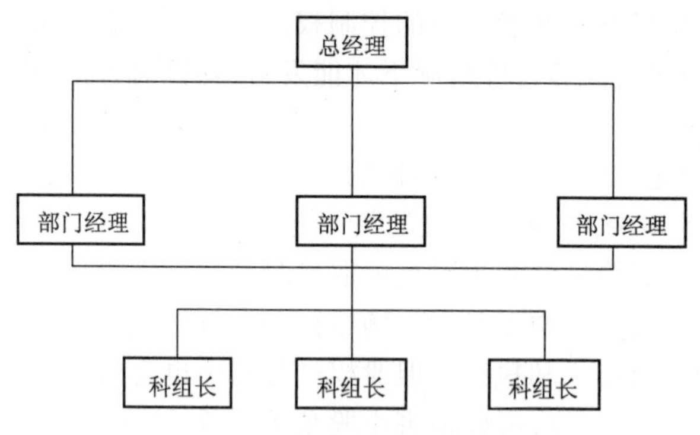

图 4－1　直线制组织结构图

（2）职能式组织结构。在职能式组织结构中，企业结构是从上至下按照相同职能将各种活动组织起来。职能式组织结构有时候也被称作职能部门化组织结构，因为其组织结构设计的基本依据就是组织内部业务活动的相似性。当企业组织的外部环境相对稳定，而且组织内部不需要进行太多的跨越职能部门的协调时，多采用这种组织结构。职能式组织结构如图 4 -2 所示。

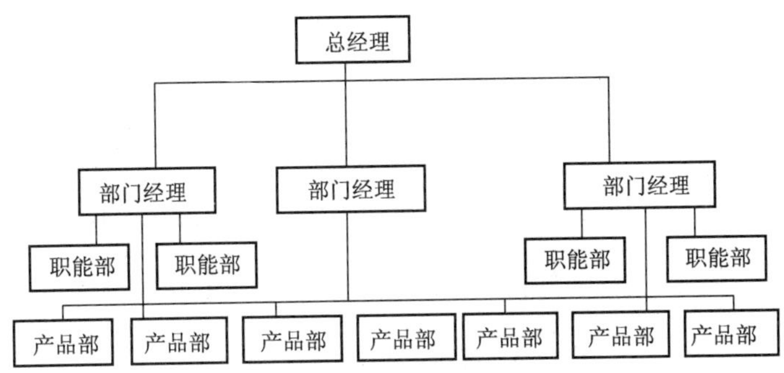

图 4 -2　职能式组织结构图

(3)直线—职能式组织结构。其特点是以整个企业作为投资中心，总经理对企业的收入、成本、利润、投资全面负责，下面的各部门、科室、车间均为成本中心，只对各自的责任成本负责。这种结构权力较集中，下属部门自主权较小。在纵向组织结构下，企业预算自上而下逐级分解为各成本中心的责任预算，各成本中心的责任人对其责任区域内发生的责任成本负责，基本成本中心定期将成本发生情况向上一级成本中心汇报，上级成本中心汇总下属成本中心情况后逐级上报，直至最高层次的投资中心。投资中心定期向预算管理委员会汇报情况。直线—职能制组织形式，是以直线制为基础，在各级行政领导下，设置相应的职能部门。即在直线制组织统一指挥的原则下，增加了参谋机构。目前，直线—职能制仍被我国绝大多数企业采用。直线—职能式组织结构模式适合于复杂但相对来说比较稳定的企业组织，尤其是规模较大的企业组织。复杂性要求企业的管理者有能力识别关键变量、评价它们对企业经营业绩的影响，并且充分考虑到它们之间的相互关系。如果这些因素是相对稳定的，而且对经营的影响也是可以预知的，直线—职能式组织结构模式则是相对有效的。直线—职能式组织结构模式与直线制组织结构模式相比，其最大的区别在于更为注重参谋人员在企业管理中的作用。直线—职能式组织结构模式既保留了直线制组织结构模式的集权特征，同时又吸收了职能式组织结构模式的职能部门化的优点。直线—职能式组织结构如图 4 -3 所示。

(4)事业部制组织结构。事业部制是欧美、日本大型企业所采用的典型的组织形式，是一种分权制的组织形式。在企业组织的具体运作中，事业部制又可以根据企业组织在构造事业部时所依据的基础不同区分为地区事业部制、产品事业部制等类型，通过这种组织结构可以针对某个单一产品、服务、产品组合、主要工程或项目、地理分布、商务或利

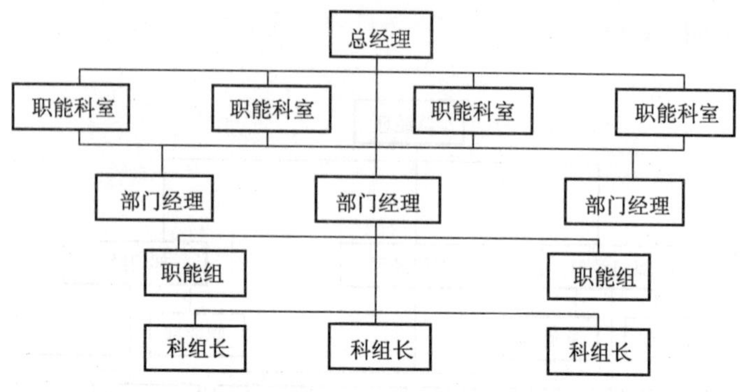

图4－3　直线—职能式组织结构图

润中心来组织事业部。地区事业部制按照企业组织的市场区域为基础来构建企业组织内部相对具有较大自主权的事业部门；而产品事业部则依据企业组织所经营的产品的相似性对产品进行分类管理，并以产品大类为基础构建企业组织的事业部门。事业部制组织结构如图4－4所示。

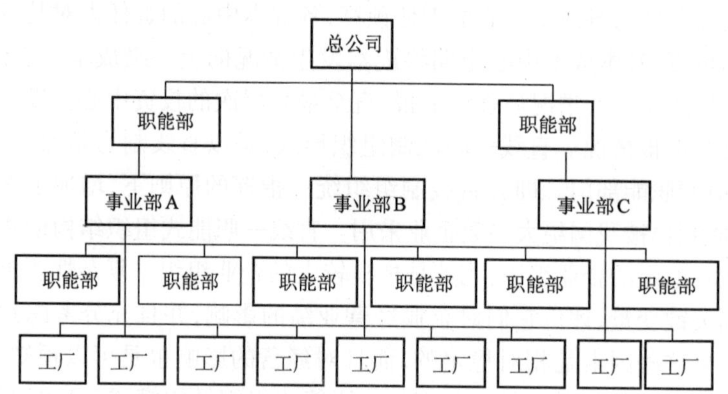

图4－4　事业部制组织结构图

(5)矩阵式组织结构。矩阵制组织形式是在直线职能制垂直形态组织系统的基础上，再增加一种横向的领导系统。矩阵组织也可以称之为非长期固定性组织。矩阵式组织结构模式的独特之处在于事业部制与职能制组织结构特征的同时实现。矩阵组织的高级形态是全球性矩阵组织结构，目前这一组织结构模式已在全球性大企业，如ABB、杜邦、雀巢、飞利浦、莫里斯等组织中进行运作。矩阵制的优点是：加强了横向联系，使专业设备和人员得到了充分利用；具有较大的机动性；能促进各种专业人员互相帮助，互相激发,相得益彰。矩阵制的缺点是:成员位置不固定,有临时观念,有时责任心不够强;人员受双重领导,有时不易分清责任。矩阵式组织结构如图4－5所示。

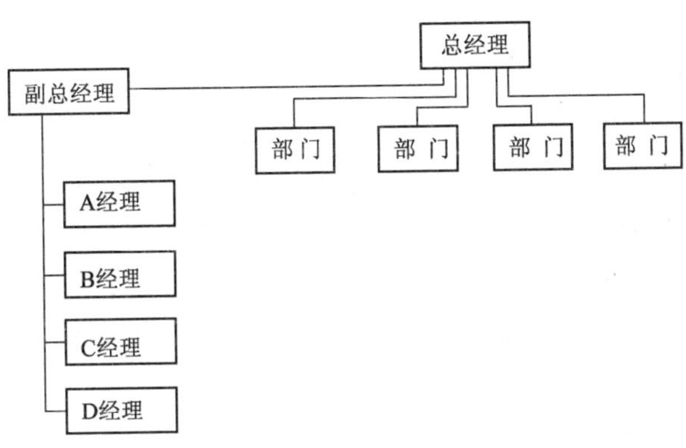

图4－5　矩阵式组织结构图

2. 传统组织结构的比较。上述常见的企业组织结构形式,都是按职责分工、管理幅度、管理层次为原则来设计企业组织结构的,在工业经济社会,上述组织结构模式理论的提出都有其特殊的经济理由与依据;同样,这些组织结构模式被企业管理者所分别采用,更是说明了每一种组织结构模式存在与发展的经济合理性。各种传统企业的组织结构理论虽然都共同体现了工业经济的特有属性,但在实践操作中,每一种组织结构模式则是按照企业的独特性来构建企业内部的管理框架。在不同组织结构模式的企业中,管理权的分配、管理的层次与幅度、组织内部不同部门之间的关系等均是有所不同的。考虑到各种组织结构的特性,它们在各种类型企业中的有效性也是不同的,也就是说,不同的组织结构模式适用于不同的企业。如,直线制组织结构虽然是因为工业化大生产的需要而提出的,但它却并不适合于大型组织的管理结构设计,而且直线制组织结构对组织的发展将带来明显的阻碍性影响。而其他组织结构理论的提出则在很大程度上是为了弥补直线制组织结构理论的不足,以及为了更好地适应工业化大生产的需要,建立与完善适应于大型与特大型组织管理结构构建需要的组织结构理论。各种组织结构理论所共有的一个缺陷是:它们都或多或少带有集权主义倾向,在组织中分权程度是低的。正是由于这种低的分权度,使得组织成员缺乏责任感、自律意识、决策权限,从而造成企业缺乏创新精神与激励创新的动力。当企业组织的外部环境相对稳定,而且组织内部不需要进行太多的跨越职能部门的协调时,职能式组织结构模式是比较有效的。对于只生产一种或少数几种产品的中小企业组织而言,职能式组织结构不失为一种最佳的选择。表4－1将各企业组织结构的优点和缺点进行比较,来研究适合风险企业的组织结构形式。

表4-1 企业组织结构比较

企业组织结构	优点	缺点	适合的企业
直线型	结构简单,权力集中,责任分明,命令统一,信息传递快捷	权力高度集中,对领导者能力要求高,缺乏横向联系	条例业务和产品简单的小型企业
职能型	专业化管理,分权管理,适合人才培养	多头领导,职能部门间沟通协调难度大	适合偏科研型中小型企业
直线—职能型	适合集中领导,专业化分工明确,职责明确	缺乏部门间的交流,灵活性差,协调难度大	适合大中型生产企业
事业部型	分散决策、分权管理便于内部控制和竞争,自主性强	整体协调性差,管理机构庞大,资源利用效率低	适合大型跨地区或多产品生产企业
矩阵型	职能制专业化特点,信息交流性强,反应能力和适应性强	多重领导,组织稳定性差,决策缓慢,应变能力差	适合业务和产品复杂的大中型企业

由于风险企业在成熟期之前,主要是高新技术中小型企业,所以选择合适科研型、中小型企业的职能型企业组织结构为佳,特别是处于创建期和成长期的风险企业。处在种子期的风险企业,由于结构简单,为了提高效率,选择直线型组织结构比较合适。而在成熟期,选择直线—职能型、事业部和矩阵型组织结构的比较多。

此外,企业结构也会随着企业的发展而变化,也是一个动态发展的过程。风险企业也要把握企业经营发展的情况,及时地调整企业组织结构,以适应企业发展的需要。

案例

风险投资与"苹果"成长

一、硅谷——高新技术公司集聚地

1955年肖克利(William Shockly)在美国加利福尼亚北部Palo Alto地区成立肖克利半导体公司,随之也引来了大批半导体和电子公司,如IBM、施乐公司也先后进入该地区,使该地区成了半导体和电子产品的集散地,集中了全美90%以上的半导体公司,并生产电子工业的基本材料——硅片。因为这个地区特殊的地理位置和硅片产品,《电子信息报》(Electronic News)在1973年将其称之为"硅谷"以后,就一直沿用至今,并作为一种高科技产业的代名词,也成为美国电子工业的高新技术研究开发基础,驻扎着8 000多家

各种各样的企业，其中有6 000 多家是电子工业制造商和服务公司，2 000 多家从事高新技术开发和生产的企业。在这个300 平方英里(777 平方千米)左右的地区中，聚集着7 000多名博士、数以万计的百万富翁，每年电子工业销售额超过全球总额40%。硅谷聚集和产生的巨大财富每天都刺激着大量的风险企业诞生。

二、苹果电脑公司的横空出世

人们在谈到硅谷和风险投资时，不能不想起苹果电脑公司——一个硅谷和风险投资界令人难忘的事件。因为苹果电脑公司的成功为风险投资树立了辉煌榜样——一个在3年内通过风险投资获得200 多倍巨大收益的风险投资案例。而这个苹果电脑公司就产生在硅谷。

对于苹果电脑公司来说，硅谷不仅是公司诞生的摇篮，也是风险企业家成长的温床。从小生长在硅谷的史蒂夫·乔布斯和斯蒂芬·沃兹，在融汇最新科学技术和最先进的管理知识、追求创新精神的硅谷环境中不断受到熏陶，培养出了硅谷人所具有的特点——敢于创新、勇于冒险、富于竞争的性格。

沃兹从小就喜欢计算机并表现出在计算机及技术上的才能。沃兹与乔布斯首次合作是制作一台电话线装置，这一装置的主要功能是将它安装在电线上就可以免费打长途电话。在合作过程中，他们特别想有一台自己的计算机，而当时计算机主要是商用的，没有个人电脑，正是这一愿望促使他们发明了苹果微机，并创立了苹果电脑公司。

1975 年，沃兹和乔布斯参加了硅谷的计算机俱乐部，由于当时他们无力购买一台高达几千美元的微机，就决定自己动手组装一台。他们分别从博览会上用20 多美元买来处理器和其他电子元件，按照沃兹自己的设计组装了一台微型电脑，并放到计算机俱乐部里。这台后来称之为“苹果Ⅰ”的微机受到了俱乐部朋友们的极大欢迎。这使他们立即意识到这种更便宜、更小型的微型电脑的潜在市场需求，也增加了他们开发的信心，他们决定要研究出这种受人欢迎的微型电脑。他们各自卖掉了汽车和计算器，并成功地说动了一位电子器件销售商，以30 天的期限赊到价值25 000 美元的电子器件，准备在30天内组装出100 台电脑。沃兹和乔布斯在汽车库里夜以继日地进行研究。终于他们在第29 天组装好了50 台电脑，并卖给了商店，还清了欠款。

沃兹和乔布斯在销售电脑的过程中，也认真地对市场进行了调研，他们发现一个重要的信息，那就是大部分人需要的是完整的耐用的计算机，而不是单板机和散装机。1975 年前，美国还没有比较实用的家用电脑，整个家用微型计算机市场还是一个空白，像IBM 这样的大型计算机公司只为政府和大公司生产开发大中型计算机。乔布斯以一个风险企业家的敏锐的洞察力和创造性思维，详细地分析和研究了生产、技术、产品、市场等因素，决定创办一个专攻家用微型电脑的公司，并最终说服沃兹合伙加入。1976 年，苹果电脑公司在硅谷正式挂牌成立。

三、风险投资助推苹果公司起跑

风险企业不仅需要风险企业家的创业精神和能力，而且需要风险资本的有力支持。苹果公司首先遇到的就是资金问题，沃兹和乔布斯拿着他们的苹果机去见原来供职公司的老板，希望能得到他们的支持，一个以沃兹没有大学学位没有资格从事计算机行业为借口，一个以计算机不是公司的产品为理由，让两人失望而归，引进风险投资第一次以失败而告终，但他们并没有放弃，继续寻找合适的风险投资家。1975 年秋天的一个下午，一位名叫唐·瓦伦丁的风险投资家来到乔布斯和沃兹工作的汽车库，前来考察苹果公司。尽管乔布斯虽然能把他的计划描述得很好，但他的穿着和打扮给这个风险投资家留下了一个根本不像有作为的企业家的印象，让瓦伦丁退却了。瓦伦丁把乔布斯介绍给另一个风险投资家英特尔公司的经理马克·库拉。库拉不仅聪明能干，而且对电脑十分精通，他实地考察了沃兹和乔布斯的苹果样机，并提出了许多问题，最后在问到商务计划书时，沃兹和乔布斯一无所知。倒是库拉看出了他们发展前途，告诉他们制定一个详细的商务计划书对引入风险投资的重要性。沃兹和乔布斯这时才知道如何真正引进风险投资。沃兹和乔布斯接受了马克·库拉给他们的半个月管理培训后，三人日夜加班，设计了一份详细的苹果电脑商务计划书，然后拿到熟悉的风险投资家处游说，终于筹集到 60 万美元的资金。著名的风险投资家阿瑟·罗克以每股 9 美分购买了苹果公司的 64 万股股票，合计投入 5.76 万美元。

在风险资本进入后，他们对公司进行了整合，调整了组织结构，库拉担任董事长，聘请了一位名叫迈克尔·斯克特的集成电路的生产专家担任总经理，乔布斯担任副董事长，沃兹担任公司研究开发部经理。至此，苹果公司进入正常的生产和经营活动。

四、苹果电脑公司的腾飞

经过整合的苹果公司，还招聘了多名技术人员，全力研制新型微型家用电脑。苹果电脑公司从硬件、软件、设计等方面进行大胆创新，在个人电脑许多关键问题上进行了创新。

1. 在设计方面，攻克的就是个人电脑复杂、笨重、操作不便的缺点，通过研发，将“苹果Ⅱ”设计为只有 12 磅左右的重量，整机方便组装，只需要 10 只螺钉就能完成安装。采用了开关电源，开创了软盘用于微电脑外存储器的先例。

2. 在推广应用方面，“苹果Ⅱ”成功开发了大批的应用软件。乔布斯从一开始就以一个企业家的敏锐洞察力感觉到“苹果Ⅱ”未来发展的关键所在，在其他竞争对手还没有清醒地意识到应用软件的重要性之前，他就明确提出“个人电脑的竞赛是一场软件技术的竞赛”，并着手制定开发苹果公司的软件开发计划。他们从全国各地软件人员开发的程序中，移植了大批应用软件，投入“苹果Ⅱ”的使用，使公司几乎免费地获得了一整套辅助程序和配套设备。大大地增加了“苹果Ⅱ”的实用价值。特别是到了 1983 年，“苹果Ⅱ”

可使用的软件程序达到了 15 000 多种，仅文字处理程序的用户就达到了 30 多万户。“苹果Ⅱ”由于拥有被广泛推广和使用的 BASIC 语言而更加为消费者所青睐。

3. 科学有效的管理创新。“苹果Ⅱ”的成功也得益于它的有效管理。公司领导层打破了传统的等级和规章制度对人才的约束，鼓励创新、敢于用人、知人善用的风险创业精神吸引了世界各地的优秀人才加入公司，给公司增添了无限的活力和动力。

1977 年 4 月，5 台“苹果Ⅱ”研制成功。当“苹果Ⅱ”在旧金山举行的计算机交易会上展出时，吸引了成千上万的观众和计算机爱好者。它改变了以前个人电脑整机笨重、设计复杂、难以操作的缺点，以小巧轻便、操作简单、方便使用的优点，激发了消费者的需求，“苹果Ⅱ”进入了无数的家庭，让用户走出了空调的机房，带来了微型计算机发展史上的一场革命。在“苹果Ⅱ”面世的当年就取得了 250 万美元的销售收入，到了 1978 年销售额达到了 1 500 万美元，1979 年增长到了 7 000 万美元，到了 1983 年更是高达 9.8 亿美元。图 4－6 清晰地反映了苹果公司业务的高速发展。1982 年，美国《幸福》杂志社评比全美企业 500 强中，苹果公司排名 411 位，而到了 1983 年，苹果公司已经排到了第 291 位。这一在硅谷产生的奇迹，被誉为高新技术公司发展的典范，为人们津津乐道。

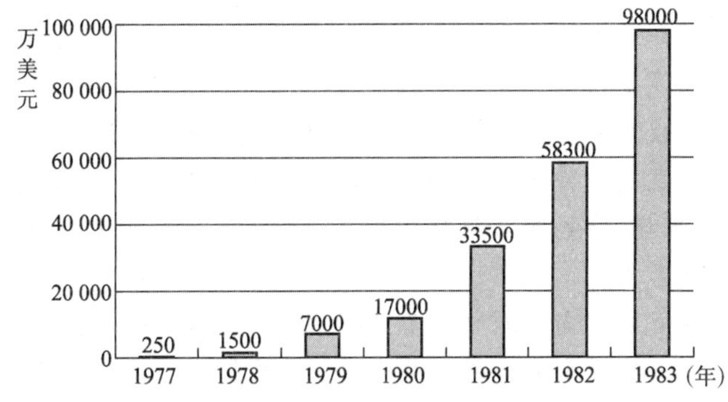

图 4－6　苹果公司 1977—1983 年销售增长示意图

苹果公司作为风险投资史上的典范当属苹果公司的上市。1980 年 12 月 12 日，苹果公司的股票在华尔街首次公开发行上市。当天的交易价为 22 美元，发行总额为 460 万股，全部售完，公司融资 1.01 亿美元，这一打破华尔街融资记录的数字轰动了整个华尔街。到 1983 年，第一个投资苹果公司的风险投资家罗克，以 5.76 万美元购到的股票，市值高达 1 400 万美元，获得了 200 多倍的投资回报。乔布斯个人净资产达到了 2.84 亿美元，成为全美最富有的亿万富翁中最年轻的一个。公司的其他员工也分别成了亿万富翁和千万富翁。在普通员工中产生的百万富翁超过了 300 名。苹果公司从 1 300 美元的投资开始，成长为个人电脑业的龙头，是风险投资不断培育的结果。

风险投资运作

苹果公司从初创到企业上市,其资本增值可以用表4-2来说明。

表4-2

投资者	日期	投资额（万美元）	投资发生时的总股数（万股）	投资发生时的持股比例(%)	投资发生时的每股价格(美元)
发起人	03/77	0.13	1664	100.0	0.00
发起人	12/77	11.5	1048	38.6	0.01
风险投资Ⅰ	01/78	51.8	552	16.9	0.09
发起人	07/78	42.6	473	12.7	0.09
风险投资Ⅱ	09/78	70.4	250	6.3	0.28
风险投资Ⅲ	12/80	233.1	240	5.5	0.97
股票发行上市	12/80	10120	460	8.5	22.00

案例分析

从苹果公司作为一个风险企业的成功经历,可以总结出以下几个经验。

1. 良好的外部环境是风险企业成功的重要因素。苹果公司的成功得益于硅谷这个适合苹果这样的电脑公司创业和发展的环境。硅谷为苹果公司在开创时期获得必要的资源提供了方便。能直接获得配件、材料,能直接销售个人电脑,能直接和风险投资商进行沟通,能直接面向市场,能直接获得技术信息,这是硅谷给苹果公司发展创造的环境,也是苹果成功的有利条件。

2. 一个代表产品发展方向的技术创新是风险企业成功的关键。苹果公司成功的一个关键因素是乔布斯洞察了个人电脑的发展方向,并先人一步地进行了技术创新,取得了商业先机,这是苹果以二人的力量取胜IBM等行业巨人的制胜武器。

3. 风险企业家的综合素质对企业发展起着重要的作用。这种企业家的综合素质主要表现在勇于创新的企业家精神、敏锐的商业洞察力、行业发展方向的把握能力以及企业管理能力上。苹果公司开始融资的失败,很大程度上是由于乔布斯和沃兹管理知识的缺乏,一个连商业计划知识都不具备的创业者是很难吸引风险投资家的。苹果公司的成功很大程度上要归功于库拉对乔布斯综合素质的培养。

4. 风险企业的成功,必须有一个缜密可行的商务计划。一方面商务计划规划公司的未来发展方向和目标;另一方面也能打动风险投资家进行投资,吸收社会资源和企业一起发展。一个好的商务计划是风险投资成功的一半。

5. 持续不断的创新是企业不断发展的保证。企业要保持持续的创新就必须吸引优秀的人才,而吸引优秀的人才就必须创造一个适合人才发展的企业文化。苹果公司的成功与苹果公司的企业文化息息相关,一个没有等级制度和思想不保守的企业文化,一个激励创新、鼓励冒险的企业文化,吸引了各地优秀人才来苹果公司发现和创造个人价值,为公司安装了快速奔跑发动机。

复习思考题

1. 风险企业有哪几个主要阶段?各阶段的具体特征是什么?

2. 你认为创办风险企业关键的要素有哪些。

3. 有一风险企业,开发了一种手机电池,被称为太阳能手机电池,是用太阳能代替电能对手机电池进行充电,充电方式就是放在太阳下晒。从产业发展方向看,用太阳能代替电能有节能的优点。同时该电池使用了一种新型材料,电池废弃后,没有残留物的污染。这些优点符合新产品的基本条件。但在风险投资项目评审时,却未能通过,试分析它没有通过评审的主要原因。

4. 在网络经济时代,网络是创业家的乐园,它不受职业、年龄、收入、教育背景的限制,只有你要有想法、有创意,你都可以尝试,同时网络也是风险投资最关注的一个行业,你也极有可能获得风险投资家的青睐。如果你要在网络行业中创业,那你觉得应该解决的关键问题是哪些?如何解决?可举一个实例加以说明。

5. 给你10万元人民币,让你在网络经济中创业,你会选择什么样的主题?详细说明你的规划。

第五章

风险投资机构

本章要点：

◆风险投资机构的类型、特点与作用
◆风险投资机构的融投资策略
◆风险投资机构的组织结构
◆风险投资机构的发展机制

第一节　风险投资机构概述

风险投资机构是指具体从事风险投资的组织和个人。风险投资机构由投资者和管理者组成，投资者提供货币资本，管理者提供对风险资本的管理、投资决策以及对风险企业的监督控制和咨询支持。风险投资机构中的投资者称为风险资本家，风险投资机构中的管理者称为风险投资家或风险投资经纪人。风险投资机构实际上是由风险投资家的人力资本与非人力资本共同组成的企业组织。在风险投资过程中，风险投资机构扮演着重要的角色，是风险投资最主要的参与者。

一、风险投资机构的类型

风险投资机构虽然都是从事风险投资业务的，但不同的风险投资机构有不同的投资方向和领域,也有不同的资本来源。根据风险投资机构具体业务、投资方向、资本来源的不同,将风险投资归纳为专业风险投资公司、风险投资基金、产业集团和金融机构附属的风险投资机构和私人投资机构。

(一)专业风险投资公司

专业风险投资公司有两种形式:一是独立、专业地进行风险投资的风险投资公司,这也是目前风险投资的主要形式;二是隶属于大型投资银行或金融机构或企业集团的专业风险投资机构。

(二)风险投资基金

风险投资基金是从风险资本投资者那里筹集大量的可供长期投资的风险资本,集合成规模较大的基金,对风险企业进行投资。投资成功后,给投资者以高额的回报,然后再吸引着更多的投资者进行投资,从而不断壮大风险投资基金的规模。在风险投资基金中,私募基金占有重要的地位。私募基金与封闭基金、开放式基金等公募基金相比,具有十分鲜明的特点:首先,在募集方式上,通过非公开方式募集资金;其次,在募集对象上,私募基金的对象只是少数特定的投资者;最后,和公募基金严格的信息披露要求不同,私募基金这方面的要求低得多,加之政府监管也相应比较宽松,因此私募基金的投资更具隐蔽性,运作也更为灵活,相应获得高收益回报的机会也更大。此外,私募基金一个显著的特点就是基金发起人、管理人必须以自有资金投入基金管理公司,基金运作的成功与否与他们的自身利益紧密相关。

国外的私募基金业是非常发达的,几乎所有国际知名的金融控股公司都从事私募基金管理业务。私募基金是市场上最活跃的风险投资机构,这些基金的规模之大超出人们的想象,动辄数亿美元。在业界比较有名的私募基金包括 IDG 技术创业投资基金和红杉资本等。私募基金的募集是一个持续的过程,但首期募集可能只有 10%,以后的资金根据项目的滚动情况来酌情增加。一般募集的基金存续期限是 10 年,前 5 年是一个播种、培育的过程,而后 5 年就要逐渐开始选择合适的时机,准备退出。上市是私募基金最为青睐的退出方式。

(三)大公司附属的企业投资机构

某些在某个行业处于垄断或者领先地位的公司,为了保持其优势地位,研究开发新技术和新产品,都以独立实体、分支机构或部门的形式建立了自己的创业投资机构。这些机构在运作方式上与私人创业投资机构相同,但目标迥异,这是由资金来源不同决定的。私人创业投资机构通过培育企业,使其成功上市而追求高额回报,而大公司的创业投资机构在大公司资金的支持下是为母公司寻求新技术。当大公司投资于一个新创公司时,是希望建立技术窗口,或希望以后把它变为一个子公司。这类投资机构的运作有其优势也有弊端。

1. 具有的优势。具体表现在以下几点：

(1)附属型风险投资机构所管理的资金来自母公司，其功能定位大多是为母公司开发和培育新的业务项目，因此往往选择能与公司既定的经营战略相一致的风险投资项目，又因为母公司营销和管理部门强大的技术支撑，其成功率也相对较高，这是其他独立型风险投资公司所不能比拟的。

(2)大公司资金充足对处于创建阶段的小企业十分有利，同时大公司还能为企业后续的发展、扩建、成长等阶段提供资金支持。虽然，不少大公司希望尽快从创业投资的项目上受益，但是它们还是情愿与小企业保持长期业务关系。

(3)作为出资者的母公司与风险投资家之间的信息不对称问题，能够得到较大程度的改善，内部治理机制的作用相对有效。

2. 存在的弊端。具体表现在以下几点：

(1)在利益冲突中，附属型风险投资机构过于被动。风险资本是在高度不确定的高风险领域内运作，因而需要有灵活的机制和创新的思维，但母公司的利益不一定和风险资本的利益相一致，母公司的经营机制也许会和风险资本的经营机制产生冲突。而在这种冲突中，只能是风险资本服从于母公司的发展战略。

(2)权利分配不对称。在附属型风险投资公司中，风险资本的管理者仅部分拥有风险资本的使用权和处分权，而风险资本的收益权、让渡权则控制在其投资母公司手中。这种权利分配结构似乎能够防止风险资本管理者滥用权利，但实际上却使风险投资企业在管理者的选择上，以及在投资项目选择与投资领域上受到母公司影响极大，管理者的自主积极性不高。

由此，创业者和大公司必须对双方进行合作的动因和目标有清醒的认识。双方必须相互磋商，达成共识，共同关心产品开发和企业的发展。

与大公司的目的相似，一些银行为了培育潜在客户，也成立所属的创业投资公司，与银行其他业务形成互补，比如在风险企业上市过程中，投资银行就会为风险企业上市提供全程服务。世界上规模较大的投资银行，如花旗、摩根等，都设立专业风险投资公司。日本相当数量的创业投资机构具有银行和证券公司的背景。

（四）私人投资机构

私人投资机构主要包括风险资本家和天使投资人。

1. 风险资本家主要是指具有一定资金和一定战略眼光的个人投资者，是向其他企业家投资的企业家。

2. 天使投资人最初是指具有一定公益捐款性质的投资行为人，后来被运用到风险投资领域，指的是风险企业的第一批投资人。这类投资人通常投资于非常年轻的公司，在公司产品和业务成型之前就把资金投入进来以帮助这些公司迅速启动。与公司型基金以及私募基金比起来,天使投资人的实力要小得多。他们瞄准的一般都是一些小型的种子期或者早期初创项目。一笔典型的天使投资往往只是区区几十万美元,可能还不到风险资本家随后投入资金的零头。不过,天使投资人更倾向于利用自身的知识和才能为企业提供增值服务。他们一个很重要的目的就是为企业的成长出谋划策以获得成就感,而且其获取高额回报的初衷也促使他们尽力为企业的发展壮大助一臂之力。由于他们使用自有资金去投资,而且投资了很多种子期的项目,帮助企业成长,所以才被人们尊称为"天使投资人"。虽然这种早期投资风险很大,但一旦企业成功所带来的收益也会很高。在美国,天使投资人经常是成功的企业家、大企业的 CEO、富有的演员、体育明星、医生、律师,或其他自由职业者。他们大多受过高等教育,普遍具有较高的素质和良好的社会背景,具有为所投企业提供服务的先天条件。从我国天使投资人的构成上看,除职业投资者外,还包括外资公司的代表、高管人员、海外华侨,以及国内成功的民营企业家和先富起来的一部分有一定资金的个人。

天使投资人有自己的优势。他们所投出的资本全部归其自身所有,而不是受托管理的资本,因此不存在其他类型风险投资的双重代理问题,代理成本和管理成本都要小得多。同时,天使投资者在投资时无须和其他人商议,尽职审查的程度和规模也比其他类型风险投资小得多,这使得天使投资的投资速度相对较快,投资成本也较其他类型风险投资低得多。

二、风险投资机构的特点

作为专门从事风险投资的投资机构,风险投资机构具有以下特点。

第一,风险投资机构投资的对象是非上市的中小企业,并主要以股权的方式参与投资,但并不取得企业的控股权,通常投资额占公司股份的 15% ~20% 。

第二,风险投资机构的投资属于长期投资,投资的企业成长壮大、实现股权增值后,将股权转让,实现超额的投资收益;风险投资机构对风险企业的投资通常是 4 ~7 年。

第三,投资对象——风险企业属于高风险、高成长、高收益的新创企业或风险投资计划,尤其是高新技术产业中的中小企业。一方面,新技术、新产品产业化具有很高的风险;另一方面,一旦新产品、新技术产业化取得成功,就具有巨大的发展空间和盈利能力,实现超额的收益。

第四,风险投资项目的选择是高度专业化和程序化的。风险投资机构的投资是高度组织和精心安排的过程,其目的是为了尽可能锁定投资风险。通常,一家处于创业期的公司要得到风险投资机构的投资,必须首先向风险投资机构递交商业计划书,介绍本公司的基本情况和发展计划,以此进行初步接触,如果风险投资机构对业务计划感兴趣,双方就可以进一步的协商,一旦达成协议,创业公司可以向风险投资机构出售部分股份,从而获得发展的资金。

第五,风险投资机构与创业者的关系建立在相互信任与合作的基础上。风险投资实际上通过风险投资机构特有的评估技术,将创业者具有发展潜力的投资计划和充裕的资金结合。在这一过程中,风险投资机构的作用包括:为创业者提供所需的资金;作为创业者的顾问,提供管理咨询服务与专业人才中介;协助进行企业内部管理与策略规划;参与董事会,协助解决重大经营决策,并提供法律与公关咨询;运用风险投资机构的关系网络,提供技术资讯与技术引进的渠道,介绍有潜力的供应商与购买者;协助企业进行重组、购并以及辅导上市等。

第六,具有阶段投资的特点。由于风险企业股票未能公开上市,使股权流通不容易实现,所以风险投资机构在股权出售之前,必须给予各发展阶段足够的资金融通。事实上,在风险企业发展过程中,风险投资机构需要不断对所投资企业进行融资。

三、风险投资机构的作用

如果加工性质的企业是组织各种资源生产出各种产品,那么风险投资机构则是组织各种资源生产出新企业。风险投资机构可以说是一种利用创业资本生产新企业的机构。在风险投资市场上,一方面是具有巨大增长潜力的投资机会,另一方面是寻求高回报、不怕高风险的投资资本。风险投资机构的职责是发现二者的需求,并使机会与资本联系起来。其核心作用在于解决好下述问题。

第一,为风险企业(项目)提供直接的资金支持,并通过风险企业的迅速成长使投资者获取收益。因此,风险投资机构一般会作为风险资本投资者和风险企业的枢纽,负责风险投资的运营,并参与所投资的风险企业(项目)的管理和决策。

第二,为风险企业提供增值服务。风险投资机构以股权形式投资于风险企业,在投资之后监测风险企业并参与管理。但不是控股或直接经营风险企业,而是通过资金和技术援助,甚至是市场推广、管理咨询,取得部分股权,提供增值服务,促进其发展。风险投资机构具有精通生产经营和资本运营的各种人才,凭借其广博的知识和对企业界、金融界、科技界的广泛接触与了解以及拥有的关联企业等资源,给所投资企业提供多方面的帮助和扶持。

第三,为投资者追求利润最大化和资本增值。风险投资机构的资本来源于风险资金的投资者,其进行风险投资的最终目标是获得最大的投资收益,所以风险投资机构有责任和义务为资本所有者取得利润最大化,取得资本的增值,获得收益。

第四,为资金融通起到中介作用。作为一类金融中介机构,风险投资机构能把社会上的闲散资金集中起来,再把这些资金投入到那些技术含量高、成长性强风险企业中。风险投资机构将社会闲散资金转化为生产要素,发挥了资本增值功能,也促进了经济的发展，发挥着极其重要的资源配置作用。

第二节　风险投资机构的融投资策略

一、风险投资机构的融资策略

整个风险投资过程是由融资和投资两个方面构成的，而融资又占据了举足轻重的地位。融资的效率取决于融资能力和融资结构。

（一）融资能力

风险投资机构能否融到足够的资金，很大程度上取决于风险投资家个人的能力和业绩。投资人往往是本着对风险投资家个人的信赖投出资金。他们的投资在很大程度上是对风险投资家个人的投资，而不是对企业或项目的投资。在风险投资的融资活动中，风险投资机构获得的是资本，凭借的是自己的信誉、诱人的投资计划和对未来收益的预期。当然投资者对风险投资家的这种信赖无形中给风险投资家施加了很大压力，风险投资家清楚：一旦有误，将来再从这些人手中融资的可能性就会化为零。因此，风险投资的“风险”既体现在投资方面，也体现在融资方面。

有能力融到资金是风险投资家业绩的体现，融资规模越大，就越显示风险投资家出类拔萃、高人一筹。同时规模越大的投资机构对市场跌宕起伏的风险承受能力就越强。2007 年美国风险投资年鉴显示，美国风险投资公司在 1990 年仅有 395 家，2001 年达到峰值时的 946 家，而 2006 年下降到 798 家。但 2006 年风险投资基金平均融资额为 2 亿美元，是 2001 年的一倍。2008 年金融危机后，风险投资额又回到了 2006 年水平，但 2010 年后又开始复苏。据统计，2011 年美国风险投资总额同比增长 22%，至 284.3 亿美元，风险投资机构 826 家，共完成了 3 673 笔交易。2018 年，美国风险投资总额自互联网泡沫后首超千亿美元，独角兽公司在 2018 年总共获得了 445 亿美元的投资，占总投资额的 33.9%。2018 年美国风险投资再创新高，共完成 8 948 笔，总计 1 309 亿美元。

（二）融资结构

从发达国家风险投资业的发展经验来看，虽然风险投资机构在构建其各自的投资组合时具有足够的分散化程度、在投资的阶段上也有结构差异，但总体来说，基本以普通股权投资为主。而且这些风险企业在未上市之前，普通股权的变现性很差，准股权与可转换债权投资也不大可能在很大程度上改善组合的变现性和现金流量状况。风险投资机构的融资结构必须与其投资结构相匹配。因此,风险投资机构的资金来源中权益性资本要有足够比例,其负债也要符合某些特性,例如长期限、低息加一定宽限期、有第三方担保等等。同时风险投资机构的融资规模也会受到投资规模的影响。

二、风险投资机构的投资准则

风险投资机构的投资决策是建立在极为科学及周密的调查、研究基础之上的,一般来讲,要基于以下三个准则。

(一)评估市场需求

首先,一个成功的风险企业必须要有一个好的核心技术,所以有经验的风险投资机构一定会从技术的角度来评估该企业。但是即使是一个好的核心技术,也只有10%的成功可能。市场能否接受、进入市场是否及时、采用该技术之后的新产品是否可靠,这些都是更为重要的因素。因此风险投资机构首先会从市场的角度来评估技术,比如技术、产品的市场需求会如何发展?新产品如何打入市场?企业的产品一定要具有市场发展潜力,企业产品在目前和将来的市场份额中要占有一定的比例。通常具有市场发展潜力的产品都是人们生产生活中所需要的产品,可有可无产品的市场潜力极其有限。

其次,风险投资机构还会从市场竞争的激烈程度来评估。企业的产品最好在市场上独一无二或远远优胜于其他同类产品。如果市场的竞争已非常激烈,企业的产品只是重复别人的产品,那企业就很难吸引风险投资机构的兴趣。如果市场已被富有名望的大公司所占有,那企业的产品就更不具优势了。通常风险投资机构感兴趣的都是那些有申请专利潜质或是已申请了专利的产品。

最后,更为重要的是,是否有一支能把技术变为产品的良好的经营管理队伍,因为只有他们才能保证产品及时进入市场。因此,风险投资机构期望的经营管理队伍是由一批具有强烈成就欲的人所组成的,他们都是各自领域内的专家高手,如工程、市场、销售和研究开发等领域内的行家。

在做投资决策时,风险投资机构对企业管理人员质素的重视远远超过对产品的重视。因为一个再好的产品,再好的赢利项目,没有一个富有成功经验并具有远见卓识的领导者管理企业,企业也不会有突破性发展。

(二)投资成本

既然风险投资的成功率不高,投资公司就需要极为谨慎地计算为发展风险企业所需的成本。计算的依据不仅是企业家所提交的商业计划书,更为重要的是风险投资机构的经验。风险投资机构计算企业的财务预算,常常需要计划预算至3年、5年或8年,甚至更长。他们需要估算一个新起步的公司由亏损转为赢利所需的总资本,他们还需要知道这个公司大概要花多少时间才可由亏转盈，一般要评估至10年后的公司收入和利润，从而研判他们投资收益的目标是否能够达到。

（三）退出

风险投资机构真正感兴趣的并不是控制他们所投资的公司。作为投资媒介，风险投资机构最终是要把投资资本及大部分的收益回馈给原始投资者。在他们所投资的公司达到一定程度的成功之后，风险投资机构便要开始寻找将资本变为现金的各种可能。这样，风险投资机构才能把投资收益回馈给投资者，并将回笼的资本投到新的公司项目上。风险投资机构会研判最佳转出方式的可行性和困难性，如果他们对退出的方式毫无把握，他们是不会轻易作出投资决定的。目前，我国刚刚开通了科创板，于2019年6月正式开通。上交所科创板的推出，对风险投资的退出提供了高效率的渠道。

三、风险投资机构的投资策略

风险投资机构针对创业者所处的事业发展阶段，规划不同的投资策略。通常投资阶段越早，投资的风险越大，但投资报酬也越高。因此，风险投资机构会基于投资策略与分散风险的观点，以不同数量与比例的资金投资于各事业阶段，形成最佳报酬投资组合。

（一）种子期

种子期的投资对象仅有产品构想，未见产品原型。因此风险投资机构主要考虑投资对象的技术研发能力与产品市场潜力，以及是否与风险投资机构目前的专长领域、产业范围密切关联。如果整体评估投资风险可控制在合理的范围内，风险投资机构会以10% ~15% 的资金投资于种子期的风险企业。

（二）创建期

创建期的投资对象虽已完成产品原型与企业经营计划。但产品仍未上市，管理队伍也尚未组成。因此风险投资机构主要考虑投资对象的经营计划可行性以及产品功能与市场竞争力。如果觉得投资对象有相当的存活率，同时在经营管理与市场开发上也可以提供有效帮助，则将以 15% ~20% 的资金投资于创建期的风险企业。

（三）成长期

成长期的投资对象基本上已过渡到企业阶段，初期产品完成上市，在市场上已有一点基础，但有待开发出更具竞争力的产品，并进行较大规模的市场行销，以扩大市场占有率，因此需要较多的营运资金投入。风险投资机构的主要考虑是该公司的成长能力、市场竞争力、财务计划，以及彼此间的资源互补程度。如果觉得投资对象有相当的成长机会，则会以 25% ~30% 的资金投资于成长期的风险企业。

（四）成熟期

成熟期的投资对象的经营规模与财务状况，均接近上市公司审查的要求条件并计划在公开市场筹集资金，进行多元化的经营。风险投资机构对这一阶段投资的主要考虑是：能否成功上市、证券市场投资者的接受程度，以及财务操作的效果。如果风险投资机构觉得投资对象在上市后能获得合理的报酬，则会以15%～25%的投资组合资金比例投资于成熟阶段的事业。

第三节 风险投资机构的组织形式

由于风险投资机构在风险投资体系中的关键作用，所以要由一些具备各类专业知识和管理经验的人组成，同时其所有权结构要提供一种机制，使得投资者与提供专业知识管理技能的人得到合理的相应回报，并各自承担相应的风险。为适应风险投资体系的这种要求，几十年来，风险投资机构一直在不断探索能够与之相适应的组织形式。

一、风险投资机构的主要组织形式

风险投资经过长期的发展，在实践中产生了很多种组织形式，归纳起来，可以概括为公司制、信托基金制和有限合伙制三种。

（一）公司制

公司制是指风险投资机构以股份有限公司或有限责任公司的形式设立，这是最早出现的风险投资机构的组织形式。按照公司制设立的风险投资机构，在实践中包括4种具体组织形式：股份有限公司、有限责任公司、国有独资公司和子公司（附属大公司或金融机构）。它们的共同点是受《公司法》约束，出资者按出资份额享有相应的权利和承担有限责任，出资者一般不直接介入公司的运作，而由董事会选择风险投资家作为出资者的代理人，在授权范围内管理风险资金，获取合约收益。

在这种模式下，以公司自有资本进行投资，风险资本投资者只承担有限责任，因此当被投资企业由于合同违约等原因遭到损失时，股东不负赔偿责任。股权可以转让，但不能撤出，这有利于资金规模和经营的稳定。但是公司制风险投资机构还存在一些自身难以克服的问题，不利于风险投资的运作，其表现形式主要有以下几个方面。

1. 没有形成有效的信誉机制，存在严重的代理人风险。公司制的风险投资机构没有存续期间的限制，投资者和风险投资家之间不能形成重复博弈，一旦投资者投入资金，就只能收取股利收益,不能随意撤出已投资的资金。而风险投资家在公司制的模式下不用总是募集新的资金,因此其本身不太重视信誉的积累。由于没有形成有效的信誉机制,投资者也无法在事前甄别风险投资家的真实能力和机会主义倾向,而以事后投资收益来甄别其能力更不是有效手段。

2. 风险投资决策控制的职能与剩余索取权的职能几乎完全分离,导致缺乏合理的激励和约束机制,道德风险比较高。现代组织理论认为,组织的剩余索取权与控制权应尽可能匹配。而在公司制的架构下,风险投资家的收入主要来源于合约中明确规定的固定收益,而不是剩余收益,投资收益的优劣虽与投资经理有一定利益关系,但相比于投资经理与外部勾结带来的收益则相当微小。在此情况下,风险投资家作为公司管理者所进行的投资决策很大程度上是凭自身职业道德和自律,因此在公司制的组织形式下很容易出现信息不对称和道德风险。风险投资家往往缺乏足够的激励和约束去详细认真地考察、评估、筛选投资项目,结果是出资者经常要为此承担不必要的高风险。风险投资家还可能采取其他方式损害出资者的利益,包括把资金投入自己或亲友的公司中去,把风险资金挪作他用等等。1958 年,美国政府在国会支持下,用风险投资基金支持设立小企业投资公司,一时间数百家小企业投资公司纷纷设立。但许多投资公司在取得政府支持性优惠贷款后,不是支持创新,而是通过转贷获取市场利率与优惠利率之间的差价。尽管政府千方百计加强监管,效果并不理想,20 年后,大部分投资公司倒闭。

3. 难以保障长期战略投资计划的实施。在公司制下,股东有权要求公司尽快创造利润回报分红,而并非着眼于公司在存续期内获得最大回报。有的公司甚至将年度利润与经理层和员工的工资、奖金挂钩,这使经理层每年都要面对过高的短期回报期望压力,不但无法在最佳的时刻投资和最佳的时刻退出,而且在利益驱动下可能引发一系列的短期行为,包括挪用资金投入证券市场,开展投资银行业务,甚至做房地产以及其他短期见效快的业务和行业,导致低回报,严重背离了风险投资的专业行为。比如,我国首家风险投资公司—— 中创公司的倒闭与其把风险资金大量投入股市、房地产中投机受挫有很大关系。

4. 存在双重征税的问题,税务成本较高。公司制的风险投资机构是具有独立主体资格的法人组织,是所得税的纳税主体。对公司制风险投资机构的收益要实行两次征税,即作为法人,风险投资公司投资所得需缴纳企业所得税,其法人股东所获分红虽无须再缴纳企业所得税,但其最终股东如为自然人,则需缴纳个人所得税,从而形成双重税负。

(二) 信托基金制

信托基金制是由一定的组织者发起,将从广大投资者手中募集的资金交给专业的管理机构进行信托投资,所得收益在提取必要管理费用后全部分给投资者的投资组织形式。信托基金是一种比较独立的资金管理方式,它独立于管理人,并接受托管人和投资者的监督,因而可以最大限度地化解投资风险,能将既想投资又不想过多承担风险的投资者的资金吸引进风险投资市场。一家基金管理公司可以同时管理几项投资基金,基金管理人在募集到一项基金并管理运作5~10年后,可以继续募集新的基金。

信托基金制分为公司型和契约型。在公司型信托投资基金中,投资者作为股东成立基金公司,由基金管理人作为董事负责基金的经营,或者通过信托合同把基金交由基金以外的基金管理人(一般组成基金管理公司)经营,并由基金保管人对基金进行保管。公司型风险投资信托基金与普通公司形式的风险投资公司非常相似,对投资者的投资成本也有相似的影响。契约型信托投资基金是指按照信托合同组建的风险投资基金,即依据《信托法》《创业投资基金法》等相关法律法规设立风险投资基金,再以信托契约方式将资本提供者(持有人)、风险投资基金管理公司(管理人)和受托金融机构(托管人)三者的关系加以书面化、法律化,约束和规范当事人的行为。信托基金筹集资金是通过发行受益凭证来实现的,基金本身不具有法人资格。风险投资基金绝大多数为私募,由于其高风险性,一般不像证券投资基金那样通过资本市场向社会公众公开募集。

信托基金的成本包括运作成本和代理成本。运作成本中的税负成本主要取决于各国家和地区的具体规定,而日常开销成本则能有效控制。在代理成本方面,由于其组织结构的特点,出资人的资产与管理人的资产相分离,能对风险投资家构成一定的约束,并可以通过信托合同的规定保障投资者的利益,降低代理成本。在激励机制方面,也可以通过合同约定投资者与风险投资家报酬的分配问题,以激励风险投资家的积极性,从而增加经营成功的概率。

但信托基金存在逆向选择风险。基金投资者希望选择真正具有专业水平和诚信品德的基金管理人代理其管理和运用好资产,但专业管理水平和诚信品德属于基金管理人内部信息,基金投资者不可能完全掌握。基金管理人为了获得管理基金的机会,总倾向于夸大自己的专业管理水平,隐瞒自己的弱点和道德缺陷,这有可能诱导基金投资人选择与自己意愿相反的基金管理人,从而产生逆向选择。

(三)有限合伙制

1.有限合伙制风险投资机构的运行模式。有限合伙制是合伙制的一种特殊形式,是合伙制发展到一定阶段的产物。有限合伙制对外在整体上具有无限责任性质,但在其内部设置了一种与普通合伙制有根本区别的两类法律责任截然不同的权益主体。一类合伙人作为真正的投资者,投入绝大部分资金,但不得参与经营管理,并且只以其投资的金额承担有限责任,称为有限合伙人(Limited Partner);另一类合伙人通常是一群有经验的风险投资家,其作为真正的管理者,只投入极少部分资金,但全权负责经营管理,并要承担无限责任,故称为普通合伙人(General Partner),亦称一般合伙人或无限合伙人(见图5-1)。

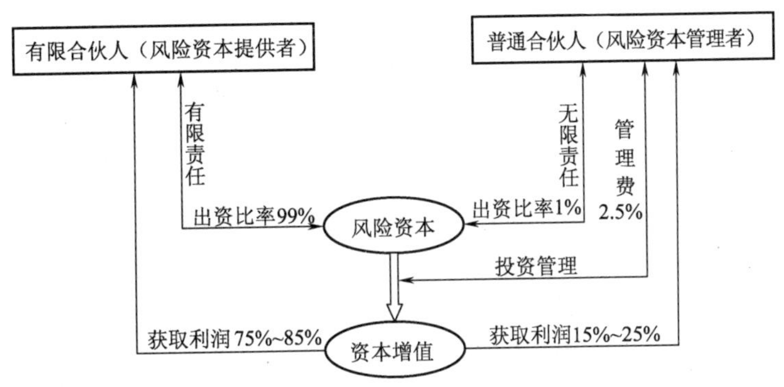

图5－1　有限合伙制风险投资机构的运行模式

一个典型合伙关系有6～12个普通合伙人，他们是有经验的企业家，财务、销售、工程、软件开发、产品设计等专家或曾经在某行业的企业中当过经理的人，一小部分来自投资银行或商业银行。普通合伙人是风险投资机构的管理者，在合伙关系中出资比例很小，只有大约1%。主要的投资资本由有限合伙人提供。有限合伙人一般有10～30个，机构或个人都可以。一个合伙关系的年限一般是10年，前3～5年把钱投资于10～50个项目。一个有名的风险投资机构一年接到的创业申请书成百上千，但只在其中挑2～15个投资。后几年就是监督和管理，把成功的项目卖掉，在合伙人间分利（现金或股票），不成功的项目则予以了结。

2. 有限合伙制风险投资机构的常见规定。

（1）法律结构方面。有限合伙制组织形式具有很重要的税收和法律考虑。有限合伙企业的收入不必缴纳公司所得税，而是作为合伙人的收入按其个人的税制结构进行纳税处理。此外，有限合伙制风险投资机构可以通过向其合伙人分配有价证券的形式，避免产生即时的应税收入——只有当证券被出售时，其利得或损失才被确认。具有这种税收待遇资格的有限合伙关系必须满足四个条件：①在签订合伙协议之前必须已经确定了经合伙各方同意的风险资金终止日期。②有限合伙人所有权的转移要受到限制，与大多数经过注册的有价证券不同，它们不能轻易地被买卖。③禁止在到期日前随便撤出合伙企业。④只要有限合伙人仅以出资为限承担有限责任，就不得参与风险资金的管理。普通合伙人因承担无限责任，所以他们可以预料的损失比他们投入的资本多得多。但在一般情况下，无限责任的后果并不严重，因为有限合伙风险投资机构通常不借债，它们面临资不抵债的风险也很小。

尽管对有限合伙人参与管理的权力有诸多限制，但通常授予他们重大问题的投票权，如在个别有限合伙协议、契约中止前解散合伙企业、延长风险资金的期限、更换普通合伙人以及评估资产组合的价值等情况下的投票权。尽管合伙协议各不相同,但一般都要求有2/3以上的多数合伙人投票通过才能使变更生效。

(2)出资比例方面。在一般情况下,有限合伙人提供99%的风险资金,而普通合伙人只提供1%左右的风险资金。这种出资可以且经常用本票而不是现金的方式支付。

(3)经济寿命方面。据有关资料统计有72%的风险基金的经济寿命设定为7~10年。所有合伙协议都有延长风险资金寿命期的条款,但有52%的合伙协议要求征得有限合伙人某种程度上的同意,另外有48%的合伙协议把决定权交给普通合伙人。最常见的延长期是3年,最长再增加一年。在风险资金到期时,为了把所有的现金和有价证券分配给合伙人,还需要进行一次账目结算。

(4)出资时间方面。通常在缴付出资时,有限合伙人只需投入出资额的一定比例,其余的可以分期投入。大多数协议要求以现金形式投入总出资额的25%~33%,剩下的投资可以到未来某一天再投入(如每年25%)。普通合伙人将监督有限合伙人按时缴纳出资。

如果合伙人毁弃出资承诺,就会受到处罚。例如,将其出资的所有权比例降低一半或者限制他们撤销已投入的资本等。

(5)报酬来源方面。普通合伙人从其管理的每个有限合伙制基金中得到的报酬一般来源于两个方面:一个是管理费;另一个是每个风险基金的资本利得提成。每年的管理费一般为风险资金总额的1%~3%;也有的管理费不按出资额计算,如可以是投资组合价值的一个百分比。管理费通常不随着所管理资金数额的增长而下降。风险投资家在合伙制解散后得到风险资金已实现的资本利得的10%~30%作为其报酬的主要来源。

(6)利润分配方面。约有一半以上的风险投资合伙协议要求把当年已实现的利润全部进行分配,也有的合伙制把利润是否进行分配的决定权交给普通合伙人。绝大部分的有限合伙制要求只有当有限合伙人收回全部累计投资之后,普通合伙人才能得到20%的利润分享(即"提成")。普通合伙人可以选择以现金、有价证券或两者混合的形式进行分配。通常,风险投资机构不会也不能够在首次上市时将其拥有的股权变现。这些股份可以按有限合伙人的出资比例直接分配给他们,也可以由风险投资机构继续持有并承担在未来某一天对其进行分配的责任,或者通过二级市场发行将其转换成现金。如果以股份形式向有限合伙人进行分配,其价值按分配前股票市场上最后的成交价计算。

(7)报告和会计政策方面。所有风险投资企业都向有限合伙人提供有关被投资企业价值和进展的定期报告。但是大多数资金被投入具有高度不确定性的私人企业,评定其价值非常困难。通常情况下,只有当在重大的公平交易中出现更高的出价时才可以记入增加的价值。如果既没有这样的交易发生,也不大可能会发生损失,就以成本作为报告的基础。这种政策的结果是大多数风险投资机构在前3年会计报告的收益率通常是负值。

(8)特殊的利益冲突方面。大多数合伙协议都明确规定了风险投资家分配在每个风险资金上的管理时间。有少量的合伙制限制普通合伙人与被投资公司进行共同投资或接受被投资公司持有的有价证券。有些合伙制限制后续成立的风险资金投资于由同一个风险投资家管理的前一个风险资金所持有的有价证券。其他合伙制不允许普通合伙人募集新的风险资金,除非现有风险资金的一定比例(如50%)已被投出。

(9)专门的顾问委员会。在对风险投资机构的调查中发现,76个有限合伙风险投资机构中,有41个成立了正式的顾问委员会,有17个设立了非正式的顾问委员会。在那些设立正式顾问委员会的合伙企业中,有19个要求由有限合伙人担任代表。另外,还有18个合伙企业设立了只包括有限合伙人代表的委员会,这些委员会完全独立于顾问委员会。设立顾问委员会和只有有限合伙人代表的委员会的目的通常是为了提供获取项目和技术专家的途径。有些委员会的结构类似于传统的董事会,对风险投资资金的运用提供指导和监督;还有一些顾问委员会负有特殊的责任,其中最重要的是确定投资组合的价值。

3.有限合伙制的优点。从国际上有限合伙制的发展经验上来看,其之所以能成为风险投资的最有效的组织形式,原因在于它的运行效率最高,有效地降低了资金运作成本和代理成本。具体来看有以下优势:

(1)能够实现人力资本与风险资本的有机统一,有效控制代理人风险,降低代理成本。有限合伙人作为真正的投资者,投入99%的资金,并不参与企业日常经营管理与项目决策,对外承担有限责任,因而对投资活动的决策权和影响力较小。而普通合伙人作为真正的管理者,只投入1%的资金,负责企业经营管理并对外承担无限连带责任,具有充分的管理自主权,并获得高额收益回报,有利于提高管理效率和运作效率。绝对数额较大的匹配投资和风险共担的契约内容能有效地降低风险投资家出现人为道德风险的可能性,防止"内部人"通过各种不良行为侵蚀风险资金。

(2)有效的激励约束机制使得风险投资的效率更高。有限合伙制下,一般合伙人的报酬与其经营业绩紧密挂钩,在利益分配中不仅以货币资本为依据,而且更多地考虑到"贡献"与"风险"的因素,适合当今知识经济时代中资本与"知本"的运行规律。同时,在风险投资实践中,大多数有限合伙合同都有限制性利润分配的手段,通常规定一般合伙人的利润分成要等有限合伙人收回其全部投资后才可分配,或者规定只有达到最低的投资收益率,一般合伙人才能得到其收益分配。这样的安排使投资者与风险投资家的目标很好地统一起来,不仅可以减少风险投资中的机会主义行为,还可以提高风险投资家的工作努力程度。

(3)独特的信誉机制有效地解决了委托人和代理人的相互制衡问题。有限合伙协议可以规定风险投资基金的经营期限,使得风险投资家必须在约定的期限内交还对风险资本的控制权。在风险投资基金的生命周期内,投资者可以根据风险投资家的表现停止或继续向风险投资基金投资。投资者可以分阶段履行其投资承诺,而不必一次性投入其所承诺的全部出资额,从而可以通过拒绝后续阶段的注资方式而变相撤回投资。当然,如果风险投资家所投资企业回报高,风险投资家信誉好,投资者不仅将承诺的后期资金注入,而且在风险投资家募集新基金时仍然愿意再投资,这样做可以刺激风险投资家充分利用已经筹集到的资金。

(4)降低了税务成本。有限合伙制风险投资基金是非独立主体资格的营业组织,适用合伙制的税收规定,不需要缴纳企业所得税。当风险投资基金投资赢利并分配投资收益时,每个投资者只需按分配到的份额承担个人所得税,能规避公司制风险投资机构双重课税的问题。另外。在有限合伙制风险投资基金存续期间不发生课税,直到基金解散时才对已实现的收益报告应税收入。并且当合伙人如果以证券形式得到投资收益时,也并不需要立即缴纳个人所得税,直到证券出售成为现金时才缴纳,这些都能降低税务成本,并相应提高资本收益。

二、各种组织形式的比较

(一)投资权益及相关责任的比较

风险投资是权益投资,当事人能够获得的权益要与其承担的责任相对称。能否合理有效地平衡风险投资当事人的责、权、利三者关系,是比较和选择风险投资机构组织模式的核心问题。

1. 公司制风险投资机构按《公司法》及相关法规设立和运作,具有独立主体资格(法人资格),采取有限责任公司或股份有限公司的形式。投资者自愿投资入股,一般不直接参与公司的经营管理,对公司债务只以其出资额为限承担有限责任。公司赢利通常既可以按出资比例以红利或股息形式当年分配给投资者,也可以留做公司积累。基金经理人一般由董事会聘任,可以不投资入股,对公司债务也不负连带责任,只对公司负善意管理义务,并且只对违反公司章程或工作重大失误负过错责任。基金经理人薪酬基本上是固定的,虽然有些公司也实行与经营业绩挂钩,但一般都要经董事会提议,并报股东大会审议批准后兑现。

2. 信托基金制风险投资机构按《信托法》及相关法规设立和运作,由投资者按信托合同提供资金组建基金,然后交作为托管人的金融机构保管监督,再由作为基金经理人的管理公司(信托公司)管理经营。投资者不直接参与基金的经营管理,对基金的亏损或债务也只以其出资额为限负有限责任。基金经理人和托管人通常都不出资,只分别履行善意的经营管理和保管监督的义务,并对违反信托合同和重大工作失误负过错责任,但对基金的亏损和债务都不负连带责任。基金赢利归投资者支配和分享。基金经理人和托管人通常只分别收取合同约定的相关信托费用作为报酬，一般与经营业绩不挂钩。

3. 有限合伙制风险投资机构一般按《合伙企业法》及相关法规设立和运作，不具有独立主体资格。遵照有限合伙制约定俗成的协议惯例，有限合伙人作为真正的投资者要出资99%的资金，并不能直接参与合伙事务的经营管理，只分享80%的基金赢利，但对合伙债务只以出资额为限负有限责任；普通合伙人作为真正的管理者——基金管理人，只出资1%的资金，主要投入表现为专业知识和技能、管理经验和精力的人力资本，并全权负责经营管理，具有充分的独立经营管理的自主权，可分享20%的基金赢利，每年还可以从已投资或已缴纳的基金中提取2.5%左右的金额作为管理费，但要对合伙债务负无限责任。

相比之下，有限合伙制确实比公司制和信托基金制对风险投资当事人在权益与责任关系方面的设计和安排更为对称和合理，更有利于调动各方的积极性。特别把风险投资机构的关键人物——基金经理人的权益与其所承担的责任和风险紧密挂钩，实施高强度的激励机制，既符合产权经济学中剩余控制权和剩余收益权的分配原理，也适应风险投资运作的实际需要，更能刺激和增强基金经理人经营管理的责任心、主动性、积极性和创造性，有利于提高管理效率和投资收益。

（二）管理模式及相关运作效率的比较

风险投资的决策和经营管理要求具有科学性、高效性和灵活性。风险投资机构的管理模式与组织模式密切相关，并由组织模式所决定。所采取的管理模式能否提高风险投资的管理效率和运作效率，是比较和选择风险投资机构组织模式的关键问题。

1. 公司制具有一套完整的管理机构和严格的管理程序，一般实行决策权与日常经营管理权相分离的董事会—经理分权管理模式。董事会为决策机构，拥有决策权，但董事并不一定具备风险投资所必需的综合素质和决策能力，难以确保董事会高度集中决策的科学性和高效率，容易造成决策失误或延误。基金经理人一般为风险投资家，由董事会聘任，负责日常经营管理，虽然熟悉业务，且有管理能力，但工作缺乏独立自主权，必然影响公司管理效率和运作效率。

2. 信托基金制按信托合同管理和运作，实行所有权、管理权、保管监督权三权分立的管理模式。基金投资者行使基金所有权，有权选择基金管理者和保管监督者，有权支配和分享基金投资收益，但不参与对基金的经营管理和保管监督。信托公司（管理公司）作为基金经理人行使管理权，负责对基金的经营管理；金融机构作为基金托管人，行使保管监督权，负责对基金的保管监督。在这种三权分立的框架下，又没有高强度的相关利益刺激作为动力，基金经理人和托管人都不太可能会自觉地尽心尽力履行职责，也会在一定程度上影响管理效率和运作效率。

3. 有限合伙制管理结构简单，管理人员精干，实行投资决策和日常经营管理融为一体的基金经理人独立经营管理模式。有限合伙制赋予基金经理人投资决策和投资运作的双重权利，全权负责经营管理。这对风险投资行业相当重要。风险投资是跨越科技和金融两大领域的非常特殊的投融资活动，涉及多学科的理论和知识，而且实践性很强，对管理人员素质要求很高。基金经理人通常是一些风险投资家，具有丰富的科技知识、金融专长和管理经验，并且与科技界、金融界、企业界、商界均有广泛的联系，掌握大量的信息，能适应风险投资的管理要求，以敏锐而精确的判断力，对新技术、新产品的商业化前景及其潜力进行考察，筛选出有成功希望的项目和企业，还能协助和参与创业企业的经营管理，提供咨询服务和辅导，使科技成果尽快实现商品化和产业化，对提高风险投资运作效率具有至关重要的影响。由于基金经理人享有独立自主的经营管理权，因此能提高风险投资管理和运作的效率。相比之下，有限合伙制的管理模式要比公司制和信托基金制的管理模式，更适应风险投资运作的特殊要求，更能充分发挥基金经理人的管理才能和作用，更能提高风险投资的管理效率和运作效率。

（三）运营成本及相关投资收益的比较

风险投资中的运营成本包括税务成本、日常经营管理成本、委托代理成本和监督成本等。

1. 税务成本的比较。国际上通常的税收规定，只有在法律上具有独立主体资格的营业组织，才作为纳税主体缴纳企业所得税，而对不具有法人资格的合伙企业不征收企业所得税，只对投资者征收个人所得税。公司制风险投资机构是具有独立主体资格的法人组织，要缴纳企业所得税。投资者要承担公司所得税和个人所得税的双重税负。信托基金制风险投资机构的税务成本，由于各国税务政策不同，高低差别较大，难以比较。有限合伙制风险投资机构是非独立主体资格的营业组织，适用于合伙制的税收规定。按照国际上税收惯例，在税收上享受流转税的待遇，不需缴纳企业所得税。当风险投资基金投资赢利并分配投资收益时，每个投资者只需按分配到的份额承担个人所得税义务。另外，在有限合伙制风险投资基金存续期间不发生课税，直到基金解散时才对已实现的收益或损失报告应税收入；当合伙人如果以证券形式得到投资收益时，也并不需要立即就缴个人所得税，直到证券出售成为现金时才缴纳，能起到节税效果。因此，有限合伙制的税务成本明显要低于公司制。

2. 日常经营管理成本的比较。公司制内部机构设置比较庞大而复杂，从董事会、监事会、经理室到下属各部门等机构的设立和运行都需要经费开支，增加管理成本。另外，公司日常经营管理费用一般不采取承包使用的办法，通常很难控制，经常超出预算，增加经营管理成本。信托基金制通常按照信托合同，采用类似承包的方式支付给受托人一笔固定的经营管理费用，容易控制日常经营管理成本。有限合伙制一般都通过协议事先约定,基金经理人每年从已缴纳的或已投资的基金中提取2.5%左右的金额作为日常经营管理费用,用于管理人员的工资和办公费用等日常经营开支。一般基金额越大,这个比例越小。如果日常经营开支费用超过约定的金额则不能再另行支付。这种采用承包的方式,将日常经营管理费用事先固定下来,促使基金经理人精简机构,厉行节约,减少开支,从而能有效控制和降低日常经营管理成本。因此,在控制和降低日常经营管理成本方面,有限合伙制要比公司制更为有效,但与信托基金制差不多。

3. 委托代理成本和监督成本的比较。公司制虽然设置了专门机构——监事会负责监督经营管理,相应增加了监督成本,但由于没有建立有效的制衡机制,始终未能解决"内部人控制"现象,经常出现代理人道德风险,难以降低委托代理成本。信托基金制按照信托合同专门委托基金经理人和托管人分别负责基金的经营管理和保管监督,增加了委托代理费用的开支,但由于也缺乏有效的制衡机制,托管人对基金经理人的监督也流于形式,没有实际效果,也很难解决"内部人控制"现象,难以降低委托代理成本和监督成本。有限合伙制实施一系列行之有效的激励与约束相结合的治理机制,能增强基金经理人的能动作用和自律效应,从而提高管理效率,减轻道德风险,降低委托代理成本和监督成本。

(四)治理机制及相关效果的比较

风险投资本身具有高风险的特征,实行双重委托代理关系增添了代理人道德风险问题,而基金经理人则与上述两个问题密切相关。能否对基金经理人有效实施激励与约束相结合的治理机制,发挥降低投资风险、提高投资收益的作用,是比较和选择风险投资机构组织模式的主要依据。

1. 激励机制及相关效果的比较。风险投资是一种特殊的资本运作形式。其投资收益的获得在一定程度上依靠基金经理人的管理才能和敬业精神,特别是其对新技术市场前景的敏锐洞察力和对创业企业团队素质的高度鉴别力。否则,风险投资就没有生命力和创造力,就不可能增值。对基金经理人必须实施高强度的激励机制,才能激发和增强其经营管理的主动性、积极性和创造性,不断提高管理效率和运作效率,降低投资风险,增加资本收益。

(1)公司制风险投资机构虽然可以根据经营管理绩效,采取为高层经营管理人员发放高额奖金或大量股票期权等激励方式,建立高强度激励机制;但这种激励的实施,一般都要等到由董事会提议并经股东大会审议批准后兑现,并且这种激励方案在公司永久的存续期内可以随时加以调整和变动。这种不确定和不透明的激励办法,使经营管理者缺乏利益刺激的内在动力,不能自始至终恪尽职守,更难充分发挥管理才能和潜力,无法创造性地管好用好基金。

(2)信托基金制框架下,受托的基金经理人和托管人以向投资者收取固定的信托费用为报酬。这种收益分配方式不可能起到激励作用。近几年某些发达国家尝试把基金经营业绩与基金经营管理者和保管监督者的报酬紧密结合起来,产生了一些激励效果。

(3)有限合伙制为基金经理人设计的激励机制具有高强度性,从出资比例和赢利分配比例就可以清楚地看到。基金经理人只要出资1%的资金,就可以分享20%的赢利,每年还可以得到2.5%左右的已投资或已缴纳的基金作为管理费。这些高强度的激励方案在基金设立的招募说明书中早已被明确规定,后又经双方协议确定,都是事先“内置化”的,在整个基金存续期内不可改变,因而其激励作用是明显的,激励方式是透明的,能极大地提高基金经理人经营管理的积极性、主动性和创造性,不断增强管理效率和运作效率,提高投资收益。相比之下,有限合伙制更有利于强化对基金经理人的激励机制。

2. 约束机制及相关效果的比较。风险投资中基金经理人作为真正投资者的代理人,不仅管理风险投资基金,而且还会深入地参与到创业企业的经营管理活动中,具有极大的信息优势,随时可以蒙骗投资者,损害投资者利益,为自己谋取私利。对基金经理人必须实施各种有效的约束机制,才能最大限度抑制代理人的道德风险,减少投资者的损失,相应提高资本收益。

(1)在责任约束机制方面,公司制的基金经理人对公司债务不负连带责任,只对违反公司章程或工作重大失误负过错责任,可能受降薪、罚款、记过、撤职等处罚。在信托基金制框架下的基金经理人和基金保管监督人作为受托人,也仅在违反信托合同或工作重大失误时负过错责任,可能受降薪、罚款、记过、撤职等处罚,但对基金的亏损与债务不负连带责任。在有限合伙制中,普通合伙人作为基金经理人无论在什么情况下都要对合伙债务承担无限责任。相比较,有限合伙制更有利于强化对基金经理人的责任约束。

(2)在出资约束机制方面,公司制对基金经理人一般没有出资的要求。信托基金制对作为受托人的基金经理人和基金保管监督人,一般也没有出资的要求。有限合伙制协议通常约定基金经理人作为普通合伙人,虽然只要出1%的资金,但其绝对量相当大。相比较,有限合伙制更有利于强化对基金经理人的出资约束机制。

(3)在投资约束机制方面,公司制投资活动由董事会负责决策,基金经理人组织实施,再由监事会进行监督。这对损害股东权益的投资行为有一定的约束作用,但效果也不明显。信托基金制由受托的基金经理人全权负责投资的决策和实施,只有金融机构作为基金托管人对投资活动进行监督。虽然对基金经理人不良的投资行为也有一定的制约作用,但效果也不明显,不能有效控制代理人的道德风险。有限合伙制通过一些明确的协议约定来规范基金经理人的投资行为,取得较为明显的效果。例如:基金经理人必须对本基金倾注全力,在该基金投资达到一定比例后才可以参与组织和运营新的基金;对基金经理人发掘的新的投资项目,原基金有优先投资权;有限合伙人可按认购的基金份额分期投入资金;有限合伙人不仅在发生欺诈等情况下,有权解雇基金经理人或解散基金,并且即使基金经理人无重大过错,只要投资者对其丧失信心,也有权放弃继续投资或提前撤资。相比较,有限合伙制更有利于强化对基金经理人的投资约束。

(4)在分配约束机制方面,公司制投资收益既可以当年分配给股东,也可以留公司积累,由董事会决定。信托基金制框架下,投资收益按照信托合同归投资者支配和分享。因此,分配约束机制对公司制和信托基金制的基金经理人的影响不大。有限合伙制通过协议通常约定,基金经理人要及时将已实现的利润分配给投资者,避免基金经理人"画饼"给投资者"充饥",从而强化对其约束。这可以避免基金经理人把已实现的资本收益擅自投入新的创业企业,造成增加风险而没有增加相应回报的后果;并能保护投资者的利益,不因代理人从事与合伙企业目标不一致的活动而使投资可能遭受损失。在基金清盘时,一般还规定在有限合伙人收回投资本金和利润后,基金经理人才能享受利润提成,促使其自始至终努力搞好管理,提高效率,规避风险,增加收益。相比较,有限合伙制更能强化对基金经理人的分配约束机制。

(5)在基金存续期约束机制方面,有限合伙制协议一般约定基金存续期为7~10年。到期后可申请延期,每次申请延期1年,最多4次,并需经合伙人会议多数同意。存续期满必须清盘,把全部本金和赢利分给投资者。由于每个基金存续期有限,基金经理人要承受较大的筹资压力,必须努力建立良好的市场信誉,才能每隔3~5年,筹集到新的资金,组建新的基金,维护其行业地位。这能有效约束基金经理人在基金存续期限内,尽心尽力地管好用好基金。公司制是永久性的存续制,信托基金制是不定期的存续制(存续期由信托合同约定),都不太适应风险投资周期性多轮投资的特点,对基金经理人无明显的约束作用。

(6)从市场信誉约束机制方面考虑,有限合伙制风险投资基金由基金经理人发起筹集相当费时费力,往往需要几个月甚至一年时间,成功与否,主要取决于基金经理人的市场信誉和管理才能。在有效的基金经理人市场条件下,基金经理人为获得市场对他的信任,能受托管理更多的基金,取得更多的利润提成和管理费,总是倾向于选择对投资者效用最大化的运作,以维护其市场信誉。基金经理人如有对投资者进行不利的败德行为,其市场信誉将会受损,并有可能被排斥于风险投资基金管理业之外。这促使基金经理人不得不自觉约束自己的不良行为,努力创造良好的经营业绩,提高自己的市场信誉。公司制和信托基金制的风险投资基金一般不是由基金经理人直接发起筹集的,市场信誉约束机制对他们的约束作用就不明显。相比公司制和信托基金制,有限合伙制更能对基金经理人有效实施激励与约束相结合的治理机制,发挥降低投资风险、提高投资收益的效果。

综上所述,有限合伙制以巧妙的制度设计和合理的组织安排及其所构建的管理模式和治理机制,具有很多明显的比较优势,比公司制和信托基金制更适应风险投资的运作特点和选择偏好,更能增强风险投资机构运作的有效性,更能提高风险投资运作效率和投资收益,所以必然成为风险投资组织模式的最佳选择,成为国际上风险投资机构的主流模式。表 5 – 1 对这三种组织模式进行了总结。

表 5 –1

模式 项目	公司制	信托型	有限合伙制
募集方式	公募(或私募)	公募(或私募)	私募
存续期限	无限期	固定期限	固定期限
结构	复杂	复杂	简单
税收成本	双重征税	无双重征税	无双重征税
代理成本	高	高	低
经营成本	高	介于两者之间	低
经理人的投资决策	层层审批,操作复杂	充分的决策权	充分的决策权
报酬激励	工资,激励小	固定报酬,激励强度介于两者之间	固定管理费 + 业绩报酬,激励强度大
对投资者的损失	有限责任	不承担	承担无限责任
投资者对经理人的约束	通过股东大会、董事会约束	通过合同(受益人对经理人无任何约束)	通过合同(在关键问题上可通过 2/3 作出决策)
对投资者的回报	无保证	一般	大
治理结构	所有权与经营权分离	所有权、管理权、保管权三权分离	所有权与经营权合一
筛选结果	不能吸引最好的风险投资家	介于两者之间	能吸引最好的风险投资家和创业家
对投资者的激励	主要吸引个人投资者,对投资者无吸引力	吸引机构投资者投入,吸引力介于两者之间	吸引机构投资者投入,对投资者有吸引力

资料来源:司春林等,《创业投资》,上海财经大学出版社,2003 年版,第 96 页

第四节　风险投资机构的发展机制

在风险投资运作过程中，涉及主体投资者（风险资本的所有人）、风险投资机构（风险资本家）、风险企业（风险企业家）三个方面。其中风险资本家是风险投资体系主体结构中最为核心的部分，也是风险投资最直接的参与者和操作者，是沟通风险企业与投资者的纽带。这些决策主体之间存在着两层委托代理关系：一层是风险投资者与风险资本家之间的委托代理关系，即风险投资者将自己的资金委托给风险资本家管理，以求实现高额回报；另一层是风险资本家与风险企业家之间的委托代理关系，即风险资本家把从投资者那里筹集来的资金随同自己的专业知识和管理经验投资于风险企业，委托风险企业家经营管理。这两层委托代理关系紧密相连，其中第二层代理关系是决定性因素，决定着第一层关系的好坏，表现为投资者对风险投资的信心来自下游风险投资公司从风险企业那里获得的回报；而第一层代理关系在某种程度上制约着第二层关系。风险投资过程中这种复杂的委托代理关系，极有可能出现代理人和委托人的目标不一致的情况，从而影响风险投资的正常运作。要解决这一问题，就必须建立起有利于风险投资机构发展的机制，主要就是激励机制和约束机制。

一、激励机制

（一）激励机制的定义

激励机制是激励主体运用多种激励手段来激励管理层为股东利益最大化或企业价值最大化而努力的机制，是激励主体与激励客体相互作用、相互制约的规范化和制度化的结构、方式和关系。一定的激励机制会自动地激励客体一定的行为，使之具有某种规律性。激励手段有物质性激励和精神激励，物质激励是指奖金、股票、利润分成等物质奖励形式，精神激励是指一些非物质性奖励形式，如表彰、授予荣誉称号、享受某种资格等。

在风险投资过程中，激励机制就是风险投资的资本所有者与风险投资机构和风险投资家之间的关系。其中包含着两层关系：一层是风险资本的投资者与风险投资机构之间的关系；另一层是风险投资机构与风险投资家（风险投资机构的项目运作者）之间的关系。由于风险投资机构这种多层关系，建立有效的激励机制就显得特别重要。

（二）激励机制设计的原则

为了保证激励机制在风险投资过程中发挥作用，风险投资机构在设计激励机制时应该遵循以下基本原则。

1. 绩效原则。绩效原则是指风险投资机构的经理与风险投资机构的绩效及每个项目的收益挂钩。投资项目收益越高,公司绩效越高,对投资经理的激励强度也应该越大。反之,投资项目的收益越低,对投资经理的激励强度也就越低。

2. 公平原则。投资项目收益的高低应该与同行业的平均水平为参照物,对投资经理要求过高或过低或不满足公平原则,建立起来的激励机制也不会有效。风险投资机构的投资者与风险投资机构间的绩效考评也应该按此公平原则进行设计。

3. 长期激励与短期激励相结合的原则。风险投资机构进行风险投资的项目的期限一般较长,短则3~5年,长则7年以上。为了保证投资经理对项目保持良好的控制,防止短期赢利长期亏损的现象,应该进行长期激励。但只实行长期激励就会让投资经理及员工长时间内得不到激励而缺乏工作积极性。所以为了保持风险投资机构健康稳定地发展,就应该实行长期激励和短期激励相结合的原则。

4. 物质激励与精神激励相结合的原则。人的需求不仅有物质需求,也有精神需求,人们都会努力地满足这些需求。风险投资机构在设计激励机制时要把物质激励与精神激励结合起来,才会发挥更好的效果。

(三)激励机制的具体形式

在风险投资中,激励机制有以下几种具体形式。

1. 报酬机制。报酬激励是物质激励中的一种具体形式。根据激励理论,风险投资家需要获得与业绩相联系的风险性报酬,因此,风险投资家或投资经理的报酬包括了固定报酬和浮动报酬两部分。风险投资机构中需要给予风险投资家或投资经理固定报酬以及与业绩相联系的浮动报酬,特别是后者更为重要,也就是分享收益的比例。因此,风险投资家或投资经理从其管理的风险投资基金项目中获取两种形式的报酬。固定报酬是基本报酬,浮动报酬与风险投资家业绩好坏挂钩,风险投资家或投资经理管理的投资项目收益越高,浮动报酬就越高,相反就越少。这种固定报酬加浮动报酬就是一种激励机制,具体内容如下:

(1)管理费。管理费是风险资本运作报酬的一部分,是作为管理风险资本工作的一种报酬。在美国,通过合同条款规定风险投资家每年从其所管理的资本中提取一定比例的金额作为管理费用,一般逐月累计,按季度提取,这笔费用包括风险投资家的工资和日常开支。管理费与风险投资家管理的资本大小成正比,风险投资家管理的风险资本越多,其所获得的管理费也越高。而所管理的基金规模又与风险投资家的声誉有关,而声誉又与业绩有关。因此,风险投资家会尽力工作取得好业绩以提高其声誉。

管理费一般是在风险投资机构募集资金的时候就预告确定的,按一定的比例收取管理费,这个比例就是管理费率。风险投资机构在设置管理费率时,考虑到时间价值、投资者的投资成本,设置的管理费率会随着时间而延长而降低,一方面鼓励风险投资家尽早归还投资者的投资资本,另一方面鼓励投资者进行长期投资。管理费率变动,主要是因为管理费应能反映风险投资家的工作,在基金运作的初期和中期,风险投资家投入劳动较多,因为他们要选择投资机会,组织交易和管理被投资公司;基金运作晚期,风险投资家则将注意力放在筹集新基金上,投入的劳动自然就较少。为了反映不同的参与程度,许多合同规定,在风险资本运作初期采取比较高的管理费率,随后逐渐降低管理费率,这种安排也鼓励风险投资家尽快归还投资者的投资资本。

管理费的计算基数的确定,是以投资的资金为基数,这样可以减少管理费用,并可以激励风险投资家尽可能把签约资金投资出去,并防止了投资经理不进行投资而坐享管理费的行为倾向。

(2)股票期权。股票期权是给予特定人员在未来一定时间内,以特定的价格购买一定数量的公司股份的权利,它并不是一种股票,而是一种权利。经理人期权(ESO)作为一种长期激励机制,起始于20世纪70年代,一直在美国等发达的国家广泛地使用。股票期权被广泛使用,主要原因是:一方面,在发达的资本市场中,股票价格在市场上的表现反映了公司的业绩,受企业赢利能力和利润增长的影响,管理者在一定程度上可以左右这些因素,这样股票有激励作用。另一方面,如果公司经营不善,业绩不佳,导致公司股价下跌,就有可能被并购,使管理者失去对公司的控制权,甚至可能被辞退,这会给管理者一个无形的压力,促使他们努力工作,提高公司的经营业绩。此外,风险投资家或投资经理取得报酬的另一种形式就是获得一定比例的风险资本的期末总利润。这种将风险投资家的管理费用与资本利得相分离,使其收入与经营业绩高度相关的报酬形式,也是一种解决投资者与风险投资家之间委托—代理问题的有效激励机制。风险投资家一般被授予获取风险资本利润一定比例的股份期权,参与利润分配和其他方面的激励,鼓励风险投资家参与管理以便增加所投资公司总价值。以利润分配作为对风险投资家或投资经理的补偿,是有限合伙制激励风险投资家的中心环节。报酬激励体系在联结风险投资家和有限合伙人的合作方面起到了关键作用。

股票期权的激励机制,常常在利润分配过程中采用"爪回"(Claw Back)条款,即规定分配给投资者和风险投资家的现金及有价证券,随着投资开始结算就开始了。"爪回"条款为了将风险投资家的报酬和投资者目标联系起来,在风险投资家收到业绩报酬之前,允许投资者收回他们的投资酬金和管理费。也就是说,风险资本取得了赢利,但回报率很低不足以弥补管理费的话,风险投资家将得不到任何业绩报酬。这样做也就防止了风险投资家通过早期的收入分配来扩大其回报。

2. 风险共担机制。所谓风险共担就是风险投资家或投资经理与风险投资机构甚至风险资本的投资者,共同承担投资收益降低或失败的风险,它也是物质激励中的一种形式。风险共担机制在创业投资中不仅具有激励性的作用,以促使风险投资家降低代理风险,而且同时起到约束性的作用。从理论上讲,如果委托人是风险中性的,在对称信息下,帕累托最优风险分担意味着代理人得到固定收入,不承担任何风险;但在非对称信息下,代理人必须承担一些风险,这就是由非对称信息导致激励与保险的取舍。在风险投资中,投资者可以通过要求风险投资家投入一定比例的资本到其所管理的创业基金中而达到双方风险共担的目的。在美国,风险投资家的个人资本在基金总额中所占份额通常为1%,这一比例虽然很小,但绝对数额较大,目的在于使风险投资家既成为要素收入者的同时又成为剩余索取者,使得风险投资家也成为自己资产的代理者,相当部分的代理风险要由他自己承担,一旦管理不善或决策失误,他自己的权益也会相应地下降。

3. 声誉机制。声誉是能够满足人们的"自我实现和受人尊重"的一种精神需要,声誉机制是另一个对风险投资家激励与约束的手段,属于精神激励机制的一种形式。声誉机制的激励作用主要是由于风险投资资本是有固定期限的,风险投资家不能永远保管资金。固定期限的机制使投资者能够选择以后不再投资于同一个风险投资家所管理的风险资本。如果风险投资家能力欠缺或责任心差,就很难募集到更多的资金,所管理的风险资本也会越来越少。风险资本期限越长,风险投资家声誉效应越弱;反之,风险投资家的声誉效应越强。实际上,为了不断地投资风险企业,风险投资机构在投资额已经饱和的时候,需要筹集新的资金。而能否顺利地筹集到新的资金,则取决于风险投资机构和风险投资家的声誉、能力和经验。当声誉本身成为一种资产时,风险投资家就会更加努力工作,以维护他们的声誉。"声誉效应"是风险投资市场给予风险投资家的激励和约束机制,风险投资家是市场的长期参与者,具有良好的声誉是风险投资家获得较高的报酬水平的前提条件,高水平的风险投资家可以通过在报酬条款中订立较高比例的可变收入,以此为信号传递给投资者,因为经营业绩会成为投资者衡量其水平的依据,而低水平的风险投资家一般不会承担这样的风险。

在风险投资过程中,由于委托—代理关系,风险投资机构、风险投资家对自己的声誉越重视,声誉作为激励约束手段的作用就越大。然而,风险投资家对自己声誉的重视程度是由多方面因素决定的:①声誉的效用,即声誉的实际情况的效果。就是声誉越高的风险投资家是否能取得更高的报酬,能募集更多新资金,管理更大的风险资本。②风险投资家对未来的预期。由于声誉影响的是风险投资家的未来收入,所以,风险投资家对自己未来前途的预期中包含的不确定性越大,他对未来收入评价就越低,对现期收入评价就越高。这表现为,风险投资家处在事业即将结束阶段,声誉的作用会被风险投资家的一种信念减弱,即他们不会再筹集另外一笔基金。③声誉来源。也就是获得较高的声誉是否来自于较好的业绩,而不是其他因素,如与业绩无关的宣传等。④风险投资家在培育自己的投资能力时所投入的资产专用性水平和数量。当一个风险投资家的声誉下降到一定程度时，他就不得不考虑改变职业，这时就有一个改变职业的成本问题，他为培育自己的能力所投入的资本专用性越高，数量越多，改变职业的成本就越高。

二、约束机制

（一）约束机制的含义及内容

约束机制是根据对经营业绩及约束客体各种行为的考察，约束主体（企业所有者或市场）对约束客体（企业经营者或内部控制人）作出适时、公正的奖惩决定。

约束机制包括两个方面内容：①有限合伙协议一般载明了风险资本的寿命期限，由于风险资本的寿命有限，风险投资家不可能永久地管理风险资本，这样客观上给风险投资家一种压力和约束，在基金的寿命期内，一旦经营不善，自身利益将会受到严重损失。②在有限合伙协议中，为了防止风险投资家的道德风险和不端行为，一般会设置一系列约束条款，以促使风险投资家更加努力地工作。

（二）约束机制的常见形式

约束机制最常见的一种形式是在合同中规定限制性条款，这些限制性条款从风险资本的全面管理方面、普通合伙人行为方面以及投资范围、类型等方面均作出了规定。这些限制性条款以合同形式对各方的行为进行约束。

投资者与风险投资家之间的合同条款是一种具有强约束的法律文件。合同的几个关键条款可保护投资者，使风险投资家不至于作出对投资者不利的决策，合同安排对资金运用、投资经理行为作出限制，并明确所禁止的交易行为。这种合同条款的主要内容有以下几个方面。

1. 投资范围限制。主要是对投资对象的限制。风险投资基金与其他种类基金最大的区别在于它限制风险投资经理人将资金投入到安全性很高的资产上，特别限制风险投资家向公共证券投资，这主要是防止投资经理人为了稳定获取高额管理费而将资金投入到安全性很高的资产上。

2. 投资行业限制。一些中小型基金往往将投资领域限制于某一个或少数几个特定行业，如软件业、生物医药业等，这样做的目的在于获得专业化投资的好处，并防止风险投资家利用信息优势采取机会主义行为。此外，协议还限制风险投资家投资于其不熟悉的领域。一般来说，合同还允许投资者对风险投资家实施某种程度的监视。大多数有限合伙公司往往建立由技术专家、财务专家和管理专家等组成的咨询委员会或咨询小组，为项目筛选或设计提供技术指导和专家管理。有些咨询委员会如同董事会，可以指导和关注风险投资基金的运作。有些还有专门的职责，其中最为重要的是决定投资组合的价值。

3. 投资规模限制。主要是限制风险投资家在单项投资中的投资额，以确保风险投资家不会试图挽救一个理应放弃的项目而向其投入过多的资金。由于近几年来大多数合同保障投资者优先得到回报，风险投资家的报酬在相当大的程度上就类似于一种看涨期权，这从根本上增加了风险投资家承担风险的物质动力，风险投资家往往忽视分散化投资的好处而将资金集中于某一个或少数几个项目，尤其是当他发现投资的发展令人失望时仍有可能继续投资以期出现奇迹，这就极大地损害了投资者的利益。因此，绝大多数合同都明确地限制了单一项目的投资额度。这种限制可以是规定基金投资额的一个比例，或是基金资产现值的比例。在某些情况下，协议可能对两三个最大的投资项目的投资总额进行限制。

4. 投资行为限制。投资行为的限制主要是指对风险投资家或投资经理的投资活动的限制，这类限制主要包括以下三个方面：

(1)限制基金间资产相互交易。一个风险投资机构往往要管理多只基金，限制各只基金之间进资产关联交易，是为了防止风险投资家的不规范行为。例如，在其建立的第一只基金中，风险投资家已经投资了一个风险企业，但业绩不够理想。从风险投资家的角度看，他可能认为继续投资是最优的，由于协议对投资额的限制，为了改善该企业的经营状况，风险投资家的最优策略是利用第二只基金继续对这个企业进行投资，这样做可以使其在筹集第三只基金时夸大投资业绩，但这样做会损害他所筹集的第二只基金投资者的利益。因此，大多数融资协议对这种行为进行了限制，通常要求风险投资家在投资前必须得到绝大多数投资者的批准。

(2)限制或要求风险投资家向投资对象投入个人资本。限制风险投资家介入投资对象的主要原因是风险投资家向某个特定项目投入私人资本，便会过分关注该项目而忽视对其他投资项目的管理，并且在企业应当放弃的时候也不会终止投资。为解决这个问题，合伙协议规定，在风险投资家向企业投入个人资本以前，必须得到指导委员会或投资者的同意。有时考虑到投资项目风险的时候，有的协议则要求风险投资家对基金的每一个投资项目都投入一定数量或比例的个人资本，以风险共担的形式来约束风险投资家的行为。

(3)对额外融资的限制。作为期权持有人，风险投资家往往倾向于利用杠杆融资增加收益的变动性，以增加期权价值，但这样做会给投资者带来不必要的经营风险，因此，投资者通常不允许风险投资家向外借款或以基金名义向投资对象提供贷款担保，除非风险投资家能获得投资者同意。

5. 对投资收益再投资的限制。由于风险投资家的管理费是基于其所管理的资产价值计算的，进行利润分配会减少普通合伙人的收入，况且将利润进行再投资也会增加其投资收益。此外，风险投资家希望投资那些在基金到期前不会退出的企业，从而延长基金的存续期。为了保障投资者的利益，合伙协议要求，利润的再投资应事前得到指导委员会或有限合伙人的批准。

6. 对管理业务费用列支的限制。投资者通过合同将风险投资的日常开销费用事先固定下来，形成对管理费的约束机制，使其控制在较低水平。

案例

IDG 技术创业投资基金的组织形式变迁

一、IDGVC 简介

IDG 技术创业投资基金（简称 IDGVC Partners），原名美国太平洋技术风险投资基金—中国（PTV－China），于 1992 年由全球领先的信息技术服务公司——国际数据集团（IDG）建立。作为最早进入中国市场的美国风险投资公司之一，IDGVC Partners 已成为中国风险投资行业的领先者，管理总金额达 8 亿美元的风险基金。IDGVC 总部设在北京，并在上海、广州、天津、深圳以及美国的波士顿和加州硅谷设有分支机构。

IDGVC Partners 投资于各个成长阶段的公司，主要集中于互联网、通讯、无线、数字媒体、半导体和生命科学等高科技领域。目前已经在中国投资了 100 多个优秀的创业公司，包括携程、百度、搜狐、腾讯、金蝶等公司，已有 30 多家所投公司公开上市或并购。1998 年 10 月，国际数据集团与中国科学技术部在北京签署合作备忘录。根据这项备忘录，IDGVC 在随后的 7 年内向中国的高新技术企业投资 10 亿美元，扶植中国发展高新技术产业。

二、IDGVC 的辉煌业绩

截至 2006 年 12 月 31 日，IDGVC 在中国已经累计投资了 190 多家公司，投资总额超过了 4 亿美元。同时期内，IDGVC 在其投资组合中已经退出了 50 家企业，其中 12 家企业是通过在纳斯达克、香港联交所、深圳证券交易所等地 IPO（首次公开发行股票）实现退出的。IDGVC 从转让百度、携程等上市公司以及搜房网等非上市公司股票的行动中赚取的利润接近 2 亿美元。而其当初向这些公司投入的总成本不过区区 800 万美元。

IDGVC 在其已经退出的企业当中实现的年均内部收益率超过了 49%。更加重要的是，IDG 技术创业投资基金Ⅰ在中国创业投资历史上第一次胜利走完了从融资、投资、投资管理、退出直到清盘这样一个完整的创业投资基金周期。从 1993 年成立直到 2003 年清盘后，IDG 技术创业投资基金Ⅰ实现的内部收益率达到了 36%。

IDG 技术创业投资基金Ⅰ的表现虽然要弱于 IDGVC 在中国已经实现的整体回报水平，但是仍然远远高于股神沃伦·巴菲特在股市上实现的年均 29% 的投资回报率神话。

2006 年在竞争日趋激烈的中国市场,IDGVC 旗下两支正处于投资期的基金:IDG 技术创业投资基金Ⅲ(Seed)和 IDG - Accel 的作风尤为抢眼,整体表现甚至远远超过了 IDGVC 当初的计划。作为成长型基金领域的新兵,IDG - Accel 中国成长基金一登场便出手不凡。整个2006 年,仅仅 IDG - Accel 就投资了 18 家企业,投资总额超过了 6 500 万美元。已经完成播种过程的 IDG 技术创业投资基金Ⅰ、Ⅱ也没有淡出人们的视线。2006 年,IDGVC 这两支基金名下的投资组合——搜房网、如家酒店(纳斯达克:HMIN)、远光软件(深圳证券交易所:002063),或者因为其涉及交易的规模,或者因为其作出的探索性尝试,而成为当年度中国创投界的热门话题。

2008 年,土豆网完成第四轮融资;宾宝服饰获 IDGVC 注资;桑迪亚医药完成二轮融资;掌中无限融资 1 000 万美元,其间都有 IDG 资本的支持。

迄今 2019 年,IDG 资本已投资超过 800 家优秀企业,其中已有超过 180 家企业通过 IPO 或 M&A 形式成功实现退出,累计管理资产规模 200 亿美元。被投企业包括腾讯、百度、小米、美团、美图、爱奇艺、携程、bilibili、Opera、蔚来汽车、小鹏汽车、Pony. ai、九安医疗、传奇影业等。总体上,IDG 资本重点关注互联网与高科技(TMT)、新型消费及服务、文化娱乐、医疗健康、先进制造及清洁能源等领域的领先企业,投资范围覆盖初创期、成长期、成熟期及并购重组等各个阶段。

IDGVC 已经是中国创投界的一块品牌,具有很强的号召力。仅仅通过"赢在中国"一个项目,IDGVC 就收到了 5 000 多份商业计划书,其中比较具有商业价值的超过了 120 份。

三、IDGVC 组织形式的变迁

1993 年 6 月,IDG 和上海市科委合资的"太平洋技术创业投资(中国)基金(PTV)"正式成立,基金规模为 2 000 万美元,主要出资方为 IDG。这也是 IDG 在中国成立的第一支投资基金,当时采用的是公司制。PTV 成立后,IDG 与合资伙伴(上海、北京、广东等地科委)目标上的不一致、与风险投资运行机制相适应的法律环境的缺失、上当受骗、尚显稚嫩的私有经济等等问题一直困扰着 PTV 的发展。1996 年,PTV 更名为 IDGVC(IDG 技术创业投资基金)。

1998 年 10 月,麦戈文(PTV 的有限合伙人/基金投资人,IDG 董事长)在访华并拜会江泽民之后,承诺向中国市场投资 10 亿美元。要完成这么大的目标,就必须按照正规的机构投资模式来做。麦戈文表示"想要获得成功,IDGVC 就必须是一家独立的合伙制创投机构,而不能成为像 Intel Capital 那样的企业附属型创投(Corporate Venture Capital)。他们作出这种选择的原因其实很简单:一个干同样活的人在一家 Corporate Venture Capital平台上每年只能挣 20 万美元,而他在独立的合伙制创投机构里每年却能挣 200 万美元,你说他会作出什么选择呢?" 造成这种"同工不同酬"局面的原因其实也很简单:在

Corporate Venture Capital 平台上，他们的身份是“雇员(Employee)”；而在独立的合伙制创投机构(Independent Partnership VC Firm)里，他们的身份却是合伙人(Partner)，是老板(Boss)。显然在市场经济条件下，“同工不同酬”的现象不可能长久。1999 年，IDGVC 由公司制转变为合伙制。同年，规模为 1 亿美元的 IDG 技术创业投资基金Ⅱ正式成立。2000 年，IDGVC 正式形成了合伙制的组织结构，并且还按照有限合伙制的原则对过去包括 PTV 在内投资的项目进行了追溯处理。由此，IDGVC 真正变成了一家独自立足于中国市场的合伙制创投机构。

2005 年 11 月，IDG－Accel 中国成长基金完成募集任务，其总规模达 3.1 亿美元，新基金完全交由 IDGVC 现在的合伙人团队来管理，由周全、熊晓鸽、章苏阳、林栋梁、杨飞、过以宏、李建光等 7 个普通合伙人来共同决策，同时 Accel Partners 合伙人金·布莱尔和 IDG 董事长麦戈文都是这支基金的顾问委员会成员。作为共同发起人的 IDG 和 Accel Partners 在 IDG－Accel 中国成长基金中各自的投入都是 2 500 万美元，各占 IDG－Accel 原先预定规模的 10%。其余 2.6 亿美元的资本基本上都来自于世界著名的有限合伙人，其中 80% 以上是 Accel Partners 自身的长期合作伙伴，但每家投入不超过 1 500 万美元。

从最初的绝对老板到 100% 的有限合伙人再到当前 8% 的有限合伙公司，在 IDGVC 渐渐长大的同时，IDG 对 IDGVC 的控制力却在逐渐减弱。麦戈文表示“我们的基本想法是，首先 IDGVC 必须是一项成功的事业，然后 IDG 要做的事情就是在其中找到适合发挥自身优势的角色和空间。如果事情没做成，100% 的控制权又有什么意义呢?”

四、IDGVC 的决策机制

IDGVC 合伙人的合作时间超过 10 年，是国内风险投资行业合作时间最长的专业团队，具有 IT、通信、半导体、医学等技术背景及丰富的管理、风险投资运作经验。出色的业绩及业内的美誉，赢得了创业者及投资者的信赖。

合伙人根据各自的背景和相对优势分为三个组。针对每一个项目，这三个组中的每一个组都必须至少有一人出来作为主要负责人。在一个项目的决策过程中，所有的普通合伙人都要进行表决。在吸收新的合伙人入伙的时候，非常强调背景的互补性，同时也强调新合伙人和原合伙人之间的相互认同。合伙人各有所长，可以从不同的方面为一个项目提供帮助。在很多时候，一个简单的评价也许就包含着十分宝贵的信息，其价值不能用具体的数字作出衡量，因此也很难说谁的贡献大、谁的贡献小。相应的，在收益分配上，普通合伙人之间实行平均主义。

案例分析

1. 合伙制在本质上和股份制有什么区别？最关键的区别点在于股份制是合资企业，合伙制是和“人”紧密联系在一起的。除了当事人，他人不应享有其中的利益；合伙企业不能被继承;而一旦合伙人离开了,这个合伙企业也就不复存在。

2. IDGVC 取得的成绩,在很大程度上应归功于有限合伙人麦戈文。有限合伙人实际上是有很大权力的,在 IDGVC 设立之初,就建立起了基本的制度框架,保证了 IDGVC 运作的稳定,即使后来有了新的普通合伙人加入,也不能使基本的制度框架发生大的变动;从另外一方面来说,在具体的投资决策上,麦戈文又给了普通合伙人很大的自由,这使得 IDGVC 的团队非常本地化,投资决策和对于各种问题的响应速度非常快。正是这两方面因素的结合保证了 IDGVC 的稳定运行。20 世纪 80 年代国际上很多大公司曾涉足风险投资领域,但都不是很成功,主要问题在于难以协调公司管理层和投资经理之间的关系。一般来讲,投资人可以获得部分投资收益,遇到好年景,他们的收入可能远远超过公司的 CEO。这样一来,公司管理层就对投资经理横加干涉,致使大批优秀的投资经理流失,投资活动自然也难以为继。

3. 合伙制避免双重课税。在公司制时,IDGVC 就有利润提成,大约是 20%,这样企业对利润交一次税,拿到提成的个人再交一次税。改为合伙制后,就只征一次税。

复习思考题

1. 风险投资涉及的主体有哪些?简述相互间关系。
2. 风险投资机构主要有哪些类型?
3. 风险投资机构的投资策略中的重点内容是什么?
4. 简述风险投资过程中的激励和约束机制的具体形式。

第六章

风险资本

本章要点：

◆风险资本的来源

◆风险资本结构的模式和合理化标准

◆我国风险资本的构成

风险资本是风险投资的要素之一，它与风险企业、风险投资机构构成风险投资的三大要素。风险资本是准备进行风险投资的资本，投资对象就是具有高风险、高成长性的风险企业，追求的是高额的投资回报。

根据风险投资的特点，我们将风险资本定义为：为追求高额的投资回报，投资于具有高风险、高成长性的风险企业的资本。风险资本具有以下特征。

第一，风险资本是一种权益资本。风险资本对风险企业投资后，获得的是风险企业的股权，享有风险企业的收益分配权和表决权。风险资本不同于债券或银行贷款，不能返本付息，也不能任意撤回投资，只能转让股份或者破产清算才能收回投资。

第二，风险资本追求超额收益。风险资本的目标不是为了获得风险企业分配的利润，而是通过风险企业的发展，获得股权增值而形成的超额收益。这种超额收益是通过买卖股权实现的：在风险企业成熟前风险企业股价较低，风险投资机构可以用较小的风险资本对风险企业进行投资，获得较多风险企业的股份；在风险企业发展壮大后，风险企业股权迅速增值，风险企业的股价也随之升高，风险投资机构可以较高的股价转让风险企业的股份,获得超额的投资收益。

第三,风险资本是一种高风险的投资。风险资本投入的是风险企业,而风险企业风险特别大,失败率特别高。风险企业一旦失败,风险资本就会蒙受重大损失,不仅不能获得投资收益,还有可能连风险资本的本金也无法收回。

第一节 风险资本的来源

风险资本可能来源于风险投资机构自有的资金,也可能来源于其他投资者委托投资的资金。按照供给主体的不同,可以将风险资本分为政府资本、机构投资者资本、个人资本和境外资本。

一、政府资本

(一)政府资本介入风险投资的途径

政府往往是发展风险投资业的积极倡导者和大力支持者,其扶持形式多种多样。比较常见的政府资本介入风险投资的途径有以下几种。

1. 股权投资。股权投资是政府直接以风险投资者的身份将资金投向某些项目。主要有作为发起人成立国有风险投资公司和设立种子基金两种方式。

(1)国有风险投资公司。国有风险投资公司在欧洲很多国家都有,例如1981年成立的“英国技术集团”就是英国最有影响的国有风险投资公司之一,它由英国企业局和国家研究开发公司共同创立,成立至今已先后向430多家中小企业进行过风险投资,总金额达到3亿英镑。德国和澳大利亚则有政府与私人共同筹资的“合资”风险投资公司。

对于风险投资业处于初步发展阶段而且风险资本严重不足的发展中国家和地区来说,国家资本在风险资本形成中的作用更为重要。1985年新加坡政府经济发展局成立创业投资基金,用于投资新创企业;1995年,新加坡政府设立5亿新元的风险投资基金;1997年再拨款10亿新元作为风险投资基金资本金。2015年9月,中国政府决定设立国家中小企业发展基金,重点支持种子期、初创期的成长型中小企业。中央财政出资150亿元,通过制定优惠政策吸引社会资本共同出资,使基金总规模达到600亿元,通过中央财政撬动社会资本,共同支持中小企业发展。2016年8月,中国国有资本风险投资基金(ChinaState - OwnedVentureCapitalFund,简称“国风投”)成立,资本规模为2 000亿元,首期规模1 000亿元。对于高科技企业的融资,起到了重要的作用,如旷视科技Face + + 2017年完成C轮4.6亿美元融资,由中国国有资本风险投资基金(简称“国风投”)领投,以用蚂蚁金服、富士康集团联合领投。2017 年 5 月,中央企业国创投资引导基金在北京成立,总规模 1 500 亿元,旨在推动中央企业科技创新能力。

(2)种子基金。种子基金是指对处于技术酝酿及研究阶段的科技项目或科技创业企业的风险投资。政府投入种子基金可有两个方面的作用:一是弥补私人投资者所投种子期企业的一部分损失,以鼓励私人投资者把更多资金投向种子期企业;二是专门用于购买私人投资者种子期投资的项目股权,使其投资收益兑现在种子期。我国台湾地区从 20 世纪 80 年代开始重视风险投资活动,在其初期,公共财政提供了主要的风险资本,组建风险投资公司和基金,其中种子基金达数十亿元新台币。2015 年年初,国务院决定设立规模达 400 亿元的国家新兴产业创业投资引导基金。基金将实行市场化运作、专业化管理,重点支持处于"蹒跚"起步阶段的创新型企业,从而推动大众创业、万众创新。

2. 融资担保。融资担保是指借款方或第三方以自己的信用或资产向贷款机构作出的偿还保证。政府通过担保分担风险投资的一部分风险,以少量资金带动较多资金进入风险投资业,具有"放大器"的作用。融资担保事实上是政府和私人联合提供风险资本,一方面是同等效果所需的政府资金减少,另一方面解决了政府资金运行的效率问题。

3. 信贷扶持。信贷扶持主要是金融机构用较低的条件和优惠利率向特定对象进行优惠贷款。风险投资中的信贷扶持是指在无私人部门借贷时,政府担当直接贷款人;即使有私人部门借贷,也同样可以通过低利率、债务展期及债务豁免等附加优惠条件的方式来提供贷款。如,美国政府在 1958 年设立中小企业发展局,并建立中小企业投资公司,通过为风险投资提供政府贷款的形式,与风险资本共同支持新兴产业中的中小企业发展。同时,美国政府制定中小企业投资公司法案,法案允许政府为每一美元风险投资提供 4 美元的低息政府长期融资,以此鼓励进行更多的风险投资。20 世纪 80 年代前期,日本在科学技术厅之下设立新技术开发事业团,对风险较大的高新技术企业提供不超过 5 年的无息贷款,若开发失败,贷款可以不还。日本还建立了"中小企业金融公库""国民金融公库""工商会金融公库"等机构为一般中小企业提供优惠贷款。

4. 政府补助。政府补助是指政府向风险投资者和风险企业提供的无偿补助。主要有作为启动资金的补助和为弥补亏损的补贴。德国有一项政府实施的风险企业资助计划,对成立不足 3 年、10 人以下的应用新技术工商企业给予资助。按照这一计划,中小企业委托科研单位完成合同研究项目,可以得到 40% 的资助经费。德国政府每年向中小企业提供的技术开发资助金约在 50 亿 ~ 60 亿马克之间,占工业部门研究总经费的 18%。加拿大安大略省为鼓励私人风险投资的发展,对向高技术风险企业投资的个人入股者给予投资总额的 30% 的补助金。澳大利亚政府于 1986 年实施"研究开发资金计划",为那些无力享受让税政策的小企业和刚刚开办的小公司提供资助。凡创建不满 3 年、经营额不足 100 万澳元,或 10 人以下的从事技术创新活动的公司,经申请可获得 2.5 万 ~ 200

万澳元的资助额(一般为 20 万~30 万澳元)。美国的《小企业发展法》明确规定:年研究开发经费超过 1 亿美元的国防部、国家科学基金会等部门实施小企业创新研究计划,每年拨出其 15% 的研发经费支持风险企业的创新活动。但是,补贴的条件是政府部门对风险项目要严格评审。

在我国,各省也相继推出"双创"风险补偿办法。如,北京市规定,投资机构和委托管理的补贴管理公司,投资中关村示范区企业或生物医药领域企业,满足一定条件的给予不超过 15%、单笔不超过 45 万元的风险补贴,单独机构年度补偿上线为 150 万元;广东省出台《关于科技企业孵化器创业投资及信贷风险补偿资金试行细则》,规定创投企业投资科技企业孵化器内的初创期科技型中小微企业,若失败给予合计 50%、单个项目最高不超过 200 万元风险补偿。江苏省出台《天使投资引导资金管理暂行办法》,天使首轮投资种子期或初创期科技型小微企业,若发生损失,按实际损失额 50% 从风险准备金中补偿、最高金额不超过 300 万元。继北京、广东、江苏、浙江等多地实施鼓励"双创"风险补偿办法后,上海也公布了新规,拟对机构投资种子期、初创期科技型企业失败的实际损失给予最高 60%、300 万元的补偿。

用于弥补亏损的补贴是一种属于事后补助性质的补助,它虽然不具有启动资金和种子资金的作用,但在一定程度上减轻了风险投资者和风险企业的后顾之忧,因此对于风险投资的发展也是十分重要的。

政府对风险企业的补助除直接补助外,还有一种"匹配补助",即政府在提供补助时要求被补助的公司或企业有相应的匹配资金。如,美国"小企业创新研究计划"就是优先考虑有私人后续资金的风险项目。据统计,这项计划的投资与私人资金匹配的比例为 1:5。挪威科学和工业技术研究理事会下设的高技术风险投资公司也采取匹配资助的方式。

(二)政府资本在风险投资中的作用

政府资本介入风险投资,形式上是为风险企业提供了种子资金。但政府风险资本所产生的社会效益往往远超过企业本身所获得的效益,即会产生"溢出效益",也就是政府风险资本除了使被投资企业直接受益外,还会对整个风险资本市场起到引导和担保的作用。具体表现为由于风险投资业的初始阶段风险过大、不可预期的因素过多,民间私人的大量资金不敢轻易涉足这片领域。而政府拿出一部分资金设立风险投资基金,然后以这部分政府资金为担保,将会吸引社会上的或者海外的资金参与,既可以利用政府信誉增加其他投资者的安全感,对民间风险投资起到一种导向作用,又可以通过私人投资者对投资决策实行监督,降低"道德风险",提高资金的使用效率。例如,1992 年以色列政府出资 1 亿美元,建立了 10 个风险投资基金(YOZMA 基金)用以引导民间资本跟进,这成为以色列风险投资兴起的标志。2016 年我国政府成立的"国风投"基金,总规模 2 000 亿元,一期 1 000 多亿元,重点投资于技术创新、产业升级项目,对重大的科技研发项目积极给予资金支持。积极促进中央企业间合作,同时,积极支持小微企业创新发展,助力大众创业、万众创新。

(三)政府资本介入风险投资的弊端

1. 产权归属导致的所有者缺位,容易造成内部人控制问题,使国家投入的资本不能取得收益最大化。由于国有资产出资主体不明,对于高风险高收益的投资,国家资金的直接进入往往会带来机制内部利益与责任的错位。一旦投资成功,利益主要是风险投资机构的;如果失败,责任却主要由国家承担,中创的失败就是一个典型的案例。责任和利益的界定不明往往导致风险投资决策失误、投资效率偏低。

2. 廉价的资金来源可能造成风险投资机构的"偏向"。也就是说,政府资本即使不进入高科技风险领域、不投入到风险高的新兴创业企业中去,政府主导的风险投资机构也可能获得高于资金成本的回报,如用于股票投机买卖、资金拆借。而非政府资金来源的风险投资家之所以把资金投入风险高的企业,是因为资金来源太昂贵,同时受到投资者资金投向的限制,不得不投入到高风险的创业企业以得到预期的高回报,否则风险投资家就无法生存。例如,美国 1958 年为扶植中小企业成长通过小企业投资法案,规定小企业投资公司(SBIC)向高新技术小企业每投资 1 美元可获得 4 美元的优惠低息贷款,但 SBIC 后来的发展却显示出种种弊端:一是 SBIC 管理人不得接受基于经营业绩的期权报酬,其薪酬与贡献不成比;二是 SBIC 并不是投资于高新科技企业,而是投入成熟的、相对风险较小的企业,因为这些企业风险小,而且低息贷款使其没有获取高赢利的压力。

3. 政府在风险投资中居主导,容易引发寻租行为的滋生,使风险投资的融资费用上升,降低了风险投资基金的融资效益。

4. 投资规模偏小。风险投资不只是一期投资,而是一个不断的资金流入过程。为了确保投资项目不至于因后续资金的不足而中途夭折,风险资本市场需要不断补充新的资金,而由于财力和其他方面的原因,政府不可能持续不断地对风险资本进行较大规模的资金投入。

总的来看,政府在风险投资事业的起步阶段为了发挥启动功能,出资是必要的,但是,政府如果过多、过深地介入到风险投资领域,将会出现的问题与国有企业遇到的问题是一样的,不仅资金的使用效率不高,而且也容易偏离支持创新企业发展的初衷而进入非风险投资领域。

二、机构投资者资本

总体看,20 世纪 70 年代以前,风险资本市场的投资主体以富有个人和家庭、企业、金融机构为主;80 年代以后风险资本的主要资金来源转为机构投资者,特别是养老基金、保险基金、捐赠基金等;到 90 年代中期,养老基金占风险资本资金来源近 50%。由于机构投资者的增加，风险资本筹集到的资本有了大幅增长，投资能力大为增强。具体来看机构投资者分为以下几类。

机构投资者是与自然人投资者相对的一个概念。从广义上讲是指用自有资金或者从分散的公众手中筹集的资金专门进行投资活动的法人机构。以投资收益为其主要收入来源的证券公司、投资公司、保险公司、各种福利基金、养老基金及金融财团等，都称为机构投资者。

（一）养老基金

养老基金或称退休基金，是用于支付劳动者退休养老金的专项基金。养老基金的参加者逐月缴纳预付款，退休后，将按规定从养老基金中领取养老金，养老基金由专业的机构保管和管理，由于养老基金数额大，来源稳定，收支间隔长，能适应风险资本投资期长的特点；同时绝大多数养老基金面临规模膨胀和增值的压力，需要高收益的投资方式。因此在美英等风险投资发达的国家，养老基金是风险资本最重要的供给主体。

1. 养老基金的种类。在国外，养老基金的发起人有公司和政府，由此将养老基金分为公司养老基金和公共养老基金。公司养老基金称为私人养老基金（Private Pension Fund），是由大公司按照国家法律规定为本公司退休人员设立的养老基金，并由公司自行经营管理。而政府主办的养老基金称为公共养老基金（Public Pension Fund），一般公共养老基金委托公共基金管理人进行管理。

与公司养老基金相比较，公共养老基金属于私人资本投资市场的“新人”。20 世纪 80 年代以后，公共养老基金所签订的私人资本合伙协议急剧增加，到 80 年代末期，公共养老基金取代公司养老基金成为风险资本的最大投资者。公共养老基金的投资动机与公司养老基金相同，也是纯财务性的，即出于分散风险，提高投资收益的考虑。虽然公共养老基金投资于私人资本市场的规模一般都要比进行同样投资的公司养老基金大，但由于公共养老基金的决策有可能受到公众审查，而公众对于不熟悉的风险企业投资会加以限制。因此，公共养老基金比公司养老基金的预算更为严格，雇用的专家更少，参与风险投资更为谨慎，更倾向于规避风险，常投资于较大的合伙人。如，多投资于风险企业的中后期，尤其青睐于后期风险投资和无风险投资，并要求更短的投资回收期。因为后期风险投资的风险可能较小，并可能更快地产生回报。其最小投资额大约在 1 000 万美元到 2 500万美元之间。但是，对风险和非流动性的规避并没有阻止公共养老基金成为私人资本市场上的主要投资者。

2. 养老基金参与风险投资的方式。养老基金参与风险投资的方式主要是投资于风险投资基金，委托风险资本家进行具体的投资和管理，通过利润分成的形式实现投资收益。因此，在风险资本的具体行业流向上，养老基金没有特别的选择。但是，公司养老基金和公共养老基金在这一方面略有不同。美国法律规定，公司养老基金不得投资于与本公司业务相关的领域,因此,公司养老基金在风险投资基金的选择上,就要回避与本公司业务范围密切相关的一些专项投资基金。

3. 养老基金成为风险资本供给主体的前提条件。养老基金作为一种特殊的保险基金,保证其安全性和收益性尤为重要。要使养老基金成为风险资本的供给主体,必须具备两个前提条件:一是有运作成熟的风险投资公司或风险基金管理公司;二是养老基金管理政策的调整。而其中前者又是后者的前提,缺少优秀的专业型风险投资机构,养老基金的收益得不到可靠的保证,管理政策的调整也就无从谈起。并且必须明确的是,虽然养老基金大规模涉足风险投资,但是,风险投资在养老基金的全部投资活动中只占风险资金很小的份额(5%以下),这也反映了养老基金保守经营的路线。

(二)捐赠基金

捐赠基金是指接受社会捐赠而设立的基金。在国外,捐赠基金在风险投资中占有一定的比例。也是拥有可观、持续的资金来源,并在金融市场上投资的投资机构。这些机构包括:大学、私立学校、博物馆或展览馆、医院和基金会。其中著名大学的捐赠基金规模较大。以美国为例,到 2006 年 9 月,哈佛大学上个财政年度捐赠基金数目已经达到 292 亿美元,比 2005 年增加 33 亿美元,相当于多米尼加共和国一个国家的财富。捐赠基金数量紧随其后的是耶鲁大学、斯坦福大学、得克萨斯大学和普林斯顿大学。

捐赠基金与养老基金相比,受到的投资限制较少,投资收益较高。以耶鲁大学捐赠基金为例,在过去的 15 年中,该基金资产从 26 亿美元激增到 107 亿美元,净年均滚动收益率 18.3%,成为世界上长期业绩最好的机构投资者之一。基金投资所得收入主要用于机构的运营。捐赠基金也属于风险资本市场的最早投资者,大多数投资都是通过合伙制实行。一般而言,捐赠基金为私人资本合伙项目提供大约 12% 的资金。但是最大的一些大学的捐赠基金也对某些项目进行直接的投资,这些项目往往是因与其本校的研究项目相联系而启动的。

(三)银行控股公司

银行控股公司又称为"集团制银行"或"持股公司制银行",是指由少数大企业或大财团设立控股公司,再通过控制和收购两家以上银行股票所组成的公司。

银行控股公司也是风险资本市场的早期投资者。早期,由于受有关银行法律的限制,银行控股公司一般通过资本分离的银行控股公司的附属机构向风险资本投资,直接投资则需通过特许的小型商业投资公司进行,对有限合伙人的投资则通过独立的分支机构进行。

自 20 世纪 80 年代以来,开始活跃在私人资本市场上的银行控股公司,不但是风险资本市场的投资者,而且还是私人资本市场最大的直接投资者。作为小型和中型风险投资公司的资金供给者,许多银行控股公司进入风险资本市场的目的,是为了获得介于私人资本投资和提供其他商业银行产品之间的经济利益。

(四)公司资金

公司资金是指用于风险投资的公司自有资金。公司资金有以下几个特点。

1. 公司资金介入风险投资的途径。公司资金主要有两个途径介入风险投资:一个是寻找拥有对增强自身实力有价值的竞争资源的风险企业直接进行战略性投资;另一个是作为发起人建立风险投资基金或参股风险投资公司间接进行风险投资。后一条投资途径比较适合成熟行业的上市公司,它为这些公司提供了一个了解新兴行业投资动态的窗口,同时也提供了熟悉风险资本市场、积累投资经验的机会,为成熟行业的上市公司直接进行风险投资打下必要的基础。其中,一家公司牵头,与其他大公司联合组建产业战略基金,对某一重要的战略领域进行投资,是公司风险资本重要而又特殊的投资方式。例如,IBM 联合其他 5 家公司共同出资 1 亿美元组建 Java 基金,专门对运用 Java 技术的硅谷信息企业进行投资。

2. 公司资金进行风险投资的主要目的。公司资金进行风险投资的主要目的和具体投资方向都与养老基金有很大差别。与养老基金进入风险投资是出于基金本身的财务考虑不同,企业进行风险投资的主要目的不仅仅是为了获取投资收益,更重要的是在于保持对技术和市场发展的敏锐洞察力,探寻新的产业增长点以求新的发展。例如,朗讯科技公司(Lucent Technologies)是在美国规模最大的电信企业——电话电报公司(AT&T 公司)加工制造部门和具有传奇色彩的贝尔实验室的基础上建立的。多年来,贝尔实验室共出现了 11 位诺贝尔奖得主。贝尔实验室的人无论如何也不会忘记,半个世纪前,物理学家威廉姆 · 肖克利(William Shockley)把他和几个同事在贝尔实验室发明的晶体管带到了加州的 Palo Alto,在那里创立了一家公司,最终发展成为后来的英特尔(Intel)公司。今天,朗讯科技公司为了不再让任何“英特尔”溜掉,成立了自己的新风险企业集团,开发那些可能被废弃或者有可能丢失而被他人拿去赚大钱的创意。在成立两年多的时间里,该公司已拥有 9 个生机勃勃的新风险企业,所涉及的领域包括数字收音机、网络电话、电镀,以及公共安全等。所有这些全是基于贝尔实验室内部研究人员的首创技术。

3. 公司资金进行风险投资的投资阶段。公司风险资本更愿意投入早期的风险企业或者收购没有通过 IPO 方式退出的已有风险企业,这与风险资本的整体投资分布有所不同。一般来说,风险资本主要在创新周期的第二阶段,即商业化阶段活动。由于创新活动日益丰富,创新周期日益缩短,判断一项创新的市场前景是非常困难的。因此,大多数风险资本家不会选择帮助一个创新公司的初创,进入种子期和导入期的风险投资是很少的,风险资本一般在后续阶段,即风险企业开始运作、需要大量营运投入的时候进入风险企业。而公司资金倾向于从风险企业的初创阶段开始介入,因为这是控制和把握潜在领先技术的有效方法。公司资本在为创建期的风险企业提供资金方面，具有更多的自信，也有更多的动力。另一方面，大公司为保住自己的特权，不再局限于内部的开发，而是以极高的价格收购刚刚起家，但在技术上处于领先地位的公司。例如，微软就不曾还价用4.25亿美元收购了WebTV，用4亿美元收购了Hotmail公司。如今，许多新的创业者并不想去把Cisco、英特尔或微软拉下马来，而只是想被这些大公司收购。

（五）保险公司

保险公司聚集了大量的保险金，尤其寿险是长期性险种，其积累的资金具有很大的储蓄作用，而且资金稳定性好，在正常情况下呈逐年增长趋势，尤其适于长期投资，因而在国外也成为风险资本的重要供给主体之一。

保险公司的风险投资业务是从公司的私募业务中衍生出来的。多年以来，保险公司通过购买那些具有资产特性的债务为风险更大的公司客户提供资金。在公共的垃圾债券市场出现之前，保险公司通过麦则恩债务方式为一些早期的杠杆收购业务提供资金。随着其专业技术的发展，保险公司开始投资于有限合伙制的风险投资公司。20世纪80年代以来，一些保险公司将自身资金与从外部投资者处筹集而来的资金结合起来，成立自己的私人资本合伙公司。80年代中期以后，保险公司逐步变得更适应于风险投资的合伙制。因此，对于风险投资的外部合伙公司来说，保险公司的地位变得更为重要。

（六）投资银行

投资银行与商业银行的业务目的不同，投资银行的业务目的是为大型收购项目提供融资和相应的服务。

投资银行介入风险投资，通常都是通过投资于风险投资公司的方式来进行，很少直接投资于风险企业。而且投资银行支持的风险投资公司的业务方向是对已设立的风险企业的发展后期进行投资，或是风险小甚至无风险性的投资。这与投资银行自身的业务方向是一致的。例如，在企业已经完成了初步的股权融资，准备公开上市的过程中，有时存在暂时的资金需求，投资银行支持的风险投资公司可以对其进行桥梁投资或麦则恩投资。麦则恩投资期限比较短，相对其他非公开权益资本融资，其手续相对简便，投资决策相对快，由于其带有权益资本的性质，也往往受到投资者的青睐。

（七）非银行金融机构

非银行金融机构从20世纪60年代以来就是风险资本市场的有力支持者，这一点和银行控股公司是一样的。许多非银行金融机构都是风险投资积极的投资者。他们不是通过有限合伙人，而常常通过设立一些特殊的附属机构来开展此类业务，即主要通过其自身的直接风险投资计划进行投资。非银行金融机构主要投资于那些符合其竞争和战略目标的，处于早期发展阶段的风险投资项目。从实践来看，在非银行金融机构所投资的项目中,大约有2/3集中在保健、制造业、化工以及通信行业。

三、家族/个人资本

家族/个人资本是指富裕家庭和个人用于进行风险投资的资金。家族/个人资金投资于风险投资领域开始于20世纪30年代,可以说富有的家庭和个人是风险投资的先驱者和冒险家。例如:洛克菲勒家族为东方航空公司和道格拉斯飞机制造厂提供了大部分的启动资金;飞利浦家族为英格索兰国际纸业公司提供资金;惠特尼家族于1946年设立了J. H. 惠特尼基金;琼·佩森于1947年设立了佩森·特拉斯克基金。但是随着各类基金投资的增长,富有阶层对风险投资的重要性已经大不如以前。

家族/个人资金转化为风险资本可以选择以下几种投资路径。

(一)天使投资者

作为天使投资者向风险企业注资是对于所选择的具有巨大发展潜力且具有高成长性的技术项目或初创企业,进行早期的、直接的权益资本投资,并协助具有专门技术或独特概念而缺少自有资金的创业家进行创业,承担创业中的高风险和享受创业成功后的高收益,以实现资本增值的风险投资介入方式。这一方式要求投资者自身拥有较高的投资禀赋。

(二)风险投资基金

居民金融资产不断膨胀和投资经验不足之间的矛盾可以通过建立风险投资基金来解决。建立风险投资基金,集中散户小额资金,由专业人士运作,既可以克服由于小型投资者专业知识不足、缺少管理实践经验而造成的困难,使居民能通过风险投资基金进行分散投资,分享风险投资的高收益,又可以增加投资市场上的理性行为。

(三)基金中的基金(Funds of Funds)

基金中的基金是通过设立一个基金,该基金以其他各种类型的基金作为投资组合,使投资风险进一步降低,因而是一类很稳健保守的投资工具。“基金中的基金”除了把投资者资金集中起来免除投资者挑选创投的苦恼,同时还带来以下好处:①整合资金;②专业管理,基金管理人可以提供专门的知识与服务;③多样化,将投资人的风险降低;④管理有效,得益于规模经济;⑤帮助投资者进入私募股权基金市场。

(四)信托投资基金

信托投资基金是由一些银行信托部门提供的风险投资。这种形式的信托投资基金也吸引了大批的富有家族。但这种基金的投资行为与“基金中的基金”大为不同,信托投资基金70%的资金属于晚期投资,仅有30%投入到其他风险基金中去。

四、外国资本

风险投资在发展之初并未显示出国际化态势,随着金融国际化及美国风险投资市场的良好表现及平均的高收益表现,外国资本成为风险资本的一个组成部分。外国资本在发达国家享受国民待遇,被当作一般私营部门投资看待,没有什么特别的政策。在美国,1998 年外国资本的风险投资占当年风险投资资本的比例为 0.8%。而对发展中国家和地区而言,由于在国际资本流动中处于相对劣势,需要通过一系列有力的外资政策,来争夺和吸引外资,弥补本国在资本形成、管理及技术方面的欠缺。

利用外国资本参与风险投资,主要有四条渠道:①吸引外国风险投资机构在本国直接投资。以这种方式利用外资发展风险产业可以不增加外债,不必担心被外方控制风险企业,也不会产生游资冲击等金融风险。②境内风险投资机构吸引外资参与。这样既可以更多地利用外资,同时对于外资来说,吸引本方资本参与,有利于风险投资本土化。例如,美国国际数据集团(IDG)下属的太平洋技术风险投资基金自 1992 年进入中国大陆,先后与北京、上海、广东等地科委合作设立了三个创业投资公司,专门从事科技产业投资。③组建海外投资基金。通过建立本方与外方合资或外方独资的风险投资基金的方式吸引海外资金,作为利用外资发展风险投资的补充资金来源。④利用国际金融机构的风险资本。例如,国际金融公司(IFC)是一家国际开发机构,该公司共发起了 36 个风险投资和私募证券基金,主要就是为发展中国家和地区的中小企业提供风险投资的。

引进国外的风险投资资本一方面可以解决风险投资资金紧张的问题,但更为重要的是可以通过国外风险投资基金运作带来成熟的投资理念、投资方式、投资人才。例如,我国东方伟博、四通利方、亚信公司、深圳金碟等公司的发展都是引进国外风险资本的成功样板。

第二节　风险资本结构

风险投资资本结构是指风险资本的来源及其比例。风险资本结构直接影响到风险投资机构的运作,主要体现在两个方面:一是风险资本的来源,风险资本来源过于集中,主要的投资者一旦回收资金,就会造成风险资本不足,影响风险投资的投资计划和效率。二是风险资本的投资期限。如果风险资本的不同投资期限结束时过于接近,就会对风险机构的流动性造成一定的压力,也会影响风险投资的运作。

一、西方国家风险资本结构的主要模式

不同性质的资本在风险投资组合中的地位不同,相应呈现出几种不同产权模式。

(一)以民间私有资本为主的美国模式

在美国风险投资的发展中,20 世纪 60 年代以前,资金来源以富有的个人和家庭为主,60 年代以后有限合伙制出现,机构资金开始进入。1978 年全部风险资本中个人和家庭资金占 32%;其次是国外资金,占 18%;再次是保险公司资金、年金和大产业公司资金,分别占 16%、15% 和 10%。1978—1981 年美国国会连续通过了 5 个重要法案,允许养老基金介入风险投资,导致了风险投资活动的机构化,及由此导致了有限合伙制在风险投资领域的主导地位。因为美国税法不将有限合伙企业视为纳税实体,从而有效消除了双重征税,目前,美国风险投资机构 80% 以上为有限合伙形式。1997 年美国风险资本的资金来源中,养老基金高达 40%,其他分别为企业公司 30%、个人和家庭 13%、捐赠基金 9%、银行和保险公司 1%。由此可见,机构资金和产业资本是目前美国风险资本的两大主要来源。

养老基金进入风险资本市场也是出于基金本身的财务考虑。例如,美国明尼苏达州投资委员会为其最大的养老金计划——总值 140 亿美元基本退休基金(BRF)采纳的投资政策中要求,“BRF 的投资应能创造额外的资金收益,这样才能为资金缴纳的减少或养老金给付的增多的情况做好准备”。其中,在具体的投资目标中第一条就是:“创造大于持续 10 年期间的通货膨胀 3% ~5% 的总年度收益率。”在养老基金进入风险资本市场的过程中,公司养老基金和公共养老基金的地位发生过一次明显的转换。美国政府放宽对养老基金投资范围的限制是从公司养老基金开始的,对公共养老基金的限制直到 20 世纪 80 年代末期才开始松动。因此,直到 1992 年以前,公司养老基金在风险资本中的地位都要高于公共养老基金。但是,目前,公共养老基金的总量规模大大超过公司养老基金。

从风险投资来源构成的时序变化趋势看,除养老金保持其主导地位外,产业企业资金比重逐步增加,相反,风险资本对银行、保险公司资本的依赖程度明显减弱,这也反映美国风险投资业逐步走向成熟。导致家族或个人在风险投资市场中锐减的原因是 20 世纪 80 年代私人资本市场的机构化。以前,退休基金投资于风险资本在很大程度上受到“雇员退休收入保险法”的限制,1979 年随着这些法规的管制变得较为宽松,退休基金如同潮水般涌进了这一行业。1978 年退休基金在私人资本市场上大约投资 6 400 万美元,8 年后,其投资额达到 44 亿美元。由此造成的一个直接后果是私人资本基金规模空前膨胀。那些早已成立的基金则由于其后续的资金筹措,规模膨胀得更为厉害。按照所谓的“99 规则”,如果其投资者不超过 100 个,风险基金就用不着向证券交易委员会提出各种文件报告。为了免遭“99 规则”的干扰,基金组织要求每一个投资者的投资额不低于预

定筹资规模的3% ~5%。这种规模增长对家族投资者来说是非常不利的,因为要避免较高的风险,一般的策略是投资分散化,而一般的家族显然没有能力同时投资几个不同的基金,因而就无法享受到由此带来的风险降低的好处,只有那些最富有的家族(其财产一般超过1亿美元)才有可能进行这种风险投资。

尽管如此,家族/个人资金由于以下的原因依然在风险投资中占据10%以上的比例。首先,通过风险投资进行权益投资时,个人可以享受到税收优惠的好处。美国1993年税制改革后,资本收益与普通收入的税率差别相当大,最高收入类的边际税率为39%,而长期资本收益的税率为28%。1993年税改中的一条特别条款还进一步规定,持有5年或更长期某些小型企业股份的资本收益仅课税14%。其次,通过风险投资进行权益投资时,个人还可以享受到合理规避联邦遗产税的好处。美国法律规定对超过1 800万美元的个人资产征收50%的遗产税。此外,纳税人每年赠给其儿子或孙子的礼物如果超过10 000美元则要被征收礼品税,其税率与遗产税相同为50%,而避税的最好方法就是投资在风险投资企业的最初几年,资本收益的计算通常比较保守,而且由于这种资产往往流动性较差,加之美国法律还规定赠送这种礼物时其价值应适当低估(经常低估30%),所以这种投资方式非常有利于在上下代之间转移财产。

(二)以银行信贷资金支撑的日本模式

日本的风险投资公司大多由金融机构投资成立,属于综合性金融业的一部分,对所投资企业的范围也有限制,日本的风险投资公司的董事会成员多半由金融机构委派,一般都有科学和技术方面的支持和背景。1974年成立的风险投资中心提供给每个创业项目最高贷款为1亿日元,并提供中小型企业80%的项目贷款,对个别持有新技术、风险大、商品化困难的项目提供无息贷款。日本风险投资公司从事借贷业务,平均借贷额达510亿日元,贷款额是股权投资的3.6倍。可见,这种资本结构模式是日本银企关系在新产业中的延续。

(三)政府资本起主导作用的法德模式

在西欧,政府在风险投资中承担着重要角色,政府资金在风险投资基金中占20%以上,比重居第一位。法国于1971年建立了创新财务制度,旨在不断增加国家财政对风险投资业的支持,采取各种措施鼓励企业开展风险投资活动,提倡多层次、多渠道增加风险投资的投入,以缓解政府资金数量的不足。

二、风险资本结构合理化的标准

(一)资本结构安排应对应风险投资的特征

由于风险投资具有风险高、投资期较长的特征,所以债务资本不宜进入风险投资,尤其不能进入早期风险投资项目,至多只能投入处于风险趋弱的成熟期的项目。资本结构应有助于风险企业的长期运营,所以只有长期股权投资如退休基金、养老基金、保险基金、富有家庭和个人等长期巨额社会资本才是风险投资的主要来源,应成为风险投资公司或风险投资基金的主要投资者,成为风险投资企业的原始投资方。在风险企业的种子期,企业处于高风险、无利润阶段,投资来源只能是创业者个人或其亲朋的资金,另外便是政府的扶持性基金。处于成长期、扩展期的投资来源主要是风险投资公司的社会资本,到了成熟期则让位于信贷资本与稳健型投资基金。作为投资中介机构的风险投资公司或风险投资基金,其资本构成是私人权益资本与社会机构资本。

(二)合理的资本结构应有助于保护投资者的利益

风险投资面临的风险是多方面的,如技术风险、市场风险、管理风险等,在不同阶段面临的主要风险是不同的。总体上说,风险企业的成长过程是风险逐渐降低的过程,也是预期回报率不断降低的过程。各种社会基金对风险和利润有着不同的偏好,对资金流动性、安全性的要求不一样,故而有着不同的经营风格和手法。因此,对投资者利益的维护情况决定着社会资本对风险投资的态度以及投入与退出的时机、数量与方式,决定着风险投资中的整体资本结构。

(三)合理的资本结构应有助于资本经理人或代理人的激励与约束机制的形成

根据公司契约和交易成本理论,契约是不完全的,制定与执行存在信息不对称,从而难以保证经理人完全根据投资者的利益进行经营决策,因此必须建立高效的激励与约束机制,资本结构对这种机制的形成影响深远。规范的股份制公司的经理人实质上是股份资本的经营代理人,这种委托代理关系具有信息不对称和各种代理人风险。经理人因不持有公司股份,其经营决策的目标与投资者的利益不可避免地存在偏差,投资者只能从外部对经理人施加约束,这种约束又常因股权的分散而弱化。目前美国流行的有限合伙制组织形式对资本结构的安排,较好地突破了委托代理关系上存在的激励与约束问题。有限合伙制风险投资公司的经理人不是一般的代理人,其具有投资者与经理人的双重身份。经理人在合伙公司中投入约1%的股份,但这个1%不容小看,经理人是公司的普通合伙人,1%股份对应赢利时20%左右的利润和清算时的无限责任;有限合伙人持有99%的股份,对应赢利时80%左右的利润和清算时的有限责任。这种资本结构及相应的治理制度对经理人产生了极强的激励与约束作用,并且这种制度使得激励与约束内置化。在这里,高收益对应高风险,风险与收益的对称是激励与约束机制形成与强化的保证,而资本结构的合理是产生这一机制的途径与形式。

在风险企业的资本结构上,通常风险资本家代表投资方持有可转换优先股,管理层和创业家持有普通股。企业赢利越高，投资者的优先股转换成普通股的比例越少，但每股价格因赢利升高而提高，可以保持较高的股份总价，管理层、创业家则可以拥有较多的股份和总股价。在赢利不够时，赢利部分仅够支持投资者的优先股股息，普通股可能一钱不值，管理层备受压力，同时创业家也面临分段投资所带来的风险投资家中断投资的压力，因此创业家在每个阶段都会努力工作，不断地把风险企业推向成熟。

不难看出，风险投资中特有的资本结构安排使得投资方的利益、风险资本家的利益、企业的经营业绩和创业家管理层的利益有效地统一起来，产生了良好的激励与约束机制。

第三节　我国风险投资业的资本结构

一、我国风险资本的主要来源

（一）政府的风险投资资金

政府的风险投资资金。来自中央各级政府的财政拨款、国家科学基金、国家科技计划的资助金，是构成我国高新技术企业种子基金的重要来源。政府组织修建的各地以科技园区为基础的孵化器机构，甚至直接成立的风险投资基金是整个风险投资构成中的主要组成部分。自 1996 年以来，我国共创建了 100 多家科技创业中心，其中国家级的 37 家，共吸引资金 11 亿元左右。在未来的 10 年内，中国仍将加大孵化器的建设步伐，力争实现孵化器的数量再翻一番。另外，各地政府还在逐渐加大对风险投资的直接介入力度，加强风险投资基金的形式，实现资金的直接到位。但就我国风险资本来源的整体结构来看，由于其他渠道资金的增长速度较快，来源于政府的资金比例呈现逐年下降的趋势。

（二）企业投资者的风险投资资金

这里的企业投资者主要是指上市公司和大中型企业。我国的一些上市公司和大型民营科技企业通过自筹资金进行了大量风险投资和企业并购的尝试。国内的科技企业是风险投资中的持续参与者。如，中青旅控股股份有限公司斥资 1.25 亿元参股北京科技风险投资股份有限公司，北京首钢股份有限公司参股北京市高新技术产业投资股份有限公司。清华同方、紫光等也都有自己的投资公司。另外，我国的科研单位自筹资金促进科技成果转化也是风险投资来源的一条渠道。

（三）国外的风险基金

随着中国加入 WTO 以及中国经济的发展，国外的资金不断涌入中国，通过建立中外合资、外资独资风险投资基金的方式，大量海外投资成为我国风险投资的重要补充来源，为我国的高新技术产业提供了重要的资金补充。自1992年以来，美国IDG公司、创业投资集团WIIG、中经合集团、高诚资产、美国科技投资有限公司等风险投资机构纷纷在我国开展风险投资活动。根据中金公司研究部的研究数据，在2006年，人民币基金募集额仅有20%，长期以来，中国的风险资本中，外币基金募集额高企不下、海外资本占据中国风险资本半壁江山的局面一直存在。这一状况在2013年开始，得到了彻底的转变，到了2017年，中国的风投机构数量达到了368家机构，中国风投融资规模在2017年总计为510亿美元，2016年、2017年连续两年超越美国所募集来的风险资本。其来源中，人民币基金募资额占比从2006年的19%上升到2017年的86%。新增人民币基金数占比从2006年的31%上升到2017年的96%。人民币基金募集额已接近90%，而外币基金募集额减小至10%左右的比例。

（四）金融机构的风险投资资金

我国的金融机构承担了供应我国高新技术产业化资本的任务，主要表现在两个方面：一是直接参与部分风险较小的高新技术项目的投资，尤其是在高新技术企业发展后期投资；二是替代政府职能建立科技风险贷款基金，发放科技项目贷款。1984年中国工商银行率先开办科技开发贷款业务，此后，银行业的科技开发贷款业务迅速增长，像许昌的科技信用社，沈阳的科技风险投资基金，中国经济技术投资担保公司、工业性实验的担保业务等都是风险投资资金来源的又一渠道。

二、目前我国风险资本的特点

一是我国的风险投资主要以政府资本为主，民间资本的比例偏少。虽然近几年我国的风险投资基金发展迅速，规模不断扩大，但政府作为投资主体，对风险投资基金的资金供给并不充足。1998年国内最大的创业投资公司的资金规模为5亿~6亿元，到2000年，国内最大的创业投资组织——深圳创新科技投资有限公司的资本金已扩充至16亿元。但同时，我国也存在相当多的资金规模较小的风险投资基金，2000年底我国有100多家风险投资公司，资金总规模约为100亿元人民币，平均每家风险投资公司的资金为1亿元人民币左右。较小的规模使得基金管理人在投资方式和投资组合的选择上受到很大限制，这会降低资金的收益，投资效率不高。我们和美国风险投资基金的规模比较一下：1998年，美国共组建了198个风险投资基金筹集240亿美元，平均每个风险投资基金拥有资金1.21亿美元。当时风险投资基金投入中等规模的项目的资金约为1 000万美元。也就是说，美国的风险投资基金平均每个可以投资120个项目。在所有这些项目中，风险投资基金的管理人可以充分利用分散投资和组合投资等方式来规避风险、提高收益。而目前，中国国有资本风险投资基金的规模为2 000亿元。在2017年，风险投资的投放规模为300亿美元,仅仅相当于20年前美国风险投资基金的规模。可见,我国的风险投资未来仍具有巨大的发展潜力。

二是随着金融服务业和风险投资业的对外开放,国外金融机构纷纷登陆中国大陆,中国的风险投资资本正在日益多元化,国际游资对中国风险投资资金市场的冲击可能性越来越大。

三是机构投资者资金尚未发挥作用。具有广阔前景的养老基金、保险基金等金融资本未能成为我国风险投资的主流。从目前情况看,机构投资者中最有实力的是保险公司,2018年,全国保费收入达到3.8万亿元。养老基金的数额也会越来越大。但是由于我国资本市场还不够健全,出于资金安全的考虑,政府对这些机构投资者的资金运作限制较多,比如目前保险公司的保费收入仅能用于国债投资。虽然说风险投资是高风险行业,但是国外的保险公司投资于风险企业的事实证明:在高收益的前提下,拥有一批管理人才和投资人才的保险公司在这个领域里是有利可图的。

四是个人投资基金有待激发。我国居民的消费观念一直还未完全转变过来,居民的储蓄率一直是较高的。2018年,我国住户存款余额已达72.44万亿元,但是由于受"养子防老,积谷充饥"的观念影响,这部分闲置的储蓄存款尚未顺畅地转化为风险资本。

五是我国风险投资资金循环的良性机制缺乏。投资于我国风险企业的资金没有便捷的退出渠道,影响了新的和更多的风险投资资金进入风险投资市场。

三、对政府在我国风险投资业中的地位与作用的认识

为了推动我国高新技术商品化、产业化的进程,促进经济全面发展,大力发展风险投资业势在必行。要发展我国的风险投资业,就要明确政府在风险投资中的地位与作用。没有政府的大力支持,风险投资业不可能获得大发展。但政府的支持不在于政府资金的大量投入,而在于规章制度、法律法规的制定与规范,为风险投资业的发展提供良好的运行环境。

一方面,我国政府对风险投资业的直接投资不能过多。目前,我国的科研成果数量可观,但直接转化为生产力的较少。政府必要的资金投入应重点放在技术成果的转化以及一些未来前景广阔、影响深远、非政府不能为的研究开发上。直接投资宜放在种子期阶段,对其他阶段的投入则主要依靠民间资金。投入的方式可采取低息长期优惠贷款、信用担保以及成立专门的高技术产业化发展基金。投资的主要目的不是追求投资回报率,而是通过承担一定的风险,吸引社会资源的介入。这方面部分地区已开始尝试。2007年9月21日沈阳市第一家以省政府的风险投资基金为引导资金,市政府财政资金等量匹配,同时吸纳民间资本共同发起组建的基金型创业风险投资公司——沈阳创业投资基金有限公司正式成立。沈阳创业投资基金有限公司的资产构成方式在沈阳尚属首

例,其中民营资本的出资方为沈阳波斯顿克房伯投资有限公司,辽宁省政府委托的出资机构为省科技厅直属事业单位——辽宁省科技企业创业服务中心,市政府委托的出资机构为市科技局直属事业单位——沈阳科技风险开发事业中心,三方的出资比例为4:3:3。该公司的成立,是建立与完善辽宁省创业风险投资体系的重要举措。

另一方面,政府的扶持重心不在直接投资,而在政策导向。所谓政策导向,就是引导资本流向高科技领域的一系列优惠和保护政策。税收优惠包括针对直接投资的税收优惠、设备加速折旧和针对风险投资公司的资本所得税减免和资本抵减收入的优惠政策。目前,世界各国和地区政府为了鼓励风险投资的发展,都制定了许多税收优惠政策。以美国为例,1969年美国政府将资本收益税税率从29%提高到49.5%,引起了风险投资的急剧下降,不得不于1978年重新将长期资本收益税的税率从最高近50%降低到28%,1981年进一步降为20%。可以想象,如果没有1978年税率的降低,很难有以后风险投资的长足发展。英国政府在"投资信托法"中规定,对于将80%以上的资产投资于未上市新兴企业的"风险投资基金",实行税收豁免政策等。新加坡政府规定风险投资最初5~10年完全免税,在1984年宣布凡向经政府批准的新技术工业项目投资的本国公司,如果投资项目赔本,可从本公司收入中免缴相当于投资金额50%的所得税。免税的优惠极大地刺激了这些国家风险资本市场的发展。

在我国,2005年11月国家十部委联合出台了《创业投资企业管理暂行办法》,得到市场积极响应。为使这个办法更有操作性,科技部、中国人民银行、证监会和银保监会等部门的相关配套政策陆续出台,为风险创业投资企业制定了一个比较适度的税收优惠政策,主要包括:投资收益税收减免或投资额按一定比例抵扣应纳所得税;设立中央政府出资的各种风险创业投资引导基金,采取"让利于民"的原则参股扶持民间商业性风险投资。

2009年10月30日创业板正式开通运行,完善了我国风险投资运行体系,对风险投资具有更直接的促进和推动作用,标志着我国风险投资进入一个新阶段。创业板开通运行以来,平均每年有近200家中小科技型企业上市。大量中小型科技创新型企业在创业板上市,不仅为风险投资退出提供了更方便直接的通道,同时也为中小科技企业成长和发展提供了更多的资金支持。所以,创业板开通是我国风险投资领域一件振奋人心的大事。

2019年6月13日,科创板Sci-Tech innovation board (STAR Market)正式开板。科创板首批公司7月22日上市。科创板是由国家主席习近平于2018年11月5日在首届中国国际进口博览会开幕式上宣布设立的,是独立于现有主板市场的新设板块。科创板的开通和试点注册制是提升服务科技创新企业能力、增强市场包容性、强化市场功能的一项资本市场重大改革举措。通过发行、交易、退市、投资者适当性、证券公司资本约束等新制度以及引入中长期资金等配套措施,增量试点,循序渐进,新增资金与试点进展同步匹配，力争在科创板实现投融资平衡、一二级市场平衡、公司的新老股东利益平衡，并促进现有市场形成良好预期。

目前，我国已经形成了以主板为传统交易市场，以创业板、中小板、新三板、科创板为补充的多元化资本市场股权交易渠道。其中，中小板属于主板市场的一部分，是深交所主板市场中单独设立的一个板块，发行规模相对主板较小，主要为1亿元规模以下的创业企业提供股权交易场所，这类企业均在深交所上市；新三板指全国性中小企业股份转让市场，是为那些还未上市的中小微企业提供股权交易服务的场所，准入门槛低，企业质量参差不齐。资本市场体系的不断完善，不断优化了我国风险投资发展的外部环境。

案例

以色列政府在风险资本市场发展中的作为

以色列虽然是一个国土狭小、资源匮乏同时还战事频繁的国家，但是2004年人均国民生产总值却达到了1.7万美元，这不得不归因于以色列高新科技产业的迅猛发展。而在支撑高新科技产业发展的诸多因素中，风险投资功不可没。2004年，以色列风险投资总额达14.7亿美元，2002～2004年累计达36亿美元，拥有的风险投资总量在世界上仅次于美国。目前，风险投资已经融入以色列不同技术领域创新活动的各个阶段，而且建立起一整套有效的管理办法和方法，成为高技术研发和产业化不可或缺的重要因素。

根据世界经济论坛《2016—2017全球竞争力报告》，以色列在全球最具竞争力的144个国家和地区中排名第24位，在全球37个创新趋向型经济体中排名第3。一个周边强敌环伺的弹丸之地，在建国之后的70多年时间里在科技、经济领域创造出了如此多的奇迹，其经验值得我国深入地研究与借鉴。

一、以色列的科技创新优势

自1948年建国以来，以色列一直将科技作为立国之本，坚持以创新驱动发展，科技对GDP的贡献率在90%以上，在信息通讯、计算机、高端装备、半导体、材料、环保、可再生能源、生物医药、医疗器械、军工等高附加值领域均保持了世界领先的创新优势，是全球高新技术的重要来源地之一。

（一）全球创新创业集聚地

以色列是全球高科技企业创业密度最高的国家。目前，以色列高科技领域的初创企业超过6 000家，仅次于美国硅谷，创业密度为世界第一。据《以色列国家技术创新报告2016—2017》的统计，以色列共有高科技企业7 072家，其中互联网企业占25%，电信技术企业占20%,计算机软件技术研发占19%,生命科技企业占17%,清洁技术企业占9%,半导体公司和网站技术研发企业各占2%。另据以色列中央统计局数据,以色列72%的初创企业地处拥有"创业之城"之称的特拉维夫及其周边地区。

(二)跨国公司研发中心集聚地

以色列利用全球创新资源进行开放式创新,拓展发展空间,强化竞争力,已成为全球跨国公司、特别是高科技领域跨国公司的研发中心集聚地。除以色列本土的科技企业如朗新(Amdoc)、捷邦(Checkpoint)外,谷歌、苹果、脸书、微软、亚马逊、IBM、英特尔、高通、东芝、戴尔、雷诺、博世、微软、美国在线、三星、西门子、德国电信、英特尔、雅虎等全球400多家世界知名跨国公司都在以色列设有研发中心,孕育出不少影响世界的科技创新产品,包括迅驰和双核处理器、网上交易安全系统、U盘等。联想、小米、华为、吉利、上汽集团等一批中国企业也相继在以色列设立研发中心。另外,百度、腾讯、阿里巴巴、奇虎360等中国公司都投资过以色列公司,有数据显示,2015年中国对以色列的高科技产业投资增长54%,仅风险投资就超过500万美元。

(三)科研教育水平全球领先

以色列中央统计局发布的数据显示,2017年,以色列的民用研发支出约合160亿美元,较上年增长11.1%,占该国国内生产总值(GDP)的4.5%,在经合组织(OECD)国家中名列前茅。2017年,以色列的人均研发支出为1752美元,是经合组织成员国人均研发支出最高的国家之一。企业是以色列研发支出的"主力军"。按现行价格计算,2017年,以色列工商部门的研发支出约为148亿美元,占全国研发支出的86%,而其余部分则由高校、政府部门和私人非营利性机构承担。

另有数据显示,以色列劳动人口中约有1/4是科技人员,平均每万名公司职员中拥有工程师和科学家就近150名,名列世界第一(美国为85名,日本为65名)。以色列从事研发的全职人员占总人口的比例为9.1%,也位居世界前列。同时,以色列每万人中在国际科学杂志上发表论文数居世界首位,人均科技论文数居世界第三,人均论文引用数据居世界第四。在人均注册专利数量上也位居世界第4。

一方面,以色列政府投入了大量的资金用于科研开发和人才培养。经济合作发展组织(OECD)的统计表明,OECD国家用于研发的平均费用占GDP的3%,而以色列达到了4.7%,位居全球首位。出于市场考虑,以色列政策制定者们更关注思想创新和技术研发,因为他们意识到,以色列的竞争优势在于高质量的人力资本而不在于有限的自然资源和国内市场,为此,在人力资源开发上长期持续投入。20世纪70年代初就建成了一批大学中心,在1998—2000年,以色列犹太城市中受过至少13年教育的人口比例从21%上升到了41%,非犹太城市则从7%上升到了21%。除了传统学校教育,学生毕业后在工作中也获得了再教育,而以色列兵役制也给了人们受教育的机会。例如,军队的计算机和数据通信网络中心培养了许多软件开发人员,他们退役后能够胜任军用和民用开发。著名的 Check Point 防火墙系统就是在这样的背景下诞生的。

另一方面,以色列政府以市场化为导向的系列政策促进了技术创新的繁荣。

首先,政府是科技创新的推动者。政府制定专门法律鼓励私人和国际资本进行高科技投资,1959 年通过了《鼓励资本投资法》,并于 1984 年通过了《鼓励工业研发法》。IBM、摩托罗拉、Intel 等巨头的落户带来了一大批跟随者,从 1991 年以来,以色列吸引的外国直接投资节节升高。外国投资总额从 1993 年的 600 万美元上升到 2005 年的 60 亿美元,1993 年以来在风险投资上投资总额超过 120 亿美元,以色列高科技公司是外国投资者眼中的香饽饽,70% 的风险投资放在了电子工业包括电信方面。HP 购买了 Mercury Interactive 公司的股权,Intel 设立了下一代芯片研发中心,IBM 和 Oracle 也增设了研发中心,Xerox 第一次收购以色列公司,加拿大 Unity Wireless 做了最近几个月的第三次收购,CA 则第七次收购以色列公司,电池巨头 Energizer 购买了以色列公司的股票,ScanDisk 将最先发明移动硬盘技术的 M – Systems 公司收入麾下……Fitch 将以色列的国家评级从“A”调到了最高的“A⁺”。这部分主要由国内外民间资本按照商业合同进行运作和管理的资金,对以色列高技术,特别是信息技术及其产业的迅速发展,起到了推波助澜的作用。2011 年,以色列又颁布了《天使法》,规定符合资格的行为主体投资于以色列高科技私营企业,可以从应纳税所得中扣除所投资的金额。同时,以色列实行了严格的知识产权保护制度,制定了《产权法》《商标条令》《版权法》等一系列法律法规。另外,以色列还建立了完善的科技创新管理体制,保证全国科技工作有序运转。建国之初,以色列就制定了科技发展的长远战略规划,由科技部、经济部等 13 个部门共同组成国家科技决策体系,负责制定科技政策、设计发展规划和确定重点项目,形成合力以推进科技创新。

其次,政府给予创业公司强力支持。以色列有 20 多个高科技孵化器为创业公司提供各种服务,以色列工业贸易和劳动部 1973 年专门设立了首席科学家办公室,对创新科技进行评估以决定支持力度,为工业研发提供配对基金,政府和企业一同对技术创新承担风险。政府在评估后给予企业资金支持,而在产品研发出来并形成销售后再对销售额收取 4% 的费用直到完全偿还政府投入,这样政府对企业创新的支持资金可以循环使用。支持基础研发项目和新兴公司孵化器,较好地解决了在创新产品技术研发初期企业难以获得私人投资的瓶颈,大批科技公司成为受益者。

最后,政府打破垄断,促进有效市场竞争机制的形成。以色列对国有公司的私有化进程持续加快,2005 年以色列通信巨头 Bezeq 完成了它从 1989 年开始的私有化,现在它是特拉维夫股票交易市场上的上市公司。打破 Bezeq 对电信市场的垄断后,产生了 4 家移动运营商、多家固定和国际长途服务提供商,政府只管互联互通和缩小数字鸿沟。由此,以色列形成了有效竞争的电信市场,电话覆盖率迅速提升,用户满意度不断提高,电信市场年平均增长率达7%。以色列电信高科技公司的竞争力备受世界关注,例如 Amdocs 公司,全球约 40% 的电话账单都是经由该公司的软件处理;在全球范围内设有支持和发展中心,全职雇员 25 561 人,是一家商业软件和服务公司,专门为通信、媒体、金融服务提供商和数字企业提供软件和服务;专注于增值业务的 Comverse 在全球预付费系统领域有强大实力,是全球唯一能提供移动 ICQ 的公司,在世界上为 500 家运营商提供服务,包括中国电信、中国移动、沃达丰、eBay 的 Skype 等。随着移动电话使用激增,该公司快速成长,收入超过 10 亿美元。在全球移动语音信箱管理市场,该公司赢得一席之地,销售一种受欢迎的短消息服务中心(SMSC)产品。Comverse Technology 公司在以色列高科技行业是成功典范之一。它还是以色列最大的软件工程师雇主之一。

2017 年 12 月 27 日,以色列权威科技媒体 NoCamels 评选出了 2017 年 9 家改变世界的以色列高科技创业公司。2018 年的数据结果显示,以色列是全球排名第三的创新国家,其城市特拉维夫与旧金山、北京、柏林、上海、伦敦等同属于全球科技中心(Techhub)的第一梯队,被誉为第二硅谷。

资料来源:方晓霞. 以色列的科技创新优势、经验及对我国的启示. 中国经贸导刊(中)[J/OL]. 2019(5). http://gjs.cssn.cn/kydt/kydt_kycg/201902/t20190225_4836291.shtml.

案例分析

1. 政策导向对风险投资起着引导和担保的作用。风险投资企业的初始阶段风险过大、不可预期的因素过多,民间私人的大量资金不敢轻易涉足这片领域。因此政府拿出一部分资金设立风险投资基金,然后以这部分政府资金为担保,吸引社会上的或者海外的资金参与,既可以利用政府信誉增加其他投资者的安全感,又可以通过私人投资者对投资决策实行监督,降低"道德风险",提高资金的使用效率。政府财政资金的支持在风险投资发展初期是必不可少的。

2. 风险投资是一种风险极高的市场化抉择行为,因此,风险资本的主要来源应该是市场化的渠道,即主要依靠非官方渠道的资金来源。以色列政府在高科技转型中发挥了恰当的作用,它不是当导演去决定一切,也不是当主角去占尽风光,而更像是幕后的支持者,布置好舞台、培养好演员,推动了一幕幕新戏、好戏的上演。

3. 政府的投资具有公益性、社会服务性、长远性。随着风险投资的日渐成熟,可以酌情逐渐减少政府的资金投入,增加民间以及私人资金的比例,向最终以私人资金为主的风险投资基金过渡。政府参与风险投资的好处在于可提高风险投资基金的信誉度,增加其他投资者的信心,适当进行政策鼓励,有助于建立一套完善的风险投资体系。

复习思考题

1. 政府资本介入风险投资有哪些途径?

2. 养老基金成为风险资本供给主体需要哪些前提条件?

3. 我国公司资金介入风险资本市场的目的与投资方向同国外的情况有哪些异同之处?

4. 家族、个人资金如何介入风险资本市场?

5. 简述风险资本结构合理化的标准。

6. 结合我国的具体情况说明政府资本介入风险投资的作用和弊端,以及以色列政府在风险资本市场发展中的作用对我国风险资本市场的发展有哪些借鉴意义。

模拟实训

分组合作进行创业计划设计

以3~5人组成一组,进行创业设计,或是新产品的发明,或产品的改进,或是一种新的盈利模式的发现,或是一种新技术的运用。通过市场调查,进行需求分析,通过技术论证进行可行性分析,通过销售预测,进行财务分析。详细设计出一套商务计划书。

要求重点突出,思路清晰,可行性强,具有一定的可操作性。

第三篇

风险投资运作机制篇

第七章

风险企业的风险投资运作

本章要点：

◆风险企业风险投资运作的一般程序
◆风险企业融资的主要过程
◆商务计划书设计
◆风险资本进入后风险企业的主要工作

第一节　风险企业获得风险投资的一般程序

一、风险企业各阶段的融资特点

风险企业是风险投资过程中的一个重要环节，风险企业的主要特点就是拥有比较先进的技术和独特的创意，但缺乏发展所需要的足够资金。处于不同发展期的企业，其所需要的资金量不同，对投资者吸引力也就不同。处于种子期的企业，资金需求量相对较小，但由于企业各方面不够成熟，投资风险较大，对投资者吸引力较小。处于创建期的企业，技术和产品尚欠成熟，产品可能处于小批量生产之中，对资金的需求也不太大。由于生产和技术尚未真正通过市场的检验，此阶段投资风险虽然比种子期企业要小一些，但整体投资风险仍然较大，对此时的企业，风险投资机构大部分处于考察阶段。处于成长期的企业，技术、产品相对比较成熟，正向产业化方向发展，资金需求量相对也比较大，投资风险也相对比较小，对风险投资吸引力比较大，也是风险投资介入的主要阶段。对于处于成熟期的企业，技术、产品、管理、市场都已经成熟，正在发展壮大期间，其资金需求主要是扩大再生产所需要的资金，企业估值也相对较高，投资风险溢价也相对较小，对风险投资的吸引力反而降低，是风险投资的退出阶段。一般而言，成长期的企业融资成功率相对较高，所以风险企业在融资前应该结合企业的具体情况，力求在创建期和成长期引进风险投资，以保证融资的成功和效率。

在融资方面，由于风险企业各个发展阶段的特点不同，资金需求量的大小不同，资金的用途也不同，融资渠道也就不同。种子期的企业，主要处于技术创新的初期，是技术的酝酿阶段，解决的是新技术和创意的思路，是一个不断设想、不断求证、不断成熟的创新阶段，对资金需要量较小。创业者主要是自筹资金来解决研发过程中的资金需要，如果有一定眼光的风险投资家能特别看好风险企业的发展前途，也有可能进行“天使投资”。创建期的风险企业，主要是在种子期完成技术创新的技术路线和技术原理后，将实验室阶段的技术在生产实践中进行检验和完善，主要任务是生产出来样机和样品，技术和产品的前景和风险也逐渐明朗。这个阶段需要一定的设备、材料甚至是厂房来完成样机或样品的生产，资金需求量相对要大一些，由于企业还没有经营业绩并形成一定规模的资产，银行贷款难度较大。所以，处于创建期的风险企业，自筹资金是资金的主要来源，但由于技术创新基本上完成，看好企业技术和产品前景的风险投资者开始介入，也可能会吸引一些战略投资者，所以创建期的企业资金主要来源是自筹资金、风险投资、战略投资。成长期的风险企业，主要是购买大批量生产所需要的机器设备、完成大规模生产的工艺、购买原材料等配件，资金需求量大，也是风险投资介入的主要时期，战略投资也会积极介入。同时，由于风险企业已经形成了一定的资产规模和生产经营规模，因此也能获得部分的银行贷款。成长期的企业资金来源主要是风险投资、战略投资、银行贷款。成熟期的风险企业主要是处在扩张阶段，通过扩大生产规模和销售网络来占领市场，取得竞争优势，资金需求量特别大。这个时期企业主要融资渠道是银行贷款，同时也能进行产品销售回笼资金。成熟期的风险企业资金主要来源是银行贷款和回笼资金。

二、风险企业引进风险投资的一般程序

风险企业在引进风险投资前，要明确这样几个问题：企业融资的目的是什么？企业是否具备吸引风险投资的条件？企业吸引风险投资的优势在哪？引进什么样的风险投资机构？如果在回答这些问题后确定要引入风险投资，那就要熟悉引进风险投资一般程序，有针对性地进行准备。

不同的风险投资机构可能有不同的风险投资操作程序，所以，风险企业需要准备的

工作也随之不同，但总的说来，风险企业引进风险资本的一般程序大同小异，包括三个主要阶段：风险企业融资准备阶段、融投资双方的沟通阶段、风险投资进入阶段。其具体过程可以描述为：首先对本公司的实际情况进行详细分析和规划，在整体上把握公司的现状和未来，设计出商务计划书；然后寻找合适的风险投资机构，将商务计划书提供给有意向的风险投资机构供其研究，以便让其决定有无意向进行投资；在投资商有初步意向后，双方约见，就基本情况和条件进行沟通；在双方达成基本共识之后，投资商实地考察，形成对项目或者公司的考察报告，以便投资机构最后进行决策；在投资商与公司达成初步投资意向后，项目公司进行资产评估，确定投资额度与合作条件，以及其他具体事项；最后资金到位，进行投资管理、项目管理、企业管理，企业进行新产品的产业化生产。

图 7－1 显示的是风险企业引进风险投资的具体过程。

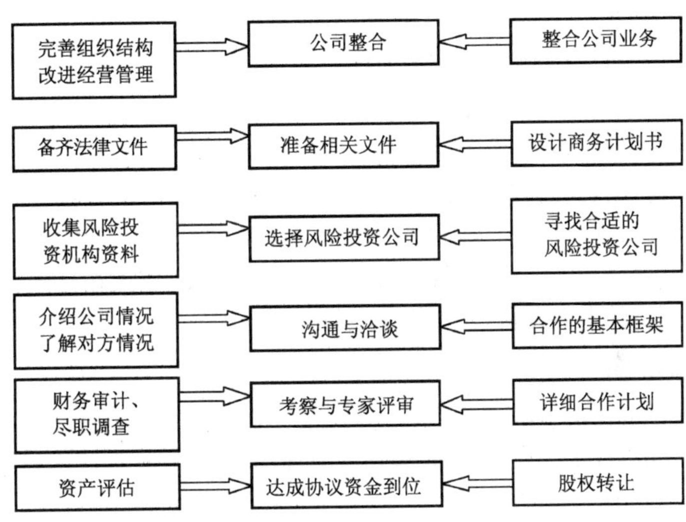

图 7－1　风险企业引进风险投资的一般程序

（一）对公司进行整合

对公司进行整合，就是要规范股权结构和法人治理结构、完善管理层和管理分工，整合产品和业务，备齐法律文件。

（二）准备相关资料和文件

风险投资机构在对风险企业进行考察前，要求其提供一些必要的资料和文件，包括商务计划书、公司营业执照、法人代码、税务登记证等。

商务计划书是风险企业申请风险投资的重要资料，是描述公司过去业绩和展望未来发展蓝图的书面报告,也是风险投资商评估投资项目的主要依据。一份好的商务计划书,必须能充分展示公司未来发展的巨大潜力,用数据说明,用事实说话,内容充实,有理有据。

公司营业执照、法人代码、税务登记证是公司必备的法律文件,也代表公司具有合法的法人地位,也明确了风险投资的投资客体和对象。

(三)选择风险投资公司

对于种子期和成长期的风险企业来说,需要的不仅仅是资金,更需要从管理、技术、市场等多方面得到帮助和扶持。而不同的风险投资机构有着不同方面的优势。比如,侧重行业发展类的风险投资,它对风险企业不仅能提供资金的支持,还能在技术、市场和管理等方面给予风险企业更多的资源共享。而一些综合类风险投资公司则能在后期上市融资和开拓国际市场给予风险企业更多、更大的帮助。所以对于风险企业来说,选择合适的风险投资机构对自己未来的发展有着至关重要的作用。一般而言,风险投资机构实力越强、规模越大、资源越丰富,对公司未来的发展越有利。

(四)会晤沟通,达成初步协议

风险投资机构在收到公司递交的相关文件和资料后,经过研究认为有一定的投资价值,会成立项目小组,项目负责人会约见风险企业的负责人面谈,就有关主要问题听取风险企业陈述,以便进一步了解风险企业的详细情况。项目负责人在具体了解风险企业情况后,形成一个初步的书面分析报告,提交项目组讨论。

(五)实地考察

风险投资项目组在初步认可项目后,会到风险企业进行实地考察,具体了解公司的现状,包括公司人员、技术、产品、厂房、客户各方面的具体情况,形成详细的分析报告。

(六)专家评审

风险投资机构在项目组提交了项目分析报告后,组织专家小组对项目从技术、市场、财务等方面进行深入论证和评审,以确定项目的投资可行性和投资风险。这期间专家有可能就相关问题向公司提问,公司也应该积极答辩。

(七)谈判和签署协议

项目通过专家论证和评审后,风险投资机构和风险企业就融资额度、融资方式和付款方式、法人法理结构、退出方式等方面进行沟通和谈判,以达成共识。在双方达到一致意见后,签署投资协议。

第二节　风险企业的融资准备阶段

风险企业的融资准备阶段是指在引进风险投资前,风险企业所要进行的必要准备工作,具体包括企业整合、相关资料和法律文件的准备、商务计划书的设计、风险投资机构选择等。下面主要阐述企业整合和商务计划书的设计。

一、企业整合

企业整合就是将企业现在的资源重新进行有效的配置,以提高企业生产效率,提高企业整体的生产力和竞争力。企业整合的核心是:研究和解决企业存在的问题,明确企业未来发展目标和实现这一目标的计划和措施。企业整合的基本目标要使企业达到产权清晰、结构合理、管理科学的要求。风险企业的企业整合包含以下几方面内容。

(一)进一步规划企业发展战略

风险企业在设立时就应该制定企业发展方向和目标,以及实现这些目标的分阶段计划和措施。在风险投资运作阶段,所要制定的发展战略,只是总结以前阶段性成果,根据企业发展的实际情况,对企业发展目标与计划进行修改和完善,使之更适合风险企业的实际情况。

风险企业在融资的准备阶段,最重要的就是不仅要确定企业创新的产品是否具有新产品的基本条件,即风险企业要开发的产品是否代表着市场未来的发展方向和支持新产品生产的技术是否是最先进的技术,还要确定具备实现新技术和新产品的条件和环境。这两点对吸引风险投资特别重要,解决了这两点,风险投资运作也就成功了一半。

(二)完善股权结构

股权结构设置包括股东的人数、类型、所持股份数额等多个方面,科学的股权结构需要科学的思考和设计。股权对于投资者来说不仅仅体现为资产受益、重大决策和选择管理者等权利,而且,通过股权这一资本纽带将股东与公司的利益和发展结合在一起,具有一定的激励作用。从公司整体角度讲,科学合理的股权结构设置,能够为公司未来发展壮大提供坚实的基础。股权结构的设置要解决以下几个方面的问题。

1. 确定合理的股东人数或股份比例。合理的股东人数和股份比例应视公司实际情况(如对企业的贡献大小、资产规模、行业领域、未来发展需要)而定,同时还要满足《公司法》的有关规定。过多或过少的股东人数都会成为制约公司发展的障碍。股东人数过少，股份过于集中不利于决策的科学化、管理的民主化、信息的透明化，股东之间缺少必要的制衡机制和相互约束，易出现权责不明、越权缺位等弊端；股东人数过多、股份过于分散，不利于公司重大事务及时决策，各个股东的利益难以统一，难以统一管理、决策，可能由于利益冲突导致公司的内耗，影响公司的稳定和长远发展。

2. 设计合理的股权结构。风险企业在引进风险投资之前，往往由于处于种子期或创建期，股东人数少，股权相对集中，并且股东间大都有一定的关联关系。所以，设计一个科学合理的股权结构，对引进风险投资有特别重要的意义。在实际操作中，很多风险企业采用这种做法：发起人持大部分股份，核心技术人员和管理人员持部分股份，预留一小部分股份作为员工激励，同时把握的一个原则就是尽量避免一个股东处在绝对控股地位。从资本运作的角度来说，风险企业家自身投入的资本多少不是主要的，自身的股份多少也不重要，重要的是自身投入的资本能够控制多大的资本规模为自身的资本增值服务。

（三）完善组织结构

融资准备阶段的风险企业，应该有一个科学合理的组织结构。风险企业在设计企业组织结构时，应根据自己企业的实际情况而定，如果企业规模很小，处于种子期或者创建期，就可以选择直线型企业组织结构。如果企业规模较大，可以选择事业部和矩阵型企业组织结构。而融资准备阶段的风险企业通常属于中小型企业，按照传统的组织结构理论，直线职能型企业组织结构最适合中小型高新技术企业。如图 7 – 2 所示。

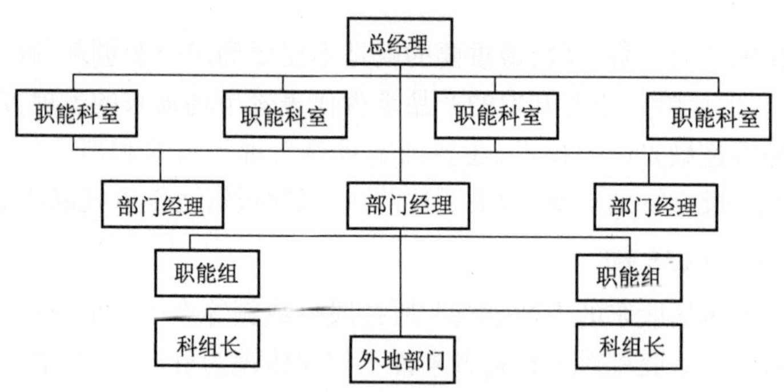

图 7 – 2　直线职能型组织结构图

（四）整合资源要素

企业的资源要素指有形资源和无形资源。有形资源是支持技术创新的物质要素，如机器设备、厂房、实验室、技术人员等；无形资源指企业家精神、企业文化、专利、商标等精神或无形资产要素。风险企业中,企业家精神的核心就是创新精神,是现代企业最重要的无形资源。事实上,企业家精神不仅是企业的一种无形价值资源,而且也是企业资源整合的核心,正是由于有了企业家这种无形的价值资源,企业才能使内外资源为自己所用,为企业核心竞争能力的形成奠定基础。

风险企业的资源要素整合就是在以创新精神的指引下,将企业有形要素和无形要素聚合起来,最大限度、最大效率地为技术创新服务。具体体现在企业能有一个支持技术创新的体系,从物质到精神都能保证技术创新的实现。

二、商务计划书的设计

(一)商务计划书的简介

商务计划书是引进风险投资的重要环节,是风险企业将自己公司目前的管理层、技术、产品、市场、财务以及公司未来发展前景和计划等各方面情况,通过整体的描述而形成的一种书面报告,以供投资者研究和考察。

商务计划书是风险企业向风险投资机构展示自己企业的文件。风险企业通过商务计划书的设计和筹划,从企业自身条件和实际情况出发,对企业进行全面整合和规划,制定出符合企业发展的运行模式。商务计划书是对公司过去、现在和将来的陈述和规划,是和风险投资机构接触、沟通的桥梁,一个高质量的商务计划书是引进风险投资的关键。

商务计划书只描述公司过去和现在是不够的,更重要的是如何展现公司未来,以独特的产品和创新的技术,向投资者展示公司巨大的发展潜力和美好的未来,这样才能吸引投资者进行投资。所以商务计划书的设计是一个专业性和技术性很强的工作,也不是一个人所能完成的,是需要公司整体人员,特别是技术人员、管理人员各方面的研究和配合,集大家的智慧而形成的成果。

(二)商务计划书设计的一般要求

商务计划书设计的目的是向潜在的风险投资机构全方位展示公司,而读者对象可能是一些没有行业、技术、产品背景的投资人员,因此商务计划书整体要求是简洁明了、综合概括。具体来说应该有以下几个方面要求。

1. 综合性。商务计划书设计要从企业整体发展把握,而不只是侧重强调技术或产品。一个好的技术或产品,需要一个具有丰富管理经验和能力的管理团队来实施,要有完善的市场推广方案和计划,也需要强有力的财务管理来保证企业发展所需要的资金融通,更需要考虑企业未来发展所需要的技术储备、产品储备和人力资源储备。

2. 计划性。风险投资的目的是为了获得超额的风险投资回报,风险投资不是投资过去,而是投资未来,着眼于公司未来发展的潜力和空间。所以商务计划书重点是描述公司未来发展的计划和方案，具体包括技术发展计划、产品发展计划、市场拓展计划、人力资源计划等方面。

3. 科学性与客观性。科学性是指商务计划书所设计的技术和产品创新应该以科学性为前提，以科学原理为基础，符合技术发展方向和规律。客观性指公司未来发展所要达到的目标符合客观实际，能通过现有的资源和能力达到。商务计划书中设计的计划和方案切忌浮夸和脱离实际，应该有理有据，切实可行。

4. 简洁性。商务计划书要用简洁的语言把所要表达的内容表达出来。具体来说，注意几下几点：一是用论据来表现，如用专家鉴定和成果鉴定来说明技术和产品的先进性；二是用数据说明，比如描述技术和产品节能效果，可以用产品实验结果的节能数据来证明；三是用事实说话，如用市场调查数据来证明产品的市场需求量。

（三）商务计划书的格式和内容

商务计划书的格式没有统一的要求和规定，也没有国际标准，但世界上实力较强的风险投资公司对商务计划有专门的规范，综合几家大的风险投资公司，如高盛、花旗，其要求的格式，基本上包括几个主要内容：摘要、公司介绍、管理层、公司组织结构和股权结构、产品介绍、核心技术、市场分析、竞争能力与竞争对手、发展计划、财务数据与预测、风险与防范、退出机制设计、资料附录等（详见附录）。

1. 摘要。摘要是商务计划书的综合描述，是让投资者在较短时间内，很快了解企业项目的大概情况，也就是公司“做什么、怎么做、怎么样”。摘要力求简练，一般不要超过两页。摘要的设计原则是用最精练的语言把公司最精彩的部分展现给投资者，吸引投资者的兴趣和注意，以便进一步研究商务计划书的详细内容。

摘要的主要内容包括：公司地址、性质、成立时间、注册资本、主要产品和核心技术、公司成立的背景和条件、发展方向、资金的用途和数额、将达到的财务目标。

这里最主要的部分是主要产品、核心技术和发展方向。描述主要产品和核心技术时要充分展现出创新性，与目前现有的产品相比，突出其功能更强、成本更低、技术更先进的特点，更主要的是符合国家产业方向，如环保、节能，最重要的是如何用事实证明企业要生产的产品是符合新产品的基本条件。此部分要列出公司已经取得的文件和证书来证明其先进性和创新性，如获得的专利证书、专家论证鉴定证书、项目立项批准文件等。未来的发展方向和目标也是重要的一个方面，向什么方向发展决定了公司未来成长的可行性和发展空间，财务目标是风险投资能达到多大投资回报的一种依据。在描述这两方面时也要用数据加以说明，力求客观，切合实际，不可过分夸大或者毫无根据地预测。

2. 公司介绍。这部分内容主要介绍公司的现状，包括资产规模、人员情况、厂房、产品、技术、财务状况。

（1）资产规模。资产规模主要是指财务报表上显示的总资产、所有者权益、净资产等资产项目。而大部分高科技公司的专利和非专利技术等无形资产，未经估计则不能计入总资产。但很多高科技公司，特别是处于种子期、创建期和成长期的高科技公司，其资产特别是净资产很小，如果以财务报表上的资产数据来判断公司的经营发展状况和股本大小，则可能严重低估了公司的价值，所以风险企业在处理财务报表时应该考虑到这个因素，在计算股本大小时更应该考虑到资产的溢价因素以及无形资产价值。

(2)人员情况。人员情况是指在公司供职的人员。很多高科技公司，在成熟期之前，考虑到公司发展的需要和成本因素，在招聘一定数量的全职职员时，还会招聘一些兼职人员。商务计划书描述公司人员情况时，应该把在公司一年累计工作量在三个月以上的人员都作为公司的正式员工，而作为公司正式员工的一个重要依据就是有正式的劳动合同。也就是说凡是一年在公司累计工作超过三个月的工作人员，都应该与其签订正式的劳动合同，并视为公司的正式员工。另一个重要的方面就是描述员工的知识结构、年龄结构和专业结构。知识结构是指博士、硕士、大学本科、大中专学历的人员数量和比例；年龄结构是指员工年龄分布范围及所占的比例；专业结构是指员工特别是主要管理人员和骨干力量所从事的专业。

(3)厂房。厂房主要指公司进行生产所需要的研究机构与实验室、管理人员所在的办公室、生产所需要的厂房和仓库。具体说明其产权情况，如果是自有厂房，应当拥有合法的产权证明，属于租赁的，应该出示能显示对公司继续经营和正常发展不产生影响的正规有效的租赁合同。

(4)产品和技术。产品和技术主要描述产品的名称、功能、特征，与目前市场已有的产品相比存在的竞争优势，如果是全新产品，应说明满足哪些市场需求。技术的描述着重强调其独特性和创新性，以及使用这种技术所产生的效果，是带来功能上的改进还是成本上的节约等。

(5)财务状况。财务状况简要地描述公司最近几年在售产品的数量、销售收入、毛利润。

(6)公司介绍。公司介绍力求简明扼要，能让读者在整体上把握公司的全貌、现状，并清晰地判断公司未来的发展方向。

3. 管理层。管理层是指参与公司日常经营管理的主要管理人员，包括总经理、副总经理、技术总监、财务总监、市场总监等公司的高层管理人员。

管理层在一个公司发展中起至关重要的作用，一个公司即使拥有世界一流的高端技术和一流的产品，如果没有一个目光远大、经营有方、管理高效、经验丰富的领导决策者，公司也很难发展壮大，成为世界一流的公司。所以很多风险投资机构在对风险企业进行评审时，特别重视公司的高级管理层，把对公司管理层的考察放在首位，特别是作为管理层的核心人物是否具有企业家的素质至关重要，也就是要看风险企业家是否具有创新精神和综合管理能力。

商务计划书对公司管理层的描述，主要是介绍高级管理人员的年龄、教育程度、工作经历和教育背景、特长和业绩。风险投资者重视主要管理者的工作经历，更看重跨国公司工作的经历和背景以及他们过去的业绩，有一个在跨国公司或者有一定实力的大公司工作所获得的经验，是公司以后发展的财富和潜力。对风险企业家的描述要着重体现出企业家素质，其他的管理人员要体现出专业能力、经验和合作精神。

4. 公司组织结构和股权结构。

(1)公司组织结构。公司组织结构主要包括公司与其分支机构的组织关系和管理关系，一般用树状图来表示(图7－3)，描述采用直线型企业组织结构的企业内部管理结构与其控股子公司之间的关系。如果风险企业采用了其他企业组织结构类型，应该根据企业的实际情况，结合公司具体业务和关联公司进行设计。把握一个基本原则就是：力求企业组织结构和管理结构科学、合理、高效。

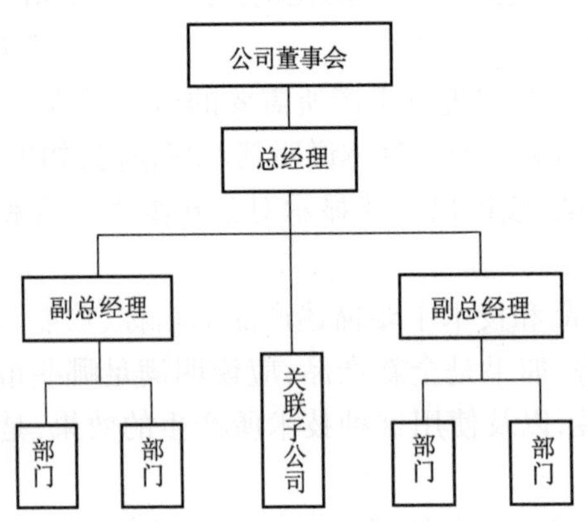

图7－3　公司组织结构树状图

公司组织结构的设置要充分考虑到管理的跨度和深度，符合管理的效率原则。部门设置不宜过多，但也要功能齐全，能体现公司发展所需要的技术、生产、市场组织结构。具体的设计要结合公司的实际情况，参照传统的企业组织结构形式来设计。

关联公司是指公司投资或参股能控制其经营和决策的其他有利益关系的公司，包括相对控股、绝对控股的子公司，以及不处于控股地位的参股公司。在这部分内容描述时，要清楚地说明公司在关联公司中所占的股份，与其在业务上的关系，有无技术上的合作和关联交易。

(2)股权结构。股权结构主要是描述本公司的股东及其所有的股份。很多公司在成长之前，由于创业者人数相对较少，导致股权相对集中。而股权过分集中，就会让投资者觉得控股股东在公司经营和管理的决策上,会由于缺乏民主而可能导致战略上的失误,也可能导致大股东利用控股地位,在利益分配上侵害其他股东的利益,从而会影响公司的长远发展。

商务计划书设计中,首先要注意股权分配问题,尽量避免股权过分集中在某个或者某几个股东手里,使个人处于绝对控股地位,也应避免"家族式"股权结构,即大部分股东是"家族"成员,"家长"是公司的实际控制人;其次是主要管理人员持股问题,公司的高级管理人员,特别是核心技术人员和管理人员持股不仅是公司稳定和发展的一个重要保证,而且也是股权激励的一种行之有效的方法。风险投资机构在考察企业时也比较注重股权结构和管理层持股问题。

5. 产品介绍。产品指产品和服务的总称,主要介绍公司目前已有的产品和将来要开发的产品。产品介绍详细描述公司产品的名称、功能、特性等方面的内容,在不泄露公司商业秘密的情况下,尽可能清楚地介绍产品的结构和功能特征、所用的原材料或主要配料。如果产品已经有样机或者成品,最好能将产品的外观实物照片附上,并详细介绍各部分的名称、用途与功能。描述产品与目前市场已有的产品在功能、价格上的差别,以及具有的竞争力和发展潜力。

产品是公司营利的来源,公司没有独特的产品和服务,是难以发展和壮大的。一个公司要想获得超额的利润,必须具备两个条件:一是独特的产品,只有比市场现有的产品具有更强的功能、价格上更具有竞争优势的产品,或者全新的产品,才有可能产生高额利润回报;二是强大的现实市场需求或强大的潜在市场需求,如果没有足够的市场需求,再好的产品也无济于事。满足这两个条件的产品就代表着行业产品的发展方向。同时,如果生产这种产品的技术门槛低,产品极易生产和仿制,也不能成为真正的新产品。要吸引风险投资,必须向其展示公司产品具有新产品的竞争优势。

在产品介绍时,应该着重描述以下几个方面的内容:

(1)产品的主要功能,能满足哪些市场需求。

(2)与目前市场上的同类产品相比,所具有的竞争优势。

(3)生产产品所具有的专利和独特的工艺技术。

(4)产品稳定生产和销售的市场条件和原材料供应等方面的保证。

(5)公司的产品发展规划和新产品开发计划。

6. 核心技术。投资收益是用产品销售来实现的,而产品的生产必须由先进的技术来支撑,核心技术主要指生产新产品的主要工艺或方法。生产技术的重要性主要体现在:生产效率的提高——单位时间能生产更多的产品,或者是生产成本的降低——单位原材料能产出更多的产品,或者是所生产的产品的功能更强。

核心技术是风险投资最关心的问题之一,公司产品生产所采用的核心技术是否先进和成熟，是公司未来能否发展壮大的关键。核心技术的表现和保护形式也是风险投资关注的问题，核心技术是否拥有专利权、专利权的级别高低直接影响着公司的投资价值。在描述核心技术时，主要介绍技术原理、技术路线、技术特点、适用范围、知识产权等方面内容。风险投资者特别注意公司核心技术是否是原创、是否是自主创新、是否具有自主知识产权，以及仿制的难度和进入门槛的高低。

商务计划书在介绍公司核心技术时，应注意描述的深度，既不能把公司核心技术完全暴露出来，也不能含糊其词，让读者不得要领。

7. 市场分析。

(1)行业发展阶段分析。在产品介绍中，分析产品所在行业的发展状况是必不可少的，要重点分析行业所处的发展周期。一般来说，行业的发展可分为四个阶段：幼稚期、成长期、成熟期、衰退期。在幼稚期，最初产业的规模小，利润率低甚至亏损，随着行业生产技术的提高、生产成本的降低和市场需求的扩大，新行业便逐步由高风险、低收益的初创期转向高风险、高收益的成长期。在成长期的前期，市场需求逐步上升，产业规模逐渐扩大，同时生产厂商利用提高生产技术、降低成本以及研制和开发新产品的方法来获取竞争优势，战胜竞争对手。这一时期企业的利润虽然增长很快，但面临的竞争风险也非常大，破产与被兼并的可能性相当高。在成长期的后期，市场上生产厂商的数量在大幅度下降之后便开始稳定下来，行业进入成熟期。在成熟期，行业的规模和市场需求保持相对的稳定，产品也逐渐完善，行业的利润率也趋于稳定，风险也相对较小。衰退期中，行业出现了厂商数目减少、利润下降的萧条景象，市场逐渐萎缩，利润率停滞不前或不断下降。当正常利润无法维持或现有投资折旧完毕后，部分厂商逐渐退出行业。

虽然行业可分为四个阶段，但每个发展阶段时间会比较长，同时也不能简单地按各个阶段发展特征来区别行业周期，因为行业的发展要受许多因素制约，而出现不同的特征，比如在成熟期中，也会因为宏观经济形势不好，而出现产品需求减少。所以，在实际分析时，一般根据所在行业内外因素的影响，把行业周期分为景气和不景气两种周期。风险投资在考察产品时，会充分考虑到整个行业发展状况，判断行业是处于哪个发展周期以及景气度。

(2)市场需求分析。市场分析的另一个重要方面是市场对产品需求的大小，主要内容包括市场容量、目标市场、公司产品的市场占有率、市场发展趋势等方面。

第一，市场容量是指在不考虑产品价格或供应商的策略的前提下，市场在一定时期内能够消费某种产品或劳务的数量。市场容量实际上就相当于需求量，国内市场容量就是国内对产品的需求量，国内外市场容量就是国内外对产品的市场需求量。市场容量的大小将直接决定公司产品的未来发展空间，市场容量大的产品将为公司创造充沛的现金流和业绩增长空间。相反，市场容量小的产品，就大大地制约着公司的发展和壮大。

第二,目标市场是指企业确定的作为经营对象的有某些特定需求的顾客群和消费群,包括各种潜在的和现实的市场需求,它是企业销售产品以达到赢利目标的特定市场。商务计划书对目标市场的描述重点是描述目标市场的结构和特点,包括目标市场的年龄结构、知识结构、地区结构等。同时商务计划书还要介绍公司产品的市场定位,即公司产品满足哪个年龄段的客户群、哪个知识层次的客户群、重点开发的地区、公司产品独特的功能能否满足这些特定的市场需求等。

第三,市场占有率是指公司产品的市场销售份额在同类商品中所占的比例,它包括这种商品的质量与品位以及市场知名度、覆盖面、销售额等要素。不管公司的产品是全新产品还是改进新产品,都要描述产品现有的市场占有率和近年来的变化趋势,最好用图形来直观地表示出来。

第四,市场发展趋势主要是指公司产品的市场容量、目标市场以及市场占有率将会发生的变化以及对公司产品市场的影响,主要描述市场需求变化趋势。如果公司产品的市场容量在不断增大,目标市场的需求也逐渐变大,那么公司的产品将会有更多的发展机遇;相反,则说明公司的产品缺乏发展潜力。

8. 竞争力和竞争对手。竞争力主要是描述公司产品和技术、销售、管理、原材料取得等方面所具有的优势,这些优势具体的表现就是公司在生产过程中可以获得更低的成本,或者是生产出功能更强的产品,使公司的产品在市场竞争中具备竞争优势。竞争对手主要是指市场上生产同类或者相似产品的企业,一般要求列出前 10 名竞争对手,分别分析他们的资产规模、企业经营情况和产品情况,包括产量、市场占有率、产品的功能和特征、竞争力和竞争优势等。然后分析公司的产品和技术等与竞争对手相比具有哪些优势和劣势,与竞争对手比较进行优劣势分析。

9. 发展计划。公司为未来的发展所制定的发展计划,包括新产品发展计划、市场拓展计划、技术发展方向和计划安排、人力资源发展计划和财务计划。新产品发展计划主要是指除公司已开发和生产的产品外,还拥有的新产品储备和未来开发计划,它在某种程度上显示出公司的发展方向和潜力,是公司根据产品寿命周期生产新产品的时间和规模的计划安排。市场拓展计划是描述公司为扩大市场所要采取的措施和方案。技术发展方向和计划安排是指与新产品发展相匹配的技术开发,新产品一般是具有更强功能或者更高性价比的产品,必然要用更先进的技术来保证,这就是要求进行技术创新和技术升级,一个具备产品储备和技术储备的公司,就具备了可持续发展的基础。人力资源发展计划是与产品计划与技术发展相匹配的人才储备与发展计划、公司未来发展所需要的人才解决方案,以及配合人力资源发展所需要的约束机制和激励机制。财务计划主要描述公司发展所需要的资金来源、融投资计划、财务优化方案。公司发展计划表明公司的未来发展方向和潜力,所以计划的制订既要远大又要可行。

10. 财务数据和预测。财务数据主要是公司过去三年的财务数据,包括资产负债表、损益表、现金流量表,并对公司的财务现状做必要的分析和说明。最好能用图表表示财务状况的发展趋势,一般用柱状图表现公司经营业绩增长趋势。财务预测是指在所需要的资金到位的情况下,对未来公司经营变化所作的预测。也就是对公司进行财务评价,通过财务数据的预测,计算出未来三年内公司的收入、净利润、资产,计算出评价指标净现值和内部收益率等指标。一般要通过项目评价方法对投资的可行性作出评价,分析投资的可行性和收益率的大小以及风险的高低。

在财务评价中,要注意以下几点:

(1)对销售收入的预测,应该切合实际,与公司的设计生产能力和发展计划相吻合,来估测未来三年的销售收入的增长趋势,如果有历史财务数据,应该结合未来生产规模,用数学模拟的方法,预测出未来的业绩数据,增加预测数据的可信度。

(2)投资项目评价的科学性。在运用项目评价方法时,对数据进行处理和运算,要保持各种数据来源可靠、预测合理、结果可信。投资项目评价中所需要的资产负债表、损益表、现金流量表、成本估算表要合理、上下对应连贯。

(3)所运用到的数据要能得到合理的解释,这样评价的结果才能被认为是可靠和可信的。

11. 风险与防范。风险主要是指投资相关风险,如市场风险、技术风险、经营管理风险等公司发展过程中所遇到的不确定性。商务计划书要进行风险分析,包括这些风险的主要来源,并描述具体采取哪些措施对风险进行规避与防范。

市场风险是指当市场价格向不利于自己的方向发展时所造成的资产收益的减少和负债成本的增加,市场风险主要包括资本市场风险、原材料市场风险、劳动力市场风险、产品销售市场风险等等。在分析市场风险时,主要描述公司市场风险的主要来源以及防止这种风险所采取的措施。市场风险是主要的投资风险之一。

技术风险是指公司所开发的技术在成熟性和应用性方面存在的不确定性,换句话说就是公司技术开发可能失败造成的损失,主要来源于技术原理、技术路线、发展方向是否正确,开发的难易程度和可行性,产业化的基础和条件。在分析技术风险时,应着重描述公司的技术风险来源,以及防止技术风险所采取的措施。

经营管理风险指因企业组织结构不合理、经营管理不善而导致风险投资失败所造成的风险。经营管理风险产生的原因主要是企业管理者缺乏经营管理知识和经验、决策失误以及企业组织结构不合理、管理方法不当等,引起了企业效益下降,从而产生管理风险。商务计划书在描述经营管理风险时,着重说明公司经营管理风险来源以及防范风险的方法和措施。

12. 退出机制。风险投资是指将资本投入到具有极大竞争和发展潜力的企业(特别是中小企业）中以实现资本增值的一种股权投资方式，风险投资家看重的不是企业或技术的本身，也不是项目能否通过分红实现投资回报，而是被投资企业整体价值的增值，在达到预定的资本收益率之后，就会退出寻求新的项目，进入下一轮的投资，所以风险投资具有阶段性特点。因此，风险投资最后能否从其成功的投资中顺利退出，在整个风险投资运作中占据着关键位置，这也使得风险投资在投资前为防止风险和获得收益，要与风险企业达成退出条件和方式。退出方式有以下几种：

（1）股权协议转让。该种方式的好处有两方面：一方面，交易双方一般都对创业企业较为熟悉，省去了双方不必要的猜疑；另一方面，这种股权安排方式也容易被创业企业接受，同时也可以帮助创业企业找到理想的大股东，帮助创业企业在业务、管理等方面获得进一步发展的资源和机会。转让方式可以通过自有渠道完成，也可以借助专业机构如投资银行促成。

（2）上市退出。这种退出方式是最有效和最理想的退出方式，是创业企业通过在国内外证券交易所挂牌上市，风险投资通过交易所出售可交易的公司股份实现风险投资的退出。这种退出方式之所以说最有效，是因为创业企业在上市后，股份可能得到几倍、十几倍甚至几十倍的溢价，获得丰厚的投资回报。目前，创业企业可选择的上市渠道有国内的主板、中小板和创业板。企业可以根据自身的经营情况和资产状况，选择适合的交易所上市。此外，国外一些证券交易所也可以选择上市，如美国纳斯达克交易所、伦敦证券交易所等。

（3）股份回购。根据签订的投资协议，投资期满后，在风险企业无法上市或股权无法转售给其他公司的情况下，创业公司以自有资金回购风险投资公司的股权。这种退出方式尤其对广大科技型民营中小企业具有较强的吸引力，一方面解决了创业公司阶段性的资金需求，另一方面又满足了创业者对公司控股权的要求。

（4）产权交易所挂牌上市。目前，国内外都已经建立了健全的产权交易机构和体系，担负着促进高科技产业发展、构架技术与资本间的桥梁、完善风险投资退出机制等方面的职能。通过在产权交易所挂牌上市，可以很快找到交易对手，提高退出效率。我国这类产权交易所如中关村产权交易所、天津产权交易所等，都可以选择进行产权转让。

（5）管理层回购。管理层回购（MBO）是指风险企业发展到一定规模之后，企业的管理层包括核心技术人员利用信托等融资方式购买风险投资公司所持有的股份，并通过这种重组方式改变风险企业的控制权结构、资产结构、所有者结构，以期激励管理层的创业激情，提高企业效益的一种退出方式。这种退出方式能够最大限度地保护老股东的利益，同时也是一种激励机制的创新。但现在存在的主要问题有两点：一是定价问题；二是杠杆融资问题。

（6）清盘。清盘就是风险企业申请破产进行清算。在被投资的风险企业遭遇经营不善或管理团队发生重大变动或受到市场和环境的重大不利影响等情况下，风险投资机构只能选择清盘方式来减少投资损失。

商务计划书设计中,应根据自己企业的实际情况,设计出相应的退出方案。

13. 附件。将公司的相关法律证书和权利证明等材料附在商务计划书后面,主要的材料包括公司的营业执照、法人代码、税务登记证、专利证书、产品鉴定证书、订单、供销合同等文件和材料。

第三节　融投资双方的沟通

风险企业完成商务计划书设计后,接下来要做的工作就是寻找风险投资机构。在有初步投资意向的风险投资机构中,与其接触进一步了解沟通,达成一个初步投资协议,形成一个投资合作框架。然后双方进行资产评估,注入资金,划分股权,成立新的董事会,监督并促进公司的运营。

一、与风险投资机构接触前的准备工作

风险企业在选择风险投资机构前,要做好以下几个方面准备工作:

第一,通过各种渠道,深入了解风险投资市场状况,通过各种媒体、研讨会、投资洽谈会了解接触国内外风险投资整体形势和动向。

第二,组织一个融资部门专门运作风险投资融资事项,确定一个有风险投资运作经验和具有一定融资渠道的、有一定组织能力和沟通能力、熟悉公司技术产品等各方面情况的高级管理人员专门负责,并对融资部门成员进行培训。

第三,按商务计划书的设计,对公司有关部门进行整合,使公司成为一个管理规范、股权明确、业务进展顺利的公司。

第四,备齐与风险投资机构沟通和谈判所需要的各种文件和资料,制订出引入风险投资的计划和方案。

二、选择风险投资机构

选择风险投资机构是风险企业引资的一个重要方面,因为不同的风险投资机构会根据自己的具体情况有针对性地选择投资行业和地区。选择合适的风险投资机构会提高融资的效率和速度,缩短融资时间。同时,如果风险投资机构所拥有的资源与公司所在行业具有关联度,那么二者就会有更多的利益联系,风险投资机构就会对所投资行业有更多的认识,这便于其在股东会或者董事会上能够进行科学的决策。

要寻找到合适的风险投资机构，必须了解风险投资机构的详细情况，包括他们的投资领域、投资额度、投资对象要求、已投资的项目、资金实力和优势。一般规模较大的风险投资机构都有自己的网站、有公司的详细介绍和业务流程。在选择风险投资机构时，要注意以下几点要求。

（一）选择适合公司长远发展的风险投资机构

具有一定实力和规模的风险投资机构往往都是较大的投资银行，不仅能在资金方面为公司发展提供保证，还能从技术开发、产品生产、市场销售等方面提供支持和帮助，为公司快速发展提供各种资源。而不同的风险投资机构有选择性和针对性地投资某一行业时，也往往会考虑到他们自己对此行业的了解和资源优势。选择合适的风险投资机构不仅能迅速地达成投资协议、获得所需要的资金，而且能有助于公司的长远发展。

（二）尽量选择实力规模比较大、具有一定知名度的风险投资机构

一般而言，企业融资不会是一蹴而就的，而是多次融资，也不是一个风险投资机构单独投资，更多的情况下是联合投资。所以，如果每一次融资的风险投资机构在业内具有影响力和号召力的话，就很容易吸引其他投资机构的参与以及后续融资。

（三）不断完善商务计划书

不同风险投资机构对投资额度和财务计划等方面的要求不尽相同，风险企业在和风险投资者接触与沟通的过程中，也要不断修改商务计划书，并针对有特别意向的目标风险机构单独设计适合其要求的商务计划书。

（四）适当选择正式接触和沟通的风险投资机构

选择风险投资机构应该有重点，正式接触和沟通的风险投资机构应该是双方都有意向的，一般也不要超过 5 家，否则劳民伤财，影响融资效率。在确定正式接触的风险投资机构前，不应将商务计划书乱发，给人以病急乱投医的感觉，反而对融资不利，最好将商务计划书的摘要与简要介绍发给一般风险投资机构，在收到反馈后，就可以初步知道对方的投资意向，然后进一步沟通，确定目标风险投资机构。

三、接触与沟通

与风险投资者沟通是一个重要的环节，风险投资者在详细研究商务计划书后，如果对公司未来的发展比较看好，会进一步与公司主要管理者进行沟通，以便对公司有进一步的了解，所以与投资者沟通显得十分重要。

（一）沟通过程和主要内容

在与风险投资机构第一次接触时，主要就公司生产、技术、市场等情况向风险投资机构相关人员作一个全面的概括性的介绍，以便风险投资机构对公司有一个初步的了解。风险投资机构项目相关人员也会形成一个初步研究报告，提交给机构有关部门研究，决定投资意向。所以，初次接触显得十分重要，双方就相互关心的问题充分给予说明。初次接触时，风险投资机构对风险企业主要关注的问题是管理团队、产品的独特性、技术的创新性、企业的竞争优势等方面。

在风险投资机构有初步投资意向后，会派出项目小组进一步与公司沟通，并要对公司进行实地考察，与公司高层管理人员分别就技术、市场、管理等各方面进行咨询与了解，所以公司主要高层管理人员都应该对自己负责的工作熟练掌握，并在本部门与公司发展方向上有默契配合，不仅要求对现在的工作能胜任，更需要其对本部门在公司未来的发展过程中的重要性与协调性做到心中有数，并能制定出相应的工作方案与计划。风险投资者能从与各部门的沟通中了解公司管理人员的素质和能力，从而判断公司未来发展的潜力。

（二）聘请相关中介机构

1. 会计师事务所。风险投资机构在对公司考察后，会形成一个详细的研究报告，并邀请有关专家对项目进行评估，以就投资与否作出决策。在最终决定进行投资前，风险投资机构可能会派遣相关领域专业人员或者聘请中介机构对风险企业进一步调查，会计师事务所要对企业的财务进行审计，出具审计报告，也可能根据风险投资机构的要求进行尽职调查，出具尽职调查报告。风险企业可以根据尽职调查的主要事项进行准备。尽职调查涉及九个方面：管理团队（信用、结构、协作精神、创新精神）、企业股权结构演变过程（企业历次股权的变更过程、股东投资入股的方式、注册资本的变化过程）、产品/技术/服务的先进性（技术的创新性、竞争性、拓展性，产品是否符合新产品的特性，新产品的储备）、研究开发能力（自主创新能力）、行业与市场（新产品是否与行业发展方向吻合、市场份额和发展趋势）、营销能力（销售网络和销售措施）、竞争力和发展前景、财务状况、商业计划等方面。

2. 资产评估机构。在风险资本进入风险企业前，还需要对风险企业进行资产评估，以确定投资的大小和所获得的权益，同时也会要求企业明确各种产权关系。比如，企业所拥有的专利如果是以个人名义申请的专利，应当转移到企业名下，形成企业的产权。

由于风险企业一般是高新技术企业，公司价值的确定是双方最关注的问题，它关系到双方的切身利益。并且资产评估也不是单项资产的评估，更不是有形资产和无形资产简单的相加，而是企业整体价值的确定。风险投资机构和风险企业往往容易在企业价值判断上产生分歧。所以风险投资机构和风险企业有必要对企业价值的判断有一定的了解。以下介绍几个适合风险投资的企业价值评估模型：

（1）收益现值法。这是确定企业价值的最基本的评估方法。具体计算模型如下：

$$P = \sum_{t=1}^{n} R_t(1+r)^{-t} + P_n(1+r)^{-n}$$

式中，P——企业价值；

R_t——企业未来的第 t 年预期收益；

r——折现率；

n——企业收益年限；

P_n——企业第 n 年时的剩余价值。

企业价值的大小就是由企业的预期收益、折现率和收益年限决定的。

影响企业价值的第一个因素是企业未来的预期收益。企业价值的决定因素是由企业赢利能力决定的，企业赢利能力的大小对企业价值的影响直接表现在企业的预期收益(R_t)上，企业未来的预期收益是决定企业价值的主要因素之一。企业赢利能力越强，企业的价值越大，反之就越小。企业预期收益是对未来收益的一种预测，对其确定，一般应遵循以下几个原则：

一是企业收益分类清晰。企业收益是指归企业权益主体所有的企业收支净额，所有能给企业创造净现金流量的收支，包括营业收支、资产收支、投资收支，都属于企业收益。但企业创造的不属于企业权益主体所有的收入，不能视为企业收益。

二是企业预测收益要科学合理。对已经有多年经营历史的风险企业，对企业收益的预测，应结合往年的收益，在考虑到企业历史收益平均趋势和风险资本进入后可能改变的企业经营状况和未来发展机会的基础上，进行科学、合理的预测，同时可以参考企业的一些财务指标，如净资产收益率、投资收益率、销售收入收益率等，来分析判断企业的营利能力。对于没有经营历史的风险企业，只能在预测风险企业的新产品市场占有份额和利润水平的基础上，预测企业的营利能力和企业收益。主要做法是：首先要对影响风险企业的营利能力的关键因素进行分析和判断，主要是新产品的竞争力，企业管理水平等。其次是对风险企业所处的行业和市场地位作一个客观的分析和判断。如，风险企业所在行业的发展前景，风险企业在所在行业的竞争地位，风险企业产品可能占据的市场份额和利润率。再次，是对影响风险企业收益的可预见的宏观因素进行分析。

影响企业价值的第二个因素就是折现率。在企业价值计算模型中，折现率高，企业价值就会低；折现率低，企业价值就会高。与一般项目评价不同，风险企业的高风险和高溢价的特征，要求其折现率要高于一般项目评价的折现率，不能用行业基准折现率作为其折现率。一般可以按：

折现率＝无风险收益率＋风险溢价率

来求得折现率。无风险收益率取银行利率或者国债利率。风险溢价可以结合风险企业所处的阶段，判断风险的大小，确定风险溢价率。如，风险企业处于种子期，风险大，风险溢价率也就高，折现率也就高；处于创建期的风险企业，风险较大，要求的风险溢价率也较高，折现率也较高；而处在成长期的风险企业，风险相对较小，要求的风险溢价率也会较小，所以折现率也就小。

影响风险企业价值的第三个因素是收益期限。企业收益期限越长，企业价值也就越高；相反，企业收益期限越短，企业价值越小。所以，确定企业收益年限，同样比较重要，风险企业大部分是高新技术企业，与一般传统企业不同的一点就是企业的产品寿命周期相对较短，所以像一般企业价值评估采用较长的企业收益年限，甚至是无限年限的方法，是不合适的。在风险企业价值评估中，对风险企业的收益年限，应该结合企业技术、产品的实际情况，以及本行业的产品的规律和特点，合理地予以确定，以产品的寿命周期为基础确定企业收益年限是比较合理的。

尽管收益现值法是企业价值判断的一种比较科学合理的方法，但实际使用过程中，由于很多参数确定时主观因素影响大，所以，融投资双方在企业价值的判断上常常会出现分歧。

（2）实体现金流量折现模型评估法，其模型如下：

权益价值 = 实体总价值 − 债务价值

实体总价值 = 营业价值 + 非营业投资价值

营业价值 = 已明确的预测期间的现金净流量现值 +
明确的预测期之后的现金净流量现值

现金净流量现值 = 自由现金净流量 × 折现系数

自由现金净流量 = 毛现金净流量 − 总投资

毛现金净流量 = 息税前利润 ×（1 − 所得税率）+ 折旧

总投资 = 流动资金增加额 + 资本投入

这种方法的特点是客观性比较强，容易被融投资双方所接受。但对于处于成长期之前的风险企业，净现金流量往往较小，甚至可能为负数，所以，不适合对这类风险企业进行评估。

（3）市盈率模型。其模型公式如下：

被投资企业价值 = 估价收益指标 ÷ 标准市盈率

其中估价收益指标是能反映风险企业营利能力的某一财务指标，标准市盈率指同行业的上市公司的平均市盈率。

这一模型是一种粗略估计风险企业价值的一种方法，优点是简单易算，但也存在一些缺陷。如，估价收益指标的确定并不一定准确，能真实反映风险企业赢利能力的某一种财务指标是难以确定的，标准市盈率也只是行业的平均市盈率水平，不能真实反映企业的实际情况。

在具体的风险投资实际操作中，很多风险投资机构有一套自己的企业价值评估方法。企业价值不管用什么方法来确定,关键一点就是公平和公正,只有公平、公正地判断企业价值,才能为双方接受,才能顺利进行合作。

(三)与风险投资机构沟通应该注意的事项

风险投资者在有初步投资意向时,就投资额度及权益与公司作最初的沟通,在投资方式、额度和权益上达成一个初步协议,主要包括投资额度与所获得的股份,有时还有投资保证和收益承诺。所以在与风险投资者就相关问题谈判时,公司应当慎重,既不要为急于求成,在谈判中过多让步,使本公司原来股东的利益受损;也不能过分乐观,夸大公司价值,给风险公司的权益过小,而使引资失败。

1. 投资额度。在投资额度方面,风险投资机构有时有一个最高额度或者最低额度的要求,公司融资的数量尽可能在其投资额度范围内,必要时要结合资金用途进行调整,并且资金用途也应符合企业实际需要。

2. 投资权益。风险投资以股权投资为主,股权分配也是风险投资关注的主要问题之一,也就是风险投资资金的数量获得多少股份的问题。一般的原则是,以企业的实际价值为基础,以投资后总资产为依据,进行股权分配。比如,企业未投资前的价值为1亿元人民币,风险投资拟投入的资金为5 000万元人民币,则投资后企业总价值为1.5亿元人民币,那么原企业的投资者和风险投资的持股比例就应该是:

$$原企业的投资者的持股比例 = 10\ 000 \div 15\ 000 = 66.67\%$$

$$风险投资的持股比例 = 5\ 000 \div 15\ 000 = 33.33\%$$

第四节　风险资本的进入

投融资双方在投资合作意向达成一致后,会签署正式协议,内容包括:风险资本进入后企业的性质,股权分配,资金到位时间和投资方式,董事会的组成,管理层的安排,经营方针和管理,利益保障,退出条款等具体方案。

如果风险投资机构是国外机构,则需要成立中外合资企业,到工商管理部门登记注册,经外汇管理部门批准,设立外资账户。如果不变更成中外合资企业,则要考虑到外币转化成本币的细节问题。

一、风险投资协议的主要内容

(一)投资交易的表述

投资交易的表述包括融投资双方的名称、投资额、投入时间、所占股份、资金使用方向及办理工商变更登记手续等。

（二）风险企业及其原股东的陈述与保证

风险企业及其原股东的陈述与保证主要是对风险企业的合法有效存在及投资交易本身的合法有效作出保证。这类条款主要包括：风险企业的合法成立、有效续存、经营业务的合法性、组织机构、财务状况、有无诉讼仲裁、重大对外合同、专利等知识产权、税收优惠及引进该笔风险资本的合法性等内容。

（三）风险投资机构履行投资义务的前提条件

通常情况下，风险投资机构鉴于对风险防范和利益的要求，还会对风险企业及其原股东提出一些特别要求，只有满足了这些要求，风险资本才会投入。可见，这类条款的主要功能是让风险投资机构分析、明确和把握其投资风险，主要包括：法律意见书、审计报告的提供，核心技术人员雇佣合同的签署，有关再融资、运营风险控制及资产处置等方面的承诺等内容。

（四）风险企业的经营管理

风险企业的经营管理主要包括董事会、监事会的组成，股东会、董事会、监事会的召开，董事、监事的任免，财务报表的制作及定期报送股东审阅等。当风险资本的投入达到一定比例后，风险投资机构就会向风险企业的董事会派出董事，这不仅是其作为股东的权利，同时也有利于风险企业利用风险投资机构的人才及资本，提高自身的经营管理水平和资本运营能力。

二、风险资本的投入

在风险资本进入阶段，主要的问题是企业变更。由于股份有限公司设立的门槛较高，结合风险企业创业的特征，按我国现行《公司法》，吸收风险资本的风险企业大多数情形下是有限责任公司的形式，风险资本投入后换取的通常是单一的有限责任公司的普通股权，而不像在美国，有普通股、优先股、可转换债券，甚至有权证设计等选择。在我国现行法律框架下，风险资本投入的方法主要是增资扩股，即增加风险投资机构为风险企业的股东，风险资本注入后增加为风险企业的注册资本，而不是支付给原股东。但某些特别情况下，风险资本投入时，可能在增资扩股的同时，也让风险企业的原股东进行部分套现，收购其部分股权。风险企业引入风险投资程序的完结是办理完毕工商变更登记。风险投资协议等文件签署后，风险企业将风险投资协议、修改后的风险企业章程、风险企业关于同意吸收风险资本的股东会决议，以及风险投资机构关于决定投资的股东会或董事会决议等文件，到风险企业原工商登记机关办理股权变更及增资的工商登记手续。至此，风险企业引资工作就告结束。

案例一

美国 TTI 公司获得风险投资的过程分析

目前,我国高新技术企业普遍面临融资难的问题,引入风险投资成为一项非常好的选择。事实上,融资并不是一件孤立的、独立于企业经营的事情,而是与企业的经营状况紧密相连、息息相关的。同时,如何引入风险投资也是企业亟须学习和掌握的一门知识和技能。通过描述翔实的范例,企业能够更快地掌握融资过程中的各项要领。以下是对 TTI 公司获得风险投资过程的详细分析。

转换科技公司(Transition Technology Inc,以下简称 TTI)在 1987 年初开始寻求风险资本,直到 212 天后终于获得了 3i 风险投资公司(以下简称 3i)等提供的 300 万美元的风险资本。这是一个比较常规的风险投资过程,但其中的曲折历程也颇耐人寻味。

一、寻求风险投资过程

第 1 天:3i 公司的副董事长 Tom Stark(以下简称 Tom)曾于 20 世纪 70 年代初与 Albert Libbey(以下简称 Albert)一同共事过。Tom 从 Albert 处得知有一家叫 TTI 的新创公司正准备寻求第一次的风险资本融资。于是,Tom 主动打电话联系 TTI 的董事长 Walter. Walter 向 Tom 简单介绍了 TTI 寻求风险资本的意图,并告诉他预计需要的资金额。Tom 对 Walter 的想法颇感兴趣,并表示了愿意合作的意向。Walter 告诉 Tom,他需要 2 ~ 6 个星期来准备投资建议书。

第 50 天:TTI 的投资建议书送达 3i. 以下是投资建议书的内容摘要:

通过适宜的技术改进将使这些目标成为可能:改善工业输入/输出(I/O)产品性能;降低工业输入/输出系统造价达 20% ~ 40%;设计出一套能与多种工业自动化计算机配套的工业输入/输出系统。

企业发展目标:5 年内营业收入超过 3 000 万美元;税前收益达 17% ~ 20%,税后利润达 8% ~ 11%;在工业自动化计算机输入/输出市场处于主导地位。

上述目标需要大约 275 万美元的股东权益投资。

第 57 天:在波士顿,3i 在其每周例行工作会议上讨论 TTI 项目。Tom 认为这是一个非常好的机会,3i 应当认真考虑 TTI 的投资建议;与会者同意 Tom 的意见。接下来,Tom 需要确定投资建议中哪些内容是关键之处,并需要进行大量的研究。他也开始考虑寻找其他会对 TTI 感兴趣的风险投资基金。

如果 3i 向 TTI 提供所需的全部资金,并采取最简单的直接的融资结构,那么 3i 将处于控股地位，但3i向来不愿意控制所投资的公司。而且，3i与TTI都希望组成一个小型的辛迪加，这样既可以为TTI的后续阶段融资带来更多的后备资源，也可以带来更多的经验与商业联系以协助公司发展壮大。Walter继续寻找其他基金，Tom也在考虑他所认识的、能够加入此项目的其他风险投资基金。

第72天：Tom第一次参观TTI，并与其3个创建者深入地讨论该投资建议。TTI的创建者们曾一同在另外一家公司共事2年多，他们的技能也是互补的。这个3人小组可以出色地完成设计、制造与销售产品的整个流程。尽管由于公司仍处于初建阶段，还没有完整的实物产品可供演示，但是他们成功地演示了产品的一个重要部件：电波—频率链路模块。

第74天：Tom写了一份长达4页的信，描述TTI的创建者、计划产品以及营销计划，然后附上预测的资金平衡表、收入与现金流报告以及可能投资回报的计算结果，并寄给了在伦敦、英格兰、Newport、Beach、加州等其他3i分支机构中熟悉工业自动化或相关领域，能够对市场、竞争与技术作出评价的其他同事。他们将凭借自己的经验与网络，协助Tom完成对TTI的调查评估。

第77天：Tom与Walter会面并讨论了融资的一些具体细节，包括：Walter需要的资金额，而不是Tom能够提供的资金额是多少；Walter在投资建议书中所列数字的可信度如何？Walter如何估价其公司？Walter正在接触的其他投资者都有哪些人，他们的反应如何？

根据Walter的回答以及其他讨论结果，Tom初步决定分阶段投资。这样有利于减少风险投资企业的初始投入，但必须保证风险公司有足够的资金以展示其具有制造产品的能力。

第86天：Tom与Walter再次会面，围绕着融资规模与开展公司业务所需最小资金额继续讨论。投资建议书中列明的融资总额为275万美元，但只要150万美元就足够让公司运转直到产品开发进入Beta测试阶段。另一方面，对公司的估价问题成为双方讨论的焦点。Walter作为所有者之一，对公司的估价较高；而Tom对TTI也有一个估价，他不愿意付出更高的代价。通过几次会晤，Tom与Walter不断地磋商交易的细节。

第94天：从伦敦与Newport、Beach来的报告认为，TTI的产品存在一个潜在的良好市场；但是，从Reading与英格兰来的报告却发现了该产品存在竞争者。Tom把这些情况告诉了Walter。

第109天：完成了主要交易问题的谈判之后，Tom整理出一份详细材料。首轮投资是150万美元。Tom向3i的法律顾问Ropes和Gray送去了一份投资条款清单草案和一份预想的资本结构说明书。投资条款清单是3i的初步投资承诺，其中包含了交易的关键条件。

第 111 天：投资条款清单送达 TTI，双方很快就达成了协议。

第 112 天：直到目前为止，3i 仍然是唯一一家对 TTI 继续保持兴趣的投资者。其他几家风险投资企业虽然也曾考察过 TTI，但都没有产生投资的意愿。Walter 有一个名叫 Rube Wasserman（以下简称 Rube）的顾问，不断帮助他接触更多的风险投资企业。Rube 曾经是 Gould（一家有数十亿美元业务的多元化的公司）的一位战略投资负责人。Tom 与他们共进午餐，讨论还有谁会愿意参与投资，并且讨论该如何去做。

第 113 天：北大西洋创投基金（North Atlantic Venture Fund，以下简称 NAVF）表示愿意投资于 TTI，Tom 并与 NAVF 的一位合伙人 Gregory Peters（以下简称 Gregory）见面，讨论 Gregory 还需要哪些信息以开展他的调查评估工作以及他们如何确保 TTI 能达到预定目标。提出一些关键问题，包括：因为有产品竞争者的存在，是否存在足够大的市场支撑 TTI 按照预定的利润卖出预定数量的产品；TTI 能否最终生产出产品，并在行业中保持主导地位；TTI 的创建者们能否对潜在的机会或问题作出有效的反应。

Tom 与 Gregory 都有自己的一套信息源，而且重合之处不多。两人对需要集中处理的问题与信息共享达成了共识。

第 115 天：Tom 完成了一份内部投资计划书，一共有 9 页文字与 4 个数字表格。以下是这份投资计划书的摘要内容：

- 融资要求与建议

运作费用与流动资金：$ 450 000

产品开发：$ 850 000

资本支出：$ 200 000

$ 1 500 000

资金来源：$ 750 000

其他风险投资企业：$ 750 000

$ 1 500 000

$ 750 000

- 融资方式

以每股 20 美元的价格购买 A 系列可转换优先股 37 500 股，3i 的总投资额为 75 万美元，占公司份额的 19.5%，每股 A 系列优先股可以转换为一股普通股。A 系列优先股拥有正常的投票权、反稀释保障（Antidilution Protection）以及共同证券登记权利（Piggyback Registration Rights）。建议中的首轮 150 万美元风险资本应当足够支撑 TTI 完成其几件输入/输出模块以及其与 IBM 个人电脑和 DEC MacroVax 的计算机接口的开发与推广。预计在首轮融资后的 14 个月左右，该公司需要第二轮融资，以应付流动资金增加的需要。首轮融资应当证明产品有足够的市场接受程度与可行性。董事会通过后生效。

第 121 天:Tom 的投资计划书在 3i 董事会上得到通过,3i 承诺投资,前提是有其他风险投资企业同时投入至少 75 万美元。

第 122 天:Tom 送给 NAVF 的 Gregory 一份投资条款清单。

第 135 天:投资条款清单与调查评估记录被送往另一家风险投资企业——Hambro International Venture Fund(以下简称 Hambro)。

第 138 天:黑色星期一——华尔街股市危机爆发。在接下来的几天里,Tom 都忙于应付打来的电话。Tom 所投资的许多公司都怀疑,上市公司股价的暴跌,是否意味着他们公司的估价都显得过高。Walter 也打来了电话,但他关心的是随着金融环境的剧烈变化,Tom 是否还有能力提供约定的风险资本:"3i 的承诺依然有效吗?" Tom 保证仍然有效。

第 148 天:Walter 与 Rube 会面。虽然到目前为止,只有 3i 承诺提供 75 万美元和 NAVF 承诺提供 40 万美元,但人们似乎正逐渐对 TTI 产生兴趣。有 10 家其他的投资者也在考察 TTI. 在金融市场一片糟糕的时候,大萧条极有可能随之而来。这样,风险资本将会变得稀缺,因此 TTI 决定尽其所能筹集到更多的资金。

第 155 天:Tom 与 TTI 的创建者们共进午餐,讨论融资进程。他们重新评估了潜在的投资者及其投资的可能性。

第 161 天:Tom 与 Rube 见面,讨论为什么还是没有其他风险投资企业承诺投资这一问题的原因:是否二人的努力不足? 但他们想不到做错了什么,所以决定继续接触潜在的投资者。3i 既然承诺了投资,就再没有退出的余地。但在私下里,Tom 不得不开始怀疑他与 Gregory 所共同作出的判断。

第 186 天:Tom 向 Aegis Fund Limited Partnership(以下简称 Aegis)送去了一份投资条款清单。

第 188 天:突然间,投资者对 TTI 的兴趣又浓烈起来。在几天之内,Tom 收到了 2 份各 100 万美元的初步投资承诺。目前,初步承诺的风险资本总额已经超过了 300 万美元。

第 190 天:又来了一份 75 万美元的初步投资承诺。

第 193 天:Tom 继续收到了更多投资者打来的电话,表示愿意向 TTI 投资。

第 194 天:Tom 与 Walter 讨论总共需要的风险资本额。按照原来制定的股票价格,这次融资最多只能接受 300 万美元。

第 195 天:投资者们开始协商如何把总风险资本供给额降至 300 万美元。

第 211 天:所有投资者来到 Ropes 和 Gray 处,讨论融资的细节。

第 212 天:TTI 在这一天收集到了所有的 300 万美元风险资本:Aegis 投资 90 万美元,Hambro 投资 100 万美元,NAVF 投资 40 万美元,3i 投资 70 万美元。Walter 和他的伙伴们终于有足够的资金可以开展计划的业务了。

案例分析

根据以上背景情况，我们可以总结出风险投资过程的几个关键之处。

1. 风险投资过程的几个重要步骤。风险投资企业一般化的投资决策流程主要包括以下几个环节。

(1)搜寻投资机会。投资机会可以由风险投资企业自行寻找、企业家自荐或第三人推荐。

(2)初步筛选。风险投资企业根据企业家交来的投资建议书，对项目进行初次审查，并挑选出少数感兴趣者作进一步考察。

(3)调查评估。风险资本家会花大约六周～八周的时间对投资建议进行十分广泛、深入和细致的调查，以检验企业家所提交材料的准确性，并发掘可能遗漏的重要信息；在从各个方面了解投资项目的同时，根据所掌握的各种情报对投资项目的管理、产品与技术、市场、财务等方面进行分析，以作出投资决定。

(4)寻求共同出资者。风险资本家一般都会寻求其他投资者共同投资。这样，既可以增大投资总额，又能够分散风险。此外，通过辛迪加还能分享其他风险资本家在相关领域的经验，互惠互利。

(5)协商谈判投资条件。一旦投、融资双方对项目的关键投资条件达成共识，作为牵头投资者的风险资本家就会起草一份“投资条款清单”，向企业家作出初步投资承诺。

(6)最终交易。只要事实清楚，一致同意交易条件与细节，双方就可以签署最终交易文件，投资生效。

2. 风险资本家对投资项目的考察方式。风险资本家考察投资项目的方式一般包括以下几种。

(1)阅读投资建议书。看项目是否符合风险投资家的企业特殊标准，并初步考察项目的管理、产品、市场与商业模型等内容。

(2)与企业家交流。重点考察项目的管理因素。

(3)查询有关人士与参观风险企业。从侧面了解企业的客观情况，侧重检验企业家提供的信息的准确性。

(4)技术、市场与竞争分析。主要凭借风险投资企业自身的知识与经验，对项目进行非正规的市场、技术与竞争分析。

(5)商业模型与融资分析。根据企业家提供的和自己掌握的有关信息，对企业的成长模型、资金需求量以及融资结构等进行分析。

(6)检查风险企业。主要考察企业以往的财务与法律事务。

3. 风险资本的投入方式。风险资本家一般不会向风险企业一次投入全部所需资金，而是根据项目的具体情况,分阶段投入资金。每阶段都定有一个阶段性目标,上一阶段目标的完成,是下一阶段融资的前提。但是,每一阶段的投入资金应当保证足够支撑企业家完成该阶段的目标。这样做既有利于投资者降低投资风险,又可对企业家构成一定的压力与动力。

4. 辛迪加在风险投资中的作用。投资项目一般都会组建辛迪加共同投资。这对风险资本家与企业家双方都有好处。首先,这样既能够为风险企业的后续阶段融资带来更多的后备资源,也可以带来更多的经验与商业联系以协助公司发展壮大。其次,对于企业家来说,由于风险资本的提供者分散了,其控制公司的余地也更大了;对于风险资本家来说,在放弃控股地位的同时,原来集中的风险也被分散了。

5. 风险资本家与企业家的关系。在风险投资中,风险资本家与企业家实际上是在共同创业。从风险资本家与企业家达成初步投资协议时开始,双方就是一种合作关系,共同计划融资方案,寻找尚缺资金,以求最终实现投资;此后双方继续紧密合作,共同的目标只有一个——让企业顺利成长并促其最终成熟,使企业家圆其创业梦,风险资本家也得以撤出投资获得高额回报。随着投资过程的逐步进展,双方关系越来越紧密。

6. 投融资双方的目标调整。风险投资作为一种动态的投资过程与创业过程,必须要能适应金融、商业环境的变化要求。投融资双方要针对金融、商业环境的客观变化作出及时反应,适时调整自己的目标与对策。在本例中,华尔街股市暴跌之后,由于估计日后融资难度将会增大,TTI及时调整了其融资目标,决定首次融资就要募集到尽可能多的资金。而对于3i来说,尽管已经计划好要自己投资75万美元,占总投资额的50%,但由于形势的变化,共同投资者突然增多,为了顾全各方利益,最终决定投入70万美元,只占总投资额的23%,不到1/4。

案例二

S企业锂电池F项目商业计划书

1. 摘要

传统化石能源日益紧缺,各经济大国也面临着能源越来越少带来的困扰,石油储备减少以及价格的上涨,给传统的汽车行业带来了持续发展的难题。新能源开发与利用得到世界各国的广泛关注,目前已进入能源革命的新阶段,也迫使人们重新考虑未来汽车的动力问题。为实现能量的储存和使用,锂电池是目前最具前景和最具产业化条件的存储单元,将是实现新能源发展的重要环节。

S企业作为承载着我国新能源汽车发展使命的央企，确定了新能源、新材料、生命科学的三大战略使命，锂电池材料作为新能源与新材料的制造和应用的高科技平台，是目前公司的核心战略，未来公司将重点布局该领域的投资。S企业已利用C大学的技术建立了高镍NCM正极材料中试基地，目前已完成了试生产，主要产品的技术指标均达到了预期，所以在技术方面已完成验证，1万吨项目建设具备实施基础。

投资建设项目是一个涉及面非常广而且复杂的系统工程，为了使投资活动能够取得成功，企业在最终决定投资一个项目前必须对该项目开展科学的投资决策研究，商业计划书能够提供给企业决策层足够的信息，以供全面评估和决策研究。从管理学角度来说，一份完整的商业计划书包含企业战略、环境分析、市场定位、营销管理、财务管理和风险管理等。这篇商业计划书侧重于项目的可行性分析，包括S企业的基本情况、外部和内部环境政策、SWOT分析法、市场定位和营销方案，最后进行了项目的财务评价分析并对可能遇到的风险进行分析，并提出相应的风险控制对策。

2 项目概述

2.1 公司背景介绍

2.1.1 S企业概况

S企业是在精细化工领域具有核心竞争力的国际化经营大型国有控股上市公司，客户遍及全球100多个国家和地区，2017年S企业营业收入400亿元人民币、总资产500亿元人民币。

S企业的实际控制人是国务院国资委监管的国有重要骨干企业，曾先后26次进入《财富》全球500强。S企业自上市以来，经过十几年的战略转型成为以精细化工为主业的国际化运营的企业集团，优秀的产业整合和业务组合优化能力是支撑S企业持续转型发展的核心能力。凭借着领先的研发、生产、营销优势，S企业为全球100多个国家和地区提供世界级的产品和服务，S企业通过赋予产品和服务以创新性，致力于打造世界级的精细化工企业。

S企业在汽车用高性能材料和化学品方面拥有了多年的销售渠道，与国内外汽车企业建立了长期、稳定的战略合作关系，在新能源汽车领域的合作水到渠成。另外，S企业作为化工、冶金等行业的老牌企业，较早就在锂电池正极材料上游的锂、钴、镍等矿产资源方面进行了布局，在原料端能解决三元正极材料的供应。

综上，S企业进入锂电池三元正极材料行业拥有资金、产业链、渠道、品牌等优势。

2.1.2 技术合作方概况

合作方C大学冶金学院具有国家重点学科、重点实验室和先进电池材料教育部工程研究中心等专业研发平台，在锂电池正极材料领域具有丰富的技术积累、人才资源和产业化经验，办学历史可追溯至1906年，技术团队包括4名主要成员、8名博士和18名硕士，团队具有新能源材料、电化学理论与应用、有色冶金、功能电极材料等领域丰富的研发积累，主要从事电化学理论与应用、功能材料等方面的研究。在锂离子电池正极材料领域有着扎实的理论基础和实践经验，对锂过渡金属氧化物和锂聚阴离子型正极材料的制备、结构表征、电化学测试、反应机理等方面有较为深入的研究。在锂离子电池正极材料的产业化方面取得了突出成果，是国内锂离子电池正极材料产业化方面的顶级技术团队，曾率先实现钴酸锂、锰酸锂、磷酸铁锂等正极材料的产业化，是国内锂电池材料产业化最具经验的技术团队。

2. 2F 项目背景概况

2. 2. 1 锂电池正极材料行业概况

锂电池从 90 年代初诞生已有约 30 年历史，宁德时代创始人曾毓群高度概括世界锂电池竞争历史：日本人发明了锂电池、韩国人把它做大，中国人把它做到世界第一，目前 2017 年全球锂电池出货量 143. 5GWh，中国 74. 8GWh；受益于全球新能源汽车的快速增长，预计 2020 年全球锂电池出货量将达 279. 9GWh；中国将保持复合年均增长率（CAGR）54%的高速增长。

受下游新能源汽车及储能电池需求增长的带动，全球及中国锂电池产业近几年取得了快速增长。2016 年全球及中国锂电池产值分别为 1 850 亿元和 1 182 亿元，预计 2020 年产值分别将达到 3 436 亿元和 2 165 亿元。尤其是中国新能源汽车的快速发展，带动了动力锂电池的旺盛需求。2016 年中国动力锂电池市场规模达到 780 亿元，相比 2015 年增长 78. 9%。预计 2020 年中国动力锂电池产业规模有望突破 1 600 亿元。

其中新能源汽车将迎来爆发式发展，预计 2020 年后，全球市场插电式混合动力、纯电动汽车将步入应用普及的发展阶段；预计至 2040 年，全球将有 4 400 万辆纯电动汽车，内燃机汽车市场将绝大部分被新能源汽车所代替。电子消费品受大数据、云计算、物联网等信息技术与工业不断创新融合，全球智能装备行业将继续保持快速增长，其中工业机器人未来 5 年将保持 11% CAGR 增长，至 2020 年中国智能装备整体市场规模将突破 1 万亿元。储能锂电池市场也将大规模增长，虽然储能锂电池现在仍处于起步阶段，但受益于家庭储能、电信基站、风能、太阳能等新兴能源储能需求，2020 年储能类市场将达 1 140亿元。

中央和地方政府出台多项产业政策大力发展新能源汽车，在孱弱的技术基础上，宁德时代、比亚迪、力神、国轩高科等企业开始研发动力电池技术，逐步缩小与国外动力电池巨头的差距。2008 年国内电池生产商仅 10 家，目前已有 200 多家。但是受制于锂电池材料和动力电池应用技术的短板，中国动力锂电池企业与松下、三星 SDI、LGC 等日韩企业尚存较大差距。

随着我国经济的快速发展，对电池新材料需求的不断增加，再加上手机、笔记本电脑、数码相机、摄像机、汽车等产品对新型、高效、环保电池材料的强劲需求，我国电池新材料市场将不断扩大。锂电池作为电池未来发展方向，其正极材料市场发展前景看好。锂电池主要有四大主材组成，分别为正极材料、负极材料、隔膜和电解液。同时，5G手机推广和新能源汽车的大规模商业化都将为锂电池正极材料带来新机遇。正极材料是组成锂电池电芯的核心，占总成本的近45%，也是决定锂电池性能的关键材料，中国当前产量规模处于全球领先，已成为全球规模最大的正极材料产业基地，但中国的正极材料产品性能与日韩相比仍具有一定的差距。

2.2.2 产品概况

目前主流的正极材料主要分以下几种，见表7－1。

表7－1　不同正极材料优劣势对比

类型	低镍三元		高镍三元			磷酸铁锂	钴酸锂	锰酸锂
	NCM111	NCM523	NCM622	NCM811	NCA			
比容量（mAh/g）	143	153	161	180	183	140	145	110
理论电压（V）	3.7	3.7	3.7	3.6	3.7	3.3	3.7	3.8
成本（万元）	28	21.5	22	20	21	8.5	50	7.2
优点	电化学性能稳定、循环性能良好、兼顾容量和循环		高能量密度、低温特性优、原料成本低			高安全性、环保，寿命长	充放电稳定、生产工艺简单	原料价格较低，高安全性
缺点	原料金属钴价格昂贵，有一定技术门槛		生产技术门槛非常高、高温性能稍差			低温性能较差，放电电压低	钴价格昂贵，循环寿命较低	能量密度低，电解质相容性差
过去应用领域	数码/动力	数码/动力	数码			储能/动力	数码	数码/动力
未来发展方向	数码	数码/动力	数码/动力			储能	数码	动力

数据来源：高工锂电产业研究所（GBII）

锰酸锂是Hunter在1981年首先制得的具有三维锂离子通道的正极材料，至今一直受到国内外很多学者及研究人员的极大关注，它作为电极材料具有价格低、电位高、环境友好、安全性能高等优点，成本最低，但极低的能量密度严重影响动力汽车续航里程，未来发展空间有限，适合添加使用来降低整体正极材料的成本，并提高安全性。

钴酸锂是目前数码电池中使用最广的材料，电压平台高，容量大，但循环寿命短，成本太高，只适合在数码领域使用，特别是手机电池领域，未来在数码领域也将被三元材料逐渐蚕食。

磷酸铁锂是过去动力电池的主流正极材料，是目前最安全的锂离子电池正极材料，不含任何对人体有害的重金属元素，但能量密度和低温性能不及三元材料，比亚迪作为磷酸铁锂的代表企业，目前也由于续航里程不够，已战略性转向三元材料，预计2019年磷酸铁锂纯电乘用车将完全退出，但磷酸铁锂未来在储能市场上有较大发展空间。

三元材料则是镍钴锰酸锂，三元复合正极材料前驱体产品，是以镍盐、钴盐、锰盐为原料，里面镍钴锰的比例可以根据实际需要调整，镍含量越高，能量密度也越高，对应的汽车续航里程就越高三元材料做正极的电池相对于钴酸锂电池安全性高，但是电压平台太低，用在手机上（手机电压一般在3.4V左右）会有明显的容量不足的感觉。目前三元材料从应用在数码领域到动力汽车已非常成熟，但主要产品集中在低镍三元，在性价比上已无法满足目前的动力电池体系；过去由于高镍三元材料（NCM622/811、NCA）在动力锂电池上仍有循环次数低、散热和安全性等问题，只有特斯拉通过电源控制系统和冷却系统使用了NCA的圆柱电池；但目前高镍三元材料通过掺杂、包覆等方式在上述性能上有较大提升，未来产品发展空间巨大。

2.2.3F项目进展

目前F项目的中试情况良好，原料消耗、湿度、混料等主要技经指标均达预期目标，产品的磁性物质、残碱、扣电容量、扣电循环等指标都达到规格要求，相比同行更优。见表7-2。

表7-2　中试产品性能对比

项目		单位	规格	中试产品	竞争对手1	竞争对手2
粒度	D10	μm	≥5.0	7	6.97	6.54
	D50	μm	11.0±2.0	10.1	10.4	11.9
	D90	μm	≤25.0	14.5	15.84	20.6
振实密度		g/mL	≥2.30	2.75	2.65	2.59
比表面积		m^2/g	0.20~0.50	0.27	0.35	0.23
单质铁	LiOH、	ppb	≤20	17	27	30
残碱	Li_2CO_3	ppm	≤4000	2900	3600	3100
电化学（扣式）	0.2C	mA×h/g	≥172.0	175.3	172.1	171.9
100周容量保持率		%	≥96	96~98	96.9	94.71

数据来源：产品检测数据

中试产品已经送至两家国内动力锂电池客户进行测试，圆柱客户 A 已经完成测试，880 周循环保持率 80%，中试产品满足客户对 500 周循环要求，满足乘用车和低速电动车要求，客户已要求提供产线样品；软包客户 B 常温循环测试已达 1 500 周，目前循环保持率均在 85% 以上；高温循环测试已达 1 500 周，循环保持率为 80% 以上。

3 项目环境分析

3.1 宏观环境分析

PEST 分析是指宏观环境的分析，P 是政治（politics），E 是经济（economy），S 是社会（society），T 是技术（technology）。在分析一个企业所处的背景的时候，通常是通过这四个因素来分析企业集团所面临的状况。进行 PEST 分析需要掌握大量的、充分的相关研究资料，并且对所分析的企业有着深刻的认识，否则，此种分析很难进行下去。经济方面主要内容有经济发展水平、规模、增长率、政府收支、通货膨胀率等。政治方面有政治制度、政府政策、国家的产业政策、相关法律及法规等。社会方面有人口、价值 观念、道德水平等。技术方面有高新技术、工艺技术和基础研究的突破性进展。

3.1.1 政治环境分析

政治法律因素对企业的发展有着重要的影响，全面了解和企业发展相关的政策法规，可以减少政策风险，有利于抓住发展机遇。改革开放以来，随着经济的快速发展，环境的污染以及资源的短缺问题越来越受关注。节能环保已经成为我国的一项基本国策，对产业的结构进行调整显得尤其重要。为此，国家通过制定和施行了一系列的法律法规政策，以扶持绿色环保企业、促进再生资源的利用、限制容易对环境造成污染的企业。

动力电池作为电动汽车的主要部件，产业发展环境良好。2010 年 4 月，国家施行《中华人民共和国可再生能源法》。对于再生能源的利用，蓄电是重要的环节，而锂电池企业作为绿色环保的能够提供可行蓄能方案的企业，面临较好的发展机遇。2012 年 7 月，国家提高了铅蓄电池的行业准入条件，对污染环境比较严重的铅蓄电池行业进行限制，使其市场份额逐渐减少，由绿色环保的锂电池行业逐步替代，对铅蓄电池行业进行限制之后，锂电池的市场需求会大幅上升。

3.1.1.1 新能源汽车市场

新能源汽车补贴政策：中国在2010 年开始对新能源汽车采取补贴政策，直至2018 年 2 月 13 日，四部委联发《关于调整完善新能源汽车推广应用财政补贴政策的通知》。2018 年新能源纯电乘用车补贴门槛从 2017 年的 100km 提升至 150km，从 2010 年到 2018 年，补贴政策对长续航、高能量密度电池的产品持扶持态度；对于短续航、技术指标落后的产品则降低了补贴标准。其中新能源乘用车的纯电动车补贴门槛从 2017 年的 100km 提升至 150km。划分档次后，300km 以下补贴均大幅下降，但 450km 以上补贴提升 14%，体现对技术进步的鼓励；插电混动车的补贴金额小有退坡，续驶里程依旧是不低于 50km；新能源客车的补贴下降约30%，而技术门槛提高，包括电池能量密度、混动的节油率水平；新能源专用车的补贴下降约40%，而电池能量密度门槛从90Wh/kg提高到115Wh/kg。

双积分政策：2017年9月27日，工信部、财政部、商务部、海关总署、质检总局联合公布了《乘用车企业平均燃料消耗量与新能源汽车积分并行管理办法》。双积分政策将从2018年4月1日正式实行，并自2019年度起实施企业平均燃料消耗量积分核算。2019年度、2020年度，新能源汽车积分比例要求分别为10%、12%，纯电动乘用车相比混动乘用车积分更高，并与电动汽车续航里程成正比。

新能源汽车中长期发展规划：2017年4月25日，工业和信息化部、发展改革委、科技部印发了《汽车产业中长期发展规划》的通知，并计划到2020年，新能源汽车年产销达到200万辆，新能源汽车动力电池单体比能量达到300瓦时/公斤以上，力争实现350瓦时/公斤，系统比能量力争达到260瓦时/公斤、成本降至1元/瓦时以下；到2025年新能源汽车占汽车产销量20%以上，动力电池系统比能量达到350瓦时/公斤。

公务用车新能源比例：国家能源局、国资委、国管局联合下发《加快单位内部电动汽车充电基础设施建设》的通知，明确到2020年，公共机构新建和既有停车场要规划建设配置充电设施的比例不低于10%；中央国家机关及所属在京公共机构的比例不低于30%；在京中央企业的比例力争不低于30%。

免征车辆购置税：财政部、税务总局、工业和信息化部、科技部联合发布公告称，自2018年1月1日至2020年12月31日，对购置的新能源汽车免征车辆购置税。对免征车辆购置税的新能源汽车，通过发布《免征车辆购置税的新能源汽车车型目录》（以下简称《目录》）实施管理。2017年12月31日之前已列入《目录》的新能源汽车，对其免征车辆购置税政策继续有效。

3.1.1.2 储能市场

国家发改委2017年下半年发布《关于促进储能技术与产业发展的指导意见》，提出未来10年内分两个阶段推进相关工作。其中，“十三五”期间实现储能由研发示范向商业化初期过渡；“十四五”期间实现商业化初期向规模化发展转变。储能产业指导意见的出台，标志着我国储能产业正由示范项目走向商业化应用。

锂离子电池储能是未来发展的主要形式，电化学储能技术具有响应时间短、能量密度大、灵活方便、维护成本低等优点。根据预测，中国电化学储能累计装机量将稳步上升。2016年累计装机量为255MW，到2020年，电化学储能装机量将超过2000MW，2016—2020年年复合增长率接近70%，而锂离子电池储能占电化学储能已装机个数的66%，是最主要的电化学储能形式。

随着电池技术带来锂电池成本的下降和能量密度的提升，以及储能行业商业模式的进一步成熟，储能行业将迎来快速的发展，有望延续锂电设备的景气周期。

3.1.1.3 数码市场

锂电池的主要应用领域为电子数码产品，主要包括平板电脑、笔记本电脑、手机、数码相机等产品。从电子行业来看，电子数码产品经历了多年的快速上涨之后，预计未来会呈现平稳增长态势，随着电子数码产品向着便携化的方向发展，对电池产品提出了更高的要求，相应的，电池行业将向着能量密度高、容量大、重量轻的方向发展。绿色高性能锂电池将对镍氢、镍镉等低能量密度的电池产品形成规模化替代效应，从而将会带动锂电池正极材料制造业的发展。

3.1.2 经济环境分析

经济环境是指企业经营过程中所面临的各种经济条件、经济特征、经济联系等因素。

2008 年经济危机的蔓延，对全球经济产生了巨大的影响。2010 年各国经济开始逐渐恢复，尽管复苏呈现明显的不平衡性，但宏观经济形势良好。近年来我国全国国内生产总值依次为 2011 年 484 123.5 亿元、2012 年 534 123.0 亿元、2013 年 588 018.8 亿元；全国国内生产总值的增长率稳中略降，2011 年为 9.9%，2012 年为 7.7%，2013 年为 7.7%，但依旧保持较高的增长水平。与此同时，人民的生活水平也不断提高，城乡居民收入快速增长，2012 及 2013 年城镇居民家庭人均可支配收入依次为 24 564.7 元、26 955.1元。我国经济的持续健康发展以及城乡居民收入水平、消费水平的提高，为扩大内需做好了准备并为国内市场打下了良好的基础。

随着生活水平的不断提高，人们对物质生活品质的追求也在不断提升，人们对电子产品的依赖程度不断提高，不仅在工作中，而且在日常生活中，各类电子产品扮演了越来越重要的角色。随着手机网民的逐年增长以及 PAD 等移动设备的普及，锂电池行业市场需求也随之扩大。

电动汽车市场的发展，重点在电动乘用车。近年来全球电动汽车市场基本上集中在中国、美国、欧盟和日本这几大全球最主要的经济体。其中，欧盟基本上集中在荷兰、挪威、法国、德国、瑞典和英国等。此外，加拿大、澳大利亚、韩国等发达国家虽然人口不多，但人均收入水平很高，人们的环保意识也比较强，这些国家也正在快速成长为电动汽车的主要消费市场。全球电动汽车的快速发展带动了动力类锂电池需求的快速增长，中国在新能源汽车行业的发展速度已经引领全球，未来对新能源汽车和锂电池的消费将大幅度提升。

3.1.3 社会环境分析

社会文化环境是指一个国家和地区的民族特征、文化传统、价值观、宗教信仰、教育水平、社会结构、风俗习惯等情况。

随着社会的发展，人们生活水平越来越高，而另一方面，由于发展带来的环境污染问题却日益严重，这使得人们越来越关注环保与食物安全等问题。2015 年由媒体人柴静拍摄的环保纪录片《穹顶之下》获得民众高度关注，截至3月1日12时，网络总播放量迅速突破1.17亿次。民众对环保的高度关注将积极推动国家政策的调整，而作为绿色环保的锂电企业无疑是符合时代发展要求的，低碳环保的社会环境将给锂电池企业的发展带来机遇。

近年来，用工荒与就业难并存，劳动力成本逐年上升。随着新一代劳动力权益意识的增强，他们不像大多数老一代劳动力一样能忍受基本权益受侵害，当工作时间超出法定时间、工作环境恶劣、工资低廉时，他们会离开，去选择有权益保障的企业。劳动力成本的上升将会加大企业的财务支出，这对企业的发展有一定的影响。

3.1.4 技术环境分析

技术环境指的是一个国家和地区技术水平、技术政策、新产品开发能力，以及技术发展的动向等。

锂离子电池产业发展已经超过20年，基本技术已经较为成熟，但总体而言锂离子电池产业还是一个朝阳产业，未来的发展潜力巨大，技术进步也非常快。提升锂离子电池的能量密度和改善锂离子电池的安全性能是目前国外锂离子电池技术的主要创新点，这两点同时也是锂离子电池产业面临的瓶颈问题。近年来发生过几起电动车起火事故，提升能量密度和改善锂离子电池的安全性这两方面的技术进步对产业未来的发展进程有巨大影响。

锂离子电池很早就被认为是最具有发展潜力的电池技术之一，在“九五”期间曾被我国列入国家重点科技攻关项目。近年来，我国在锂离子电池产业技术方面所取得的成绩主要包括锂离子电池关键材料的自主创新和锂离子自动化生产设备的进口替代。

NCM动力电池适合作为电动车、混合动力车的动力能源材料，并且在储能、UPS等领域也有广阔的前景。作为目前动力电池正极储能材料最佳选择——NCM三元材料综合优势明显，安全性能和循环寿命优势突出，加之大量生产带来的成本下降，NCM三元材料已经成为新型汽车动力电池的首选正极材料。所以在燃料电池无法解决稳定性和安全性问题的前提下，三元锂电池在未来将成为主流动力电池。

根据以上PEST分析，我国锂离子电池产业在发展的过程中机遇与挑战并存，为锂离子电池产业结合自身的情况制定发展战略提供了参考性的信息。

3.2 市场分析

3.2.1 市场现状和发展趋势

由于传统燃油车大量普及，石油价格也一路飙升，带来了资源枯竭和大气污染等问题，如果新能源汽车能够大力发展，从宏观上来说，能够减少对石油、天然气的依赖，可缓和资源性国家的矛盾；另外，可以减少自然资源的使用和浪费，减少传统燃油车带来的大气污染和全球变暖，减少各国政府在环境治理上的投入。但是目前新能源汽车还未能被广大消费者所接受，特别是其高昂的价格常常将有心尝试新能源汽车的消费者拒之门外，其中成本占比最大的就是锂电池，为降低锂电池的成本，既要提高材料性能，又要降低材料成本。为此，高镍三元材料具有的成本低、性能好的优势具有强大的发展前景。

国内大部分圆柱形锂电池客户，如深圳比克、天津力神、德朗能、江西福斯特、广西卓能等已建立高镍电池产线，并已完成 NCM811、NCA 的技术积累，2018 年 NCM811、NCA 将呈现爆发式的需求，但受制于 NCM811、NCA 供应不足，大部分企业还在使用 NCM622，并无法开足产能；软包和方形锂电池目前使用 NCM811、NCA 还存在胀气、安全等方面问题，暂时以 NCM523、622 和单晶 NCM523、622 为主，但未来仍向 NCM811、NCA 方向发展，目前 CATL、国轩、鹏辉等企业均已对外公布实现了高镍 NCM811 软包电芯的研发，但 NCA 的软包和方形还没有较大进展。

3.2.2 市场需求预测

根据目前的锂电池三元正极材料的发展情况，预计 2020 年中国 NCM622、NCM811 和 NCA 的市场消费量将达到 5.5 万吨、6.7 万吨和 3.1 万吨，而 2025 年各产品消费规模将达到 9.2 万吨、23 万吨和 15.8 万吨。

3.3 市场竞争分析

波特五力模型是迈克尔·波特(Michael Porter)于20世纪80年代初提出的。它认为行业中存在着决定竞争规模和程度的五种力量，这五种力量综合起来影响着产业的吸引力以及现有企业的竞争战略决策。五种力量分别为同行业内现有竞争者的竞争能力、潜在竞争者进入的能力、替代品的替代能力、供应商的讨价还价能力、购买者的讨价还价能力。

3.3.1 竞争对手分析

2017 年全球 NCM811、NCA 三元产能仅为 43 000 吨，仅住友金属、BASF 户田、拿日亚化学、Ecopro 这 4 家企业实现了大规模生产，占全球总产能的 82%；住友金属作为松下的第一供应商，产能限制已严重影响特斯拉 M○dd3 的订单，目前 BASF 户田是住友金属主要 OEM 工厂，但在严重供不应求的情况下，国内还没有企业能提供性能稳定的高镍三元材料进入松下、特斯拉的供应体系；比利时的优美科作为全球三元产能最大的企业，在中国和韩国的工厂尚未有高镍产能，足见高镍三元材料的技术壁垒之高。

高镍三元材料的生产技术一直掌握在日韩少数企业手中，且对中国企业实施技术封锁，NCA 和 NCM811 同种产品以比国外企业高一倍价格销售给中国企业，攫取高额利润，同时在设备和技术方面对中国企业严格保密。住友金属和 BASF 户田等企业均配套有 NCA 的前驱体，并积极布局上游资源，延伸产业链，同时布局下游锂电池回收，实现镍钴锂等稀缺资源的循环利用，实现产业链价值最大化；国内 NCM811、NCA 三元材料市场目前仍处于起步阶段。2018 年国内 NCM811 将进入发展元年，目前只有宁波容百和贝特瑞两家企业能实现产业化，宁波容百3 000吨/年 NCM811 虽已建成生产，但实际产量和自动化程度不高，贝特瑞的3 000吨处于调试阶段，还无法开足产能，现在国内企业也纷纷布局高镍三元材料产能，这是我们进入该行业的大好时机，将会推动新能源产业的进一步发展。

全球高镍三元材料竞争格局见表7－3。

表7－3　全球高镍三元材料竞争格局

国家	公司名称	NCM811、NCA产能(吨/年)	厂址	规划高镍产能(吨/年)	备注
日本	住友金属	NCA 22 000	日本	在建 NCA13 000 规划 NCA 50 000	松下体系
	BASF 户田	NCA 6 000	日本	日本规划 NCA 18 000	
	日亚化学	NCA 3 000	日本	无	
韩国	Ecopro	NCA 5 000	韩国	在建 NCA 7 000	三星体系
	L&F	NCM811 1000	韩国	规划扩产，具体 产能尚未公布	LG 体系
	优美科	无	韩国/中国	规划建设20万吨 正极材料产能，具体产品组合未 公布	
中国	宁波容百	3 000	中国	在建17 000吨 NCM811、NCA	
	贝特瑞	3 000	中国	在建20 000吨 NCA	
合计		43 000			

数据来源：高工锂电产业研究所(GBII)，客户调研

3.3.2 替代品威胁

未来的锂硫电池、锂空电池主要瓶颈存在于低充电速度、低安全性以及循环次数等，目前无法大规模商业化应用在电动汽车领域；而固态电池是公认的下一代锂电池形式，其正极材料还将长期使用三元正极材料，尤其是高镍三元材料 NCM811 和 NCA。而富锂锰基正极材料的循环性能较差，无法适用于动力汽车行业。

3.3.3 潜在进入者威胁

中国的三元正极材料产能扩张迅速，但技术实力与日韩企业存在较大差距，产能主要集中在 NCM111、523 等低端同质化的产品，竞争激烈；湖南杉杉、北京当升、天津巴莫等企业都在规划高镍产能；随着 NCA 在特斯拉的应用，国内外企业纷纷布局 NCA，长远锂科、天津巴莫、广州锂宝也已经小试完成，但还无法量产。未来这些潜在进入者中，长远锂科和格林美是最大的竞争对手，因为两家都有足够的资金实力，并引进日韩的技术

专家，最重要的是两家企业都在上游资源、原料方面进行了布局，未来在技术引领的情况，能做到成本最低，才是核心的竞争优势。潜在竞争对手见表 7－4。

表 7－4　潜在竞争对手

公司名称	2017 年三元材料产能（吨/年）	2017 年 NCM811、NCA 三元产能（吨/年）	公司动态
湖南杉杉	15 000	NCM811、NCA 中试	计划建设 1.5 万吨 NCM811 产能
北京当升	13 000	NCM811 中试	规划 2.4 万吨 NCM811 产能
长远锂科（五矿）	11 000	NCM811/NCA 中试已送样	规划 2 万吨高镍产能
格林美	10 000	NCM811、NCA 中试	计划建设 0.7 万吨 NCA 产能
天津巴莫	7 000	NCM811、NCA 已送样	规划 0.5 万吨高镍产能
广州锂宝	1 500	NCA 中试	计划建设 2 万吨 NCM 单晶/高镍产能

数据来源：高工锂电产业研究所（GBII），客户调研

3.3.4 供应商议价能力

锂电池三元正极材料的上游原材料基本都是钴、镍、锂等矿产性资源，随着锂电池行业的快速发展，上游资源性产业的扩产速度较下游慢，引起价格上涨；另外，由于大多数矿产资源具有稀缺性，因此在三元正极材料长期的竞争优势中，资源的获取将成为企业的关键性因素。目前由于行业的快速发展，引起上游资源上涨，但随着企业纷纷布局上游矿产性资源的开采，价格将回归理性，未来对供应商的议价能力有所增强。

3.3.5 客户议价能力

下游客户分为消费类、储能和动力三类客户。动力锂电池客户相对账期较长，由于汽车行业回款较慢的特点，以及国家和地方的新能源汽车补贴只有年底才会支付企业，目前动力锂电池客户的账期普遍在 6 个月左右；储能市场也基本在 3～6 个月左右；消费类市场主要为数码产品，由于直接面对消费者，相对账期较短在 1～3 个月。综上，锂电池行业是一个高度依靠资金的行业，一般融资能力差的民营企业根本无法使用足够的流动资金来满足汽车客户的需求。

3.4 项目 SWOT 分析

SWOT 方法，即竞争态势分析法，通过四个维度——优势(strengths)、劣势(weaknesses)、机遇(opportunities)、威胁(threats)将调查结果列举出来，并依照矩阵形式排列，然后用系统分析的思想，把各种因素相互匹配起来加以分析，从中得出一系列相应的结论，而结论通常带有一定的决策性。利用该方法可以对项目的优势、劣势、机遇和挑战进行全面分析和评估，了解项目和产品的生存环境。

3.4.1 优势

S 企业是国资委下属的央企，在产业链布局和资金实力上拥有绝对优势，在对外合作和下游客户开拓方面也有民企无法比拟的优势。蓄电池产业下游主要是汽车行业，存在账期较长、流动资金需求较高的问题，而这些都是央企具有的天然优势，在与大型汽车厂的合作上来说有明显的优势；资金方面贷款成本相对较低，资金能完全满足下游客户的需求，客户也会选择大型的有实力的供应商进行长期的战略合作。

技术方面，项目的合作方是国内在该行业数一数二的高校，拥有雄厚的科研背景和实力，并且双方已经建立了中试实验基地，并准备建立联合实验室，为企业的长期研发提供保障。目前中试的产品已经通过部分客户的认证，完全具备批量产业化的基础，且在中试期间，通过行业内的宣传和推广，已在行业内积累了一定的销售网络。

项目选址为西部某城市，可以享受西部大开发的政策优势，包括税收的减免和一系列政策补贴。当地政府也非常重视该项目，将在行政方面给予支持和配合，政府的重视将为 F 项目在实施过程中的各项行政审批、配套支持方面提供有力的保障，从而保障项目建设顺利实施。目前该项目虽然未开建，但已通过西部地区上报国家工信部，获得了 3 000 多万元高新技术的政府补贴。

3.4.2 劣势

从行业经验方面看，新能源锂电池行业是最近几年才开始爆发，先进入者存在先天的优势，S 企业作为一家从事多年化工领域的企业，在新能源产业布局较晚，欠缺技术的支撑，需要与技术团队和研发队伍全力合作，以支撑行业的快速发展。从高端人才的吸引方面看。由于锂电池行业是一个新兴行业，技术进步和行业发展较快，而新能源汽车行业的发展带动了整个锂电池产业，本身行业的人才储备就捉襟见肘，在高速发展的同时，技术、市场、生产等人才至关重要；而我们项目建设在西部，现有管理人员和技术人员都是从江苏和上海派遣至工厂，目前缺乏高端人才和有经验的工人，另外由于当地人员综合素质普遍不如沿海一带，对目前的人员招聘和未来的人员需求有一定制约，特别是高端人才的引入，这是急待解决的问题。

3.4.3 机遇

新能源汽车是未来发展的大趋势，市场潜力巨大，特别是中国制定了弯道超车的一系列鼓励电动汽车发展的政策之后，中国的市场增长率远远高于其他地区，未来项目产品的需求量也将大幅度的飙升。高镍三元正极材料的优点在于能量密度高，使用在动力汽车上的续航里程高，能满足消费者对于续航里程的要求，在特斯拉使用高镍三元正极材料的引领下，高镍三元材料必将迎来爆发式的增长。而目前高镍三元材料原先只有少数日韩企业掌握技术，国内还刚刚起步，目前S企业进入该行业是绝佳的窗口期。

3.4.4 威胁

S项目在面临良好的发展机遇的同时，也面临着许多的挑战和威胁，具体是潜在进入者的威胁、原材料波动的威胁。在行业快速发展的同时，潜在进入者也较多，行业竞争激烈；资金的进入会让行业短期形成泡沫，如果未来的发展预期无法兑现，将形成供大于求的状态，目前很多上市公司，例如五矿资本、四川路桥等都对外宣称要进入该行业。另外，一些企业如果还坚持低端产能和低端产品策略，并以该产品影响市场，形成无序、低端、低价、低质量的市场格局，对于行业的发展则是非常不利的。该行业上游大多为矿产性资源，如锂矿、钴矿、镍矿和锰矿等，钴矿是其中最为稀缺的资源，近几年因为新能源的发展，很多贸易商囤货、炒货，将金属钴的价格从2016年的20万/吨炒到2018年的近65万/吨，最近因为市场需求不佳，贸易商抛货，价格跌至近50万/吨，所以原材料的供应和价格的波动是一大威胁。

4 项目定位与实施方案

4.1 项目定位

4.1.1 目标市场细分

产品的下游客户都是锂电池企业，最终消费市场主要分消费类锂电池、储能类锂电池和动力类锂电池。3C数码领域主要细分应用领域包括手机、笔记本电脑、平板电脑、可穿戴设备等。手 机市场方面，全球手机产量逐年增长，据高工锂电披露，2016年全球手机产量为19.5亿部，增长3.17%，虽然手机产量增长放缓，但由于单个手机搭载的电池容量在增大，以容量计算的手机电池规模依然在较快增长。此外，以小米、华为、OPPO、VIVO为代表的国产手机厂商在智能手机领域逐步发力，使得国产手机在手机市场的影响力逐步增强，并进一步给国产锂离子电池厂商带来更多业务机会。笔记本电脑方面，2016年全球产量2.88亿台。平板电脑方面，2016年全球平板电脑出货量2.15亿台。可穿戴设备以智能手环、智能手表为主，2016年全球可穿戴设备产量达0.93亿套，同比增长23.8%。但由于可穿戴设备体积、功耗相对较小，一般只需要搭载小容量的锂离子电池，因此对消费电池市场的容量贡献有限。总体而言，受到下游需求影响，消费电池占锂离子电池市场的比例有所下降。但电池容量计算的绝对总量依然在增长中。

储能锂电池市场目前尚处于培育阶段，相比其他两类电池，储能电池市场规模很小。虽然锂离子电池已经是全球主要的储能系统之一，但其在储能领域面临多种技术竞争，包括机械储能(如抽水储能、压缩空气储能、飞轮储能)、化学储能(如金属电池、空气电池)、电磁储能(如超导储能、超级电容器)。近几年来,随着锂离子电池产业快速发展,由规模效应与技术革新带来的锂离子电池储能系统价格呈现快速下降趋势,其性价比逐步提高。未来随着锂离子电池成本进一步下降,锂离子电池将在储能市场获得更为广泛的应用。

动力锂电池最近几年呈爆发式增长,受益于新能源汽车的高速增长,动力电池市场异军突起。2014 年开始,我国新能源汽车产量突飞猛进。一方面,经过了多年的技术储备,主流车企已具备规模生产新能源汽车的能力,新能源汽车的各项技术指标有了明显提升,消费者使用体验大幅提升。其次,上下游相关产业链也从无到有逐渐成熟,各种原材料的生产成本在规模效应之下也有明显降低,进而降低了整车的生产成本。最后,国家政策助推在这一波产业扩张中起到了催化剂的作用。

4.1.2 目标市场选择

进入 21 世纪,能源危机和环境污染问题成为世界重大问题,发展新型环保能源由此上升为决定人类未来命运的重大课题,其中,新能源汽车地位举足轻重,它已成为下一轮全球汽车企业竞争发展的核心和新引擎。

根据市场的分析,预计到 2020 年,中国的锂电池规模将达到 179GWh,相比 2017 年增长近 103%,其中新能源汽车将达到 65% 的份额,相比 2017 年增长近 240%,复合增长率达 50%。动力锂电池的发展将迎来爆发,所以我们的市场选择为新能源汽车行业。

4.1.3 目标市场定位

市场定位是指企业针对潜在客户的心理进行营销设计,创立产品、品牌或者企业在顾客心目中的形象,从而取得竞争优势。

高镍三元正极材料从产品特性来看是能量密度比较高的材料,电动汽车充电后的续航里程会提升,所以下游锂电池客户也是针对高端动力汽车提供相应的电池。我们在选择新能源动力汽车行业的基础上,要将产品和市场的定位瞄准高续航里程的高端电池客户,将产品首先应用于高档新能源汽车,从而提升在锂电池客户和动力汽车客户中的形象,逐步提升价格和盈利空间

4.2 项目实施方案

4.2.1 项目合资方案

S 公司与 C 大学成立合资公司,建设 10 000 吨/年 NCM 正极材料项目,合资公司注册资本金 7.5 亿元,S 公司以现金出资 7.2 亿元,占 93.33% 股份,C 大学以其合法拥有的无形资产经评估公司评估后以 5 000 万出资,占 6.67% 股份,C 大学拟以技术出资的无形资产,聘请国有资产管理部门认可的评估机构对拟出资技术进行评估。

董事会由 5 名董事组成,其中 S 公司有权提名 4 名,C 大学提名 1 人。

4.2.2 项目管理团队

项目建设期间成立项目组，规范、系统性地加强对项目建设过程的管理与控制，建立高效的组织架构，保障项目建设。根据项目的运营特点，公司建立完备的项目运营管理体系，主要包括营销管理、质量管理、研发生产管理、财务管理、物流管理、客户关系管理等管理职能。根据项目的运营管理体系，公司建立相应的组织架构。

项目建设后稳定运营，将成立直线职能式的组织结构，该组织结构的特点是设置相应的职能机构，进行专业的管理，各级主管逐级负责和领导。这种组织结构对于我们项目的实际运营有较高的运营效率，更能对公司的战略发展、业务开拓发挥重要作用。

年工作日 300 天；全年操作时数为 7 200 小时。

生产班制：生产装置及辅助装置均按四班三运转连续生产，辅助工人及管理人员实行白班制。定员：189 人，具体详见表 7－5 全厂岗位定员表。本项目所需人员通过公司在当地对外招聘及内部调配等途径解决。

表 7－5　新建项目劳动定员一览表

序号部门	合计人员数	备注
1	NCM 车间一	50
2	NCM 车间二	50
3	空分	14
4	公用工程等	6
5	电仪、机修	15
6	分析化验	12
7	车间管理	12
8	管理人员	30
总计		189

数据来源：项目可研报告

4.2.3 项目建设方案

4.2.3.1 项目建设内容

本次建设项目主要完成正极材料配混料、一次热处理、改性、二次热处理及包装等生产工序。本次主要建设 NCM 一车间、二车间和 5 000 吨 NCM 正极材料、综合楼、换热站、空分站四、110KV 变电站、固废间、成品库房、物流门卫岗亭、消防水泵房、消防水池、事故水池、液氧站等生产及辅助设施。其中综合楼设置有食堂，以满足园区工作人员用餐。

4.2.3.2 项目产线方案

共建设6条生产线,3条线5 000吨产能生产NCM622(可以生产单晶和动力两种规格的产品),3条线5 000吨产能生产NCM811(可以生产数码和动力两种规格的产品)。

4.2.3.3 项目建设进度计划

项目严格按进度计划开展工作,预计2018年6月份开始建设,在15个月内建成投产,其实施进度计划详见表7-6。

表7-6　项目实施进度计划安排表

建设年度	2018												2019		
月度	1	2	3	4	5	6	7	8	9	10	11	12	1	2	3
前期工作及编制报															
批可研报告															
编制报批初步设计															
施工图设计															
施工															
设备交货															
设备安装															
人员培训															
调试、试车															
投入使用															

数据来源:项目可研报告

4.2.3.4 公用工程条件

供电:在生产区内设置一座全厂110KV变配电室,110KV主电源拟由当地工业园区110KV变电站提供。

供水:本项目由园区提供供水。

供汽:本项目不用蒸汽,冬季采暖和生活用气由R化工公司提供。

4.2.3.5 主要原辅材料、能源供应

本项目设在当地工业园区,该地所处地理位置较优越。原材料、配套件的供应十分便利。本项目产品主要原材料均是市场上可以大量采购的物资,不属于国家紧缺物资和重要战略储备资源,可以通过国内市场采购和外协加工解决。项目所用电力、自来水分别由市电力公司、市自来水厂供给;氧气由自建空分站提供。

4.2.3.6 智能设计

本项目采用可控核心智能制造装备并配合 MES、ERP、PLM 等信息化系统，形成锂电池正极材料智能化制造。通过对工艺流程及布局数字化建模以及车间互联互通网络架构与信息模型等建立产品数据管理系统（PDM）、车间制造执行系统（MES）、产品全生命周期管理（PLM）、企业资源计划（ERP）系统，促进各系统之间高效协同与集成、数据分析与优化，从而达到提高产品质量、降低成本、缩短研制周期、提高经济效益的目的。

4.2.3.7 环保

废水：本项目日最大用水量约 1 195 平方米，日最大生活排水量约为 15 平方米。室外排水采用雨污分流制排水系统。生活粪便污水排出，经化粪池处理后排入厂区污水系统；屋面雨水由雨落管排至室外雨水井，采用重力流排水；室外道路雨水设雨水口收集至雨水井，收集后统一接入雨水收集池，经过处理后供厂区绿化浇洒及冲洗道路用。生产废水经三级沉淀池过滤沉淀，经环评测定达到排放市政污水管网要求。

废气：本项目产生的废气主要为正极材料破碎、研磨产生的粉尘，主要采用全室换气及专用空气净化系统进行过滤净化后高空排放。采取以上治理措施进行治理后，预计厂区废气排放可达到《大气污染物综合排放标准》（GB 16297—1996）中的二级标准。

噪声与振动控制：本项目研磨及粉碎设备、空压机等设备运行时产生机械噪声，噪声级约 85～90dB（A）。对厂房内产生噪声的工艺设备进行合理布局；空压机单独布置在专用站房内，并采用双层隔声窗隔声；设计中尽量选用低噪声设备；厂房外通过绿化吸音降噪；对所有运转设备均采用减振基础进行安装。采取以上治理措施后，预计厂界噪声可以达到《工业企业厂界环境噪声排放标准》（GB 12348—2008）中的Ⅱ类标准，达到降噪后，白天噪音在小于 65dB（A），晚上小于 55dB（A）。

固废：本项目产生的固体废弃物主要是生活垃圾、正极材料废料等，生活垃圾集中收集后送市政生活垃圾卫生填埋场处置，正极材料废料收集后送回收公司回收利用。

因此，本项目对环境基本不产生污染，属于环保、绿色、无害化产业。

4.2.4 项目战略目标

项目整体规划 956 亩地，通过布局资源性原料、锂电池回收和配套前驱体，扩大正极材料产能规模，打造锂电池正极材料产业链闭环，实现协同发展。预计 2020 年前形成 3 万吨高镍正极材料产能，2023 年形成 5 万吨高镍正极材料产能；通过技术引领，致力于成为全球第一的高镍三元正极材料企业。

5 产品营销方案

5.1 销售目标分析

5.1.1 市场分析

国内大部分圆柱电池客户已完成高镍三元材料的技术积累，由于新能源汽车补贴门槛提高和成本降低的需求,2018 年将对 NCM811 材料有爆发式的需求,高镍材料将在圆柱电池领域高速增长。

软包和方形电池目前无法完全解决 NCM811、NCA 带来的胀气、安全等问题,其中软包锂电池相对方形会更快向 NCM811、NCA 方向发展,目前将会以动力 NCM622 和单晶 NCM622 作为主要产品,相对圆柱电池过渡期较长;目前已有部分圆柱客户,如深圳比克、德朗能、福斯特、广西卓能等建立了高镍电池产线,但受制于高镍三元材料供应不足,无法开足产能。

5.1.2 未来销售目标

S 项目试运营后将在 2019 年逐步释放产能,最终在 2021 年实现满产。围绕这个目标需要在销售目标上明确未来的销售任务,根据项目产销情况制定未来几年的销售计划。见表 7-7。

表 7-7　2019—2022 年销售计划

	2019 年	2020 年	2021 年	2022 年
动力 NCM622	1 950	2 650	3 250	3 250
单晶 NCM622	750	1 200	1 750	1 750
数码 NCM811	2 000	3 000	3 000	1 000
动力 NCM811		1 000	2 000	4 000
总计	4 700	7 850	10 000	10 000

数据来源:根据市场需求制定的销售计划

根据以上销售计划,2019 年将根据市场需求,尽量开足产能,在 2021 年达到 1 万吨的设计规模,但对于未来巨大的市场需求来说,还远远不够,未来将在目前的基础和市场需求上增加产能,针对销售目标,对目前了解到的客户需求进行了梳理。见表 7-8。

表 7-8　主流客户三元正极材料使用情况

客户名称	电池类型	目前使用产品	目前产能（GWh/a）	使用量（吨/a）	未来扩产计划（GWh/a）	扩产后需求（吨/a）
深圳比克	圆柱	523	6	9 000		10 500
		811	2	3 000	7	
广州鹏辉	方形	523	5	7 500	1	1 500
		811	2	3 000	2	3 000

续表

客户名称	电池类型	目前使用产品	目前产能（GWh/a）	使用量（吨/a）	未来扩产计划（GWh/a）	扩产后需求（吨/a）
孚能科技	软包/圆柱	523	4	6 000	8	12 000
星恒电源	方形	523	4	6 000	8	12 000
福斯特	圆柱	523	2	3 000		3 000
		811	2	3 000	4	
德朗能	圆柱/软包	523	2	3 000		6 000
		811	2	3 000	4	
微宏动力	软包	523	4	6 000	8	12 000
广西卓能	圆柱	523	3	4 500		3 000
		811/NCA	1	1 500	4	
亿纬锂能	圆柱	523	3	4 500		2 250
		811	0.5	750	3.5	3 000
猛狮科技	圆柱	523	2.6	2 400		4 500
		811/NCA	0.4	600	6	
天鹏电源	圆柱	523	0.5	750		3 000
		811/NCA	1.5	2 250	2	
上海卡耐	软包	622	2	3 000	6	9 000
江苏智航	圆柱	523	1.8	3 000		3 000
		811	0.2	300	2	
中航锂电	方形/软包	622	1.5	2 250	10	7 500 7 500
湖南妙盛	软包	622	1	1 500	1	1 500
天津捷威	软包	622	0.8	1 200	1	1 500
		523	0.2	300	1	1 500
万向一二三	软包	622	1	1 500	2	3 000

数据来源：市场调研，高工锂电产业研究所（GBII）

5.2 营销策略

美国营销学学者杰罗姆·麦卡锡教授在20世纪的60年代提出“产品、价格、渠道、促销”4大营销组合策略,即为4P,包括产品(product)、价格(price)、渠道(place)、推广(promotion),主要目的是为了寻求一定的市场反应,企业要对这些要素进行有效的组合,从而满足市场需求,获得最大利润。

5.2.1 产品策略

企业的所有策略都是围绕着产品进行的,项目生产什么类型的产品,满足哪些客户的需求是至关重要的。

F项目提供的锂电池三元正极材料,产品定位于高端的高镍三元材料,我们的客户是国内外主流的锂电池制造商,包括松下、索尼、LG、三星、CATL和比亚迪等,下游配套的是国内外主流的汽车厂商,如宝马、通用、北汽、长城、上汽等。

产品的优势在于:一方面运用后新能源汽车的续航里程较高,为了将消费者从传统燃油汽车向环保的新能源汽车方向转变,首先在续航里程上需要满足日常的需要,所以高镍三元材料高续航里程的优势是解决终端客户的最直接客户诉求。另外一方面,降低汽车成本,通过产业链布局和高镍三元材料本身的低成本优势,能迎合未来的实际需求。

因此,我们依靠本产品的技术优势来提升汽车续航里程的性能,以及依靠供应链的布局来降低产品的成本,从而与国内外的同行进行竞争。

5.2.2 价格策略

产品的定价基本参考我们的原料成本,加合理的利润空间,而我们产品带来的性能优势,就是我们的附加值,最终的定价应该与行业同行相当,而一些相对定制化的产品要高于行业的平均售价。

因为正极材料不是面对最终用户的产品,属于工业品,所以面对的客户基本上是锂电池的企业。在定价方面,一方面由于上游原材料波动较大,所以价格大致也随着原材料的价格波动,最终成交价是市场和客户接受的价格。另一方面从定价模型来说,基本按照原材料的成本,加固定的开工成本,加上产品的附加利润,下游客户有账期需求或者支付承兑,还需要加上资金成本。

基本定价公式:单吨售价 = 前驱体单吨价格 × 单耗 + 锂盐单吨价格 × 单耗 + 20 000 元/吨加工成本 + 利润(含客户定制产品的附加价值) + 单吨物流成本 + 单吨资金成本。

其中,前驱体和锂盐的价格相对公开透明,为当期市场价;

单耗是我们实际生产中,单吨成品所消耗的原料比例,是固定的值;

20 000 元/吨加工成本包含氧气、添加剂等辅料,水、电、汽等能源费用,人工费用,制造费用,二项费用等;

利润根据市场供需情况、是否客户定制等情况波动，为净利；

单吨物流成本为送往客户的物流费用；

资金成本根据客户的支付方式不同而计算，如客户要求1个月账期，6个月承兑，按年息5%计算，即5%/12×7=2.9%年息来折算资金利息。

5.2.3 渠道策略

高镍三元正极材料下游客户为锂电池企业，下游销售主要依靠直销模式和代理商销售模式。

直销客户主要是大型的锂电池客户，如松下、LG、三星、宁德时代、比亚迪等，客户要求降低原材料的成本，采购的量和金额较大，销售的产品也具有一定的定制化属性，按照客户的需求进行性能上的微调。

而代理商销售主要是一些中小型客户，比如手机、平板等数码锂电池客户，企业均集中在深圳等地区，但客户数量多，且采购量不大，代理商也较多，所以采用代理商的方式来降低风险和维护成本。但由于代理商需要代理费用，对于企业的盈利来说有一定影响。

5.2.4 促销策略

为进一步打开下游市场，快速推进产品的测试和认证，我们将在今年开始参加行业大型的展会和论坛，进行品牌和产品的宣传，比如全球最大的锂电池展会CIBF，我们将联合集团内部的资源，包括负极材料、电解液、PVDF等兄弟公司的产品，对S企业进军锂电池材料在该行业进行大幅度的宣传，推广企业知名度。

对刚开始接触和推广的下游客户，提供5～10千克的样品供测试，测试期间对产品的使用进行全程跟踪和技术指导，保证客户对公司和产品的满意度，客户也会在第一时间测试产品性能，并在项目落地后优先使用。

6 项目投资财务分析、风险及对策

6.1 项目投资假设

6.1.1 制造成本假设

F项目的厂房、主要设备及无形资产、土地等固定资产按行业标准进行固定年限摊销，也根据行业的特点，对修理费和其他制造费用按固定资产原值的一定比例进行计提，原辅料、公用工程采购、使用数量和费用等均按照实际的预估值进行财务假设。见表7－9。

6.1.2 销售数据假设

由于F项目生产的产品货值较高，所以根据行业特点和运营假设，对销售费用按照收入的1%计提，而财务预测中的销售量和销售价格均按实际的预估值进行财务假设。见表7－10。

表 7-9 制造成本假设

名称	假设条件
原料、辅料和公用工程等费用	按 2017 年全年平均的市场价计算
原料、辅料和公用工程采购和使用数量	按销售量加上产品安全库存、原料库存、半成品
修理费	每年按固定资产原值的 3% 计提
其他制造费用	每年按固定资产原值的 1.2% 计提
主要厂房	按 20 年摊销按 10 年摊销按 50 年摊销
主要设备及无形资产	
土地	
固定资产残值率	5%

数据来源:F 项目财务预测

表 7-10 财务数据假设

名称	假设条件
销售价格	按 2017 年全年的平均售价计算
销售量	按实际销售能力
销售费用	按收入的 1% 计提(其中运费 0.5%,其他费用 0.5%)

数据来源:F 项目财务预测

6.1.3 财务成本假设

F 项目由于选址在西部,所以所得税享受西部大开发优惠政策,按 15% 计算,另外 S 企业与国开行谈妥了项目贷款和流动资金贷款的额度和利率,实际执行将不高于 5%,所以财务成本中按 5% 计算,而管理费用和人工费用均按三元正极材料行业的特点进行财务假设。见表 7-11。

表 7-11 财务成本假设

名称	假设条件
管理费用	按收入的 3.5% 计提(其中包含研发费用,按收入的 3% 计提)
人工费用	定员 209 人,平均人工成本 15 万,共计 3 135 万元
所得税	按 15% 计算(西部大开发优惠政策)
贷款利率	长期借款利率和流动资金贷款利率均为 5%

数据来源:F 项目财务预测

6.2 项目投资概况

6.2.1 投资测算

根据测算,F项目总投资需要14.63亿元,其中建设投资8.02亿元,包括工程费用、固定资产其他费用、无形资产、基本预备费用、建设期贷款利息,全额流动资金6.61亿元。

6.2.2 筹资方案

合资公司拟注册资本金7.5亿元,S公司以现金出资7.2亿元,占93.33%股份,C大学以其合法拥有的无形资产(经评估公司估值为5 000万元)出资,占6.67%股份。合资公司成立后,向某银行申请建设贷款4亿,流动资金贷款3.13亿元。

6.3 财务评价分析

6.3.1 盈利能力分析

利润表是反映企业一定会计期间(如月度、季度、半年度或年度)生产经营成果的会计报表。企业一定会计期间的经营成果既可能表现为盈利,也可能表现为亏损,因此利润表也被称为损益表。它全面揭示了企业在某一特定时期实现的各种收入、发生的各种费用、成本或支出,以及企业实现的利润或发生的亏损情况。见表7-12。

表7-12　利润表　　单位:万元

	2019年	2020年	2021年	2022年	2023年	2024年	2025年	2026年	2027年	2028年
销量(吨)	4 700	7 850	10 000	10 000	10 000	10 000	10 000	10 000	10 000	10 000
收入	97 379	164 616	211 853	217 026	217 026	217 026	217 026	217 026	217 026	217 026
税金及附加			733	917	917	917	917	917	917	917
总成本费用	91 707	150 377	187 255	187 387	186 995	186 604	186 213	185 822	185 822	185 822
利润总额	5 672	14 239	23 866	28 722	29 114	29 505	29 896	30 287	30 287	30 287
所得税费用	793	2 136	3 580	4 308	4 367	4 426	4 484	4 543	4 543	4 543
净利润	4 879	12 103	20 286	24 414	24 746	25 079	25 412	25 744	25 744	25 744
净利率(%)	0.050 1	0.073 5	0.095 8	0.112 5	0.114	0.115 6	0.117 1	0.118 6	0.118 6	0.118 6
EBITDA	9 973	23 301	33 267	37 905	37 905	37 905	37 905	37 905	37 905	37 905

数据来源:F项目财务预测

6.3.2 现金流分析

现金流量表是反应一定时期内(如月度、季度或年度)企业经营活动、投资活动和筹资活动对其现金及现金等价物所产生影响的财务报表。现金流量表是原先财务状况变动表或者资金流动状况表的替代物。作为一个分析工具,现金流量表的主要作用是反映公司短期生存能力，特别是缴付账单的能力，它是反映一家公司在一定时期现金流入和现金流出动态状况的报表。见表7-13。

表7-13 现金流量表

项目	2019年	2020年	2021年	2022年	2023年	2024年	2025年	2026年	2027年	2028年
现金流入	97 379	164 616	211 853	217 026	217 026	217 026	217 026	217 026	217 026	300 566
销售收入	97 379	164 616	211 853	217 026	217 026	217 026	217 026	217 026	217 026	217 026
回收固定资产余值										15 669
回收流动资金										66 128
回收无形资产及其他资产										1 743
现金流出	134 055	156 369	189 919	184 859	179 121	179 121	179 121	179 121	179 121	179 121
建设投资	14 933	0	0	0	0	0	0	0	0	
流动资金	31 716	15 054	11 333	5 739	0	0	0	0	0	0
经营成本	87 406	141 315	177 853	178 204	178 204	178 204	178 204	178 204	178 204	178 204
增值税金及附加	0	0	733	917	917	917	917	917	917	917
维持运营投资、所得税前净现金流量	-100 417	8 247	21 934	32 166	37 905	37 905	37 905	37 905	37 905	121 445
累计所得税前										
净现金流量	-100 417	-92 169	-70 235	-3 8068	-163	37 741	75 646	113 551	151 456	272 901
调整所得税	1 673	4 417	6 908	8 068	8 068	8 068	8 068	8 068	8 068	8 068
所得税后净现金流量	-102 090	3 830	15 025	24 098	29 837	29 837	29 837	29 837	29 837	113 377
累计所得税后净现金流量	-102 090	-98 259	-83 233	-59 134	-29 297	539	30 377	60 214	90 051	203 429

数据来源：F项目财务预测

6.4 风险分析及应对方法

6.4.1 技术风险及应对方法

第一，确定技术合作方专利及专有技术等不存在侵权风险。本次项目拟转让的专利和专有技术，经过聘请外部专业机构进行FTO分析，共检索出13篇相关的专利或专利申请。经比对，其中大部分专利与我司后续将要开展的项目技术方案完全不同，其中仅1

篇强相关专利或专利申请，其权利要求的范围包含了技术方案一、二或三中的产品技术方案；12 篇弱相关专利，其权利要求可以与技术方案一、二、三中的一个或多个部分对应，但权利要求中还包含其他不属于目标产品整体的限定特征。基于该 13 篇专利与我司的技术有部分相关，已通过技术人员比对，说明该专利与我司专利的关系，并制定规避方案。后续将持续监控潜在的专利风险，包括新出现的专利风险监控、基于技术调整后的专利风险监控、设备 IP 风险转移。

第二，产品的客户验证如果未达预期，拟提前引进技术团队，提供客户验证支持，另外确定生产工艺后，提前 6～12 个月进行测试产品的客户验证，为大装置产品验证提供保障。

6.4.2 市场风险及应对方法

6.4.2.1 市场发展预期

企业生产产品的市场容量与国民经济的发展息息相关，由于国民经济的发展存在着一定的周期性，在经济发展的不同阶段，国家在上述行业投资规模的大小存在着周期性变化的特征，这种周期性变化将会影响企业产品的市场需求，加上新的替代产品出现，均可能造成项目产品市场需求量的变化，进而影响企业产品的生产计划与销售。

目前对策措施是：企业仍应对与企业生产经营有关的政治、经济形势进行全面、客观、综合的分析，在此基础上制定出经营发展计划，并通过加强市场信息回馈管理及项目新产品的研制能力，及时根据市场需求量的变化进行，避免受到市场容量变化的影响。高镍 NCM811 动力市场发展如果不及预期，目前装置可向下兼容 NCM523/622 等产品，目前 NCM523 和 622 应用较广，且能满足大部分客户目前的需求。

6.4.2.2 产品价格波动

目前，企业生产的产品定价没有受到国家计划的限制，是完全市场化的行为。激烈的市场竞争会影响到企业产品的销售价格，从而影响到企业的销售收入和盈利水平。另外原材料可能供不应求，价格波动大，造成盈利不及预期。

目前解决方案是：企业将继续通过节能降耗、提高劳动生产率等手段，加大成本管理的力度，加大高新技术产品开发力度，提高产品的科技含量，优化产品结构，增强产品的适用性和特殊性，以高附加值提高产品的赢利能力，避免产品的价格风险。在布局上游前驱体和碳酸锂原料的同时，通过与上游供应商签订战略合作协议和长期供货协议锁定供货量和价格，通过锁定上游矿产资源渠道，以支付加工费形式获取原料。

6.4.3 政策风险及应对方法

目前我国正处于产业结构调整时期，产业政策的变化对企业有较大影响，国家宏观经济政策、税收政策、价格政策、利率等变化将影响本企业的经营业绩和发展前景。

对策措施：不断加强对国家宏观经济形势的研究和政策分析，不断提高高级管理人员的科学决策水平，增强企业的应变能力，提高抵御政策性风险的能力，避免和减少因国家政策变化对企业产生的不利影响。

6.4.4 金融风险及应对方法

通货膨胀上升将会推高利率并侵蚀社会的购买能力，在生产成本上升的同时，企业销售将受到严重拖累，从而导致预期收益下降。

对策措施：加强管理，理顺原材料供应渠道，严格控制成本，并加大应收款项的催收力度，力求将风险程度降至最低。

资料来源：吴振华．S企业锂电池F项目商业计划书[D]．大连：大连理工大学，2018．

复习思考题

1. 风险投资融资前企业整合的目标和主要内容是什么？
2. 完整的商务计划书包括哪几个方面？
3. 风险企业在与风险投资机构签订融资协议时，应注意哪些方面？
4. 选择一个创业设想，设计出商务计划书。

第八章

风险投资机构的风险投资运作(一)

本章要点：

◆风险投资机构的一般运作程序
◆风险投资机构决策的特点
◆风险投资的管理
◆风险投资的退出机制

第一节　风险投资机构的一般运作程序

在风险投资过程中,从对项目建议书的筛选到风险资本的投入,以至最终风险投资的退出,每一个风险投资机构都会有自己的运作程序。但总的来说,风险投资的一般运作程序包括以下三个主要阶段:风险投资决策、风险投资管理、风险投资退出。

一、风险投资决策

风险投资决策过程包括四个步骤,即风险投资项目收集、项目筛选、项目评估、项目决策。

风险投资运作

（一）项目收集

风险企业的来源可以有三种方式：第一种是风险企业家主动提出投资申请，并提供相应的商务计划，大约1/4的投资机会是通过这种方式获取。第二种方式是推介，即通过其他风险资本家、银行或投资中介者（机构）推荐介绍。推荐者对公司投资标准的了解和本身的判断力使项目风险降低，更容易被接收。因此，在风险资本家获取的投资机会中，大约有50%是通过推介获取的。第三种方式是由风险资本家主动搜寻潜在的投资机会。当风险资本家要选择自己投资的科技领域或为所投资的企业选择管理人员时，通常采用积极主动的搜寻方式。在这种情况下，风险投资家部分地充当了企业家的角色。

（二）项目筛选

项目筛选阶段应建立项目库，形成对项目的管理。首先对收集的项目进行编号、登记，然后根据自定的筛选标准，对项目建议书初步分析过滤，选出符合公司基本标准的项目，建立项目库，分类入库；对于不符合本公司筛选标准的项目，可推荐给其他公司。然后根据投资者的经验、非正式专家咨询的意见，通过公共信息查询、与企业家面谈等方式，对投资建议书提供的方案进行研究，作定性分析，判断其可行性，这种方式大概淘汰掉80%的项目。对所余的项目，定量分析其投资营利能力，并对重要性程度进行排序，输入项目库，以备进入下一轮的评估。

本阶段关键的工作在于各风险投资机构根据自身的风险承受能力和产业偏好，设定自己的筛选标准，以快速过滤不合适的项目，去粗存精。常见的筛选标准有风险企业的地理位置、产业性质、发展阶段、技术和产品先进性、资金需求范围等。

1. 地理位置。对地理位置的考量主要是从方便管理出发。投资一旦发生，风险资本家就要和企业家保持经常的接触。从时间和费用两方面考虑，风险资本家希望选择离自己较近的项目，一般倾向于选择位于主要城市附近的项目。然而，随着通信技术的发展，距离远近方面的考虑已趋于淡化，而风险企业所处地区的经济发达程度和整体区域投资环境才是地理位置关注的重点。例如，国际风险资本在我国投资的分布主要集中在深圳、北京、上海、广州等地区，主要原因是这些地区经济实力较强，市场化程度较高，企业生存能力和应变能力较强。2000—2011年，中国风险投资获投企业排名前二十的核心城市获投企业占比总量稳定保持在70%～80%。从2008年开始，获投企业有集中的趋势，到2016年集中程度达到顶峰，20个城市中获投企业总数占全国获投企业总数的83%。2015—2017年，获投企业逐渐分散到全国其他城市，核心城市获投企业占比呈下降态势，2017年核心城市的获投企业占比约为71%。其中，北京、上海、深圳占比达到50%，其中，又以北京地区的企业获取的风险投资资金最多，占全国风险投资金额的30%以上，并且呈逐年增加的趋势。除了中关村地区有6 000多家中小型科技企业外，整个地区良好的人文环境、活跃的创新气氛有力地促进了科技和金融的结合也是关键因素。又如在深圳,深圳市政府在风险投资方面一开始就给予了大力支持,明确风险投资要市场化运作,按经济规律办事,政府不干预风险投资的经营,并制定了支持高新技术企业和风险投资的一系列政策。比如,对投资机构的资本金逐年增加,70%的资本金投入高新技术企业的风险投资公司可享受高新技术企业的待遇等,都成为吸引风险投资的环境优势。

从风险投资的地区分布来看,我国风险投资主要集中在广东、北京、上海、深圳、浙江、江西等地。其中,北京已经成为全球风险投资关注的热点地区。就投资金额比例,投资于北京的风险资金额比例最高,并且逐年增加;上海的投资金额比例次之,京沪两地的投资金额比例之和过半,占据半壁江山。

2. 产业性质。根据风险投资公司规模和资金量的不同,所投资的产业及其企业数量也会有所不同。大多数的风险投资公司会选择熟悉的一两个相关产业进行投资,以方便提供咨询和管理等增值服务,只有大型的风险投资公司才能同时投资五个以上的行业。这些风险投资公司主要是那些历史比较悠久、资本规模大、在风险投资行业经验很丰富的公司,并拥有不同行业和专业的风险资本家的企业。另外从某种意义上说,风险资本投资的不是一个企业,而是一种技术或市场的未来。因此,风险资本家一般倾向于新兴产业而非成熟的产业。如生物和医药、电子和通信、计算机集成和软件服务、网络和资讯管理等高新技术产业。根据中国风险投资研究《2019年中国风险投资业调研报告》,目前近五年内,风险投资主要分布在互联网、生物医药等高科技行业。其中,互联网行业占比达到三成。随后的排名依次是:传统产业的创新项目、能源环保、通讯、生物技术、IC、金融服务、医药保健及其他。

以互联网为首的IT行业仍然独占鳌头。2018年第四季度,美国融资热度最高的三大行业是互联网、医药健康和电信通讯。获得的融资金额分别是91亿美元、40亿美元和35亿美元,其中互联网行业的融资额超过医药健康和电信通讯的总和,占比高达55%。融资笔数分别为540笔、162笔和150笔。

从发展阶段分析,创业公司的整个生命周期可以细分为七个阶段,即种子期(Seed Stage)、创建期(Start - Up Stage)、成长期(Growth Stage)、扩张期(Expansion Stage)、成熟期(Established Stage)、衰退期(Decline Stage)和退出期(Exit Stage)。除了衰退期和退出期以外,风险投资公司对其他五个阶段都有可能进行投资。但只有一些优秀的风险投资公司和经验丰富的风险资本家才致力于并能够从事种子期和创建期企业的投资,一般的风险投资公司只投资于前景更加明朗的成长期、扩张期和成熟期。

根据普华永道会计师事务所的统计,早在20世纪90年代,全美90%以上的风险资金投入到了扩张期的公司里,而种子期和起步期的公司仅获得了不足10%的风险投资。2018年,美国风险投资行业报告显示:种子期与起步期的公司获得的风险投资约占25%

左右；而扩张期与成熟期的公司获得的风险投资约占50%，仍是风险投资重点青睐的投资阶段。根据中国风险投资行业调查，2014—2015 年两年期间，2014 年中国创业风险投资的种子期项目数比例约为20%左右，在 2015 年出现比例下降的态势。目前，《风险投资企业管理暂行办法》的正式实施已经掀起设立政府引导基金扶持种子期项目的浪潮，种子期项目融资水平有了一定的提升。但随着风险投资行业的投资日趋理性，专业化程度越来越高，风险投资仍聚集在早前期项目，并以此为主。见表 8 -1。

表 8 -1　中国创业风险投资所处阶段分布　　单位：%

投资阶段	2014 年		2015 年	
	投资金额占比	投资项目占比	投资金额占比	投资项目占比
种子期	5.6	20.8	8.1	18.2
起步期	25.2	36.6	21.5	35.6
成长（扩张）期	59.0	35.9	54.4	40.1
成熟（过渡）期	10.1	6.5	15.2	5.4
重建期	0.1	0.2	0.7	0.7

资料来源：资料来源于 2016—2017 年《中国创业风险投资发展报告》

3. 投资规模。投资规模的大小和风险投资公司的资金量有关，也与其投资过程有关。在最初，风险投资公司会对单个投资设置金额的上限和下限，如果风险企业要求的资金超过了单个投资公司所能承受的范围，风险投资公司会与其他同行进行联合投资，低于最小值的项目一般不进行投资，否则分散资金投入太多项目，会影响管理成本。一般来说，如果风险投资公司从风险企业的种子期就开始投资，在风险企业没有隐瞒风险、经营业绩没有恶化且符合投资公司下一轮投资的考核标准的情况下，风险投资公司会在风险企业的创建期和成长期继续进行投资或与其他投资公司共同投资。多轮投资的投资规模显然要远远大于一轮投资。

除了这四点，风险投资公司也会对所投资的企业或项目的潜力、产品特色、管理层能力、企业的成长性、投资回报潜力、变现方式等方面提出自己的一些要求，作为投资政策的补充。

（三）项目评估

对经过筛选的项目库中备选的企业（项目）还需进行深入、复杂且耗时的专业评估。此过程由风险投资家或外请专家组成评估小组，深入调研备选企业和有关部门，进行尽职调查，比较对照备选企业的项目建议书并进行评估。

1.尽职调查。由于风险投资公司与创业者存在严重的信息非对称性,风险投资公司的尽职调查就为减少信息非对称,为风险投资家作出正确的投资判断提供了充分的科学依据。风险资本家尽职调查的范围非常广,是一般的银行信贷调查无法比拟的,也是证券分析师的投资分析无法相比的,风险资本家似有怀疑一切的倾向,是某种程度上的商业侦探,他们的调查活动包括以下内容:

(1)会见所有的管理层:观察他们的素质,了解他们的经验和专长,必要的话会对管理者和创业家的工作风格和心理素质作一定的测试分析,并要看几个管理层成员的经验和个性是否相互配合,是否可以相互取长补短,组成一个强有力的管理层。据一份研究报告指出,100%的风险资本家的尽职调查都做这一项工作。

(2)实地考察企业资产和设施:对比商务计划书中所提到的资产数据,核实企业的净资产和开发新项目应有的设备,对企业现阶段的管理状况作一评估。100%的尽职调查包括这一项工作。

(3)联络创业者的前业务伙伴和前投资者:了解创业家的前合作伙伴和投资者对创业家的评价,了解他们为什么建立合作和中止合作,进行投资或终止投资的原因,尽管可能会听到不同的意见甚至对创业家不利的评价,风险资本家也能客观地分析,兼听则明。96%的尽职调查包括这一项工作。

(4)联络当前或潜在的客户和供应商:主要看产品的市场销路如何,市场潜力的大小和增长速度的快慢,生产产品所需要的原材料的价格、质量和供应渠道方便与否。92%的尽职调查包括这一项工作。

(5)调查同类企业的市场价值:主要了解确定拟投资企业在未来的价值和赢利前景,所投入的资金可以在所投资的风险企业中所占的股份。86%的尽职调查包括这一项工作。

(6)向产品专家咨询:了解拟投资企业的产品性能、技术水准,以及是否可能过时或被其他新产品、新技术淘汰,了解行业和技术的发展趋势。84%的尽职调查包括这一项工作。

(7)与银行、会计师、律师企业咨询交谈:了解企业过去的融资、偿债和资信状况以及财务报表的准确性,专利、案件诉讼方面的情况。50%的尽职调查包括这一项工作。

(8)向企业的竞争对手了解:了解企业的竞争对手对拟投资企业的产品性能的市场竞争力和占有率以及对管理人员素质的评估,从另一侧面了解拟投资企业的情况。71%的尽职调查包括这一项工作。

(9)寻求其他风险投资公司的意见:在联合投资的情况下,其他风险投资公司的意见可以帮助全面评估企业现状和发展前景,并与联合投资者达成共识。52%的尽职调查包括这一项工作。

(10)寻求其他风险企业的管理层的意见:了解相关行业的风险企业管理层对新项目的

评价，包括对技术、市场潜力、创业家的素质的看法。56%的尽职调查包括这一项工作。

在这些尽职调查中，风险资本家充分搜集有关风险企业的信息，并结合企业提供的业务计划，进行交叉检查，以分析相关信息的有效性、准确性。

2. 专业评估。专业评估是指风险投资公司根据获得的投资项目信息，利用科学的手段和方法，对项目的质量进行细致的分析与评定，并依据其潜在的投资收益与风险，决定是否投资、投资规模的大小、投资策略的安排。具体内容在本章第二节中详细叙述。

（四）项目决策

如果项目评估小组认为所申请的项目有一定的发展前景，那么便可开始在会计师、律师等专业人员的协助下，就交易价格和股权安排进行谈判。通过讨价还价后，最终形成一个双方都接受的风险投资协议。

在谈判之前，通常企业家会得到一个条款清单，概括出涉及的内容，通常包括：投资形式、将来融资、资金使用、股本结构、股权转化价格、股权注册权限、其他股东的义务、上市、董事会组成、核心人员招募、财务状况披露、股份购买协议、交易达成的前提条件、排他性、交易费用。双方就清单中的问题进行谈判，这个过程可能要持续几个月，因为风险资本家和风险企业家是两个独立的利益主体，双方的需求不同。风险投资家主要考虑相对于投资的风险赚取合理的回报，对风险企业施加足够的影响，在任何情况下都要保证投资顺利撤出；而企业家更关心对风险企业的领导权和企业未来的发展前景。双方通过不断的争议和妥协来寻求一个平衡点。

基于各自对企业价值的评估，投资双方通过谈判达成最终成交价值。影响最终成交价值的因素包括以下几方面：

一是风险资金的市场供求关系。风险资本市场上的资金越多，对风险企业的需求越迫切，会导致风险企业价值攀升越高。在这种情况下，风险企业家能以较小的代价换取风险资本家的资本。

二是退出战略。市场对上市、并购的反应会直接影响风险企业的价值。研究表明，上市与并购的退出方式比单纯的并购退出方式更有利于提高风险企业的价值。

三是风险大小。通过减少在技术、市场、战略和财务上的风险与不确定性，可以提高风险企业的价值。

四是资本市场时机。一般情况下，股市走势看好时，风险企业的价值也看好。

融投资双方通过讨价还价后，最终形成一个双方都接受的风险投资协议，并以法律文件的形式明确双方在风险投资中的权利和义务。这些文件通常需要律师来准备，同时涉及对企业的现有章程进行修改，并须报有关部门批准和备案等。一旦最后协议签订完成，企业家便可以得到资金，以继续其经营计划中拟定的目标。为了加强对企业的控制，风险投资公司常在合同中加有可以更换管理人员和接受合并、并购的条款。还有些风险投资公司有时辅以可转换优先股形式入股,有权在适当时期将其在公司的所有权扩大,且在公司清算时,有优先清算的权力。

尽管投资方和创业方都有诚意,都投入大量的时间合作,但最终还是约有20%的项目无法达成协议,不能得到风险投资。

风险项目投资决策的四个步骤是去粗取精、逐步精选的过程,因此涉及项目的数量会逐步递减,而花费的时间和精力将随着工作日渐有针对性地逐步递增,见图8-1。在后三步过程中,通过对项目进行深入的考察,应根据各阶段对项目的进一步了解和掌握的情况,及时总结,输入项目库,项目库应保持动态的状态,随时补充,随时更新,有利于积累专业知识和评估经验,在以后的项目中更好地评估。

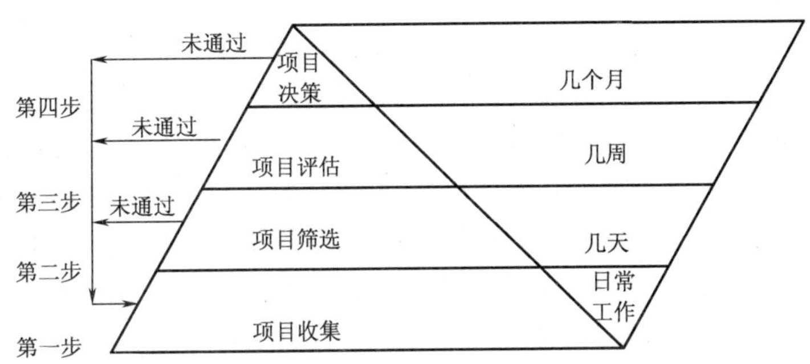

图8-1 风险投资项目决策流程

二、风险投资管理

风险投资家所从事的工作包括:筹资,管理资金,寻找最佳投资对象,谈判并投资,对其投资的风险企业进行管理,以实现其预定的投资目标,并力争达到风险资本持有人满意的投资回报。以前风险投资家用60%左右的时间去寻找投资机会,如今这一比例已降低到40%,其他大部分的时间用来管理和监控已发生的投资。投资生效后,风险投资家便拥有了风险企业的股份,并在其董事会中占有席位。多数风险投资家在董事会中扮演着咨询者和监督者的角色。他们通常同时介入好几个企业,所以没有时间扮演其他角色。作为咨询者,他们主要就改善经营状况以获取更多利润提出建议,帮助物色新的管理人员(经理)。作为监督者,他们定期与企业家接触以跟踪了解经营的进展情况,定期审查会计师事务所提交的财务分析报告。由于风险投资家对其所投资的业务领域了如指掌,所以其建议会很有参考价值。具体内容在本章第三节中详细叙述。

三、风险投资退出

风险投资退出是指风险资本家依据所持有的风险企业股权增值状况，选择适当的时机和方式将其所持有的风险企业股份变现或转换为可流通证券的行为。风险投资项目退出是风险投资的固有环节，因为对于风险投资来说，投入的是权益资本，投资目的不是获得企业控制权，而是获得资金的回报，是获得丰厚利益后从风险企业退出。当然如果投资失败，那就需要通过“退出”锁定投资损失。风险投资项目退出的方式有四种：首次公开上市、并购、回购、破产清算。每一种“退出”方式都有其自身的特点和适用条件。风险投资项目退出的时机和方式选择是风险资本家和风险企业家共同面临的关键性问题。具体内容在本章第四节中详细叙述。

风险投资项目退出以后，风险资本家对风险投资项目的目标、实施过程、效益等进行的系统分析和客观评价，被称为风险投资项目后评价。风险投资项目后评价的主要内容有：风险投资项目目标后评价、风险投资项目实施过程后评价、风险投资项目财务效益后评价等。风险投资项目后评价的基本方法是对比法，包括前后对比法和有无对比法。风险投资项目后评价主要的作用是利用事后认识的有利条件，把风险投资项目的实际效果与前期的预测情况进行对比，从中发现问题，总结经验和教训，有助于风险资本家不断提高风险投资项目管理能力。风险投资项目后评价是风险投资项目周期的最后一个环节，也是必不可少的环节。风险投资项目后评价的相关结论将形成风险投资项目后评价报告。

第二节　风险投资机构决策的特点

一、风险投资决策主体的契约性

风险投资是一个资本运作和资本增值的循环过程，在这一循环过程中包含四方当事人：投资者、风险投资公司、风险企业、IPO 退出的投资银行。资金从投资者流向风险投资公司，经过风险投资公司的筛选，再流向风险企业，通过风险企业的运作，资本得到增值或损失，再通过不同的途径（若通过 IPO 途径须经过投资银行的运作）流回风险投资公司，再将收益回馈给投资者，构成一个资金循环，形成风险投资的周转。在这一周转过程中各方当事人的效用衡量标准和信息占有量不同，决定了各自相关行为可能对总体利益目标的消极影响，因而有必要通过有效合理的契约安排来协调各方的决策行为，而其中主体间的契约关系安排十分重要。

二、风险投资决策因素的不确定性

由于风险投资主体间存在着信息不对称性，因而风险投资的一系列决策基本上是不确定的，即投资者对风险基金的投资、风险投资家对风险企业的投资、风险资本的退出等各种决策中，行为人在决策前均不知以后成功的可能性多大，即空间状态概率分布也是未知的；行为人决策前均不知道什么时间、投资什么公司或基金最好，即各状态对应的替换行动结果是未知的。从风险投资的基本含义中也可反映出风险投资决策的显著不确定性，风险投资是对高技术风险企业的投资，企业本身的技术、未来市场、能否赢利等都是不确定的，赖以支持决策的因素是未知的，决策本身显然是不确定的。尽管风险资本家经过风险投资项目评估对风险企业的成长前景有一个预测，但这仅仅是一个概率统计意义上的把握，风险资本家不可能在事前就对风险企业的成长结果有一个确定性的把握。

三、风险投资决策行为的偏差性

行为金融理论认为投资者并不是理性的，而是相对理性的，即投资者的决策行为相对于其本身是理性的，而实质上可能是非理性的。风险投资的一系列决策基本上都需要依赖投资者的经验和主观判断，需要进行一系列的心理过程，决策中投资者的主观概率分布的期望值与客观概率分布的期望值不可避免地会产生不同程度的偏差。风险投资家如何控制心理障碍、如何缩小行为偏差？方法之一是投资者要长期坚持一种严格的投资交易策略，制定特殊的标准以利于风险投资决策。方法之二是建立有效的群体决策过程，错误的群体决策会扩大个体的错误；相反，有效的群体过程会减少个体的错误。

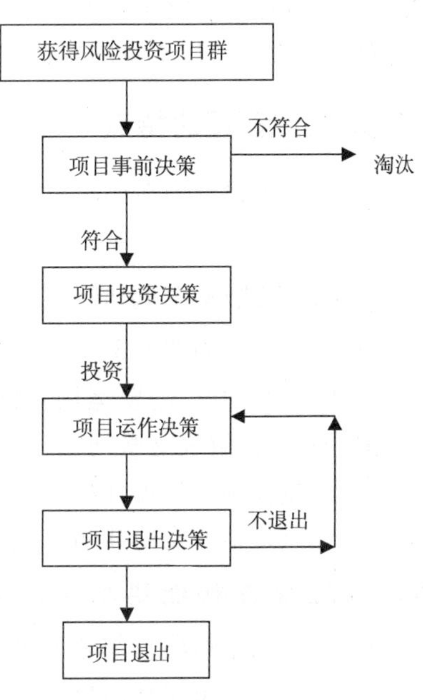

图 8－2　风险投资决策阶段图

四、风险投资决策过程的多阶段性

风险投资的决策过程包括风险投资项目收集、项目筛选、项目评估、项目决策四个步骤，呈现出明显的多阶段性。各阶段性是决策过程本身的要求，见图 8－2 风险投资决策阶段图。风险投资家采用多阶段进行风险投资决策的理由无非有两个方面：首先是增快决策速度。风险投资家收到的项目建议书数量是非常多的,需要尽快处理这些提案。尽快地处理提案可以缩短风险企业家的等待时间,也可以使风险投资家迅速发现高质量的风险企业,风险投资家也可以将大部分时间和精力投入到对有潜力的风险企业的评估决策上。其次是降低决策风险。由于风险企业家和风险投资家之间的信息一般是高度不对称的,逆向选择问题不可避免地会发生。对风险企业的评估决策采取多阶段、多角度的办法,有助于多方位地获取风险项目各方面的信息,在一定程度上减少逆向选择的发生。

第三节　风险投资的管理

风险投资管理是以风险投资机构和风险资本家作为管理主体,运用系统工程的观点、理论和方法,对风险投资项目寿命周期的全过程及其相关资源进行计划、组织、指挥、协调、控制,旨在有效地控制投资风险,使风险投资项目收益最大化或损失最小化。风险投资管理是风险投资区别于其他融投资方式,如银行贷款、企业项目投资的重要标志,更是风险投资产业在近年来健康发展、蓬勃成长的成功原因之一。风险投资管理可分为两个层次,即对风险投资项目本身的管理和对被投资企业的管理。

一、风险投资管理的特点

作为一种现代项目管理在风险投资领域具体应用的管理模式,风险投资管理具有以下特点。

(一)风险投资管理时间长、风险大

风险投资项目寿命周期为3~7年,平均寿命周期5年。风险投资项目要面对风险企业成长过程中的各种问题,需要运用不同学科的知识,如科技、金融、会计、法律、企业管理、市场营销等知识去解决这些问题,这使得风险投资项目管理成为一项长期的、复杂的工作。风险企业成长顺利与否,取决于风险企业的商业模式和其所处的外部市场环境以及风险资本家和风险企业家的共同努力。

(二)风险投资管理要求风险投资机构内部采用矩阵式组织结构

项目的组织结构是指项目与机构的关系。项目的组织结构主要有三种:职能式、项目式和矩阵式。矩阵式组织结构是职能式组织结构和项目式组织结构的结合,它在职能式组织的垂直层次结构上,叠加了项目式组织的水平结构。从而有利于最大限度地发挥职能式组织结构和项目式组织结构的优势,尤其适合周期长、复杂性大的项目管理。风

险投资管理的长期性、复杂性和所面临的巨大的不确定性，要求风险投资机构内部采用矩阵式组织结构，为风险投资管理的有效实施提供组织制度保障。

(三)风险资本家在风险投资管理中有着重要的地位与作用

当风险资本家作为风险投资项目负责人执行风险投资管理职能时，不但要调动风险投资机构的组织资源，还要投入其人力资本(与风险企业成长相关的知识、技能、经验和人脉关系)，来识别有发展潜力的风险企业，并推动有发展潜力的风险企业成长。风险资本家是风险投资管理中的核心人物，与风险投资项目的成败有着密切的关系。

二、风险投资项目管理的原则与内容

(一)风险投资项目管理的原则

风险投资是一种金融创新，要成功地实施风险投资管理，必要条件之一就是遵循如下风险投资管理的一般性原则。

1. 创新原则。创新是风险投资的核心，风险企业之所以能快速增值和取得高额的投资回报，其内在原因就是创新。风险资本家在行使风险投资管理职能时必须立足于创新。只有通过不断地创新，才能在激烈的市场竞争中脱颖而出，取得超过平均回报水平的高额投资回报。

2. 市场导向原则。市场导向原则是风险投资的基本原则。市场在这里有两层含义：一是产品市场；二是资本市场。产品市场是风险企业赖以生存和发展的基础。就产品市场来说，市场导向原则是指在风险投资管理过程中，必须时刻关注风险企业产品市场的规模和成长性，采取各种措施来扩大产品市场规模，增强其成长性，使风险企业的快速增值有一个扎实的市场基础。就资本市场来说，市场导向原则就是指在风险投资管理过程中，对资本市场状况给予充分关注，选择适宜的风险投资项目退出时机和方式，使风险企业的市场价值最大化，从而通过“退出”获取的资本利得也最大化。

3. 风险管理原则。风险管理是风险投资管理的重要内容。在风险投资管理过程中，必须坚持全过程的风险管理，动态地评价风险投资项目所面临的投资风险，灵活地运用各种风险控制手段，把风险投资项目所面临的投资风险控制在一个合理的水平。每个风险投资项目都有风险，在风险投资管理过程中，通过“退出”理性地中止那些丧失投资价值的风险投资项目是风险投资管理重要的风险控制手段。

(二)风险投资项目管理的内容

1. 选择合适的投资工具。我们先来分析几种证券工具在风险投资中的应用，并从安全性、流动性、营利性、控制权、企业发展阶段几个方面来考察它们各自的优缺点。

(1)债券。债券的优点是安全性高，一旦企业清盘可优先偿付，缺点是无法分享企业的成长果实。一般不用于早期投资,因为风险企业早期没有销售业绩,没有赢利收入,大多是创意设想、产品样品和商务计划书等这些无形资产。如果在企业早期发展阶段用债券融资,剥夺了风险企业宝贵的现金流量,这是早期风险企业所不愿意的。在企业发展早期应税赢利也很少,债券融资无法起到税收减免的作用。早期企业的负债率过高,更不利于下一阶段债券融资。债券缺少流动性,很难转让,而且债券融资对风险企业而言无法获得足够的控制权。在企业发展遇到难关时,若企业家认为成功的希望较小,企业很可能会被清算,而企业家极有可能会利用自身的信息优势和权力,采取隐蔽行为,侵占企业财产,转移利润,损害投资人利益。因此债券融资一般是在企业后期使用。只有在风险资本家确信企业已经开始产生赢利,或有一定的抵押资产,或企业产品销路比较稳定,并在风险企业不想放弃大多数股权的情况下,可以考虑用债券方式来投资。

(2)普通股。普通股虽然可以分享企业增长,但无法从风险企业的现金收益中获利,而且一旦企业破产,普通股的价值无法得到保障,缺少安全性。普通股也会产生一个风险资本家对企业的控制权问题,风险资本家在投资的初期只是风险企业的少数股东,很难在风险企业的决策中起决定性作用,他们的利益受风险企业多数股东的决策的影响,因此增加了投资的风险。所以风险资本家会要求在既定的投资额下得到较多股权,即增加风险企业普通股融资的成本。普通股融资对风险企业来说比较简单,不用付利息,但会稀释股权,权益方面的灵活性不够。普通股比债券有较好的流动性,在风险企业发展的后期用得比较多,尤其是当股市相当活跃时,风险企业上市的可能性比较大,或在资本所得税的减免条件下,而风险企业又不能接受附带投票权的优先股,风险资本家可以选用普通股来投资。

小规模的风险投资公司,因为没有足够的网络关系和联合投资者来分享信息,无法进行多元化投资来分散风险,在财务和人力资源有限的情况下,一般采用普通股方式。这些风险投资公司把自己当成是风险企业的合作伙伴,强调与管理者的合作,通过在风险企业发挥管理咨询的作用来减少非系统风险。

(3)复合式证券。风险投资常用的是复合式工具,结合债券和普通股的优点,风险资本家开发了大量的复合投资工具的品种,让风险资本家与风险企业之间有充分的协商讨论余地,达到各方满意的利益风险的平衡,最常用的有可转换优先股和附认股权的债券。

所谓可转换优先股,就是指发行时规定可转换条款,允许股权持有人根据自身的意愿或在某些特定的情况下(例如,企业公开上市)将优先股转换成该公司的普通股,转换比例可以事先确定,取决于优先股与普通股的价格的比例。在风险企业经营失败的情况下,由于可转换优先股拥有破产清算的优先清偿权,所以风险投资机构所承担的风险接近于债权的风险。但与债权不同的是,可转换优先股的拥有者不仅可以分享企业资本增值的收益,而且还保留了对企业经营管理中的一些根本性问题的控制权。另外,由于可转换优先股拥有优先的红利获取权,从而可以避免企业家以分红的方式使自己获得过高收入。当然,对于风险企业家来说,通过出售可转换优先股的方式进行融资,不仅可以获取低成本的资金,而且还可以保证自身拥有正常的经营管理权。所以,可转换优先股是一种符合风险投资机构与风险企业双方利益与地位的股权安排。

可转换优先股的种类还可分为累积优先股和非累积优先股,累积优先股的特点是股息固定而且股息可以累积,公司经营不善时未分发的股息可滚存到下一年,直到公司经营状况改善时,一起付给优先股持有者,这种优先股对企业的压力较大,而且红利没有税务抵扣优惠,一般企业不愿意接受,但在中后期企业投资阶段可以考虑,因为那时候企业会有一定的赢利。而非累积优先股到了期限没有支付的股息不可以累积。经常用于创立期企业的风险投资,可以在任何时候以任何方式(通常是在企业上市时)转换成普通股,有较好的流动性。

附认股权的债券的应用也十分广泛,在传统融资中,债券成本较高,而且有严格的条款限制,附认股权的债券让投资者在未来以一定价格认购公司的股票,分享公司的成长,因此投资者愿意接受较低利息和较宽松的合同条款,附认股权的债券可以让风险企业拥有控制权。可转换债券和附认股权的债券的区别是:后者在行使认购股票的权利时为企业带来额外的融资,原有债务在法律上的规定是必须偿还;而前者指以股权代替债权,在资产负债表上作一些调整。可以转换成股票的债权对于投资者来说比较安全,同时可以享受企业未来的增长。

2. 设计限制性或保护性条款。从公司治理结构的角度来看,对企业管理层权利的适当限制就是对投资人权利的保护。为实现上述目的,风险投资机构与风险企业签订的投资合同都规定或有选择地规定下列条款:

(1)控制权条款。风险投资机构为保障对所投资项目一定的参与控制权,一般较多采用两种方式达到目的。

第一,选举权分配条款。传统的公司董事会成员一般由普通股股东以投票的方式决定,董事会的组成与股东各方所持股份比例相一致,但在风险投资领域,即使是持有优先股的风险资本家通常也拥有选举权,即拥有选举一定数量的公司董事的权力。风险投资家拥有了选举权以后,便可以通过自己的代理人及时了解公司的经营管理状况,直接参与重大事项的决策活动,从而更好地进行风险控制。另外还可能约定企业在一定时间内如实现发展目标,则可以减少投资方的董事人员数量,反之则可能增加人数乃至接管整个董事会,调整公司策略和管理层。如,投资方所占股份比例较少,也可以仅安排一名无表决权的观察员出席董事会了解表决情况。

第二,约定保护条款。保护条款要求公司在某些事项的决策上必须先取得风险投资方的适当批准,这类事项一般是与投资方的利益紧密相关的,例如分红、清算、转股、回购、稀释、投票权、发行新股、董事会结构变动等,也可能包含一些可能使其承担风险的行动,例如资产出售、收购合并等涉及资产重组的事项。当然,如果风险投资方占总股份的比例低于一定比例(由投资方和风险企业协商约定),则优先股股东的批准权将被取消。

(2)股权转让条款。在出现特定情况时,股权转让条款能够为风险投资机构提供一种可以动用的保护手段。其具体形式包括四种。

第一,回购条款。该条款约定在某种条件下,公司需要回购投资方的股份,风险投资方据此可以在一定条件下收回投资,而不必承担投资风险。回购的价格可以按照公平市场价格或者原始购买价加上未支付的利息。

第二,解锁条款。该条款一般都规定,如果管理层否决了投资人对外出售自己所持有的公司股份的动议,则必须按同等条件购入相应的股权。

第三,逆收购条款。该条款规定投资人可以按事先约定的价格买入管理层所持有的公司股权,从而完全获得对公司的控制权。

第四,共售条款。该条款是防冷落条款的一种类型,即规定除非所有投资人都收到了相同的要约,否则公司管理层不得单独对外出售所持有的公司股权。

(3)限制企业家行为的条款。风险投资机构所要限制的企业家行为主要包括两种。

第一,内部交易行为。包括管理层报酬的确定、股息的支付、内部人股权的回购、给内部人的贷款等。

第二,直接或间接危害公司市场地位的行为。为获得风险资本注资,风险企业家必须承诺,在其工作期间以及退出公司若干年之内不得从事与公司竞争的事务。风险投资机构设计如上规定的目的是防止企业家滥用商业秘密和知识产权。部分投资合同甚至对营销主管、财务主管、技术专家等公司核心雇员也提出了类似的要求。

(4)反股权稀释条款。所谓股权稀释就是指普通股或优先股转换权的贬值。反股权稀释条款的核心内容是,为防止因风险企业低价发行新股而造成风险投资的原始资产缩水,规定后来加入的投资者等额投资所拥有的权益不能超过这些原始投资者。该条款实质上是一种用来确保原始投资者利益的协定,按照该协定,风险投资机构在风险企业中参与管理的权力才不会削弱。风险投资机构设计的反稀释条款一般可以分成两类:一类是在股权结构上防止股票价值被稀释;另一类是在后续融资过程中防止股票价值被稀释。

第一,结构性反稀释条款。这个条款是指在股份公司发生送红股、股份分割、合并等股份重组情况时,优先股的转股价格需要作相应调整。例如,优先股按照 2 元的价格发行给投资人,初始转股价格(优先股转为普通股)为 4 元,现公司决定按照每一股拆分为 4 股的方式进行股份拆分,转股价格就应变更为每股 1 元,即每 1 股优先股可以转为 2 股普通股。

第二,融资性反稀释条款。企业成长过程中,往往需要多次融资,但谁也无法保证每次融资时股票发行价格都是上涨的,风险投资方往往会担心由于后期融资股票价格低而导致自己手中的股票贬值,因此要求订立该条款加以保护。根据保护程度的不同,主要分为全部按后期融资的最低价格转股以及按股份的加权平均价格转股两种保护方式。

全部按后期融资的最低价格转股(又称“棘轮条款”),该条款赋予股东(包括风险投资人)一种特别权利:当企业以较低价发行新股筹集第二轮资金时,受棘轮条款保障的投资者可以免费得到额外股份,确保他们手持股份每股的价格调低至等同于新股东购入的低价。棘轮条款作为强有力的反稀释工具,无论以后的投资者购买多少股份,受此条款保护的投资者也可得到相同数量的额外股份。举例说明,假设第一轮融资200万元,风险投资方以每股2元的价格购买30万股公司股票,管理层拥有70万股股票。第二轮融资时,由于企业发展不如预想中那么好,导致第二轮融资时发行价格跌至每股1元的价格,则根据该条款的规定,风险投资方的30万股就变为60万股。

棘轮条款也同认股权和可转换优先股结合起来,在实施认股权时附送额外的股票或在转换时获得额外的股票。这样做可以保证风险投资公司持股比例不会因为以较低价格发行新股时发生股权稀释现象,从而影响其表决权。

还有一种温和的反稀释条款,称为加权平均反稀释条款。加权平均法是使用一个公式来确定以后廉价销售股票的稀释效应,并通过授予投资者足够的免费股票抵消这一效应。它考虑在稀释融资中发行多少新股的基础上降低旧的可转换价格。其计算公式为:

$$新转股价格=\frac{原始股价格\times 新融资前股份数+新融资额}{新融资后股份数}$$

举上例来说,如果新融资额为20万元,则新转股价$=(2\times 100+20)\div(100+20)=1.83$元。风险投资方以前投入的60万元,除以1.83元,共得到327 869股,因此风险投资方还需免费得到27 869股。很明显,加权平均反稀释条款与棘轮条款的结果不同。详见表8-2。

表8-2　两种反稀释方法的比较

		棘轮		加权平均	
		数额	比例	数额	比例
第一轮融资	风险投资方持有的股份	30万股	30%	30万股	30%
	管理层持有的股份	70万股	70%	70万股	70%
	风险企业的总股份	100万股	100%	100万股	100%
第二轮融资	风险投资方的转股价格	1.00元		1.83元	
	风险投资方得到的免费股份	30万股		27 869股	
	风险投资方持有的股份	60万股	40%	327 869股	26.7%
	管理层持有的股份	70万股	46.7%	70万股	57%
	新投资者持有的股份	20万股	13.3%	20万股	16.3%
	风险企业的总股份	150万股	100%	1 227 869股	100%

通过上例两种方法的比较,显然加权平均的反稀释方法比棘轮方法对管理层股东更有利。为了保护管理层,全部反稀释条款一般都有明确的有效期。到企业公开发售、企业被兼并或销售时,反稀释条款就告终结,否则将会影响管理层在公共市场或条件有利时兼并、销售筹资的能力。另外,企业为保持自身的稳定,对企业核心技术人员和管理人员,在激励性认股权计划和其他员工激励计划中,投资者的反稀释权利不适用于对管理层发行的特殊股份。

(5)信息披露条款。信息披露条款的主要内容是赋予投资人以更多了解企业经营状况信息的权利。尽管信息披露本身并不会带来直接的实际利益,但却有助于投资人全面地评估企业家的经营管理能力、企业的实际运作情况等。风险投资家获得这些信息,就可以灵活地决定是否进行后续投资或惩处表现不佳的企业家,从而就增强了对企业家的约束力,并在一定程度上降低监督成本。正是基于上述理由,风险投资机构所设计规定的信息披露条款比一般上市公司所遵循的信息披露规则都更严格,即时间间隔更短、内容更广泛、投资人的权力更大。

上述限制性或保护性条款与投资方在董事会的权力、投资工具的品种、投票权的控制相互配合使用,达到一个投资者和企业双方都满意的平衡。如,股票定价越高,上述限制条款就越严格;而风险资本家在董事会的权力越大,限制条款则越弱。当然,所有的条款都是不完全的,在设计条款时可能有信息不对称的情况,在执行条款时更是如此,因此有必要在风险企业的成长过程中,由风险资本家对风险企业实行充分的监控。

3. 确定资金投入步骤和计划。传统项目投资是在项目建设期一次性把资金投入,用于建造厂房、购买安装机器设备等。而绝大多数风险投资则是根据风险企业不同的发展阶段及其需求,确定自己的资金投入步骤和计划,采取渐进式、多轮次的分阶段投资方式。风险投资机构是否投入后续资金以及以何种条件投入后续资金,主要取决于其对企业前期工作成效的评价,以及在新的条件下对市场需求与宏观经济动态环境等重要问题的预期。分阶段投资实质上是风险投资机构与被投资企业之间的多次博弈,上次博弈的结果直接影响着双方在下次博弈中所要采取的策略。通过这种投资策略,投资人实际上就获得了对项目进行不断再评价甚至拒绝进一步投资的权力。所以,分阶段投资也是降低投资初始阶段过高的不确定性而引发的风险,激励与约束风险企业的重要机制。

按照风险企业种子阶段、创建阶段、成长阶段、成熟阶段四个发展阶段,不同阶段,投资风险不同,投资报酬也不同。因此,风险投资机构会基于投资策略与分散风险的观点,将资金分比例投于各发展阶段,形成最佳报酬及投资组合。

(1)种子阶段。这时产品还停留在创意、概念和计划阶段,未见产品原型。因此风险投资机构主要考虑投资对象的技术研发能力与产品市场潜力,以及是否与风险投资机构目前的专长领域、产业范围密切关联。如果整体评估投资风险可控制在合理的范围内,风险投资机构会以10%～15%的投资组合资金比例投入于种子阶段企业。

(2)创建阶段。此时投资对象虽已完成产品原型与企业经营计划。但产品仍未上市,管理队伍也尚未组成。因此风险投资机构主要考虑投资对象的经营计划可行性以及产品功能与市场竞争力。如果觉得投资对象有相当的存活率,同时经营管理与市场开发上也可以提供有效帮助,则将以15%～20%的投资组合资金比例投入于创建阶段的企业。

(3)成长阶段。此时投资对象的初期产品完成上市,在市场上已有一点基础,但有待开发出更具竞争力的产品,并进行较大规模的市场行销,以扩大市场占有率,因此需要较多的营运资金投入。风险投资机构主要考虑该公司的成长能力、市场竞争力、财务计划,以及彼此间的资源互补程度。如果觉得投资对象有相当的成长机会,则会以25%～30%的资金投至成长阶段的企业。

(4)成熟阶段。此时投资对象的经营规模与财务状况,均接近上市公司审查的要求条件,并计划在公开市场筹集资金,进行多角化的经营。风险投资机构对这一阶段投资的主要考虑是能否成功上市、证券市场投资者的接受程度,以及财务操作的效果。如果风险投资机构觉得投资对象上市能获得合理的报酬,则会以15%～25%的资金比例投于成熟阶段的企业。

以下我们从"苹果电脑"案例看一下分阶段投资。苹果电脑公司在创业过程中共获得三轮风险投资。第一轮风险投资时在1879年1月,风险投资方以每股0.09美元的价格共投资518 000美元;8个月过后的1979年9月,由于苹果电脑创业顺利,所以在进行第二轮风险投资时,每股价格便上升到0.28美元,投资金额为704 000美元;到1980年12月进行第三轮风险投资时,价格更是增长到0.97美元,投资金额为2 331 000美元。2012年期间,苹果的单日股价达到665美元的高价,成为当年美国股市最耀眼的明星股。2018年硅谷风险投资家查马斯·帕里哈皮提亚(Chamath Palihapitiya)公开表示:苹果仍是赚钱机器,但创新能力大不如以前。"股神"沃伦·巴菲特(Warren Buffett)也表达了看好苹果股票的观点,甚至想拥有其100%的股份。2018年初的统计数据显示,巴菲特旗下著名的风险投资公司——伯克希尔·哈撒韦公司(Berkshire Hathaway)增持的苹果股票已达到苹果公司的5%。截至2019年7月初,苹果公司(AAPL)股价已达到每股203美元,市值高达9 556亿美元。

从苹果电脑的三轮风险投资看,每股价格和每轮投资额之所以逐步增长,是因为随着苹果电脑的创业和发展,与企业前景相联系的不确定性逐步得到解决,尽管追加的投资成本高于第一轮,但投资风险越来越低了。同时对苹果电脑来说,资金的利用率较高。

三、对风险投资企业的管理

（一）对风险投资企业管理的重要性

风险投资机构和传统金融贷款机构最大的区别是前者要参与被投资的风险企业的运作，即对风险企业不仅承担“孵化”作用，还要承担“哺育”责任。如何对被投资企业进行有效的管理，对于所有的风险投资公司来说，都是一道棘手却又不得不加以重视的难题。因为，尽管作为企业的所有者和经营者大目标应该是一致的，但他们的实际利益并非相同，风险投资家关心企业价值最大化，而风险企业家不仅关心企业价值最大化，还享有控制企业日常经营活动而带来的私人利益。由于风险投资家和风险企业家各自拥有的信息不对称，代理人（风险企业家）就可能利用这些信息去谋求自己的利益，从而产生代理冲突问题。在风险投资中，出于风险企业本身高增长性、资产无形化、高研发费用等因素而产生的不确定性使得外部投资者面临的代理问题更为严重。另外，由于风险资金从投入到退出是一个比较漫长的过程，其间千变万化的环境、市场和技术等诸多因素都会影响企业的发展。因此风险投资在投入资金后必须与风险企业之间保持紧密的联系，并积极地参与企业的经营和管理，减少发生风险损失的概率，争取资本收益的最大化。

（二）对风险投资企业管理的内容

风险投资的管理不同于银行贷款，它是一种权益性投资，是更大范围参与企业运行的管理。这种管理是风险投资公司利用自己的管理能力、技巧和资源，帮助企业经营和策划，特别是在财务、营销方面对风险企业提供强有力的支持，促进企业快速成长，同时也是为了最大限度地降低风险，获取最大投资收益，正如美国硅谷著名的风险投资公司——KPCB公司副总裁弗洛伊德·凯维梅所说的：“我们不是金融家，我们不能像普通的投资者那样把资金投出去后就守株待兔，等待收获。我们是高新技术的建造者，不仅为创业者提供资金，而且努力帮助高新技术企业解决人员、管理、商业策略等各方面的问题。我们与企业休戚相关，是创业家族中的一员。”

从风险投资管理的内容来说，风险投资公司机构对风险企业实施的管理活动主要包括常规性管理、决策性管理、增值性服务，三者既各有侧重，又互为补充。

1. 常规性管理。常规性管理主要指风险投资方在被投企业日常运作过程中，通过各种信息沟通渠道，定期或不定期获取企业经营信息，并对其营销、生产、组织体系等整个价值链中的各环节进行综合分析、评价，从而把握企业的经营动态。其实质就是根据被投企业经营信息的动态反馈，对其进行监控和管理，防范或及时发觉企业的经营风险，督促企业有效执行经营计划的过程。

2. 决策性管理。决策性管理是指风险投资公司以所投入的风险资本为纽带，依据签约实施出资者对企业重大经营决策的表决权,以保护出资人的切身利益,主要包括追加投资、资产重组、业务发展策略、管理层的聘用等重大事项。这里需要强调的是,派出董事、监事在参与被投企业的决策时,其扮演的角色只能是风险投资人的代言人或出资人代表。对事关投资人权益的每一项重大决策,都必须按照风险投资人自身规定的决策程序进行,派出董事、监事在整个决策过程中最重要的责任就是提供合理可行的建议,便于风险投资人作出正确决策。

3. 增值性服务。增值性服务是风险投资公司利用自己在市场、融资、财务、资本运作等方面的优势,为被投资企业所提供的旨在促使其提高绩效、实现企业价值增值的咨询顾问服务。提供增值服务的能力和水平的高低,是衡量风险投资机构水平高低的重要标准。现代风险投资事业的发展,要求风险投资机构将自己定位于综合服务解决商的角色,要有对风险企业进行资源整合的能力,能为风险企业提供高质量的增值服务。增值服务贯穿于常规性管理和决策性管理全过程之中,它主要包括以下内容:

(1)协助组建管理团队。由于多数风险资本家都认为管理是决定投资成败的关键因素,而风险企业最初筹组的管理层,一般缺乏管理经验,尤其在我国职业经理队伍还没有形成的环境下,在企业发展初期,风险投资机构更需要注重培养提高风险企业原管理层的管理水平。风险资本家不仅仅要熟悉一个或几个行业的市场信息和技术发展,也要熟悉这些行业的创业家或经理人才,与他们保持密切关系,甚至会选聘这些人为候选的风险企业管理层人员。当风险资本家投资某个新企业时,往往利用风险投资家的人力资源网络,为被投企业挑选高管人员和技术专家、财务专家、营销专家,并实现他们的有机结合,组建管理团队,有意识地推动风险企业内部治理结构的完善,培育风险企业对规范化管理的意识。

风险投资机构会持续地对被投企业的经营管理人员进行检查和评价,做好撤换和补充后续人才的服务。当企业进展与预期计划相差太远时,风险资本家会从各方面找原因,包括人事问题,在必要时更换管理层,尤其是更换 CEO。这是由于风险资本家在董事会有足够的权力来实施他们的意志,保护投资者利益。根据一项研究表明,美国的风险投资产业,在业绩不良的公司中,有 74% 的总经理或首席行政长官至少被更换一次,在业绩尚可的公司中,也有 40% 的总经理或首席行政长官至少更换一次。在硅谷,目前十分流行 EIR,即驻守创业家制度。风险资本家物色优秀的创业家,尤其是那些已有一次或几次创业成功的创业家,让他们在风险投资公司任职(EIR),参与风险资本家的项目挑选过程,从中发现自己适合或感兴趣的项目,并与原项目发明人一起组建新的风险企业,或者在风险投资公司任职期间孕育新的创业项目。风险投资公司提供 6 个月到 1 年的所有薪水、费用和有关信息、工作条件、必要的资源支持,在项目策划成熟时,由风险投资公司投入资金,组建新的风险企业,由 EIR 担任新的风险企业的总裁。

(2)帮助风险企业制定发展战略规划。风险投资家通常是某一行业和相关几个行业的专家，对行业的发展、市场潜力大小和变化趋势有足够的认识和跟踪，与业内企业有广泛而深入的接触。因此，应充分利用风险投资家自身的行业经验及敏锐的洞察力，为被投企业的发展战略和经营决策提供意见和建议，帮助企业制定业务发展策略，如产品开发策略和营销计划，使产品抢先一步进入市场，并提高市场占有率，推动企业的发展。

(3)提供财务和后续融资服务。风险投资大多采取分段投资的策略，追加投资不可避免。风险资本家在金融界有广泛的联系和资金来源，他们策划不同的融资方式、不同的融资成本和投资附加条件、不同的投资证券工具，协助寻找新的合作伙伴或并购对象，或通过重组以及辅导上市，来满足企业不同阶段的实际资金需要，让投资方和风险企业在利益、风险分配上达到平衡，使双方满意。国内外有许多企业都是在风险投资家（机构）的精心组织和筹划下，通过多轮次的融资或重组而得以快速扩张，并最终成为公开上市公司的，特别是在风险投资业相当发达的美国，如数据设备、苹果、莲花、联邦快递、基因技术、英特尔等公司都是风险投资成功运作的典范。对小规模的初创企业，还需为其提供培训财务人员、实施代理记账、建立财务制度等服务。

(4)提供各类信息咨询服务。风险投资家都拥有广泛的信息资源网络，能够协助被投企业收集相关的市场信息，例如帮助企业寻找重要客户及供应商，以及技术信息、竞争对手的情况，使企业在竞争中处于有利地位。风险投资家还可以利用自己的关系网络帮助风险企业聘请律师、会计师、管理咨询公司等外部专业人士或技术专家提供法律顾问服务、企业诊断服务、管理咨询服务等。

表8－3是对一些著名风险投资机构的投资情况简介。

表8－3　著名风险投资机构的投资情况简介

	投资方向	投资理念	投资服务	投资企业
软银亚洲	■ 首选那些基于IT和通信产品、技术和服务的公司并重点投资那些刚处于种子、成长和扩张期的企业。 ■ 投资的大小取决于公司成长的阶段以及公司的评估价值，但通常希望成为最大的投资方，并且希望持有较多的股份（通常为20%～30%）。 ■ 投资规模少则50万美元，多至1000万美元或更多	◈ 以为创业者营造一流的创业环境为己任，成为创业者在创业时梦寐以求的合作伙伴。 ◈ 培养和壮大那些具有大胆创新精神和一流点子的企业家和具有成长潜力的团队和企业。 ◈ 寻找那些最好的新兴公司团队，有创意的思想和赢利商务模式	与企业合作的步骤： 第一步：拟写一份简略的商务计划概要，主要了解企业的竞争情况，确认企业的财务数据具有说服力。 第二步：提交商务计划。 第三步：审核。投资决定由投资委员会投票决定。 第四步：完成协议书及投资。用3～4周来完成法律文件及法律调查，并完成融资	盛大、橡果国际（好记星）、58同城分类、环球雅思、博客中国、碰碰网、搜狐IT、中广博客网、嫁我网、青牛软件、欢乐传媒、摩比天线、银联商务和亚洲网通等

续表

	投资方向	投资理念	投资服务	投资企业
IDG	■ 瞄准中国的高科技产业尤其是国际互联网、信息服务、软件、通信网络技术、生物工程以及生命科学等领域。 ■ 投资于其产品或服务具有最大市场增长潜力的高科技风险企业。 ■ 对每一家企业的投资额通常在50万~500万美元之间,并追加投资于业绩良好的已投企业中	寻找具备以下条件的风险企业: ❖ 拥有专有技术并在快速增长的市场中具有强大的竞争力。 ❖ 拥有一支在启动和经营高科技企业方面有优秀业绩的管理队伍。 ❖ 具备保护措施的销售渠道。 ❖ 企业具有稳步迅速发展的潜力。 ❖ 细致可行的企业发展计划	提供给创业者们的不仅仅是资金还有以下服务: ● 为风险企业的发展计划、财务管理、组织架构以及法律事务等提供战略性指导。 ● 帮助企业建立销售网络,开拓市场。 ● 帮助培训高级管理员。 ● 提供技术、专家意见和市场调查方面的信息。 ● 帮助企业与其他商家建立战略性合作关系,以取得更具有竞争力的市场地位。 ● 引荐其他国际国内的投资机构为企业提供更多的融资渠道。 ● 在企业合并收购重组和上市过程中提供帮助	携程、百度、搜狐、腾讯、金蝶、科博会、天天在线、世纪互联、8848、易趣、慧聪、金融界、搜房等
DCM	■ 重点关注四大行业:无线服务;数字媒体,数字媒体包括两部分,宽带互联网和互动广告;软件外包;半导体。 ■ 一般不主张或者是不倾向于去控股,持股大多仍会在20%~30%之间	对于早期的风险投资企业: ❖ 对透明度有非常严格的考虑。 ❖ 拥有一个强有力的管理团队,有赖于梦想、眼光、雄心。 ❖ 步枪的打法,打一枪是一枪,非常强调专业性	增值服务主要有三个方面: ● 帮助创业者重新调整技术发展方面的路线图,把握更好的技术发展方向。 ● 帮助作战略上的规划。 ● 在财务方面帮助公司找到资金,帮助他们在账务、资本方面的架构设计	前程无忧、中芯国际、中星微电子、99快钱、埃派克森微电子、猫扑、文思创新、当当网、千橡集团、东方标准等
华登国际	■ 包括互联网、移动及无线应用、通信、半导体、软件、消费电子、能源、媒体和服务业等产业。 ■ 专注于创业初期项目,个别情况下也会考虑成熟期的投资项目。 ■ 投资金额从100万到2000万美元不等。 ■ 持股比例一般不低于20%,并拥有董事席位	❖ 坚信只有与其所投资的公司建立长远的战略性伙伴关系才能获得成功。 ❖ 注重市场潜力及管理队伍素质。 ❖ 首选退出机制为海外上市	长远而言,华登国际为所投资的公司提供: ● 创业及扩展资本。 ● 公司定位及策略计划意见。 ● 跨国及跨地区的策略联盟、客户及供应商网络。 ● 营运范畴的专业知识。 ● 提高公司治理水平。 ● 公司上市及并购等专业意见	新浪、中芯国际、新涛科技、中微半导、中国网络游戏服务网、深圳国微、滚石移动、车盟、亿玛在线科技、广典传媒、当当网等

有经验、高素质的投资人能给企业带来的增值效益是非常明显的。国外有专家经过充分研究和调查,归纳总结出风险投资家可能担当的八种重要角色:

- 咨询顾问——客观、坦诚地听取企业所反映的意见和问题并提出相应的建议。
- 金融家——为企业安排融资计划,提供融资渠道。
- 产业顾问——与企业探讨商务计划,评审企业目标。
- 导师——鼓励和支持企业家团队。
- 朋友——尽力为企业家排忧解难。
- 与专家联系的桥梁(专业化协作)——帮助企业联络行业内外的专家学者或法律、财务等专业人士及中介机构。
- 与行业联系的纽带(产业协作顾问)——帮助企业获取订单、合同,联络产品供应的上下家。
- 为企业开拓市场提供服务管理人才的招聘者——为企业选聘合适的经营管理人才。

应该看到,随着技术和资本市场的不断发展和成熟,风险投资公司和被投资企业都越来越重视这种增值服务。英美等国的风险投资协会曾经做过调查,有57%的高科技企业认为,如果没有风险投资的支持,他们的企业就不存在了,其中很重要的原因是风险投资为企业提供的是一种增值的管理服务。

(三)对风险投资企业管理的主要方式

1. 参加风险企业董事会。风险投资机构对于帮助风险企业建立、健全规范的公司治理架构能起到重要作用,参与董事会、监事会及股东会事务是风险投资机构参与风险企业公司治理的重要形式。对企业决策起最主要作用、对企业影响力最大的是董事会,董事会是公司内部治理的核心,监事会及股东会是对董事会决策功能的支持、监督和延续。对于能在企业董事会中取得一定席位的风险投资机构而言,委派有经验的人员担任董事参与项目企业的董事会事务是最重要、最核心的风险投资管理方式。如果是辛迪加(Syndicate)投资,则一般会委派第一投资人(Lead Investor,或称“领投”)参与董事会。风险投资家很少参与风险企业的日常管理,因而他们都把出席董事会作为提出自己的建议、影响创业者决策、保护自身利益的极好机会。

2. 参加风险企业经营工作会议。为解决项目企业发展中的种种问题,风险投资家参加企业经营工作会议,是风险投资家的投资后续管理方式之一。风险企业董事会经常会遇到董事会执行力不足的问题,主要表现在两方面:一方面董事会决策得不到企业有效执行,或者执行走样;另一方面董事会决策质量不高,难以执行,或者脱离实际甚至决策错误等。参加风险企业经营工作会议是有效解决董事会执行力不足的重要举措。

风险投资家主动到风险企业,与管理层就解决企业存在的问题举行工作会议,这样会促进风险投资家与企业管理层统一认识。有助于董事会决策的贯彻落实,从而提高董事会决策执行的效率。这种方式,一般只有股权比例较大的风险投资机构,或者是能得到企业信任和尊重的风险投资家才有条件采用。风险投资家在使用这种方式时,要注意"度"的把握。当企业运作正常时,对企业具体经营应避免过度干预。否则会抑制管理团队的创新精神,甚至会扰乱企业正常的决策与经营管理;而当企业运作有问题、发展受阻碍时,风险投资家则要主动加大对项目企业经营管理的介入。

风险投资家列席风险企业内部重要经营工作会议也是一种重要方式。对股权比例较小的风险投资机构而言,更是重要机会。通过参加这些会议,风险投资家可以及时、真实地了解企业动态,减少信息不对称;风险投资家可以增强与企业管理层的关系,促进沟通;风险投资家也有机会就有关问题表达意见,对企业经营施加影响。

3. 审查风险企业经营报告。风险投资家往往要求风险企业每月送交一份经营报告,对报告的审核十分严格、敏锐和频繁,强调报告制作的精确性、有效性和规范性、时效性,通过报告中的数据了解风险企业业务进展情况。风险投资家主要密切注意企业是否出现下列问题:支付延误、亏损、财务报表呈报日期延误、财务报表质量不佳、资产负债表项目出现重大变化、企业家回避接触、出现大财产被盗情形、管理阶层出现变动、销售及订货出现重大变化、存货变动异常、缺少预算和计划、会计制度变化、失去重要客户和供应商、出现劳工问题、市场价格和份额变化等。同时,风险资本家还要密切关注关于企业生产技术的变化、企业所在行业的变化及政府政策的变动等外部预警信号。因此风险资本家需要掌握企业最新的情况,及时准确地作出判断分析。

4. 与风险企业高层管理人员通电话或会晤。风险投资家常常采取通电话或会晤等方式,与创业者或风险企业重要管理人员进行交谈和接触,了解风险企业的情况,进行指导或咨询,实现有效的沟通。根据国外调查统计,风险投资家平均每年到每个被投资企业视察 19 次,通过面谈或打电话与企业进行直接接触共花 100 个小时。

5. 针对风险企业的具体问题进行调研。风险投资机构针对风险企业面临的具体问题进行调研,可以加深风险投资家对企业实际的理解,有助于提高董事会决策质量。具体方式有组织企业内部人员座谈或访问企业相关利益者等。还可聘请专业的咨询机构进行辅助调查,手段多种多样。但要注意的是,应避免给风险企业造成不信任的气氛,整个过程应做好各方面的沟通工作。使企业理解风险投资机构之所以这样做,是作为企业战略合作伙伴的高度责任感的驱使。

(四)影响管理参与程度的因素

风险资本家参与风险企业管理监控可根据参与投入程度不同分为三大类:直接指挥型、间接参谋型、放任不管型。直接指挥型是一种紧密式参与,风险资本家的意见直接影响到风险企业的决策工作。间接参谋型虽然在上述几个方面提出咨询建议,但并不强求企业完全接受和采纳,具体实施的主动权还在企业管理层手中。因此在全球风险投资业中,越来越多的风险资本家倾向于采取直接指挥型的方式为企业提供增值咨询服务,进行有效的信息收集和监控,以确保投资收益。放任不管型通常是金融机构下属的风险投资公司对后期企业作短期投资的情况下采用的一种方式,这些风险投资公司的经理既缺少相应的管理经验进行紧密式监控和咨询,也没有必要对已经比较成熟和规范的企业进行过多干预。放任不管倒也是联合投资的非首席(主导)投资者对所投资企业采取的做法。

风险资本家参与企业管理的程度受多种因素的影响,其中最主要的因素包括如下几点。

1. 投资数额。风险资本家对某家企业的投资数额越大风险也就越大,管理监控的程度也越高。

2. 时间安排。风险资本家必须经常对一个企业进行实地访问和电话查询,每年花在一个企业的时间至少为100小时,如果他们管理的风险企业很多,也影响到他们对每个企业的管理时间和程度,因此他们必须有所选择。

3. 企业的需要。企业是否有这种管理咨询的需要,是否愿意接受这种紧密式监控,管理层是否有足够的经验独立完成工作,也影响到风险资本家参与管理监控的程度。

4. 风险资本家的经验。没有足够的经验,风险资本家无法监控企业的经营管理,也无法提供有效的咨询意见。风险资本家还必须对所投资的企业的业务和产品以及相关市场的竞争作深入的研究,以便对企业作一个客观全面的评估。除了风险资本家应该具有的行业和金融方面的经验,其他在企业策略、营销、人事管理方面的经验也是必需的。

5. 与企业的关系。风险资本家必须与风险企业家相互信任和理解,共同明确风险资本家参与管理的目标和方式,风险资本家要花时间与风险企业交流沟通,建立伙伴和合作关系,才能进行有效的管理监督、参与和咨询。

6. 企业的发展阶段。企业希望在后期,风险资本家的参与程度减小;在风险企业遇到困难或出现危机时,风险资本家管理参与加强;首席投资者参与程度较高,而其他投资者一般不参与。

管理在风险投资的"投资、管理、退出"这三部曲中居中间环节,从保证被投资企业的健康发展进而为风险投资的最终顺利退出这个角度来看,是具有决定意义的一环。

第四节　风险投资的退出机制

风险投资的退出机制是指风险投资机构在其所投资的风险企业发展相对成熟之后，通过一定的渠道和方式，将其资本由股权形态转化为资金形态，从而收回投资，实现投资收益的机制和与其相关的配套制度安排。

风险投资退出机制的基本内容主要包括退出方式、退出时机、退出程度的选择三个方面。

一、风险投资退出的作用

风险投资的高风险通常意味着高收益，而退出机制在收益的获取、风险的转移、投资成败的评价，以及能否进行持续的风险投资方面都起着至关重要的作用。

(一)实现投资回报或锁定投资损失

风险投资与一般产业投资的目标不同，一般的产业投资是希望通过经营企业或产品获得产业利润，进而以分红派息来获得收益；而风险投资则一般不以企业分红为目的，而是通过获得资本增值收益实现投资回报。这必然要求，当投资成功时，能够将风险资本增值并转化为流动状态；即使投资失败无法实现增值，也需要将所投资金转化为流动状态。20世纪80年代最热门的风险投资基金——S.罗森管理公司到1988年初，共投资了36个公司，有8个取得了成功，有8个已经破产，另外20个在生命线上挣扎。罗森投资的那些成功的公司包括著名的莲花、康柏和硅制图；失败的公司包括奥斯伯、桑尼斯和恩麦斯计算机公司。这正是风险投资所谓2—6—2法则(通常，风险投资成功、平凡与失败的比例为2:6:2)的例证。所以，如何减少失败的投资项目的损失，确保成功投资的收益顺利回收，对于风险投资家来说显得至关重要。因此，退出是风险投资项目锁定投资损失、实现投资回报的必经之路。

(二)发现投资价值和评价投资绩效

风险投资的对象主要是具有发展潜力的创新企业，这些企业是新思想、新技术、新产品和新市场的综合集成，其价值不能用一般意义上的项目评价和企业财务核算来确定，只能通过资本市场的股票交易或产权交易方式来评价和发现，即以资本市场为媒介，通过社会公众的评价和投资选择，确定公司股票的价格高低或股权价值大小，从而发现风险投资企业的投资价值。因此，以资本市场为依托的风险投资退出机制为风险投资活动提供了比较客观的评价标准。

实际上,风险投资企业的价值发现过程,也是评价风险投资绩效的过程。由于风险资金的提供者与风险投资公司之间存在着代理委托关系,风险投资公司经营的好坏将直接关系到风险资金提供者的收益水平。为此,风险资金的提供者需要对风险投资公司的资金运作能力作出评价。风险资金从风险企业的撤出,为风险资金的提供者评价风险投资公司的经营能力和获利能力提供了依据。风险投资退出时,风险资本增值的大小体现了风险投资的效率,它决定着风险资金的提供者是否继续将资金投入该公司以及投入多少,也决定着风险投资公司在社会上的融资能力,是风险投资家劝说投资者进行再投资的可靠的事实依据。

(三)实现循环投资,壮大风险资本

风险投资的一个重要特点是其资本和投资活动的循环性。从一个较长时期来看,风险投资运作是由“投资—退出—再投资”构成的循环投资过程。其中,退出环节是循环得以持续的保证(见图8-3)。如果缺乏完善的退出机制,风险资本将无法从已成功的风险企业中顺利变现,风险投资家也就无法进行下一轮的投资,风险投资自身的循环与增值过程以及社会的创业活动也都会因此而中断。如,在风险投资发展最成熟的美国,风险资本多以风险投资基金的形式存在,一般有效期为7~10年。在有效期到来之前,风险投资基金管理机构必须退出所有的项目投资,并将资本及获利返还给投资人。如果一个风险基金公司信誉良好,能够带来良好的投资回报,不仅能够维持原有投资者,而且会吸引新的风险投资者不断加入,从而形成投资活动的良性循环,并使风险资本不断壮大。

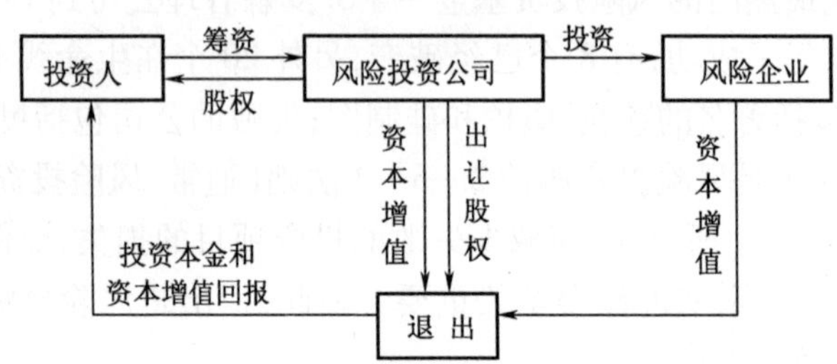

图8-3 风险投资运作的循环投资过程

二、风险资本退出的方式选择

风险投资公司之所以愿意承担高风险,主要是追求高额的投资回报,因而风险投资公司在将风险资本注入风险企业3~8年后会希望带着丰厚的利润而将资本撤回。风险投资公司为了防止资金被锁定,一般在契约条款中规定资金的退出时间和方式。风险投资公司资金退出的方式及时机选择,取决于投资公司整个投资组合收益的最大化,而不追求个别项目的现金流入最大化。

(一)风险资本退出的主要方式

不同的国家和地区,由于其风险资本的来源不同,资本市场的发育程度不同,因而风险投资退出的方式也不相同。目前,世界上风险投资的退出方式主要有四种。

1. 首次公开发行股票(Initial Public Offering,IPO)。IPO 退出是指风险投资者通过风险企业股份公开上市,将所持有的风险企业股份变成为可流通的股票,在证券市场上变现,从而实现风险资本从风险企业的退出。

(1)首次公开上市退出方式的特点。首次公开上市退出被认为是风险投资最理想的退出方式,这是因为:①对于风险企业而言,IPO 是金融市场对该企业发展的一种确认,有助于提高风险企业的知名度,树立企业形象,开拓在证券市场上持续的融资渠道,而且这种方式还保持了风险企业的独立性。②对于风险资本家来说,风险资本家持有的不可流通的股份转变为上市公司股票,获得了营利性和流动性,而且这种方式的收益性普遍较高。苹果公司首次发行获得 243 倍的收益,莲花公司是 63 倍,康柏公司是 38 倍。根据美国的调查资料显示,有约 1/3 的风险投资公司选择通过股票公开上市退出。③企业发行股票的退出机制在资本的供给者和使用者之间建立了一种对未来企业控制权的隐性合同。这种隐性合同对处理高风险条件下委托人与代理人之间利益冲突是有效的。

不过,首次公开发行股票也有其局限条件:①上市成本很高,具体表现为三个方面:一是由于 IPO 的条件很严格,因此上市耗费时间长,不但有可能影响公司的正常运作,还有可能因为资金占用时间过长而丧失其他的投资机会,导致机会成本加大。二是上市的费用十分昂贵,发行企业要负担数额较大的承销费用(一般为所获投资总额的 5% ~ 10%)以及昂贵的上市交易费,即使是在费用比主板要低的二板市场上市,由于对市场前景不是很明朗的风险企业来说,会明显地加大公司的财务负担。而且随着近年来风险投资业的快速发展、风险企业上市需求的增加,各地二板市场的上市费用都有明显地提高。例如,美国 NASDAQ 在 2001 年 10 月宣布提高企业在 NASDAQ 市场的上市交易费用,NASDAQ 全国市场首次上市费用从 95 000 美元上调 58%,至 150 000 美元;小型股市场 IPO 交易费用从 10 000 美元调到 40 000 美元。香港创业板也根据实际情况,相对提高了企业上市的费用。三是进行 IPO 上市后,风险企业的公众监督更广泛,信息披露要求更充分,公司必须更加规范地运作,实际上失去了公司部分控制权和灵活性,也可能增加运作成本。②风险企业必须具备首次公开发行的必要条件。尽管二板市场的上市标准比主板市场的上市标准低,但实践中仍然有许多风险企业达不到上市条件而无法实施首次公开上市。③IPO 后风险投资公司在限制期内并不能完全实现股权的流动性及收益性。

各国监管当局为了稳定投资者信心和股市价格，对于风险投资公司在 IPO 时出售股份的比例及出售时间都有严格的限制性规定。例如，通过美国 NASDAQ 上市的风险企业股份禁售期为六个月，也就是上市六个月后风险投资公司才可以将其持有的股份抛售变现获得收益。④风险企业要面临一定的发行风险。风险企业首次公开发行成功与否，不仅取决于风险企业自身的状况，而且还在很大程度上受股票市场活跃程度的影响。

（2）实现 IPO 的前提条件。实现 IPO 的前提条件是具有适合风险企业上市并且股权变现流通性很强的证券市场。美国的经验表明，风险资本的发展与证券市场有密不可分的关系。一个发达活跃的证券市场能极大地刺激风险资本业的发展。证券市场的筹资功能越大、筹资机制越灵活，风险资本家的投资回报越高，流入风险资本业的资金越多。

由于主板市场门槛过高，而风险企业一般是中、小高科技企业，在连续经营历史、净资产、利润额等方面均难以达到要求，加之它们是在一些新的领域内发展，本身失败的可能性较大，同时，风险资本家为了尽快建立自己的市场信誉，具有过早地把企业推向市场的倾向，这也使得证券市场所承受的风险大增，因此，风险投资通过主板市场退出的比例较小。世界主要国家和地区都在主板市场之外成立有专为高科技企业和风险投资服务的小盘股市场，称二板市场或创业板市场。创业板市场比主板市场上市略微宽松，对企业经营历史和经营规模的要求较低，更注重企业的经营活跃性和发展潜力，因而也可以称之为新兴中小企业和风险投资企业的成长板市场。在世界各国的高新技术企业市场中，首推美国的纳斯达克市场最为成功。它培育了像微软（Microsoft）、英特尔（Intel）、戴尔（Dell）、Sun、Genentech 等一大批高科技企业。纳斯达克市场之所以成为世界上最成功的高科技市场，除了美国高科技产业的迅速发展外，它在上市标准、上市费用、交易制度、市场服务等方面适应高新技术企业的特点，为其营造良好的市场条件，是其成功的重要原因。

欧洲从 1995 年开始，也相继成立了多个服务于新生高成长性企业的股票市场，其中较具规模的有 Nouveau Marche 和 Euro－NM 市场、英国的 AIM 市场和比利时的 Easdaq 市场，它们在促进欧洲高新技术产业发展、为风险资本提供退出渠道上起到了十分积极的作用。亚洲各国和地区也设立了多个服务于新兴高成长性企业的小盘股市场。除了较早设立的日本 Jasdaq 市场外，还有中国台湾的场外证券市场、新加坡证券交易及自动报价系统市场（SESDAQ）、马来西亚证券交易及自动报价场外证券市场（MESDAQ）、吉隆坡证券交易所二板市场（KLSE）等。

（3）我国的创业板及上市条件。创业板市场，各国的称呼不一。有些国家叫二板市场，有些叫第二交易系统、创业板市场等。它是指交易所主板市场以外的另一个证券市场，其主要目的是为新兴公司提供集资途径，助其发展和扩展业务。在创业板市场上市的公司大多从事高科技业务，具有较高的成长性，但往往成立时间较短，规模较小，业绩也不突出。创业板市场主要服务于新兴产业尤其是高新技术产业,在促进高新技术产业的发展和进步方面起到了至关重要的作用。

我国于2009年推出创业板,根据《首次公开发行股票并在创业板上市管理暂行办法》第十条规定,发行人申请首次公开发行股票应当符合下列条件:

• 发行人是依法设立且持续经营三年以上的股份有限公司。有限责任公司按原账面净资产值折股整体变更为股份有限公司的,持续经营时间可以从有限责任公司成立之日起计算。

• 最近两年连续盈利,最近两年净利润累计不少于1 000万元,且持续增长;或者最近一年盈利,且净利润不少于500万元,最近一年营业收入不少于5 000万元,最近两年营业收入增长率均不低于30%。净利润以扣除非经常性损益前后孰低者为计算依据。

• 最近一期末净资产不少于2 000万元,且不存在未弥补亏损。

• 发行后股本总额不少于3 000万元。

(4)我国的科创板及上市条件。2019年3月,上海证券交易所正式发布实施设立科创板并试点注册制相关业务规则和配套指引,包括《上海证券交易所科创板股票发行上市审核规则》《上海证券交易所科创板股票上市委员会管理办法》《上海证券交易所科技创新咨询委员会工作规则》《上海证券交易所科创板股票发行与承销实施办法》《上海证券交易所科创板股票上市规则》《上海证券交易所科创板股票交易特别规定》6项主要业务规则。

相关业务规则明确了科创板上市条件:一是符合中国证监会规定的发行条件;二是发行后股本总额不低于人民币3 000万元;三是公开发行的股份达到公司股份总数的25%以上,公司股本总额超过人民币4亿元的,公开发行股份的比例为10%以上;四是市值及财务指标符合规则规定的标准;五是上交所规定的其他上市条件。其中,市值及财务指标应当至少符合下列标准中的一项:一是预计市值不低于人民币10亿元,最近两年净利润均为正且累计净利润不低于人民币5 000万元,或预计市值不低于人民币10亿元,最近一年净利润为正且营业收入不低于人民币1亿元;二是预计市值不低于人民币15亿元,最近一年营业收入不低于人民币2亿元,且最近三年累计研发投入占最近三年累计营业收入的比例不低于15%;三是预计市值不低于人民币20亿元,最近一年营业收入不低于人民币3亿元,且最近三年经营活动产生的现金流量净额累计不低于人民币1亿元;四是预计市值不低于人民币30亿元,且最近一年营业收入不低于人民币3亿元;五是预计市值不低于人民币40亿元,主要业务或产品需经国家有关部门批准,市场空间大,目前已取得阶段性成果。医药行业企业需至少有一项核心产品获准开展二期临床试验,其他符合科创板定位的企业需具备明显的技术优势并满足相应条件。

相关规则还明确了红筹企业上市标准,符合规定的相关红筹企业,可申请在科创板上市。其中,营业收入快速增长,拥有自主研发、国际领先技术,同行业竞争中处于相对优势地位的尚未在境外上市红筹企业,如果预计市值不低于人民币100亿元,或者预计市值不低于人民币50亿元且最近一年营业收入不低于人民币5亿元,可申请在科创板上市。

2.股份出售。股份出售是指其他企业按协商的价格收购或兼并风险企业从而使风险资本退出的方式,也称并购。从事风险企业并购的主体有两大类:一类是一般的公司;另一类是其他风险投资公司。故可将并购分为两种:一般并购和第二期并购。一般并购主要指公司间的兼并与收购。通常的做法是新兴的风险企业被某一大公司兼并,风险投资公司通过与大公司交换股票从而退出风险企业。当风险投资家打算尽早撤离,风险企业经营业绩稳步上升但尚不满足IPO条件,或者决定通过战略联盟扩充实力时,并购就成为最佳退出方式。第二期并购是指由风险投资公司将其所持有的风险企业的股权转让给另一家风险投资公司,由其接手第二期投资。如果原来的风险投资公司只出售部分股权,则原有投资部分实现流动,并和新投资一起形成投资组合;如果完全转让,则原有的风险投资公司全部退出,但风险资本并没有从风险企业中撤出,转换的只是不同的风险投资者,因此企业不会受到撤资的冲击。

(1)股份出售退出方式的特点。股份出售退出方式对参与各方都有着较大的吸引力:①对于风险投资家来说,出售风险企业的股份可以立即收回现金或可流通证券,可使风险资本一次性完全退出,快速进入“投入—退出—再投入”的循环,剩余风险很小或几乎没有;②对于风险企业来说,可通过充分利用大公司的雄厚资金来增强自己的研发能力,提升核心竞争力。而收购方也可以借助并购获取协同效应,扩大市场份额或进入新市场,完成自身的战略目标;③因为面临的谈判对手只是少数几个买方,而不是整个市场,因此出售的操作相对IPO简单、费用低、花费时间少、资本变现快速;④适用于各种类型和规模的公司,对于一些小公司来说,可能是唯一可行的选择。

但在实践中,出售方式也表现出两大缺陷:①公司管理层并不欢迎这种收购方式,因为风险企业一旦被大公司收购后就不易保持其独立性,公司管理层对公司的控制权就会受到影响。因此通常需要对管理者作出激励安排来协调矛盾,这些安排主要包括以下措施:将收购价格的一定比例支付给管理层,给予管理层部分股权或股票期权、离职补偿与红利安排等。这些激励安排为管理层在并购后的权益提供了部分保障,并使其站在投资人的角度来考虑问题。这些实际上是并购双方为实现其目标而对管理层进行的一种利益让渡。同时,“第二期并购”也是避免这一冲突的一种选择。②由于收购方太少,信息不对称等因素,它常常难以找到买方,价格也不尽合理,收益率与公开上市相比明显偏低,大约只有IPO的1/4到1/5。

(2)股份出售的支付形式。并购所采用的支付方式通常是换取股票,换来的股票一

般有两种:一种是可直接兑现的股票;另一种则是不能直接买卖的股票。通过交换股权来实现收购,归结起来大致有以下两种方法:

第一种是固定比率股票交换。即收购公司可以用固定比例的本公司普通股股票去交换卖方的股票。其交换的比例在最初谈判时就已确立,并且不论两种股票的市场价格会发生什么变化,交换的比例都保持不变。有时,为了防止买方的股票价格下跌给卖方造成额外的损失,往往需要确定一个保护措施,即给出一种价格波动的范围。在范围内的价格波动不影响原定的交换比例,不必重新进行谈判或磋商。倘若买方的价格变动超过了协定的价格范围,就要采取不同的解决方式,比如重新商谈协议或终止交易,当然也可以预先商定一个固定的最低/最高支付价格的协议作为第二个保护措施。在并购交易中,由于采取固定比率股票交换使买方股票每股盈余的计算得以固定而深受其青睐。

第二种是固定的现金价值。即在预先的谈判中商定好交易的现金价格,或者商定好基于财务报告收入的现金价格。虽然这种安排有利于防止买方股票下跌而保护卖方利益,却无法避免由于股票市场的波动给股票每股盈余所带来的影响,因此常常需要事先商定与前述相似的保护性措施。

当然,风险资本以并购方式退出风险企业离不开资本市场的支持,近年来收购兼并市场的发展为风险资本提供了更为广阔的退身之路。以美国为例,自 19 世纪末以来,美国曾发生过四次大的企业兼并浪潮。进入 20 世纪 90 年代,美国又出现了第五次兼并浪潮。如今,美国每年的收购兼并金额都在 3 000 亿美元以上。而且不乏骄人的经典业绩案例,例如比尔·格罗斯以 20 万美元投入的 Goto(后改为 Overture)被雅虎以 16 亿美元收购之后,得到了 800 倍的回报。同过去相比,第五次兼并浪潮具有交易规模大、涉及面广及兼并形式多样化的特点,在完善的法律制度的约束下,收购兼并市场的发展为风险资本的顺利退出提供了广阔的空间。

3. 股份回购。回购退出是指风险企业以现金或可流通证券的形式购回风险投资公司手中的股份使风险资本退出的方式。回购的类型主要有三种:一是风险企业用本企业的现金或票据回购股权;二是员工收购(EBO),即通过在风险企业内部设立员工持股基金回购风险投资股份,员工持股基金的资金主要来源于公司的税前收益和建立在公司预期收益基础之上的市场融资;三是管理层收购(MBO),即风险企业的管理层运用借贷融资或金融衍生工具中的期权方式回购股权。就其实质来说,回购退出方式也属于并购的一种,只不过收购的行为人是风险企业的内部人员。

(1)股份回购退出方式的特点。回购的优势:①回购只涉及风险企业与风险投资方两方面的当事人,产权关系明晰,操作简便易行;②回购受到的管制少,创业资本撤离速度快;③回购可以使风险企业的外部股权全部内部化,风险企业的独立性不受影响,并有充足的资本保证企业的升值潜力;④股份回购还可以作为风险投资公司回避风险的一种工具。例如,北京科技风险投资股份有限公司(简称北科投)投资于华诺公司(从事宽带网络通信技术开发及其应用推广的高新技术企业)之初,双方设定了管理层回购条约,即北科投投资1 500万元人民币,占有30%的股份,一年以后,管理层以1 500万元人民币的价格,回购风险投资公司一半的股份。这一条款最大限度地锁定了投资风险,保证北科投可以获得较其他投资人更为优先的套现权利。这种退出方式能够最大限度地保护老股东的利益,激励管理层的创业激情,提高企业效益的同时也是一种激励机制的创新。

股权回购的缺点:①对回购来说,如果企业创始人用其他资产(如其他公司股票、土地、房产等)和一定利息的长期应付票据支付回购,会涉及变现及风险问题。②股权回购对风险投资的经营状况要求相当高,所实现的收益也远不及IPO。

(2)股份的估价方法。在进行股份回购交易时,必须对涉及的股票价格进行评估,以实现股权的顺利过渡。股份回购的估价标准多种多样,目前美国最为流行的有以下七种形式:

一是价格—收益比率(PE)。价格—收益比率方案是股份回购中应用最普遍的方案,而流行的价格—收益比率则是从相同行业的公开上市股票中选择出来的,PE比乘以每股的收益得出每股的价格,也就是风险企业家或风险企业将付给风险投资家的股票价格。

二是账面价值。虽然用账面价值很容易计算出风险资本家所持股票的股价,但只有对那些建立账面价值且足够成熟的风险企业,账面价值才能成为估价风险投资者产权地位的一种方法,而在风险企业发展的早期,由于账面价值较低,故不能适用。

三是销售额的百分比。在风险企业发展的早期,由于重大贬值或研究和发展费用开支甚大,收益可能较低,价格—收益比率方案将不适宜。鉴于销售额不能随意篡改,因此销售额百分比成为风险企业价值极好的指标。

四是现金流量的倍数。在某些行业(如商业)中,可以用现金流量来衡量其业务进展情况,而公司的价值则可通过现金流量的倍数得到,从而进一步得出风险投资者所拥有的公司股权的价值,由此作为收买其所持股权的依据。

五是销售额的倍数。某些行业中某些公司的价值,是以销售额的倍数为基础的,因而可以进一步推算出风险投资者所拥有股权的百分比及价值。

六是评估值。对于风险投资公司所有股份价值的评估通常采取两种方法:①根据风险企业过去和将来的收益能力来确定其价值;②资产的价值是通过把它们当成一个法定清理的一部分而被拍卖来确定时,评估者从这个清理中减去所有未付债务,剩下的价值就是估价。

七是预定的现金额。即把买卖股权和期权建立在单一的现金数量上,风险投资者在投资风险企业的第三年年底,有权要求风险企业以一定的金额来购买他所拥有的产权所有者地位。

4. 清算。清算是风险投资项目失败时,风险投资机构被迫选择清盘方式来减少投资损失的一种退出方式。通常,风险资本家会在以下情况出现时清算风险企业:①风险企业财务状况恶化,无法偿还到期债务,同时又无法得到新的融资;②风险企业计划经营期内的经营状况与预计目标相差较大,风险资本无法通过首次公开发行、并购或回购从风险企业退出;③风险企业发展方向背离了商务计划及投资协议中约定的目标,风险企业家决定放弃风险企业。

风险投资的巨大风险显著体现在高比例的投资失败上,据统计,美国由风险投资支持的风险企业大约有20% ~30%完全失败,60%左右受到挫折,只有5% ~10%的风险企业可以获得成功。对于风险资本家来说,一旦所投资的风险企业经营失败,就不得不采用此种方式退出。虽然这种方法通常只能收回原来投资的一部分(据统计大约为64%),但在必要的情况下必须果断实施。因为企业的经营状况可能继续恶化,而且投入在不良企业中的资金存在着一定的机会成本,与其沉淀其中不能发挥作用,不如及时收回资金投入到更加有希望的项目中去。因此,清算退出虽然是迫不得已,但却是避免深陷泥潭的最佳选择。在风险投资项目退出方式中,风险企业清算有着不可替代的地位。风险企业清算有三种方式:解散清算、自然清算和破产清算。

(二)风险投资退出方式的比较

不同风险投资退出方式的比较可以从以下几个方面进行。

1. 从投资收益方面来看。在各种退出方式中,首次公开上市的投资收益最高,并购、回购次之,清算最低甚至是负数。根据美国对42项风险投资的调查(Bygrave和Tinmons,1992):30%的风险投资是通过企业股票发行上市退出,23%通过兼并收购,6%通过企业股份回购,9%通过股份转卖,6%是亏损清偿,26%是因亏损而注销股份。研究人员对加拿大的风险投资退出结果研究表明,首次公开上市的平均年收益率为43%,并购退出的收益率为36%,回购退出的收益率为2%,清算则是百分之百的亏损。

2. 从选择的比例方面来看。虽然首次公开上市退出是公认的最佳退出方式,但是由于风险投资支持的企业数量巨大,但市场容量有限,公开上市本身也存在前述的各种弊端,因此在实践中并不是采用最多的退出方式。事实上,在美国风险投资的历史上一直占据着绝对重要地位的是出售方式,尤其在股市行情不好时更是如此。根据对美国442项风险投资的调查,30%的风险投资通过IPO退出,23%是一般收购,9%为第二期收购,6%是股票回购,6%是亏损清偿,26%是因亏损而注销股份的。其中售出方式包括一般收购、第二期收购、股票回购,三项合计占38%,总量上比IPO还多。进入20世纪90年代,美国出现了历史上第五次兼并浪潮,每年兼并收购金额多达3 000亿美元,收购兼并市场为风险资本家顺利出售自己的股权提供了广阔的空间。并购在风险投资退出方式中的比重越来越大，作用也越来越重要，而且通过收购退出也同样有效，如 Cernet 就以 69 亿美元被 Cisco 收购。

3. 从时间和费用方面来看。由于首次公开上市退出手续烦琐，涉及法律、会计、中介等，因而所需要的时间周期较长、费用最为昂贵。从风险企业准备上市到正式上市之间通常至少需要 6 个月或更长的时间，并且在股票上市后风险资本所拥有的股份也不是马上能够退出，而是需要一定时间的锁定期才能上市交易。费用方面一般来说，当发行规模超过 2 500 万美元时，发行成本大约为发行市值的 15%，而当发行规模低于 1 000 万美元时，发行成本将大大超过 15% 的水平。而并购和回购方式只需要双方私下达成协议就行，费用低廉，不到并购总额的 1%，手续相对简便，时间也较短，能尽快收回投资，实现收益。

4. 从转让对象方面来看。首次公开上市退出的转让对象是广大社会公众，并购退出的转让对象主要是一些大公司和其他风险投资公司，回购退出的转让对象是风险企业或风险企业的管理层。

表 8－4 比较了美国风险投资退出渠道。

表 8－4　美国风险投资退出渠道分析

退出渠道	背景	转让客体	转让对象	市场性质	投资年限	回报倍数	发生概率
公开上市	完全成功	股票	社会公众	二板市场	4.2	7.1	20%
一般购并	比较成功	整体或大股股票	大公司	产权市场	3.7	1.7	25%
二次购并	情况一般	股权	风险投资机构	产权市场	3.6	2.0	10%
管理层回购	比较成功	整体或大股股票	风险企业	产权市场	4.7	2.1	25%
破产清算	完全失败	资产	企业家	产权市场	4.1	0.2	20%

资料来源：根据《美国风险投资》2003 年 3～8 期的相关资料整理而成

（三）影响风险投资退出方式选择的因素

1. 不同的金融体系。金融体系可以分为两大类，即以证券市场为主导的金融体系和以银行为主导的金融体系。例如，美国就是一个典型的以证券市场为主导的金融体系的国家。人们普遍认为美国的风险投资之所以在全球最成功、最发达，其中一个重要原因就是因为美国有着成熟完善的证券市场，特别是有二板市场——NASDAQ 市场，为风险投资的退出创造了条件。而以德国和日本为代表的以银行为主导的金融体系的国家，由于银行和企业的关系密切且稳定，风险企业习惯于从隶属于集团的投资公司和银行寻求资金的来源，缺乏一个比较具规模的活跃的小盘股市场，因此风险资本的退出很少通过证券市场进行，而主要以企业并购和股份回购为主。

2. 风险企业未来收益的现值。一般来说,只有当风险企业的未来收益现值超过该退出方式的成本时,采用这种方式退出才是可行的。即如果风险资本家期望采用首次公开上市方式退出,则风险企业的未来收益现值必须超过证券市场的代理成本才可行,否则只能采用其他退出方式。

3. 风险企业的控制权。采用首次公开上市退出,将使风险资本家所拥有的股份稀释,控制权削弱,相应地风险企业家就获得了更多的控制权,而并购、回购等退出方式则不利于风险企业家对企业的控制权,容易引发风险企业家与风险资本家之间的利益冲突。

4. 新的股权购买者解决信息不对称的能力。风险投资退出时,内部投资者(股权出售者)与外部投资者(新的风险资本股权购买者)之间存在比较明显的信息不对称,表现在内部投资者拥有风险企业比较真实的信息,而新的股权购买者对风险企业信息的获取则依赖于风险企业的信息披露。因此新的股权购买者解决信息不对称问题的能力将影响风险资本家退出方式的选择。例如,首次公开上市方式,由于公众购买者缺乏必要的专业知识,在评价风险企业时面临严重的技术和信息方面的不足,即使聘请专业的中介机构,也不能很好地解决内外部投资者之间存在的严重的信息不对称问题。而对于并购、回购方式,股权购买者解决信息不对称问题的能力则要强得多。

5. 经济景气程度。风险资本家会随着经济景气程度的不同选择不同的退出方式。当经济处于繁荣时期,市场上资金充裕,投资者信心增强,风险资本家选择首次公开上市退出方式的比例增大,成功率也高;而经济处于不景气状况时,风险资本家选择其他方式退出的比例增大,而首次公开上市退出方式的比例则下降。例如,美国,2000 年风险投资业采用首次公开上市退出的比例为 32.8%,其他退出方式为 67.2%。2001 年第一季度由于 NASDAQ 指数一路下跌,导致风险投资首次公开上市退出比例下降至 6.3%,而其他退出方式的比例则上升到 93.7%。

6. 风险资本家和风险企业家的偏好。作为风险投资业的双方当事人——风险企业家和风险投资家对于风险投资的退出方式的偏好因双方利益的冲突而不完全一致。一般来说,对于上市能够带来较大利益的公司来说,双方当事人都会选择让公司通过上市来退出,这样资本家就愿意完全放弃控制权,只保留最大收益权,而企业家能够更独立地对企业的经营管理进行决策;而对于上市只能带来较小利益但前景比较广阔的公司来说,风险资本家会选择让企业通过并购来退出,但风险企业家还是会偏好于通过上市来退出,这样可以使风险企业家能够长久地获得企业的控制权并取得长期股份回报。

关于风险投资退出方式的选择,大体上应遵循如下原则:一是风险投资退出时的资本增值问题;二是风险投资退出方式的选择如何影响风险企业内部控制权的激励效应;三是风险投资退出绩效如何影响风险投资的后续融资。究竟采取哪种退出方式,就看这几种方式优劣结果的权衡。

三、风险投资退出时机的选择

对风险投资公司而言,成功项目的退出时机实际上是一种可以随时执行的期权。退出时机的选择受多种因素影响,这些因素概括起来,可分为宏观因素和微观因素两大类。影响风险投资项目退出时机选择的宏观因素包括:经济周期、证券市场活跃程度、产权交易市场成熟程度以及相关的政策法规。影响风险投资项目退出时机选择的微观因素有:风险企业生命周期、风险企业的现实业绩、投资机构的资金实力、风险资本家的偏好与风险企业家的偏好等。以下对微观因素展开分析。

(一)根据风险企业生命周期选择退出时机

在风险企业生命周期的种子期、创建期、成长期、成熟期 4 个阶段中,第四个阶段即成熟期前后是退出的最佳时机。因为在此之前企业还需要资本注入,特别是由于其现金流量为负,而投资者不愿意投资前景不定的企业,此时选择退出非常困难;而后由于企业的成熟期经营较为稳定,获取超额利润的机会已不大,创业资本滞留其中已没有意义。如果将成熟期的项目,出让给那些抵抗风险能力较低的普通投资人,每年有稳定的收益正好符合了这一类投资者的需要。对这类投资者来说,这一批风险投资的退出可能是最好的买入时机。

风险投资退出的最晚时机应是企业成熟期的初期。当风险企业走向成熟时,风险大为减少,这时风险企业家就希望由自己控制企业,而不是听命于风险投资家,风险投资家也愿意见好就收。就风险投资的特点而言,一般在成长期的末期就应该考虑退出问题。此时的企业留有一定的想象空间,其退出的价格可能比成熟期还要高。同时,还要根据项目的发展阶段,选择合适的交易对象,退出谈判才容易获得成功。

(二)根据风险企业的现实业绩选择退出时机

项目赢利能力是影响退出时机的一个直接因素。除了那些经营不正常或出现亏损且扭亏无望的投资项目要积极部署退出外,风险投资还应对目前虽能维持经营、但项目赢利能力较差的项目主动考虑退出,而且退出必须果断,否则大量资源投入后成为沉没成本,会造成无法弥补的损失,摩托罗拉的铱星项目就是一个典型例子。1991 年,摩托罗拉公司牵头成立铱星公司,建立由 66 颗低轨道卫星组成的全球卫星移动通信网,试图实现全球“无缝隙”覆盖。但由于运营和技术等原因,后来发现这个项目并不像当初想象的那样乐观。可是,公司的决策者一直觉得已经在这个项目上投入了那么多,不能半途而废,所以仍苦苦支撑。在耗资 50 亿美元后,铱星公司不得不于 2000 年 3 月 17 日宣布破产。对于情况一般的项目,可以选择在成长中期开始转让产权,退出风险企业;对于成功项目,风险投资公司通常在成熟期的早期转让手中的股票,以获取最大收益并及时退出。

风险企业股权增值状况也是决定风险投资项目退出时机选择的重要因素。当风险企业由小到大顺利地成长时,风险企业所面临的研发风险、制造风险、市场风险、财务风险、管理风险依次被排除,风险企业的股权大幅度增值。创业资本家通过向风险企业提供增值服务和对风险企业实施运营监控来促进风险企业的成长,动态地掌握风险企业的股权增值状况。一旦确认继续持有风险企业股权的边际成本大于预期的边际收益,创业资本家就要着手实施风险投资项目退出。

(三)根据投资机构的资金实力选择退出时机

市场中有不同的创业资金来源和规模大小不一的风险投资机构,在风险投资取得巨额的投资回报前,不同的风险投资机构应该是“利益均沾”的。风险企业整个成长过程是各方资源分阶段获利的过程。从风险投资运作的过程看,在几个不同阶段都有不同的介入主体。中小规模的风险投资机构,在投资过程中主要起引导作用。它们没有必要坚持到企业成熟期才退出,在企业成长期就应该开始考虑退出。而对于规模较大的风险投资机构来说,一旦高新技术企业发展到成熟期,其收益回报就会由超额利润转变为常规利润,这类风险投资机构此时便可以考虑退出,将接力棒交给类似于投资银行和商业银行等战略投资者,甚至是社会大众。

(四)风险资本家的偏好和风险企业家的偏好

风险资本家是风险投资项目退出的实施者,其偏好对风险投资项目退出时机的选择有直接的影响。美国学者 Gompers(1996)的一项实证研究结果表明,新设立的风险投资公司把风险企业推向公开上市的时间要早于老的风险投资公司,其目的是要在风险资本市场上树立声誉,为新基金融资制造好的业绩纪录。风险资本家对风险投资项目退出方式的偏好,也会影响风险投资项目退出时机的选择。对于成功的风险企业,如果风险资本家将首次公开上市作为首选的退出方式,其退出时机选择就必然受证券市场走势的制约。风险企业家是风险投资项目退出的另一方当事人,出于自身利益的考虑,风险企业家对风险投资项目退出方式的偏好与风险资本家的偏好并非完全一致。一般地说,风险企业家对首次公开上市普遍持欢迎的态度;而对于并购,尤其是一般并购,出于对风险企业控制权的考虑,其反应是比较消极的;对于回购,则要视风险企业的发展状态以及风险企业家对风险企业发展前景的预期,其反应可能是消极的,也可能是积极的;对于清算,风险企业家的态度普遍是消极的,因为清算是对其创业活动的完全否定。风险企业家对于风险投资项目退出方式的偏好通过其对风险投资项目退出的配合程度来影响风险投资项目退出时机的选择。

四、风险投资的退出程度

风险投资的退出可以是全部或部分。国外专业研究机构 Cumming and Macintosh 研究了风险投资家完全退出(full exit)和部分退出(partial exit)的问题,指出全部退出的绩效不一定比部分退出的高。他们对加拿大和美国的数据进行了实证检验,在美国风险投资诸多退出方式中,IPO 和出售方式部分退出的收益率较全部退出的要高。在加拿大风险投资诸多退出方式中,IPO、二次出售和回购方式部分退出的收益率较全部退出的要高。同时研究还显示,信息不对称程度是决定风险投资选择全部退出还是部分退出的重要因素,当内部人(风险投资家)和外部人(潜在的买方)之间信息不对称严重时,风险投资家将选择部分退出。部分所有权的保留是一种质量信号,信号价值将随着内部者(卖出)和外部者(买入)之间的信息不对称程度变化而发生变化。

(一)不同退出方式下的全部和部分退出选择

1. 首次公开上市(IPO)。IPO 退出方式是把公司的股份出售给公众投资者,在一个证券交易所里挂牌交易。这种退出方式将面临企业和新的股份持有者之间的最大信息不对称问题。这是因为:第一,公众投资者不知道企业产品的特性和技术;第二,公开上市后对企业的监管,企业的一些活动会影响公众投资者对股票的定价。由于大约 75% 的风险投资是投资在高科技风险企业,这些问题与技术有关;内部者(卖出)和外部者(买入)之间技术的信息不对称程度越高,技能和知识的缺陷就越明显。技能和知识的缺陷可以通过投资银行来弥补,投资银行利用他们的知识和专长给公开上市的风险企业的股票进行定价,从而保护公众投资者。投资银行的声誉越高,质量信号越有效。如果信息不对称程度高,那么风险投资家退出的能力将会受显著影响。理论上,风险企业在股票交易所"上市"后,风险投资家会将股份全都出售。但是,如果在信息不对称十分严重的情况下进行风险投资活动,那么在大多数投资者信息相对缺乏的情况下在公开市场上出售股票会比较困难。这种关系会引起两种不同的自然反应。一种反应是众多的退出通过出售的方式发生会引起其他投资者的注意;另一种反映是风险投资家会设法在公开招股中为现有的优质风险企业赢得声誉。因此,公开上市的退出会发生在业绩更好的风险企业中。业绩非常好的风险企业采取全部退出方式,而业绩较好的企业应该采取部分退出方式。

2. 被其他企业兼并或收购。由于高科技企业的风险比传统企业的风险大,并且难以准确地评估高科技企业的价值,基于投资组合理论,风险投资家和兼并者都持有股份,可以分散这种风险,因此这种退出方式更多采用部分退出方式。另外,风险投资机构的技能和知识能继续为兼并者提供增值的服务;大多数的兼并公司是高科技企业,急需资金来扩大规模发展,用自己的股份来收购风险企业是一种理想的选择;快速发展的高科技风险企业具有高回报的预期,风险投资家持有股份也是一种战略决策。

3. 二次出售。在二次出售方式中,风险投资公司全部或部分出售它的股份给战略投资者或另外的风险投资家,而不是出售整个企业。一般而言,战略投资者愿意购买整个企业,这是因为他有更大的自由来使用企业的资产和技术,而且,二次出售后,原来的风险企业和新的股份拥有者之间的代理问题仍然存在,激励与约束机制的重建等也不能保证他们之间的良好关系。因此,在二次出售方式中,大多数情况会选择部分出售。部分二次出售退出通常被设计用来引入一个新的专业化的监督者,促进风险企业的监督和战略决策的制定。

4. 股份回购。在股份回购方式中,企业、管理层或员工是风险投资股份的新的拥有者。由于股份回购消除了信息的不对称,对部分股份回购的需求较低,风险投资会选择全部股份回购退出方式。

(二)风险企业生命周期各阶段的全部和部分退出选择

在风险企业生命周期的种子期、创建期、成长期、成熟期中,种子期的风险最大,而成熟期的风险最小;信息不对称程度也是呈现这种大小关系,风险投资的期限越长,信息不对称程度越低,即种子期的信息不对称程度最高,而成熟期的信息不对称程度最低。由于风险投资的进入是投资质量的一个信号,因此早期的风险投资,如种子期和创建期,风险投资应采取部分退出方式退出;而后期的投资,如成长期和成熟期,风险投资应选择全部退出方式退出投资。

此外,传统行业与高新技术行业相比,高新技术企业具有价值难以估计、高度的信息不对称性和代理成本高等特点,因此,对于高新技术企业的投资,风险投资选择部分退出,而对于传统行业,风险投资一般选择全部退出。

五、风险投资退出的全程规划

风险投资的退出是十分复杂的事,风险投资公司应构造全过程退出规划,从风险投资项目的评估阶段开始就构思最初的退出思路;在签订投资协议阶段,要包含保障退出及偿付条款;在对风险企业跟踪管理阶段,要逐步清晰退出路线;在最后退出阶段,选定退出方案并实施。图 8 -4 显示了风险投资全过程退出的规划。

(一)项目评估阶段的退出规划

项目评估阶段是投资的早期阶段,也是考虑资本退出问题的最早时期。在项目评估阶段,有关退出问题,风险投资公司主要考虑以下几点内容。

1. 考虑各种退出可能性。风险投资公司根据风险企业所处行业、市场现状及发展前景,凭借自身对该行业的认识、拥有的各种资源。考虑以后退出该风险企业的各种可能

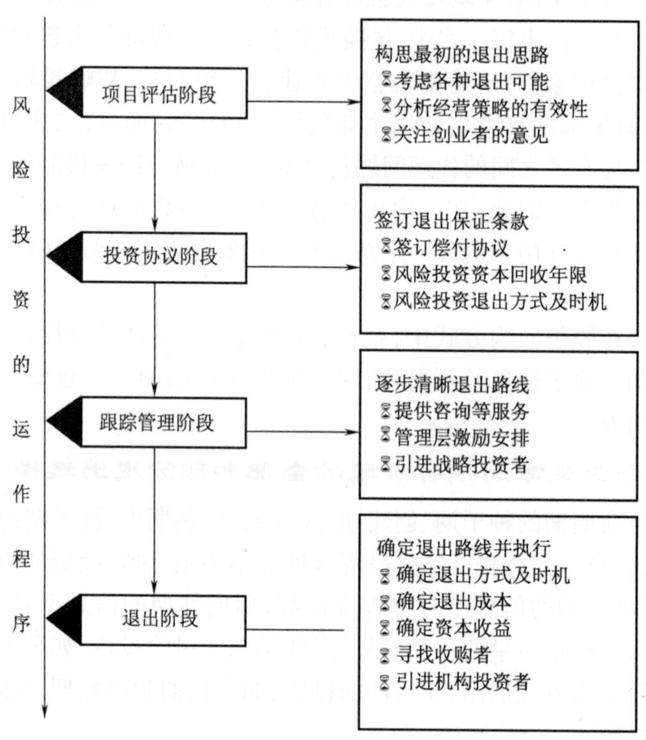

图 8-4　风险投资全过程退出的规划

性。对资本退出有个最初的思路：首选何种方式，以何者为辅，退出条件分析等。

2. 分析风险企业经营战略的有效性。考虑风险企业目前的经营战略是否适合风险资本退出。如果风险企业的经营战略不适合退出，风险投资公司又非常看好该企业。在这种情况下，风险投资公司应考虑如何协调、改进风险企业的经营战略，从而为以后的退出做好准备。

3. 关注风险企业创始人的意见。风险企业创始人及高层管理层的意见对退出非常重要。在最初的项目评估阶段，风险投资公司同创业者的协商应该涉及退出问题，留意创业者的意见，从而在考虑退出可能性时有个心理准备。如果创业者有可能成为退出的障碍，应该采取措施加以清除，从而保护风险投资公司的利益。

评估阶段的主要工作是对风险企业的技术、市场、创业者素质、运行机制等进行评估，有关退出问题只是很概略的考虑，构思的是最初的退出思路。

(二)投资协议阶段的退出规划

在投资协议阶段,风险投资公司与风险企业进行实质性的接触,共同协商投资金额、投资时间、投资方式、投资条件等有关事项,最后形成有法律效力的合同。该阶段,风险投资公司为退出进行的准备主要是签订退出保证条款和偿付协议,从法律上保障风险投资公司具有资本的退出权。

1. 签订退出保证条款。退出保证条款是保证以后退出操作的具体条款,一般包含在投资协议中。风险投资公司与风险企业签订的退出保证条款包括以下内容:风险资本回收年限;风险投资退出方式及时机,风险企业无法达到预期财务目标时,所应承担的责任等。

2. 签订偿付协议。偿付协议是风险投资公司与风险企业签订的有关将来风险资本退出的保证合约。偿付协议一般包括以下内容:一是回购条款。按照该条款,风险投资公司可以要求风险企业按协定的价格回购风险投资公司手中的股份。二是买卖契约。风险投资公司可以要求风险企业管理层回购风险投资公司拥有的股份,或者要求管理层将拥有的股份转让给风险投资公司。三是要求登记权。根据该条款,风险投资公司可以要求风险企业将其持有的股份公开登记出售。四是金融工具选择权。即安排可转换债券、无担保债券、本票等金融工具。这些金融工具可使风险投资公司以债务回报方式收回部分投资,提高投资的变现能力。

(三)跟踪管理阶段的退出规划

风险投资公司进行跟踪管理的主要动机在于扶持风险企业的发展,确保投资收益。在跟踪管理阶段,风险投资公司以前几阶段的退出思路为基础,根据风险企业的实际发展情况,逐步明确退出路线,为退出做好准备。风险投资公司在这一阶段为退出进行的准备工作包括以下内容。

1. 提供咨询等服务。风险投资公司在经营战略、市场研究、生产规划、财务法律等方面拥有丰富的资源,且在社会上有广泛的信息关系网络。风险投资公司可帮助风险企业改进经营战略,进行市场宣传,设计公司管理机制和利益机制等。虽说这些是风险投资公司在跟踪管理阶段进行的主要工作,但这也是为了顺利退出而进行的最根本的准备工作。

2. 引进战略投资者。战略投资者也称为生产投资者,他们集中于某个产业或某个领域,拥有自己的企业及相关的技术、设备、生产能力、人才、产品和市场,其投资的主要驱动力在于提高竞争能力和扩大市场份额。如果风险投资公司有意采用公开上市方式进行退出,则应在跟踪管理阶段,为风险企业适当引进战略投资者。战略投资者的存在,可以增强投资者对企业的信心,有利于风险企业股票的顺利发行。

3. 管理层激励安排。如果风险投资公司倾向于以兼并收购方式进行资本退出，则必须事先解决风险企业管理层的激励问题。因为兼并收购使风险企业的独立性被破坏，常常遭到风险企业管理层的反对。为了兼并收购退出的顺利进行，风险投资公司应高度重视风险企业管理层的激励问题。

（四）退出阶段的退出规划

在退出阶段，风险企业可能处于两种情况：一种是企业在成长过程中的某一阶段被别人抢得先机，或者发现产品的市场前景并不理想，或者所采用的技术在短期内难以突破，这时风险投资公司应审时度势，决定果断退出；另一种情况是投资的项目比较成功，企业具有极大升值潜力，此时已能够为双方带来颇为丰厚的回报，风险投资公司为保证资本的流动性，考虑适时退出。不管风险企业处于何种情况，风险投资公司一旦决定退出，就要为之进行一系列工作。

在退出阶段，风险投资的退出路线已很明朗，风险投资公司围绕退出进行的工作主要包括以下几点。

1. 确定退出方案。合适的退出方式以及适时的退出时机对风险投资公司的顺利退出非常重要。经过前几阶段的工作，风险投资公司对风险企业的情况已非常了解，已有较清晰的退出思路。在该阶段，风险投资公司应根据实际情况，确定退出方案。

2. 聘请中介机构。风险资本的顺利退出，离不开中介机构的参与。中介机构主要包括投资银行、会计师、律师等。中介机构在退出中扮演着重要角色。不管采用何种方式退出，会计师要就风险企业财务报告的准确性、可信性提供确认；而律师帮助签署各项文件，确保其合法性，并提供法律咨询。在选择退出方式和时间时，投资银行将发挥独特的作用，投资银行作为资金供给者和资金需求者之间的中介机构，熟悉资本市场的融资渠道、兼并收购程序、产权交易模式等，同时又了解企业经营管理和发展战略，所以投资银行在退出过程中起着举足轻重的作用，可帮助风险企业上市，协助兼并收购。

3. 帮助风险企业寻找收购者。若对风险资本的退出采用兼并收购方式，则需要一个优秀的收购者。收购企业的合适与否，对风险企业今后的发展至关重要。风险投资公司利用其广泛的关系网络，为风险企业寻找最合适的收购者。这项工作也可聘请投资银行来进行，主要视风险企业规模大小而言，如果风险企业规模不大，则不需要投资银行参与进来，从而也可节省不少成本。

4. 引进机构投资者。机构投资者是指那些以专门投资股票和期货市场为经营业务的机构和财团。如果风险投资公司决定采用公开上市方式进行退出，应该为风险企业适当引进机构投资者。一方面，机构投资者资金充裕；另一方面，机构投资者投资规范，通常是稳定的持股人。引进机构投资者，上市前有利于吸引承销商，上市后能吸引其他的投资者，稳定风险企业的股票价格，从而保证风险投资公司资本退出的顺利实施。

风险企业的成长过程充满了不确定性,风险企业的成长是跳跃性的,风险资本家不可能对风险企业的中长期发展状况有一个确定性的把握。实践中,风险资本家必须依据投资后运营监控中所获取的风险企业成长信息,适时调整风险投资项目退出规划。

六、我国风险投资退出的现实选择

目前,我国风险投资业尚处于发展之中,风险投资退出机制的不完善和不畅通已成为制约我国风险投资发展的瓶颈,其中主要问题是我国的资本市场不健全:主板市场门槛过高,难以成为风险投资退出的有效途径,而二板市场尚未建立;另外,产权交易市场不完善,缺乏专业的风险投资中介机构以及破产清算机制也存在缺陷等。所有这些都成为风险投资退出的障碍。

(一)国内外风险投资机构收益回报差距显著

国外的风险投资机构在中国风险投资市场的丰厚回报可谓"暴利"。如,凯雷投资集团2000年11月在中国给携程旅游网投入800万美元,2003年12月在纳斯达克上市时,该公司所得到的回报高达1.01亿美元;软银仅从阿里巴巴一个项目的套现收益就高达5.5亿美元;2003年3月,"软银亚洲"向国内拥有注册用户数最多的互动游戏公司盛大网络投资4 000万美元,在盛大上市之初,软银就减持了5.6%的盛大股份,变现1 725万美元;IDG2002年底投资如家酒店,2006年如家在美上市,IDG的投资回报率达到40倍以上。此外百度、分众传媒、德信无线、中星微、珠海炬力、尚德电力等,让德丰杰、IDG、麦顿、鼎辉、TDF等均获益丰厚,并胃口大涨。中国风险投资研究院(香港)发布的《2019中国风险投资年度调研报告》显示,随着中国经济持续稳定地高速增长和资本市场的逐步完善,中国的资本市场在最近几年呈现出强劲的增长态势,投资于中国市场的高回报率使中国成为全球资本关注的战略要地。目前我国风险投资各类机构已经达到1 183家,增长了7.9%,其中风险投资企业就有942家,风险投资管理企业241家,募集资金136家,资本总量已经达到3 312亿元。中国市场风险投资交易数量935起,披露交易额120.5亿美元。风险投资交易52起,环比增加15起,涉及投资金额约10.32亿美元,环比增长率为276.64%。VC(Venture Capital)公司在中国所投资的企业几乎全部都是互联网企业,比如现在耳熟能详的新浪、搜狐、阿里巴巴等互联网企业都得到风险投资的青睐。

(二)股权转让是我国风险资本退出的主渠道

在我国,目前仍然以银行贷款为主要融资渠道,证券市场尚未成熟之前,股权转让是我国风险资本退出的主渠道。例如:eBay收购Eachnet(易趣),IDG风险投资获取了19.4倍的回报成功退出;3721公司以1.2亿美元身价被雅虎收购后,风险投资商IDG、集富亚洲全部变现退出。根据统计数据,在我国的风险投资领域,在退出的1 000多个风险投资项目中,通过并购退出的为49.9%,通过上市退出的为37.1%。尤其国内风险投资的风险投资项目通过并购退出的为60%,通过上市退出的为32%。

1. 股权转让以上市公司、大企业收购退出的金额最多。在我国风险投资项目退出中,以股权转让方式退出居多,其中以上市公司、大企业收购退出的金额最多,占全部的87.7%。之所以大多数是被上市公司、大企业收购,是因为研发成果产业化的风险要比研发本身大得多(据统计达到10倍以上)。因此,小公司要想快速发展非常困难,所以发展风险投资业需要有大公司的收购环境。而且通过收购,风险投资能够成功退出,再将更多的资金投入新的风险投资中去,形成推动风险企业发展的良性环境。

我国目前风险投资的股权转让中,上市公司、大企业已经起到了显著的作用,但和发达国家相比还有较大的差距。在美国,大部分 Web2.0 公司还没有形成很好的盈利模式时,大公司的收购是唯一让风险投资退出的途径。2005 年,新闻集团就以 5.8 亿美元的价格收购了社区网站 MySpace;Google 以 16.5 亿美元收购视频共享网站 YouTube。风险投资的成功退出则又推动风险投资将更多资金投入 Web2.0 公司,使美国的 Web2.0 公司发展迅速。而在我国,国内 Web2.0 公司却陷入低潮,不仅仅是那些公司本身没有做到足够好,更加重要的一个因素是中国显然没有形成类似于美国的产业环境,新浪、腾讯、百度这样的"大互联网公司"基于多种因素更多选择自己开拓 Web2.0 服务,而不是通过收购进入这一新领域,国内的 Web2.0 公司不可逆转地走向窘境。作为多层次资本市场发展的环节之一,股权交易在 2010 年以后,受到政策的大力扶持,目前已经成为证券市场的重要补充,每年交易额在逐年上升。以天津股权交易所为例,2011 年天津产权交易中心完成交易宗数 1 529 宗,总交易额达 401 亿元。经过近几年的发展,受宏观政策利好以及风险投资的可持续发展,天津产权交易中心交易规模持续快速增长。2017 年天津产权交易完成各类国有项目 1 815 宗,交易量在 2016 年同比提高 43% 的基础上,又提高近 5 倍。2018 年完成交易 2 522 宗,同比增长 38.9%;国有项目签约交易额逾 370 亿元,鉴证交易额逾 290 亿元,同比增长近一倍。为风险投资股权转让提供了便利的服务。

2. 股份回购受到原创管理层的青睐。我国风险投资的股份回购主要由风险企业的原创管理层实施。与国有企业管理层收购相比,创业投资实行管理层收购有天然的优势。国有企业由于存在所有者缺位的问题,管理层收购经常受到国有资产流失的质疑。而创业投资由于产权明晰,没有实行管理层收购导致国有资产流失的嫌疑,而且随着国内管理层通过信托等方式融资渠道的拓宽,管理层回购将越来越盛行。2005 年,在我国所有的风险投资退出中,约 70% 采取股份转让,其中风险企业回购占股份转让的 46%。

国内较早实行管理层回购的成功案例当属大族激光项目。大族激光前身是深圳市大族实业有限公司,成立于 1996 年年底。由于企业初期缺乏启动资金,以科技型企业融资担保为主业的投资服务机构——深圳高新投在担保活动中敏锐地发现了大族激光公司的潜力,遂于1999年3月出资438.6万元,与大族实业共同设立了深圳市大族激光科技有限公司。深圳高新投占51%的股权,大族实业占49%的股权。2001年通过股权竞投,高新投所持大族激光46%的股权被原创管理层收购,实现了6倍的投资回报,创下了深圳管理层回购股权的先例。

这种退出方式尤其对广大科技型民营中小企业具有较强的吸引力,一方面解决了创业公司阶段性资金需求,另一方面又满足了创业者的对公司控股权的要求。比较典型的案例还有烯王生物管理层收购华工创投风险资本、传化股份管理层回购浙大创投风险资本。

3.产权交易市场开始发挥积极作用。我国目前在各大城市,如北京、天津、深圳、上海等地都已经建立健全产权交易机构和体系,担负着促进高科技产业发展、构架技术与资本间的桥梁、完善风险投资退出机制等方面的职能,如北京中关村股权交易所、天津股权交易所等。利用这一有效运作的产权交易平台,风险企业、中小企业有机会与更多的资本提供方实现基于资源共享的高效融合。股权转让的对象广泛,可以是国内外企业集团、上市公司、投资机构等。而且,通过产权交易机构提供的一系列专业服务,如项目挂牌、成交见证、股权托管、融资顾问等,可以大大加强股权转让的程序性和合法性。在这方面讯龙公司被新浪收购以及邦讯被亚信收购都是很成功的退出案例。

(三)资本市场在风险投资中的重要性日益展现

公开上市是风险投资实现资本变现的黄金选择,但在我国目前主板市场难以进入,又没有合适的二板市场能够让风险企业上市融资的情况下,为了上市融资,风险企业采取间接上市,如海外上市、借壳上市、买壳上市等。2006年我国风险投资有62%的项目退出方式为股份转让,低于2005年的70%,通过资本市场实现退出已升至32%。在148.3亿元的退出金额中,有50.4%的金额是通过资本市场上市交易实现,以股权转让方式退出的金额比例为49.6%。2012年度超过60个风险投资企业实现了IPO,分布在纳斯达克、深交所、新加坡交易所以及香港证券交易所等资本市场,融资额超过500亿元,平均融资额近15亿元。资本市场在风险投资中的重要性日益展现。海纳亚洲创投基金投资的“今日头条”已成为互联网业界最火热的新闻自媒体平台,目前估值已达到700亿~800亿美元。2018年,小米登陆港交所,晨兴资本最早投资的500万美元翻了866倍,约合43亿美元。成为小米上市的最大赢家。2017年,中企境内外IPO总数量大504家,同比上升73.2%,其中A股IPO数量为438家。但从2017年10月开始,严监管成为主基调,过会率锐减。2018年1—9月,中企A股IPO累计过会企业数为87家,同比下降75.14%。同时A股的低估值也为风险资本带来阵阵寒意。

1.海外上市仍是IPO的主流。由于受到中国目前政策和监管环境的限制,大多数境外风险投资公司普遍的做法是在中国做风险投资,以离岸公司的方式在海外上市。对风险投资来说,重要的是能够有效地实现资本退出,至于退出的市场设在哪里并不重要。而且许多国外市场对其他国家公司的上市持积极欢迎态度。我国的风险投资境外可选择的资本市场有:香港主板、香港创业板、温哥华创业板、新加坡创业板、NASDAQ 等。例如,在国际金融中心的香港,其创业板市场主要是针对香港及邻近地区需要集资扩张并具备增长潜力的中小高科技企业和新兴企业,没有对上市企业作区域限制,这就为内地中小高新技术企业实现境外融资开辟了渠道。2003 年 11 月 21 日,物美在香港联交所创业板上市,IDGVC 成功退出。更多的企业是在 NASDAQ 上市,携程、盛大网络、Tom、e 龙、第九城市、掌上灵通、空中网、前程无忧和金融界九个中国互联网公司通过 NASDAQ 总共募集到高达 8.506 7 亿美元的资金,这其中有相当一部分成为风险投资商的退出资金。2005 年底,内地通过资本市场退出的 183 项风险投资项目中,只有 24% 通过境内资本市场退出,其余 76% 都是通过境外资本市场退出的,其中不乏典型的成功案例,如新浪、搜狐、网易、亚信、UT 斯达康、金蝶等。当然,海外上市对于风险企业的要求也相对较高。例如:要有规范的治理结构,各司其职,保护小股东的权益;风险企业所处的行业环境和成长性要好;对公司的业绩规模也有很高的要求等。到了 2010 年,根据中国证监会数据显示,截至 2009 年度,到海外上市企业超过 1 000 家,其中利用境外资本市场退出的风险投资占投资项目的 50% 。造成境外资本市场退出风险投资比例下降的原因之一是国内创业板开通。仅 2018 年已有 29 家中国科技公司境外上市,数量创历史新高。由于 2018 年 IPO 审核趋严,A 股 IPO 过会率仅过五成,导致中国企业境内上市数量大幅下降。同时,赴海外上市迎来小高潮,多家科技企业和“独角兽”奔赴境外市场,境外 IPO 数量首超境内。2018 年由于境内市场上市数量达到 106 家,中企在境外市场上市 126 家。一般情况下,风投资金在企业上市之后,通常会选择合适的时机离场,退出风险投资。

2. 利用“壳”资源上市仍将继续。拥有海外通道的外资风险投资机构,主要通过“两头在外”的方式(即投资和退出都在境外)实现被投资企业的海外上市或境外并购,以获取较高的回报。但是,境内企业到境外上市,上市过程中所花的费用、时间和成本都很高,而且有一些障碍。对于缺乏海外通道的本土风险投资,在退出方面更是受制于我国资本市场,只能寻求多方突破,实行“曲线救国”。

风险投资主体可以预先取得对某些“壳”上市公司的控制权、支配权,一旦接受风险资本的企业孵化成熟,即可以将所投入的风险资本以至更多的资本注入或转入“壳化”的上市公司中,从而完成风险投资的回报与增值过程,即买壳上市。这种方式目前比较普遍,是国内高科技风险企业在国内证券市场上市融资的主要途径,如“托普软件”收购“川长征”,“科利华”收购“阿城钢铁”都是典型案例。另外,还有很多高科技企业通过与上市公司股权互换,或直接向上市公司注入资产和项目以获得上市公司的股份,实现借壳上市的目的,并通过对上市公司的重组和二级市场运作以及扩股融资,实现资本的变现和增值。这种方式在中国当前"壳"资源相对稀缺的现状下,可以作为风险资本寻求变现退出的一种选择。即使在将来,中国建立起了自己的二板市场,上市资源也不可能一下子放开,使得"壳资源"仍然有其存在的价值。另外,这种方式还省去了申请上市的众多复杂的程序和相应的成本费用。

3. 中小企业板和创业板开始发挥作用。2004 年 5 月,作为向创业板过渡的中国中小企业板在深圳证券交易所成立,被认为将带来中国风险投资的春天。但由于中小企业板并不是完全针对高科技中小企业的,所以中小企业板对于中国风险投资的发展难以发挥主要作用。但随着 2006 年 6 月份深圳中小企业板实现全流通后的上市"开闸",以深圳同洲电子登陆中小企业板并融资 3.5 亿元为标志,拉开风险投资国内资本市场退出的序幕。截至 2012 年底,已经有超过 10 家风险投资企业在深圳中小企业板实现 IPO。中小企业板的"开闸"将极大推动风险投资通过国内上市退出。2009 年 10 月 30 日中国创业板的开通,为我国风险投资退出提供了更直接的途径。经过两年多的运行,到 2012 年,创业板有 356 家中小型科技企业上市。与中小企业板相比,创业板在规划设计和上市条件上,更针对风险投资,更有利于风险投资的退出。根据 2019 年 4 月深交所披露的最新信息显示,创业板上市公司已达 754 家,其中 7 成以上公司属于战略新兴产业,8 成以上拥有自主研发核心能力,9 成以上为高新技术企业。2018 年,上海科创版("科技创新板")一经推出,挂牌企业总数达 137 家。企业平均股本 937 万股,营业收入同比增长 58%。

(四)破产清算仍缺乏法律依据

我国风险投资失败的案例最早可追溯到中国新技术创业投资公司因债务危机于 1998 年 6 月 23 日被人民银行关闭。1996 年,中国兴发集团公司现金投资互联网先驱——瀛海威一个亿,业务发展几经周折,但最终于 2004 年 10 月瀛海威被依法公告吊销营业执照。2007 年 5 月晨兴创投投资百万美元的 UUZONE 也已正式"倒下了"。尽管 UUZONE 也曾盛极一时,在 2005 年综合实力位列年度九大 SNS (Social Network Service,社会网络服务)网站之首,当时号称注册用户有 300 万人。但 UUZONE 始终无法实现赢利。2007 年 2 月底,UUZONE 突然无法访问,UUZONE 本身以及其投资方没有作任何说明,被默认为"关站"。2007 年 5 月 15 日,UUZONE 的全部员工被解散。

风险投资的高风险特性决定了投资失败的概率较大,但我国风险企业的清算至今还缺乏相应的法律法规。目前的《企业破产法》仅适用于全民所有制企业的破产,对其他企业适用的《民事诉讼法》中的破产程序,显然是不利于风险投资发展的。我国《公司法》要求在出现资不抵债的客观事实时才能清算,从而很可能错过风险投资撤出的最佳时机,也就无形中扩大了风险企业损失。

美国的风险投资成功的主要经验之一就在于其发达的多层次的资本市场、产权交易市场为风险资本提供了多渠道的退出变现方式。我国风险投资内在运行机制和外部环境的缺陷和差距是显然的,亟须不断创造人才、科技、社会经济、法律等各方面的条件,逐步扫除障碍,不失时机地建立多层次、多渠道的风险投资退出机制,使风险资本能够通过更加宽阔畅通的渠道获得投资利益,并且实现与资本市场、科学技术的共同发展。

案例

北京中关村青年科技创业投资有限公司风险投资案例

铜陵精达特种电磁线股份有限公司,目前是国家重点高新技术企业,是特种电磁线行业的龙头企业,位列全球前三位的特种电磁线制造商。公司保持了持续的盈利水平。2002 年 8 月 28 日,北京中关村青年科技创业投资有限公司(下简称“中青投”)投资的铜陵精达特种电磁线股份有限公司(下简称“铜陵精达”或“该公司”)在上海证券交易所成功地发行了股票,发行价 9.9 元,发行市盈率 19.8 倍,并受到市场资金的热烈追捧,认购数超过发行数 2 950 倍,创历史新高。2002 年 9 月 11 日公司股票成功在上海证券交易所上市,开盘价 21.47 元,收盘价 23.18 元,当日收盘涨幅高达 134.15%。该笔风投资金已于 2014 年套现离场。该公司是中青投投资的首批登陆国内主板市场的风险投资项目之一,是中青投经过长期的尽职调查、专家论证、投资决策、协议谈判等风险投资项目规范化运作后,投资并取得良好成果的案例。下面,我们拟对该成功投资案例过程进行详细分析,并由此思考我国大型国有企业面临融资问题而引入风险投资时,投融资双方需要共同面对的问题以及解决的方法。

一、公司和行业背景

本案例中项目的投资方是北京中关村青年科技创业投资有限公司。“中青投”是由北京中关村科技发展股份有限公司、中华人民共和国科学技术部火炬高技术产业开发中心、北京清华科技园发展中心等单位联合出资设立的风险投资机构。公司成立于 2000 年 1 月 5 日,首期注册资本为 8 000 万元人民币,系国内首家采用“孵化器 + 风险投资”运作模式的专业风险投资机构,并与国内外众多知名金融投资机构建立了长期稳定的合作伙伴关系。

本案例中项目的融资方是铜陵精达特种电磁线股份有限公司,是经安徽省经济体制改革委员会和安徽省人民政府批准,以铜陵精达铜材(集团)有限责任公司为主发起人,联合安徽省科技产业投资有限公司、合肥市高科技风险投资有限公司、北京中关村青年科技创业投资有限公司和铜陵市皖中物资有限责任公司共同发起,于 2000 年 7 月 12 日正式成立的股份有限公司,注册资本4 000万元。公司为科技部认定的2000年重点高新技术企业、国家重点技术改造项目承担单位。公司经营范围为漆包电磁线、裸铜线、电线电缆的制造和销售,主营业务为漆包电磁线制造和销售;主要产品有HFC134a压缩机用电磁线、HFC空调压缩机用多层复合电磁线、180级聚酯亚胺电磁线、200级聚酯亚胺复合聚酰胺酰亚胺电磁线、直焊性聚氨酯微细电磁线等。这些产品可广泛应用于冰箱、冷柜、空调压缩机、洗衣机、吸尘器电机、电视机行输出变压器及电动工具、特种电机、电器上,属国家重点鼓励和发展的产品。

二、中青投对铜陵精达公司的评鉴

1. 中青投通过对铜陵精达公司为期一周的初步调查,发现该公司项目的优势如下:

(1)管理团队成熟稳定,具有良好的专业背景和丰富的管理经验。铜陵精达虽为国有企业,但创业初期国家并未投入太多的资本金,靠贷款起家并依赖滚存利润发展。历经数年,通过开发适销对路的产品并成功占领市场,创业小厂发展成为稳定增长的成熟企业,并历练出经验丰富的管理团队。该公司核心管理团队与公司核心技术联系紧密,在国有企业中更是难得。

(2)产品具有较高的技术含量。铜陵精达的技术是公司总经理王世根率领全体科研人员经过反复研制、开发和改进后形成的公司专有技术。依托该技术开发的产品——180级聚酯亚胺漆包铜圆线、直焊性聚氨酯微细漆包铜圆线和HFC134a压缩机用漆包铜圆线荣获国家重点新产品、省科技进步二等奖、铜陵市科技进步一等奖等荣誉称号,核心技术与产品均拥有自主知识产权,整体技术水平处于国内领先水平,部分达到国际先进水平。

(3)产品性能良好。公司为科技部认定的2000年重点高新技术企业,国家重点技术改造项目承担单位。公司主要生产设备、检测仪器从意大利、德国、奥地利、美国、丹麦等国家引进,自动化程度高,具有当代国际先进水平。铜陵精达的产品具有优异的热稳定性、耐化学性能、耐冷冻剂性能及较高的机械强度和电气性能,适用于H级、C级电机、电器的绕组,是制冷系统的理想漆包线。

(4)铜陵精达是国有企业,并且连续三年以上赢利,符合国家主板市场上市的基本要求,具备A股市场IPO等资本运作的可能性和必要性。

(5)公司内部管理规范,成本控制有力。2000年,公司通过ISO9002—2000质量体系的认证,并在全公司范围内开展5S管理活动,进一步强化预算编制和预算执行的监督、考核管理,使公司的生产管理水平更上了一个台阶。同时,公司成立了先进的计算机网络管理中心,建立了ERP管理体系,实现了采购、生产、库存、财务、成本核算等项工作的综合管理和办公自动化。此外,公司与国际知名同行企业的全方位、多角度、深层次的大量合作,吸收了国际领先者先进的管理理念和成本控制手段,进一步提升了公司迎接新时期国际化挑战的经营管理实力。

(6)市场占有率高,且市场前景良好。近年来,随着人民生活水平的提高,家用电器的产销量愈来愈大。铜陵精达生产的漆包线产品由于应用广泛,具有较好的耐热性、耐刮性、耐溶性、耐化学性能和良好的电气性能,有着广阔的市场前景。铜陵精达产品优良的品质和具备竞争力的价格,使得该公司在短短几年内迅速成为业内销售额位居第二的专业提供商。

(7)经营稳健,客户稳定,业绩持续稳定增长。公司从1999年正式开始批量生产以来,在市场上已经具有一定的知名度,在消费者中间有着良好的口碑,并由此发展了一批忠实稳定的客户,客户销售回款信誉良好,经营状况优异,企业年年赢利,并呈稳步上升趋势。1999年实现净利润1 012万元,2000年基本能实现净利润1 400万元,增长幅度在40%左右,已经呈现出良好的发展势头。

2. 当然,铜陵精达公司也存在某些方面的不甚完美。

(1)铜陵精达公司处于传统行业,整个行业虽然持续发展但不具备像互联网、软件或通信行业那样的爆炸性急速增长的大环境。

(2)铜陵精达公司所在行业内生产企业众多,规模大小不一,产品良莠不齐,使得竞争较为激烈,产品的毛利润不高,很难获得高额的垄断利润。

(3)国外厂商的竞争是潜在威胁。虽然目前铜陵精达的产品和国外同等产品相比,因具有廉价劳动力的成本优势而在价格上很有竞争力,但如果国外大公司采取在华直接投资的方式,产品成本就会有所下降,如果铜陵精达不能与时俱进,面对国外大公司时,现有的价格优势将有所降低。

鉴于对铜陵精达公司的上述认识,中青投又进行了进一步的第二轮调查。

首先,他们实地考察了北京、上海、广州、成都、武汉、西安、沈阳等全国主要电缆线市场,确认铜陵精达的产品确是国内市场中的稳定优质产品。同时,铜陵精达公司还是国内电缆线专业生产领域为数不多的大型综合产品提供商,国内市场占有率居第二位,具备明显的规模优势和技术优势。

其次,他们还实地或电话访谈了铜陵精达公司的多个销售渠道或销售终端,核实了该公司相对完善的市场营销体系和近期销售计划。调查数据表明,公司当年销售正在按照规划的速度实现,2000年很有可能实现计划中的增长。

此外,他们还与公司基层员工进行了较广泛的直接接触,发现该公司员工士气高昂,精神状态良好,对公司的前途充满信心。

为了确保调查的可靠性和进一步了解实情,他们还咨询了科技部和相关技术管理部门,得知中国电缆电线协会正在制定行业标准,2002年初可送审,2002年底可批准。如果有了行业标准,市场的整顿就有法可依,市场进入门槛将有所提高,市场竞争格局将会向有利于正规大型企业的方向倾斜。

三、投融资双方进行沟通,达成共识

经过上述调查和核实,中青投的投资项目组再次和铜陵精达的管理团队进行了广泛深入的沟通和交流,最后就项目的前景和双方合作的基础达成了以下共识。

1. 项目目标市场容量巨大且远未饱和,并且还在持续增长,这说明了铜陵精达产品具有很大的市场潜力。

2. 关于进入门槛低和市场竞争激烈的问题,即将通过的行业标准将使市场向有利于正规大型企业的方向倾斜。

3. 关于国外厂商潜在威胁的问题,经过调查和分析发现,国外厂商主要面向高档需求,产品价格昂贵,在国内销量极少。在这种情况下,国外厂商很难在一个还没大规模启动、现实高档消费需求量远未达到规模经济水平的市场盲目投入大量资本。相反地,事实表明国外厂商最佳的选择是与国内同行业正规大型企业广泛合作,以求在国内市场占据桥头堡和为未来大规模进入中国市场作好品牌的宣传。退一步来讲,即使国外厂商在国内独资设厂,那也将是3~5年以后的事了,届时铜陵精达依靠其品牌的优势、完善的销售渠道、对国内市场多年的了解和在对外合作中积累的战略资源,竞争力将会有大幅的提高,企业将在成熟的市场环境中获得更大的发展。

4. 铜陵精达在国内同行业内具有较强的竞争优势。在产品技术、研发实力、管理理念、成本控制、销售网络等方面,铜陵精达与其他厂家相比都具有明显的特色和一定的比较优势。

5. 在决定投融资双方合作成败的诸多因素中,极为重要的一点就是融资方企业的管理团队是否将诚信和创新视为公司发展的准则。经过中青投的调研,发现铜陵精达的团队基本具备这一合作的基础。特别是其创始人王世根先生,兢兢业业,恪尽职守,把铜陵精达当成自己终身为之奋斗的事业。王世根先生现任铜陵精达特种电磁线股份有限公司董事长,现年50岁,大专学历,经济师职称;曾先后获得市劳动模范、省优秀企业经营者、安徽省"五一劳动奖章"、省跨世纪赶超功臣和全国轻工业优秀经营者等荣誉称号;曾先后担任铜陵市轻工业公司企管科科长、经理助理、经理,铜陵市家用电器铜材厂厂长、精达集团董事长及总经理等职务。目前他还兼任精达集团党委书记、董事、总经理,精工公司董事长、顶科公司董事长,有着丰富的管理经验和领导团队精诚合作的能力,在公司广大干部和普通职工中享有很高的威望。

四、投融资双方的合作

经过以上分析,中青投认为,该项目具有较大的投资价值,并且风险较小,决定对该项目进行投资。

2000年7月12日,铜陵精达铜材(集团)有限责任公司、北京中关村青年科技创业投资有限公司、安徽省科技产业投资有限公司、合肥市高科技风险投资有限公司、铜陵市皖中物资有限责任公司共同发起成立铜陵精达特种电磁线股份有限公司。

五、投资项目的后续发展

1. 起步期的三年业绩。具体如下。

2000 年,铜陵精达实现净利润 1 448.89 万元,比上年增长 43.17%。

2001 年,铜陵精达实现净利润 1 984.43 万元,比上年增长 36.96%。

2002 年是铜陵精达发展过程中的重要一年。公司抓住股票发行上市的契机,加大技术改造的投入,扩大特种电磁线的生产规模,增加市场需求产品的生产能力,产品销量大幅度提高,在行业中的地位进一步巩固与加强,在国内特种电磁线市场的占有率由第二位跃居第一位,综合市场占有率达到 30% 左右。

为了长远发展,铜陵精达与美国里亚公司在广东合资建设电磁线生产公司,在生产工艺技术、产品开发、质量管理和成本控制等方面开展广泛而深入的合作。2002 年全年共完成特种漆包线电磁线产量 18 230.7 吨,销量 16 878.5 吨,实现销售收入 42 968 万元,主营业务利润为 7 674 万元,净利润 2 133.43 万元,产品销量、销售收入和净利润分别比上年增长 47%,35.86% 和 7.49%。

2. 风险投资离场时的业绩。2014 年度,由于证券市场股价持续向好,经审批,中青投在证券二级市场减持了所持有的全部"精达股份"股票 196 万股,扣除投资成本后实现收益 1346.99 万元,归属母公司净利润 877.49 万元。

3. 公司持续发展的潜力预测。2019 年,中原证券的分析报告显示,目前,电磁线行业进入成熟期,集中度提高利好铜陵精达这类龙头企业。我国电磁线行业进入成熟期,近年来电磁线需求量年均复合增长率约在 5% 左右,我国每年电磁线需求量已超过 160 万吨,行业的集中度正在持续提升。电磁线下游需求呈现多样化趋势,新领域应用不断丰富,电磁线的需求前景依然稳定,这更有利于实力雄厚和技术水平领先企业的发展。

公司精耕电磁线行业 30 年,是当之无愧的行业冠军。公司实施"贴近市场"战略,产品覆盖珠三角、长三角和环渤海三大经济圈。公司冠军地位稳固,领先优势进一步拉大,2018 年公司产品产销量达 25.9 万吨,其中特种电磁线产销量达 20.1 万吨,占国内电磁线总量 12% 左右,呈上升态势。公司的电磁线市场覆盖率达 85% 左右,持续多年稳居国内电磁线市场龙头地位。目前,公司继续扩产发挥规模优势,同时着力打造绿色智慧型工厂。

新能源汽车领域电磁线将成为公司新增长点。国内新能源汽车产销量连续三年保持在 50% 以上高速增长,预计 2020 年新能源汽车销量将超过 200 万辆,充电桩建设在"补电"政策的推动下有望迎来快速发展。新能源汽车对电机的需求量更大,相关领域特种电磁线的需求将不断增加,预计该领域每年对电磁线的需求量将超过 3 万吨。公司正不断加大产品研发力度,积极拓展新领域的市场和客户,继续提升公司产品市占率。

4. 最新盈利预测与投资建议。公司是行业龙头企业,业绩稳定,单位毛利保持较高水平,随着行业集中度的上升和公司新领域业务的拓展,公司未来市占率和毛利率有望继续提升。预计公司2019—2021年全面摊薄后的EPS分别为0.27元、0.34元和0.44元,按4月12日收盘价3.71元计算,对应的PE分别是13.6倍、10.8倍和8.5倍,估值处于行业较低水平,并在A股市场上给予公司“增持”投资评级。

案例分析

1. 风险投资企业进行风险投资一般要经过以下决策流程:

(1)搜寻投资机会。投资机会可以来自于风险投资企业自行寻找、企业家自荐或者第三人推荐。

(2)初步筛选。风险投资企业根据企业家交来的投资建议书,对项目进行初次审查,并挑选出少数感兴趣者做进一步考察。

(3)调查评估。风险资本家会花大约六周到八周的时间对投资建议进行十分广泛、深入和细致的调查,以检验企业家所提交材料的准确性,并发掘可能遗漏的重要信息。在从各个方面了解投资项目的同时,根据所掌握的各种情报对投资项目的管理、产品与技术、市场、财务等各个方面进行分析,以做出投资决定。

(4)寻求共同出资者。风险资本家一般都会寻求其他投资者共同投资。这样既可以增大投资总额,又能够分散风险。此外,通过共同投资还能分享其他风险资本家在相关领域的经验,互惠互利。

(5)协商谈判投资条件。一旦投、融资双方对项目的关键投资条件达成共识,作为牵头投资者的风险资本家就会起草一份“投资条款清单”,向企业家做出初步投资承诺。

(6)最终交易。只要事实清楚,一致同意交易条件与细节,双方就可以签署最终交易文件,投资生效。

2. 风险资本家对投资项目的考察可采用以下一种或几种方式:

(1)阅读投资建议书,看项目是否符合风险投资家的企业特殊标准,并初步考察项目的管理、产品、市场与商业模型等内容。

(2)与企业家交流,重点考察项目的管理因素。

(3)查询有关人士与参观风险企业,从侧面了解企业的客观情况,侧重检验企业家提供的信息的准确性。

(4)技术、市场与竞争分析。主要凭借风险投资企业自己的知识与经验,对项目进行非正规的市场、技术与竞争分析。

(5)商业模型与融资分析。根据企业家提供的和自己掌握的有关信息,对企业的成长模型、资金需求量以及融资结构等进行分析。

(6)检查风险企业,主要考察企业以往的财务与法律事务。

风险资本家一般不会向风险企业一次性投入全部所需资金,而是根据项目的具体情况,分阶段投入资金。每阶段都定有一个阶段性目标,上一阶段目标的完成是下一阶段融资的前提。但是,每一阶段投入的资金应当保证足够支撑企业家完成该阶段的目标。这样做既有利于投资者降低投资风险,又可对企业家形成一定的压力与动力。

从风险投资者的角度考虑必定要严格控制并尽量降低投资风险,而寻找战略合作伙伴是一种非常好的方式。因为,一方面战略合作伙伴会从不同的角度来考察项目,可以减少项目考察方面的疏漏;另一方面,战略合作伙伴分担了一定的投资额,从而降低了单个投资者的投资风险。

复习思考题

1. 简述风险投资机构运作的一般程序。
2. 风险投资机构筛选风险企业作为投资对象主要有哪些标准?
3. 风险投资的投资决策与一般项目投资的决策有哪些区别?
4. 简述风险项目管理的原则。
5. 复合式证券作为风险投资工具有哪些具体种类?
6. 在风险投资机构对风险企业实施管理中,能够限制企业家行为的条款有哪些?
7. 结构性反稀释条款和融资性反稀释条款有什么区别?
8. 请举例说明风险投资机构对风险企业提供的增值性服务有哪些。
9. 影响风险投资机构参与风险企业管理的因素有哪些?
10. 试对 IPO、股份出售、股份回购这几种风险投资的退出方式进行比较,说明各种方式的优缺点。
11. 影响风险投资退出时机选择的微观因素有哪些?
12. 影响风险投资退出方式选择的因素有哪些?
13. 结合我国现实情况分析我国风险投资退出方式如何选择。

第九章

风险投资机构的风险投资运作(二)

本章要点:

◆风险投资项目评估的特殊性
◆风险投资项目评估的指标体系
◆风险投资项目评价的决策分析方法

第一节　风险投资项目评估的重点

风险投资的对象往往是没有经营业绩记录的新创企业,技术、市场、管理各方面都存在不确定性,失败率很高。用传统的财务评价方法,无法对风险投资项目进行正确评估。必须有符合风险投资业特点的评估指标、评估方法,才能有效地筛选风险投资项目,从众多的项目中挑选出最具获利潜力的投资方案。

一、风险投资项目评估的特殊性

风险投资项目评估,既无相同或类似项目可供比较,也无经验化或规范化的程序可供借鉴,与常规项目评估相比,具有自身独到的特点,归纳起来,主要表现在以下几方面。

(一)风险投资项目评估既评估风险项目也评估受资企业

投资项目和受资企业是密切相关的,风险投资最终落实到特定的企业,投资项目一般由受资企业直接管理,风险投资家参与管理。这样,项目成败与否在很大程度上取决于受资企业的经营理念、管理水平、发展潜力和竞争力。因此,投资前,风险投资家应采取全方位的评估方式,既评估投资项目,又评估风险企业。

(二)风险投资项目评估注重项目的成长性

风险投资主要面向高技术产业和其他高成长项目,一旦投资成功便可以获得极高的收益。风险投资家为了获得潜在的高收益,愿意承担其蕴涵的高风险,因此项目评估时要特别注重项目的成长性,而不是风险企业以往的业绩和现时的规模。

(三)风险投资项目评估以技术评估为基础

核心技术是风险企业一个必不可少的竞争优势,风险投资项目的技术评估,应侧重评估风险企业核心技术的先进性、独特性、竞争性、专利性、拓展性和经济性。

(四)风险投资项目评估注重项目管理团队

企业经营的主体是人,同一个项目不同的人来管理会有不同的结果;产品或服务的独特性由管理层的技术能力来决定;详细的市场分析和财务预测是否可靠准确也反映于管理层的素质。实践表明,企业拥有高素质的创业者和技术、营销与财务管理人员是成功的关键。因此风险投资评估特别重视人的因素,尤其是项目管理层的因素,如美国风险投资家"宁投一流人,二流的项目;也不投一流的项目,二流的人"。

(五)风险投资项目评估既评价现有市场需求,也评价技术创造市场需求的能力

风险投资重点分析市场进入壁垒、市场容量、持续竞争力、市场占有率及其发展趋势等。

(六)风险投资项目评估注重高回报率和变现能力

风险投资是一种权益投资行为,追求的不是受资企业的控制权,而是投资成功后获取资金的高额回报,不是通过获取红利收入,而是持有3~5年后通过变现受资企业股权来获取增值收入。因此风险投资评估注重风险项目的获利能力、风险投资退出机制和退出方式。

(七)风险投资项目评估注重项目投资风险

风险项目具有高风险性,风险投资失败率高达70%~90%。因此,投资前,风险投资注重分析投资项目存在的风险,包括技术风险、管理风险、市场风险、财务风险、道德风险等,以及降低和回避风险的方法。

(八)风险投资项目评估鲜有参照物可供比较

风险投资项目具有创新性,是未开拓的领域。项目的拥有者即将成立新兴公司,没

有明确的历史经营业绩可供参考;即使是已经经营了一段时间的公司,也往往由于这类公司多半是高新技术公司,其技术具有独创性和新颖性,很难有更多的掌握同类技术的公司作比较。

二、不同地区风险投资项目评估的重点

(一)对美国风险投资项目评估重点的研究

对美国风险投资项目评估重点的研究始于20世纪70年代。下面列举一些重要研究成果的内容。

1. 泰吉和布鲁诺(Tyebjee 和 Bruno ,1984)的研究。Tyebjee 和 Bruno 通过对46位加州、马萨诸塞州和德州的风险投资做了有关其评估过程的电话访谈,从而归纳得出了23个定性阐述的风险投资评估准则,并经过分析归类后综合为五类因素:①市场吸引力,即市场规模、市场对产品的需求、市场增长潜力及进入市场渠道;②产品差异度,即风险企业家的技术水平、产品性能的独特性、利润含量及专利保护;③管理能力,即创业家队伍的素质、管理技能、营销能力及财务能力;④抵御环境威胁能力,即被投资企业抵御由于产品、技术、经济条件变化和进入壁垒降低造成的竞争风险的能力;⑤变现能力,即投资在理想的时间内变现的可能性,包括变现难易、变现方式选择。

Tyebjee 和 Bruno 发现美国风险投资进行评估时,管理能力是最重要的评估指标,因为风险企业面临复杂的环境,不确定性高且难以评估,拥有一支优秀的管理团队则有可能克服困难,而如果在一个低能的管理阶层的管理下,即使是最辉煌的技术或产品也会导致失败。

尽管他们的研究结果和方法在风险投资项目评估决策指标研究方面都有非常重要的意义,但尚有许多不足之处。首先,Tyebjee 和 Bruno 所制订的指标仅仅是定性描述性的,也不具备一般性。他们提出的指标来自于对风险投资家们调查的总结,由于风险投资家在教育、经验、能力、社会背景等方面的差异性,决定了他们对风险投资项目成败的相关影响因素的理解也不相同,因而风险投资家的评估决策指标必然表现出一定差异性、主观性。根据数目的差异性、主观性的评价指标总结出的指标,其结果必然是不完善的。第二,Tyebjee 和 Bruno 对指标的阶段性认识不完善。他们虽然给出了不同决策阶段的不同指标,但没有明确指出在风险投资项目评估决策过程中,不同的决策阶段评估侧重点也会有所差别,所应用的评价指标也应该有所不同的。

2. 麦克米伦和纳拉辛哈(MacMillan 和 Narasimha,1985)的研究。MacMillan 和 Narasimha 与纽约地区的14个风险投资面谈有关进行评估项目的情况,综合归纳确认了27项风险投资项目的评价标准,并将其分为六大类:①企业家特质,具体为创新精神、能够持续专心工作、能够对风险程度做出准确判断和适当反应、清晰的表达能力、关心细

节;②企业家经验,具体为熟悉市场状况、有良好的领导能力、经营相关事业的经历;③管理团队构成,具体为管理团队的经营理念、管理团队对经营计划的掌握程度、管理团队的管理、生产、财务、营销等能力;④产品和服务特点,具体为产品具有专利权或其他保护、产品具有显著的市场接受性、已有原型产品;⑤市场特点,具体为市场成长潜力、产品能有效刺激现有市场、属新事业经营的产业、前三年不会有太大的竞争威胁;⑥财务方面,具体为5~10年内至少10倍的投资报酬率、是否容易退出。

他们得出的结论是:企业家素质和企业家经验在美国风险投资评估中最受关注;管理团队素质是风险投资进行项目选择时常常考虑的因素,但它并不是影响项目未来成功的重要因素,而与市场特征相关的评估指标却是同项目未来的成功相联系的。也就是说,当美国风险投资在进行风险投资项目选择时,他最希望了解的是,该项目的企业家是否具有相关经验如创业经历,是否具有相关的管理或技术方面的才能。这些情况对风险投资的项目选择有着重要影响,但它并不能较好地预见项目以后的成败。

3. 弗里德和赫里斯(Fried 和 Hisrich,1994)的研究。美国 Fried 和 Hisrich 两位教授联合做了有关调查。他们在3个地区:硅谷,波士顿和美国西北地区各选择六位著名风险投资者,采访其投资项目决策的具体过程。为了保证数据准确,所选取的案例是真实的和最新的。这18个案例分别是电子等行业的不同发展时期(种子期3个,创建期7个,成长期4个,杠杆收购1个,在公司收购2个,重组1个),投资额在5万美元至600万美元之间。实证调研结果分两部分。首先得出15个"基本评估标准",分战略思想、管理能力和收益三方面。

战略思想包括成长潜力、经营思想、竞争力、资本需求的合理性;管理能力包括个人的正直、经历、控制风险能力、勤奋、灵活性、经济观念、管理能力、团队结构;收益包括投资回收期、收益率、绝对收益。其次,建立起一个决策程序模型。模型描述从寻找项目到选择出正确方案的流程;同时总结出风险投资家在评估过程中采取的多种评估手段,如表9-1所示。

表9-1　风险投资家所采用的评估方式及采用频率

评估方式	采用频率	评估方式	采用频率
与管理队伍中所有人员面谈	100%	询问与其合作过的银行家	62%
参观企业	100%	征求本公司其他投资家的意见	56%
询问创业者的前商业合作者	96%	询问供应商	53%
询问创业现有投资者	96%	征求其他风险公司的意见	52%
询问当前用户	93%	询问会计师	47%

续表

评估方式	采用频率	评估方式	采用频率
询问潜在用户	90%	询问律师	44%
调查其竞争对手的市场价值	86%	进行深入的文献调研	40%
与专家对产品性能进行非正式讨论	84%	利用正式的产品的技术评估	36%
深入调研风险企业前阶段的财务报表	84%	利用正式的市场调研	31%
询问其竞争对手	71%		

Fried 和 Hisrich 没有对不同指标进行重要性评价,而只是试图总结出“通用指标”,并且请与其合作的风险投资家们对指标进行论证。他们也未能指出“通用指标”的阶段性,并且所得出的指标来自于风险投资家们调查的总结,然而他们又将这个结果让其中的风险投资家进行论证,这种逻辑本身很难保证其客观与合理。

4. 美国纽约大学企业研究中心的研究。美国纽约大学企业研究中心(New York University’s center for Entrepreneurial Studies)对100家专业风险投资公司投资评估决策所作的调查结果表明,在24个考虑因素中,首选因素是“企业家自身具有支撑其持续奋斗的禀赋”;其次是“企业家非常熟悉企业自身的目标市场”,第三是“企业家以往领导能力的证明”和“在5到10年内至少能获得10倍回报”。位列最后的是“风险企业将开发一个新的市场”和“我不会进行追加投资”。调查表明,管理素质、产品市场及投资回报等构成风险者进行投资评估决策的几项主要因素。表9－2列示了该调查揭示的前10个评估决策考虑因素。

表9－2　前十项投资评估考虑因素

投资评估的考虑因素	被调查者反复提到的次数(最多100)
1. 企业家自身具有支撑其持续奋斗的禀赋	64
2. 企业家对本企业目标市场非常熟悉	62
3. 在5到10年内至少能获得10倍的回报	50
4. 证明企业家过去具有很强的领导能力	50
5. 对风险的评估反映良好	48
6. 投资具有流动性	44
7. 可观的市场增长前景	43
8. 与风险企业有关的历史记录良好	37
9. 对企业的表述清楚明了	31
10. 具有财产保全措施	29

资料来源:美国风险投资俱乐部

从上述对比中可以看到,风险投资家把管理能力放在第一位,产品或技术的独特性、产品市场大小、回报率都放在前几位,另外财务管理、权益比例、企业发展阶段也在考虑重点之中,这些构成了评估指标体系的主要组成部分。

(二)对亚洲地区风险投资项目评估重点的研究

随着美国风险投资的日益发展,其他国家和地区也开始推行这种特有的投资模式。另外,为促进本国经济进一步发展,对其他国家和地区风险投资的研究也逐渐受到关注。

1. 雷和特平(Ray 和 Turpin,1993)、潘戴(Pandey,1995 和 1996)和拉(Rah,1994)的研究。参照 Macmillan 的研究方法,Ray 和 Turpin、Pandey 和 Rah 分别对日本、印度、中国台湾地区和韩国的风险投资家的评估决策问题进行了实证分析。由于客观条件的限制,Ray 和 Turpin(1993)在对日本的风险投资研究时,考察了较小的样本量,并将其实证分析与 Macmillan 对美国的研究进行对照讨论。他们发现,与美国相比,相类似的是日本风险资本公司也将创业家的人格及经验视为最重要的评价依据,不同的是日本风险投资使用的评估标准不如美国那样严格和广泛。这在某种程度上意味着,同等条件下日本企业更容易获得风险投资。在评估过程中,他们更多地注重能否产生新的产品市场,较少关注投资的清偿能力。以上结果较大程度归因于政府对风险投资的主导性,日本的风险投资资本大多来源于银行,而银行受到政府较大的管制和操纵。Pandey 分别对印度和中国台湾地区的风险投资市场进行了研究。Pandey (1995) 在对印度评估指标的实证研究得到与 Ray 和 Turpin 类似的结论。在对中国台湾地区的研究中,Pandey (1996) 的研究结果表明,与美国、日本等相比,中国台湾地区风险投资更注重财务和商业因素的考虑。这是由于中国台湾地区风险投资倾向于向企业发展的中后期阶段投资,这时企业已发展到一定程度和阶段,一些企业资料及市场方面因素不像早期那样难以判定。中国台湾地区风险投资的投资时期选择可能受资金来源和风险投资的风险偏好两方面因素的影响。它的资金来源一般为商业资金,注重短期和较稳定的资本回报;风险投资可被看作是风险厌恶的。Rah(1994)检验了韩国风险投资家的投资评估指标。结果表明项目的当前评估时期融资能力比生产能力和产品技术优势更受重视,他们将这一结论归因于韩国风险投资家的保守和他们技术背景的缺乏。

2. 刘常勇先生等对中国台湾地区风险投资的研究。中国台湾地区的风险投资事业一直蓬勃发展,1996 年香港中文大学决策科学与企业经济系的客座教授刘常勇先生等,在风险投资公会的帮助下,对台湾地区风险投资事业的发展现状作了调查和统计,总结出台湾地区风险投资事业的特点,经营形态和投资策略;同时总结出风险投资决策程序和评估准则。评估准则主要归纳为商业计划书、经营机构、市场营销、产品与技术、财务计划与投资报酬等五个方面的 22 个重要准则。具体评估准则包括以下五个方面:①商业计划书。包括明显的竞争优势和投资利益,商业计划书整体的逻辑合理程度。②经营机构。包括创业者的经历和背景,创业家的人格特点,经营团体的专长和管理能力,经营团体的经营理念,经营团体对营运计划的掌握程度。③市场营销。包括市场规模,市场潜力,市场竞争优势,营销策略规划。④产品与技术。包括技术来源,技术人才与研发能力,专利与知识产权,产品附加价值与独特性,生产制造计划可行性与周边产业配套情况。⑤财务计划与投资报酬。包括创业公司的财务状况,创业公司的股东结构,创业公司财务计划的合理性,资金需求规划的合理性,预期投资报酬率,资金回收年限、方式与风险。研究结果显示台湾风险投资家最关注财务和商业因素。

从上面对以前一系列研究的评述中,我们不难看出美国与亚洲国家风险投资评估决策上的一些差异。表面看来,这些差异与风险投资对企业投资时期的选择密切相关,即与美国相比,亚洲国家更多地投资于企业的中后期。早期阶段,投资评估时可依赖的确定信息是相当少的,投入的资金具有较大的风险,这时需要更多地接触和了解企业,重点对企业家的专业能力及经验进行评估。而中后期阶段,由于已有的经营业绩记录、财务信息对投资项目的评估提供了可见的依据,对企业家的专业能力及经验的依赖程度也在下降,此时的评估指标便更多地与可得到的客观信息如财务指标等相联系。但实际上,这些差异的形成归根结底在于风险投资所面临的宏观和微观因素差别的作用:一方面无论从风险投资发展的时间长短,所处金融法律环境的成熟和完善程度,还是风险投资市场发展的独立及自由程度看来,亚洲国家远不及美国;另一方面,由于东西方历史文化的差异及所处社会背景的不同影响,风险投资自身的风险偏好有所不同。一般而言,与美国风险投资比较,亚洲风险投资对风险的厌恶程度较高,如表 9－3 所示。

表 9－3　亚洲国家及地区与美国风险投资比较

国家或地区	侧重的投资阶段	评估指标的特点	政府的措施及目的	风险厌恶程度
美国	种子期和创立期(占 75%)	重在企业家素质、企业家经验、市场特征	通过法规放宽资本入口,支持高技术企业	低
日本	创立期	更多注重新产品市场的产生,较少关注投资的清偿能力	通过对银行管制,间接引导风险投资的发展	较高
中国台湾	创立期占 25% 成长期占 60%	更重视投资回报及相关商业因素	增强产品的技术含量,提高国际竞争力	高

各地风险投资评估决策的差异也说明已有的研究成果具有的地域性和主观经验性,只可能适用于某一国家和地区,并不能适用于所有国家。

(三)我国风险投资项目评估的重点

我国于 20 世纪 80 年代中后期开始风险投资的初步探索,90 年代中后期在全国展开广泛深入的研究,但只有最近几年才开始较为关注风险投资项目评估决策这个研究领域。借鉴发达国家的风险投资项目评估重点,结合我国风险投资业的实际情况和特殊问题,总结我国风险投资项目评估的重点如表9-4所示。

表9-4 风险投资项目评估的重点

评估指标	子指标	评估重点
投资环境	宏观投资环境	经济开放度、政治稳定性、政策支持度、法律保障度、科技创新度、市场运作力
	区位投资环境	地理位置优势、经济活跃程度、社会综合素质
	行业投资环境	行业经济特征、行业竞争结构、行业关联度
风险企业	企业发展阶段	企业发展的重心、趋势、突出的问题
	企业股权结构	产权是否明晰、资金是否稳定、股东是否支持
	企业运作能力	资金运作能力、市场营销能力
管理能力	创业家人格特质	忠诚正直的优秀品质、全心奉献的工作精神、敏锐独到的洞察能力、卓越深厚的技术背景、渴望成功的强烈愿望、协调组织的管理才能
	企业团队素质	团队专长、经营理念、组织运作方式、可塑程度
技术因素	创新程度	超前程度、竞争能力、复杂程度、可模仿程度
	有效程度	专利性、继续开发的潜力
产品因素	产品附加值	独特性、价格弹性、边际利润
	产品生产能力	投产的可行性
市场因素	市场需求潜力	产品对相关市场的影响、市场需求的稳定性
	市场份额	目标市场、营销策略、销售网络、市场占有率
	市场增长潜力	技术、产品、产业、消费趋势以及地方保护主义
	市场竞争优势	对手的产品和资源优劣势、市场进入壁垒及替代产品的威胁
投资获利性	财务计划合理性	现金流量、资产负债、损益等预计的合理程度,以及未来融资规划的可行性
	预期投资报酬	净现值、内部收益率、投资收益率
	投资回收速度	投资回收期
变现能力	风险资本退出时机	经济形势、项目进展情况
	风险资本退出方式	项目的实际情况、发展趋势

1. 投资环境。任何项目都不是封闭的,都处在一定的环境中。环境在给项目提供机遇的同时,也会带来威胁。良好的外部环境是风险投资能够迅速发展的前提,也是重要

的保证。因此,对风险投资环境进行评估是十分必要的。这里主要从宏观环境、地区环境和行业环境三大方面来设计风险投资环境的评估指标。

(1)宏观投资环境。宏观投资环境包括宏观经济环境、社会政治环境、政策环境、法律环境、科技环境、市场环境。宏观经济环境包括经济政策、通货膨胀率、汇率、利率;社会政治环境包括政治稳定性、外商直接投资量、与主要投资国的关系、经济开放度;政策环境包括经济补贴、税收优惠程度、政府信用担保机制、行政管理程度、政府直接投资政策、投资体制、政府办事效率;法律环境包括《公司法》的完善程度、《知识产权保护法》的完善程度、金融法规体系的健全程度;科技环境包括科学技术发明创造以及变革速度;市场环境包括主板市场、创业板市场、场外无形产权交易市场。

(2)地区投资环境。地区投资环境包括区位条件、地区经济环境、地区社会环境。区位条件包括地理位置、配套基础设施、人才集聚程度、信息条件、科技条件;地区经济环境包括地区经济发达程度、地区产权市场交易活跃程度、地区经济增长潜力;地区社会环境包括地区政府的政策支持程度、地区的法律法制建设、对外开放程度。

(3)行业投资环境。行业对项目的影响是直接和具体的,行业投资环境有时也称“具体环境”。分析一个项目的赢利能力和抗风险能力时,应从行业规模、行业的增长速度、行业生命周期等方面分析行业的经济特征;从替代威胁、买方砍价能力、供方砍价能力、行业内现有竞争对手等方面分析行业竞争结构;并注意与上游和下游行业的关联度。

2. 风险企业。风险企业在每一个不同的发展阶段,所面临的风险与收益均不相同。另外,企业制度的完善程度也会影响到风险投资的成功率。所以,风险投资项目评估要从企业发展阶段、股权结构、企业运作能力等方面评价受资企业的素质和发展潜力。

(1)企业所处的发展阶段。不同的发展阶段,风险评估的侧重点都有所不同。在种子期,重点评价项目开发情况和技术问题;在创建期,风险企业已经开发出了新的产品或服务方式,评估重点放在技术、市场和资金等方面;在成长期,风险企业的主要任务是开拓市场,面临的主要风险是增长与转型问题,评估重点也改变为评估企业市场开拓方面的情况,企业的组织结构、财务状况、激励机制等问题显得尤为重要;在成熟期,风险投资资本要通过 IPO 退出,企业的主要目的是引进知名的大股东,找到知名的投资银行,为股票公开上市做准备,这一时期的特点决定了评估内容全面丰富,包括财务状况、市场能力、企业规模、治理结构、管理者素质等内容。

(2)企业股权结构。首先,我国不少风险企业脱胎于高校、研究机构或传统企业,它们与原单位的产权关系模糊,加上我国产权评估机构和产权交易市场不发达,使得我国企业不能很自由地转换产权,这可能对风险企业的公司治理带来很大的困难。为了控制投资风险,风险投资公司应把风险企业产权是否明晰作为一个重要指标进行评价。其次，通过受资企业目前与未来可能的股东结构与股东背景，可以判断企业资金结构与资金来源的稳定性，同时，股东的素质与能力，也会影响企业的营运方向以及对经营者的支持程度。因此，股权结构会对投资公司是否参与投资产生重要的影响。

(3)企业运作能力。企业运作能力主要包括资金运作能力和市场运作能力。企业的资金运作水平，直接影响着企业目标的实现。投资公司应分析受资企业过去与现在(或商务计划书中描述的)的财务状况并与同行比较，以评估其营运业绩与经营体制，预测企业未来可能遭遇的财务问题，并判断是否可采取一定手段使风险企业具有一个较理想的现金流量。市场营销能力则反映了企业针对目标市场推广其产品或服务的能力。主要评估有关营销管理与规划方案的可行性与有效性，评估的范围包括销售与促销计划、定价策略、营销网络规划以及有关顾客服务的构想方案。通过评估营销策略规划，可以判断投资项目实现预期销售量与市场占有率的可能性。

3. 管理能力。有效的管理是项目成功的关键，项目管理团队的素质通常是影响投资机构作出投资决策的最重要因素。二流的产品如果拥有一流的管理团队，那么这个企业在风险投资的帮助下有很大的成功的可能性；反之，产品是一流的，而管理团队是二流的，那么对风险投资家来说，这样的企业没有吸引力。风险企业管理能力包括如下几方面。

(1)创业家人格特质。作为风险企业的关键人物，投资公司对创业家的人格特质会有高标准的要求。美国风险投资家支持的创业家的共同特征为：诚恳、勇于创新、随机应变、全心地奉献于工作、拥有卓越的管理和技术背景、渴望成功并能承受压力、具有协调整合组织团体的领导能力。在我国社会诚信水平较差、信用体系不健全的情况下，为了防止信息不对称造成的道德风险，风险投资公司尤其要把忠诚正直作为项目评审时考虑的主要因素。忠诚正直包括以下几个方面：正直，即创业家要讲真诚，对风险投资者胸怀坦荡；可信，即创业家在各种交易行为中是可以信赖的；守法，即创业家信守合同，遵纪守法；公平，即创业家奉行公平交易准则。除此之外，风险投资家还应从各个角度去考察创业者是否具有敏锐的行业洞察力、是否掌握市场前景并懂得如何开拓市场、是否懂得利用各种渠道融通资金、是否有比较强的综合能力等。

(2)企业团队素质。一个良好的创业团队应该包括技术开发、企业管理、财务运作及市场营销等各种拥有专业特长且具丰富经验的人士，并且能够合理分工和有效配合。另外从经营理念也可以看出经营团体对于企业经营的态度，以及未来企业发展的方向与组织运作方式。由于风险企业的优势通常在于技术开发，而对企业的发展战略、人力资源管理、市场营销管理、融资理财等商业运作缺乏经验。所以，创业团队必须愿意接受风险投资家的投资和管理理念，愿意接受风险投资家参与企业管理决策，因为这会影响未来双方进行合作的效果。我国高新技术企业是在政策、法律不健全的条件下，依靠自我创业艰难发展起来的,这种成长历程使得一些企业在有了一定的发展之后,产生出了许多诸如霸主心态与家族式管理的不良现象。因此,这一点对于我国排外心理严重的风险企业而言尤为重要。

4. 技术因素。技术是风险投资项目成功的基础,高科技含量的成长性项目能使风险资本家获得高额投资回报。技术评估主要分析技术的创新程度、有效程度。

(1)技术创新程度。技术创新程度也即是技术的先进程度,风险投资家特别注重技术创新程度,因为它反映了产品在相关产业的竞争力。技术创新程度即技术实施过程中存在关键的技术诀窍,技术复杂程度高,而该技术诀窍不易被分析、试验、模拟。技术创新是创造市场并使企业获取超额利润的关键因素。风险投资家应判断技术设想是否具有超前意识。

(2)技术有效程度。技术的有效程度包括技术的专利权问题和延伸性问题。具有独立产权的技术有高度的排他性,对风险企业的发展起着重要的保护作用。对拥有专利权的技术进行投资,在很大程度上排除了同类竞争项目出现的可能性,可降低投资成本和投资风险。然而,中国目前的法律法规尚不健全,对商标、专利技术、知识产权的保护仍很薄弱。近年来,我国高技术产业的知识产权纠纷日益频繁,许多公司开发新产品之初,未曾留意侵权问题,以致日后蒙受巨大的损失。因此投资公司应特别注意风险企业的专利权问题,包括有效性的衡量标准一般应参考国际标准和国家认可的检测机构的鉴定证书,看有关的技术参数是否已经达到相关标准。延伸性是指技术的生命力及其继续开发的可能性、开发潜力的大小,拥有新产品的持续开发能力已成为风险企业维持竞争优势的重要保证。

5. 产品因素。产品是投资项目的产出物,以满足市场现时和潜在的需求,是项目竞争力与获利的主要依据。风险投资公司应咨询相关专家与研究机构,根据下列准则进行评估。

(1)产品附加值。产品的附加价值反映了产品或服务的获利能力。主要评估产品所具备的技术功能优势,并且依据其所创造的附加值的显著性,来判断产品的市场竞争力。同时,投资公司还应深入评估市场对这种产品独特功能的需求,及其可能带来的经济效益。

(2)产品生产能力。我国高科技开发机构一般是大学或其他独立的研究单位,相对国外而言,我国的高科技投资项目存在投资主体与研究主体脱节较大的特点 。因此,投资公司应特别关注风险企业项目投产的可行性,考察其在生产工艺、人员素质、仪器设备、原材料等方面对产品生产的保障,以避免所投资的高端技术出现“生产瓶颈”问题。在我国风险投资发展的初期阶段,风险投资公司更应偏重已经批量投产、产品已进入市场并具有明显发展潜力,需要进一步扩大产业化规模的企业。对于那些只从事研究、设计、开发和市场营销而不自行建厂进行生产的项目,必须进行多方面的专门论证才能予以投资,因为这些项目的投资回收期更长,风险更大。

6. 市场因素。市场因素关系到项目的成果化、产业化和商品化。任何一项技术或产品如果没有广阔的市场前景,其潜在的增值能力就是有限的,就不可能达到风险投资者追求的成长目标。对于市场评估,主要分析市场需求潜力及稳定性、市场份额、市场增长潜力、市场竞争优势四方面的问题。

(1)市场需求潜力及稳定性。对于传统行业中的产品,常常已经形成了一定基础的市场需求,新产品往往有更多和更高的功能和效用,往往有替代已有产品的效果,其市场风险相对较小。而对于新兴行业中的新产品或者市场还没有出现过的产品,其评估重点就是分析其潜在的市场需求。潜在市场需求量大并且稳定才能获得投资利润,项目才可行。常见的问题是没有考虑到产品对相关市场的影响而对需求量的估计过于悲观。

(2)市场份额。这里的市场包括没有同类产品与其竞争,需要创业者从零开始逐步开拓的全新市场,以及通过采用新技术、新方法、新原材料提高产品竞争力,在已有的产品市场中寻找缝隙并抢占的已有市场。最理想的情况是风险企业能够开拓出一个全新的市场,以获得领先优势。

(3)市场增长潜力。选择处于高速增长的产业与不断扩容的市场中的项目与企业,是评价投资机会的重要原则。风险投资公司应从技术、产品、产业、消费趋势以及地方保护主义等角度来评估项目产品未来的市场增长潜力。

(4)市场竞争优势。市场竞争优势是指分析市场主要对手的产品和资源优劣势、市场进入壁垒及替代产品的威胁等。风险投资公司应评估投资项目的核心资源能力与市场竞争力,并判断经营团体提出的竞争策略是否能有效地创造市场优势。

7. 投资获利性。风险投资项目的预期投资报酬是投资时关注的焦点,风险投资家进行风险投资的目的是期望投资成功后获取资金的高额回报,长期(3~5年以后)没有赢利能力的项目是没有投资价值的。对于占我国目前风险投资机构85%的国有风险投资公司而言,虽然创造良好的社会氛围和引导投资方向是其主要目的,但赢利又是其持续发展的基础,所以也应对该指标有所考虑。风险投资通过分析评估各项财务资料来考察项目的获利性。

(1)财务计划合理性。包括受资企业财务计划中现金流量、销售收入、各项成本估计、资产负债表、损益表等预计的合理程度,以及未来融资规划的可行性。我国的创业家往往会提出过高的资金需求,以使未来的营运资金充裕。投资公司可以根据经营团体提出的盈余数额与自己期望的投资报酬率,来折算投资方案的价值,再根据适合投入的资金比例来判断项目所提资金需求的合理程度。

(2)预期投资报酬率。中国的创业家为吸引资金,往往高估投资回报率,所以投资者需要十分慎重地分析、评估各项财务资料,并以较保守的态度估计可能实现的投资报酬率。

(3)投资回收速度。由于风险企业存在较大的不确定性,因此资金回收速度越快风险越小。我国风险投资预期的持股年限平均为5.5年,投资者必须正确衡量投资回收期,过短或过长的投资回收期都是不合适的。

8. 变现能力。风险投资主动承担和驾驭风险的投资动机在客观上要求有一个顺畅的资金变现渠道,可以说,策划退出是风险投资家自始至终都在考虑的问题。由于风险投资项目不同,变现能力也不同。变现能力评价指标主要评价风险资本的退出时机和方式。

(1)退出时机。我国风险投资专家认为最合适的风险资本退出时机是在风险企业成熟期。由于我国风险投资公司在风险资本退出时机的选择上比发达国家较为保守和谨慎,所以,投资公司应选择能及时变现的项目,根据经济形势和项目进展情况随时退出,以减少可能造成的损失,从而达到降低风险的目的。

(2)退出方式。退出方式一般有三种:公开上市(IPO)、出售(包括并购和回购)及清算。不同的退出方式将影响投资风险的最终结果与获利水平,其中,IPO是最理想的退出方式。但我国目前尚无二板市场,缺乏完善的退出机制,使得风险资本的循环运作存在较大的障碍,无疑加大了投资的风险。投资公司应把获利的目标时刻铭记在心,根据风险投资项目的实际情况和发展趋势,分析判断风险企业可采取的最现实可行的退出方式。

每个风险投资机构自身的利益导向、风险偏好不同,风险企业所处的环境和发展阶段、项目的性质和特点也均不同,因此,在对风险投资项目进行评估时,如果试图用一个统一或者"通用"的模式来对所有风险投资项目进行评估,那在建立指标体系时就不可避免地遇到两难的选择:为了准确评价每一个项目,必须建立尽可能详细的项目评估体系;而为了使该指标体系对所有投资项目都适用,该指标体系又必须非常宽泛,太具体了对一些项目可能不适用。

第二节　风险投资项目评估的方法

风险投资项目评估由于起步较晚,时至今日还没有形成一套统一的评估方法,各个不同的风险投资公司有各自的方法,虽然这些方法各有所长,但仍有待规范。目前可用于风险投资项目评价的决策分析方法主要有多因素评价法、预期收益法、实物期权法等，这些方法各有其特点和侧重，为风险投资决策分析提供了有效的思路和工具，但也都存在局限性。

一、多因素评价法

依据现代管理理论进行评估决策的综合评价方法，像德尔菲法（Delphi）、综合评分法、层次分析法（AHP）等，是目前使用最多的方法。

（一）德尔菲法

德尔菲法是一种定性预测的方法，源自古希腊城市 Delphi 的名字，相传城中阿波罗圣殿能预卜未来，因而得名。20 世纪 60 年代初美国兰德公司为避免集体讨论存在的屈从于权威或少数盲目服从于多数的缺陷，首次用这种方法进行预测。在我国更习惯于将德尔菲法称为专家预测法。

德尔菲法运用匿名方式反复多次征询意见或进行背靠背交流，即专家之间不得互相讨论，不发生横向联系，有效排除心理影响，进而使各位专家的作用都能得到独立发挥，并真正做到集思广益。组织者每次征询意见下发的意见表中汇集各位专家的若干典型意见，以供专家通过参考别人的意见来修正自己的判断，经过反复征询、归纳、修改，最后汇总得出一个能比较反映群体意志的预测结果。德尔菲法的主要优点是简便易行，具有一定的科学性和实用性，可以避免会议讨论时屈于权威而随声附和，或固执己见，或以顾虑情面不愿与他人意见冲突等弊病；同时也可使大家发表的意见较快收敛，参与者也易接受结论，具有一定程度的综合性。基于此，德尔菲法已成为目前使用最广泛的一种定性评估方法，Tyebjee - Bruno 模型、模糊综合评估法均以德尔菲法为基础。其实，即使是定量评估方法中很多参数的确定也要借助于专家预测法。但需要注意的是德尔菲法也存在不足：一方面花费时间较长，有时信函不能收回；另一方面，专家可能对一些不是主导因素的问题或不明确的问题过分敏感，分散注意力，从而影响结果的可靠性。

（二）综合评分法

综合评分法是一种易于应用的风险投资项目评估方法，采用定性和定量相结合的方法，建立以下非线性规划的综合评价模型。

1. 综合评分法的计算公式。

$$\max Y_i = \sum_{j=1}^{m} \alpha_j X_{ij}$$

式中，Y_i——第 i 个项目的综合评分值；

α_j——第 j 个指标的标准分值；

X_{ij}——第 i 个项目第 j 个指标的等级值；

m——项目评价指标的个数。

2. 综合评分法的评估步骤。

(1)风险投资机构根据实际需要，确定评估指标，并分别给定每项评估指标的标准分值。

(2)对每项指标划定评估等级，如差、较差、中等、较好、好五个等级，分别确定不同的分值。

(3)各评估人员采用与创业者及管理人员面谈、参观企业、询问消费者和供应商、文献调研、市场调研等多种方式收集各种信息，分析项目计划书，凭借自己的判断能力和经验确定每项评估指标的等级值。

(4)将每项评估指标的标准分值与等级值相乘，得出各项指标的得分，再将各项指标的得分累计，求出该项目初步的评估总分。

(5)风险投资机构(风险投资评估机构)根据评估人员对所评估项目的了解程度、知识领域和经验等，对各评估人员评分的权威性确定一个权重，每位评估人员评定的项目总分乘以各自权威性的权重，所得之积合计后再除以全部评估人员权威性的权重的和，即得出该风险项目的综合评分。

(6)根据项目的综合评分，判断风险项目的可行性，选择分数高的项目进行投资。

3. 综合评分法的使用——Tyebjee - Bruno 模型。Tyebjee 和 Bruno(1984)在定性阐述评价准则的基础上，最先运用问卷调查和因素分析法得出美国风险项目评估模型。他们要求风险投资根据前面得出的五项因素 23 个评估准则来评估他们当前的风险投资交易并做出决策。另外，还要求风险投资对给出的评估指标以 4 分(优秀)、3 分(良好)、2 分(一般)、1 分(差)为标准进行评分。五项因素中的前两项——市场吸引力和产品差异主要决定风险项目的期望收益率；第三、四项——管理能力和抵御环境能力则会显著降低项目可预见的风险;第五项—— 变现能力则依具体情况影响收益和风险。在资本市场发达的国家里，变现能力是影响收益主要因素，而在资本市场不完善的国家，它对风险的作用更大些。根据各类指标对预期收益和预期风险的影响，拟合出风险投资项目的评估模型，如图 9 - 1 所示。

Tyebjee - Bruno 模型在应用中能考虑到各种因素对价值的影响，并从风险和收益两个方面进行评估，针对性强，有利于判断。无论是方法还是结果在风险投资评估方面都具有非常重要的意义。他们使用的调查表法和打分评价法也为后来者广泛使用。但是这个模型并不能估算出投资项目的实际价值，并且在建立模型时如果一旦考虑不周全，建立了不适当的模型就会造成评估的不准确。因此需要根据不同行业、不同地区的实际

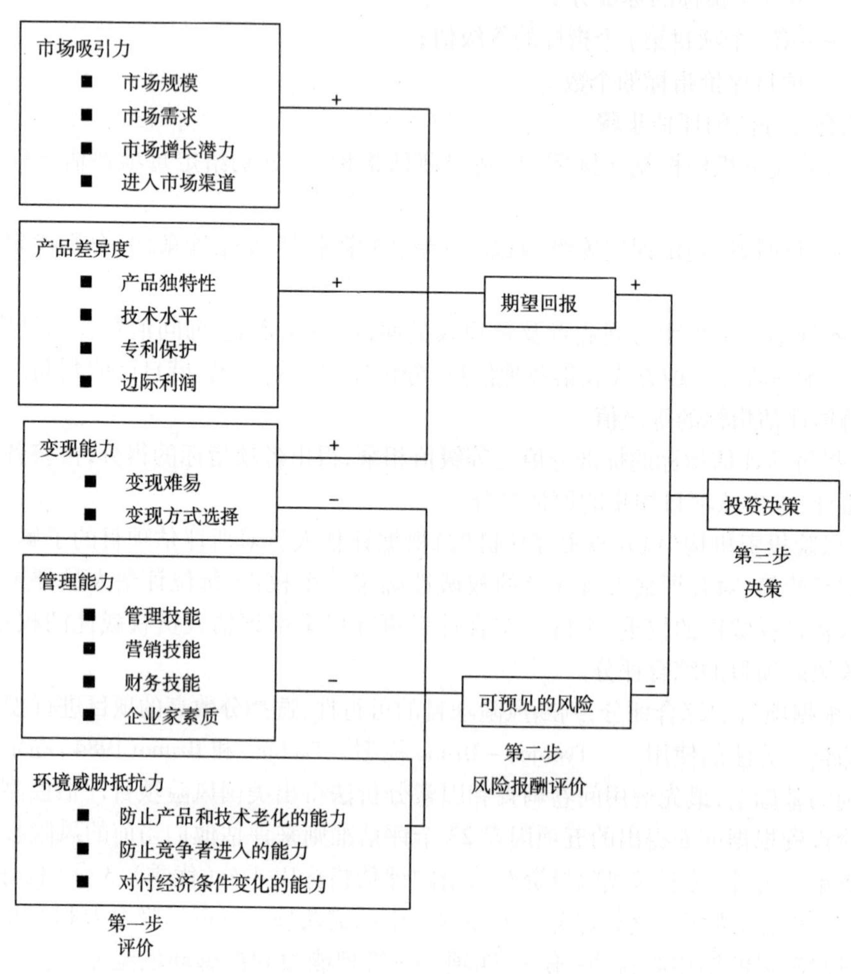

图 9－1　Tyebjee－Bruno 模型

情况，建立不同的模型，并随着情况的变化不断修正模型。

（三）层次分析法

1. 层次分析法的理论基础。由美国运筹学家 T. L. Saaty 于 20 世纪 70 年代针对多目标、多准则或无结构特性的复杂决策问题提出的层次分析法（Analytic Hierarchy Process，AHP），是一种定量分析与定性分析结合的方法。通过分析复杂问题所包含的因素及其相互关系，把一个重要复杂的问题分解为各个组成因素，并将这些因素按支配关系分组，从而形成一个有序的阶梯层次结构，通过两两对比的方式确定层次中诸要素的重要性，然后综合专家的判断以确定影响决策诸因素的相对重要性的总排序,从而帮助决策者在复杂的环境中进行决策。其具体步骤如下。

(1)通过对系统的深刻认识,确定该系统的总目标,弄清决策所涉及的范围,所要采取的措施方案和政策,实现目标的准则、策略和各种约束条件等,然后广泛地收集信息。

(2)建立一个多层次的递阶结构,按目标的不同、实现功能的差异,将系统分为几个等级层次,一般为三层。最上层为目标层,最下层为方案层,中间为准则层。如图 9－2 所示。

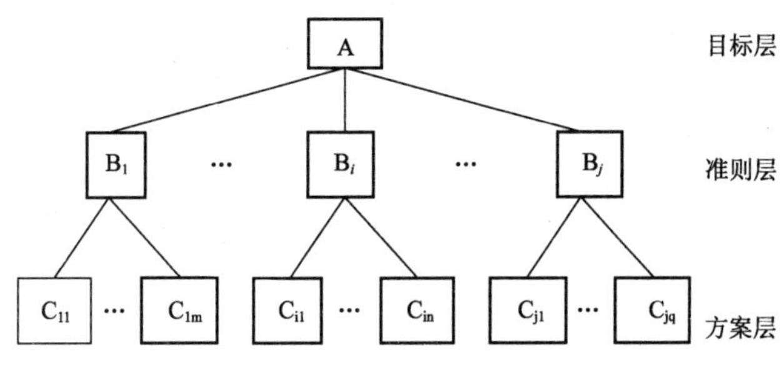

图 9－2　层次模型结构图

(3)确定以上阶梯结构中相邻层次元素间的相关程度。通过构造比较判断矩阵及矩阵运算的数学方法,确定本层次中与其相关元素的重要性排序及相对权重。

(4)计算各层元素对系统目标的合成权重,根据计算结果排序,考虑相应的决策。

层次分析法是在对复杂的决策问题的本质、影响因素及其内在关系等进行深入分析的基础上,利用较少的定量信息使决策的思维过程数字化,从而为其提供简便的决策方法。尤其适合于对决策结果难于直接准确计量的场合。

2. 层次分析法在风险投资项目评估中的应用。风险投资项目的评估也是一个多因素决策,需要考虑的因素非常多,如:项目的技术水平如何,能否实现;投资后产品市场潜力如何,市场占有率会有多大,相关替代品竞争能力如何;创业者是否有相关的管理经验,处理未来复杂多变市场、技术难题的能力如何,管理团队是否搭配得当,是否协调融洽;项目本身的投资回报率如何,回收期要多长,能否带着丰厚的回报和良好的声誉从风险企业退出;等等。因此,风险投资公司在对项目进行评估时,需要从创业者素质、市场潜力、产品技术、投资回报、资金回收退出的可行性等方面对投资项目进行综合评价。风险项目评估是一个多目标、多层次、结构复杂、因素众多的大系统,需要一种可将决策者的经验予以量化,将定性和定量相结合,并对决策对象进行优劣排序、筛选的多目标决策分析方法。层次分析法正是解决上述问题的有效方法。

利用层次分析法来进行风险投资项目评估大致可有以下几个步骤：

（1）在咨询相关风险投资专家的基础上，找出对风险项目评估最重要的影响因素，构建出风险投资评估的层次结构模型，具体如图 9－3 所示。

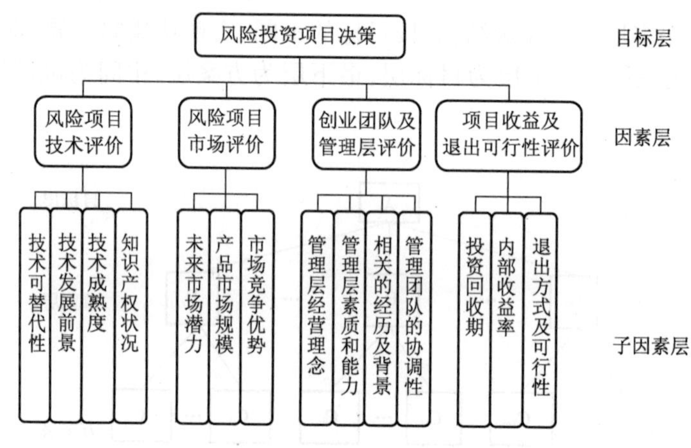

图 9－3　风险投资的层次结构模型

（2）构造判断矩阵（AHP），对指标间两两重要性进行比较和分析判断，确定权重。矩阵用以表示同一层次各个指标的相对重要性的判断值，它由若干位专家来判定。考虑到专家对若干指标直接评价权重的困难，根据心理学家提出的“人区分信息等级的极限能力为 7±2”的研究结论，AHP 方法在对指标的相对重要程度进行测量时，引入了九分位的相对重要的比例标度，构成一个判断矩阵 $A=(a_{ij})_{n\times n}$。矩阵中各元素表示行指标对各列指标相对重要程度的两两比较值。相对重要性比较有如表 9－5 所示等级标度。

表 9－5　分级标度表

甲指标与乙指标比	极重要	很重要	重要	略重要	相等	略不相等	不重要	很不重要	极不重要
甲指标评价值	9	7	5	3	1	1/3	1/5	1/7	1/9
值									

备注：取 8,6,4,2,1/2,1/4,1/6,1/8 为上述评价值的中间值。

以某风险项目的技术评价为例，假定专家评定其判断矩阵如表 9－6 所示。

表9-6　项目技术评价因素判断矩阵

指标	技术可替代性	技术发展前景	技术成熟度	知识产权状况
技术可替代性	1	1/5	1/5	1/3
技术发展前景	5	1	1/2	1/4
技术成熟度	5	2	1	2
知识产权状况	3	4	1/2	1

各影响因素的权重可利用几何平均法求出:首先对判断矩阵A按行将各元素连乘,求出各行元素的几何平均值,见公式9.1。

$$b_i = \sqrt[n]{\prod_{j=1}^{n} a_{ij}} \quad (i = 1,2,3 \cdots \Delta n) \tag{9.1}$$

然后把 $b_i(i=1,2,3,\Delta n)$ 归一化,即求得指标的权重系数 w_i,见公式9.2。

$$w_i = \frac{b_i}{\sum_{i=1}^{n} b_i} \quad (i = 1,2,3 \cdots \Delta n) \tag{9.2}$$

利用上两式,则可求出上述影响风险投资项目技术评价的技术可替代性、技术发展前景、技术成熟度、知识产权状况四因素的权重分别为:0.07,0.18,0.43,0.32。

(3)指标的标准化。由于各指标的类型不同,其量纲也不相同,例如产值的单位为万元,产量的单位为吨,投资回收期的单位为年等,这给评估带来许多不便。因此需将不同量纲的评估指标,通过适当的变换,化为无量纲的介于0和1之间的标准化指标。

对成本型指标("越小越优型")有(i 对应不同的评估方案):

$$r_i = \frac{\max(x_i) - x_i}{\max(x_i) - \min(x_i)} \tag{9.3}$$

对效益型指标("越大越优型")有:

$$r_i = \frac{x_i - \min(x_i)}{\max(x_i) - \min(x_i)} \tag{9.4}$$

对固定型指标("越接近某一标准值,u 越优")有:

$$r_i = 1 - \frac{|x_i - u|}{\max|x_i - u|} \tag{9.5}$$

(4)构建风险投资评估模型。对不同方案的各指标标准化后,以 n 代表方案的序数,m 表示因素层的评价指标序数,可构架一评判矩阵 R:

$$R = \begin{bmatrix} r_{11} & r_{12} & \cdots & r_{1m} \\ r_{21} & r_{22} & \cdots & r_{2m} \\ \cdots & \cdots & \cdots & \cdots \\ r_{n1} & r_{n2} & \cdots & r_{nm} \end{bmatrix} = (r_{ij})_{n \times m} \tag{9.6}$$

结合第 2 步求出的不同评价指标的权重,可得出不同方案总的评价结果:

$$P_{综} = R \times w \tag{9.7}$$

层次分析法是在建立一个多层阶梯结构模型的基础上,运用模糊数学原理对风险企业投资价值作出评判。层次分析法较好地反映了评价指标的动态特性、不确定性和一定的模糊性,而且通过定量的计算可以比较准确地得到评估结果。但是层次分析法应用起来较为复杂,哪个环节出了问题都会导致评估失败。另外,应用此方法时,还会较多地运用专家判断法,所以也具有专家判断法的一些不足。

二、预期收益评价法

传统的投资决策理论主要以风险投资项目的财务资料为基础,采用技术经济学的一些原理与方法进行评估决策。典型的方法包括:内部收益率(IRR)法、回收期法、收益指数法及净现值(NPV)法。这些方法都需要在评价项目之前对项目的未来收益作出预期,因此把它们统称为预期收益法。其中 NPV 法被认为是最有效的决策准则。

净现值法通过计算期望利润的净现值和所需投资的净现值,求两者的差值,判断是否大于零作为投资决策的准则。

净现值的计算公式为:

$$NPV = \sum_{t=0}^{n} \frac{NCF_t}{(1 + r_t)^t}$$

式中,NCF_t——第 t 年净现金流量;

r_t——第 t 年的贴现率。

如果 $NPV > 0$,说明投资方案按现值计算的投资报酬率高于所用的贴现率,是赢利的方案,可以初步接受;反之 $NPV < 0$ 则方案不能接受。在选择最佳方案时,净现值越大越好。

因此,比较不同项目的净现值,可以判断它们为投资者创造的未来收益。一般而言,净现值越大,项目越好。然而由于风险投资高风险、高收益的特性及经济环境的不确定性,运用传统的投资决策方法评价风险投资项目,其局限性越来越突出。

第一,NPV 评估方法隐含的假设为投资不可逆,即认为项目一旦选定之后,就要坚持投资,即使项目随着市场的变化不再有前景,也仍将继续投资,但事实上风险投资者具有延期决策的权利。在风险投资过程中,投资的时机有一定的回旋余地,当投资前景不确定时,风险投资家可以推迟行动直至得到更多的信息再决定是否进行下一阶段的投资。所以 NPV 法忽略了风险投资家可以随着市场变化和项目技术开发的不确定性作出相应调整的灵活性的价值,从而受到外部决策环境变化和风险投资家投资灵活性的挑战。

第二,NPV 评估方法所需要的前提条件在风险投资评估中难以确定。应用 NPV 评估方法需要三个前提条件:第一,必须能够准确估计项目在寿命期内各年所产生的净现金流量;第二,能够根据风险大小确定相应的风险调整贴现率,而风险大小常常难以准确确定;第三,能够预测项目持续的寿命期。但风险投资的投资风险企业一般没有历史财务数据,可以类比的公司很少,而且未来的前景十分不确定,因此预期现金流极不确定。贴现率在 NPV 评估方法中通常以行业平均收益率或社会平均折现率为参考,但风险投资作为一种高风险伴着高收益的投资形式,其回报率要求远高于传统项目,因此很难获得准确的贴现率。关于项目的寿命期,风险投资会根据项目的发展情况择机选择退出,因此 NPV 法难以处理风险投资项目投资的时间选择问题。现实中现金流量、风险参数、折现率的估计都可能存在很大的偏差。

第三,风险企业投入期长而投产期晚,这样的现金流结构会导致公司的大部分价值都落入终值中。终值对折现率和公司的增长率的取值都很敏感,项目早期净现金流量和收益通常为负值,因此,如果按照传统的 NPV 方法进行评价,这类具有高成长性的投资项目大多数不能通过评审,从而降低了评估结果的稳定性和可信度。

三、实物期权法

(一)期权的基础理论

期权是一种选择权的契约,所谓期权,是一种选择权,是决策者在对未来行动进行选择的权利。期权持有者有权利在未来一段时间内(或未来某一特定日期)以一定的价格(执行价格)向对方购买或出售一定的资产(标的资产)。期权购买者支付一定金额的期权费就获得了这种权利。期权的思想归纳起来有三点:①权利和义务的不对称性,期权持有者可以选择执行或不执行约定的权利;②期权成本与收益的不对称性,期权持有者损失以期权费为限制,而收益却可以无限增长;③期权是有价值的,未来的不确定性是期权价值的源泉,不确定性越大其价值也越大。因此创造、识别和利用期权将在降低投资风险的同时给投资者带来更高的收益。

期权分为欧式期权和美式期权。欧式期权只能在期权到期日才能执行,而美式期权可以在期权到期日之前的有效期内的任何时候执行。期权的价值由期权的内在价值和时间价值组成。期权的内在价值是由标的资产的当前价格(S)和期权的执行价格(X)决定的,对于看涨期权的内在价值 $=\max\{S-X,0\}$,对于看跌期权的内在价值 $=\max\{X-S,0\}$。在期权费为 M 时的看涨期权,当 $S-X>M$ 时,投资者赢利,会执行期权；当 $0<S-X<M$ 时，投资者亏损，但执行权利可以弥补期权费；当 $S-X\leqslant 0$ 时，投资者放弃执行期权，其损失为期权费。时间价格是期权在有效期可能产生的收益，有效期越长，时间价值越大，到了期满日，时间价值为零。对于美式期权，在到期日之前，总是正的，而欧式期权却不一定。

（二）风险投资的期权特征

风险投资家为获取某一投资机会，需先期进行可行性研究、技术和人力资本积累、资本投入等，这相当于支付的期权费。风险投资不确定性很高，风险投资家在面对高风险的时候要想获得高收益就应该不断调整策略，以免在某个项目上损失太大。也即风险投资家可以采取相机抉择的柔性策略。当市场行情较好时，可追加投资；当市场行情不利时，可减少投资，也可推迟投资，等待有利时再进行投资；在项目前景很差的情况下，应放弃投资。风险投资的这种多阶段特征使得投资者拥有现在投资或稍后投资的选择权而不是义务。风险投资家在已获得这一投资机会后，就拥有了选择投资或不投资的权利，即相当于拥有了买方期权。风险投资家也可以在不利的条件下不进行投资，即相当于放弃期权，损失的也只是已支付的期权费。

由于风险企业是某个新的技术、发明、专利进行中试阶段后的投入开发并使之进入产业化阶段的产物，因此涉及许多风险，包括：由于专利、发明与科研成果的先天不足（即技术不成熟、不完善、不可靠）及可替代的新技术的出现而给产品开发带来的技术风险；风险企业产品的市场需求量的变动、潜在市场需求量的变动、市场规模的大小、市场上同类产品的可替代性与相关性产生的市场风险；由于调研不充分、市场信息失真、市场定位不准等方面的因素而带来的管理风险；由于政策、法律、经济、社会文化的变化，导致产品市场需求发生波动所引起的环境风险等诸多风险。正是由于风险企业具有这么多的风险，决定了风险企业价值的波动性，进而决定了风险企业的期权价值。

（三）实物期权的概念

1. 实物期权的含义。实物期权是由 Steward Myers 1977 年首次提出，他认为，投资项目的价值（ENPV）不仅来自于单个项目所直接带来的现金流量（NPV）还来自于对未来投资机会（增长机会）的选择（C），即 $ENPV=NPV+C$。由于风险投资的多阶段性，这种增长机会可以被看作是投资者购买了一份实物资产的看涨期权。这一期权的执行价格是获得这项资产的未来投资的机会或权利。到期时期权的价值依靠于资产未来价值，也依赖于投资者是否执行这一期权。也就是说投资者拥有一种权利，即在未来以一定的价格取得或出售一项实物资产的权利。同时，又因为其标的物为实物资产，相对于金融期权而言将此类期权称为实物期权。实物期权是以期权概念定义的现实选择权，拥有实物期权的风险投资家有权利而不是义务去选择能增加投资价值的决策。因此，在实物期权理论下,风险投资项目的价值由两部分组成:一是项目的内在价值,它是静态的、过去的、被动的、直接的净现金流量的贴现值;二是投资带来的期权价值,是由经营柔性带来的,该期权的价值可用期权定价模型计算出来。其项目价值可以表示为:项目价值 = 静态的被动净现值(NPV) + 柔性经营的期权(投资机会)价值(C)。即投资项目的价值 P 可用下列公式计算出来。

$$P = NPV + C$$

2. 实物期权的分类。实物期权的特点在于着眼于投资中的实际情况,从动态的角度着力考证实物投资收益的不确定性、投资的等待价值以及投资标的物的交易性等因素在投资行为中的效应,重点关注不确定性、不可逆性对实物投资决策的影响,尤其对投资周期长、风险高及资本密集型的风险投资的影响。由此在风险投资决策中,实物期权可分为单一期权和复合期权。

(1)单一期权。单一期权一般分为三类,即增长期权、延迟期权和放弃期权。

增长期权根据其特点又可以分为扩大规模增长期权、转换增长期权和范围拓展增长期权。扩大规模增长期权是指当市场增长时,早期的项目投资能够为未来的规模扩大提供机会;转换增长期权是指第一代产品或技术的介入,为转向下一代产品或技术提供了条件转换期权,是看涨期权和看跌期权的组合,风险企业一方面可以放弃、收缩现有投资活动,另一方面可以通过其他方式实施扩张;范围拓展增长期权,是可以使公司非常方便地将在一个行业或一种商业模式的投资转入另一个行业或商业模式。

延迟期权是指风险投资家可以延迟投资以获取更多的信息或技能的选择权。当未来市场环境变得难以预测或者项目的现金流波动性很大的时候,等待是有价值的,延迟期权的价值就蕴涵在这种等待的价值之中。对于具有延迟期权的投资项目,相当于美式看涨期权,不必急于作出决策,因为较早地进行一项投资,意味着放弃了等待的权利,延迟期权的价值也就消失了。

放弃期权是指当市场环境变得不够理想时停止进一步投资的权利。几乎所有现实的投资项目,其投资都不是在期初一次完成的,而是由一系列投资过程组成的。因此,一旦在某一个投资阶段上出现不利的情况时,投资者都有放弃继续投资的权利,相当于欧式看跌期权。放弃期权可以分为三小类:缩小规模期权,如果新信息改变了期望的效益,则部分收缩或关闭项目;转向期权,当获得新的信息时,放弃原来的项目而转向效益更好的投资领域;范围收缩期权,当一个项目没有进一步发展的潜力时,缩小运作范围或放弃项目运作。

(2)复合期权。复合期权是针对一系列实物期权的,在分阶段投资中,第一阶段的投资相对于第二阶段的决策是一种实物期权,第二阶段的投资相对于下一阶段也有一个实物期权,而且各个期权都是相关的。因此,不能对各个期权进行简单的独立评价,而应把它们看成是一个复合期权。

（四）实物期权的定量分析方法

柔性经营的期权（投资机会）价值（C）的计算方法主要有三种：一是偏微分方程法（PDE 法），其模型包括解析解法（Black - Scholes 模型）和数值解法（有限差微分方程法）；二是动态规划法，其模型为二叉树模型；三是模拟方法，其模型为蒙特卡罗模型。其中，Black - Scholes 模型计算期权价值所需的参数较少，大大减少了计算所需的信息量。因而，在评估的实践中，多数采用的是 Black - Scholes 模型（简称 B - S 模型）。

1973 年，美国芝加哥大学教授费希尔·布莱克（Fischer Black）和迈伦·斯科尔斯（Myron Scholes）在美国《政治经济学》杂志上发表了一篇"期权定价与公司负债"的论文，奠定了期权定价模型的理论基础。同年，Black 教授和 Scholes 教授创立了基于不支付红利股票的欧式看涨期权定价公式，即今天所称 Black - Scholes 公式，它与以往期权定价公式最重要的区别就在于它的实际应用价值，即它只依赖于可观察到的或可估计出的变量，并因此获得了 1997 年的诺贝尔经济学奖。

1. Black - Scholes 模型的假设条件。假设期权中的标的资产的价格服从对数正态分布，即该资产的收益率服从正态分布。同时假设：

（1）期权为欧式期权，即期权只有在合约到期日才执行。

（2）市场无摩擦，即不存在交易成本和税收，没有卖空限制，不存在无风险套利机会。

（3）在期权生效期内，无风险利率水平保持固定不变。

（4）期权所指向的标的资产在期权到期之前没有现金收益支付，如股票，不发放现金股利。

（5）标的资产价格服从随机游动分布，标的资产收益的方差在期权有效期内保持不变，并且可以运用过去的数据进行估计。

2. Black - Scholes 模型的计算公式为：

$$C = S'N(d_1) - Xe^{-rT}N(d_2)$$

式中，

$$d_1 = \frac{\ln(S'/X) + (r + \sigma^2/2)T}{\sigma\sqrt{T}}$$

$$d_2 = \frac{\ln(S'/X) + (r - \sigma^2/2)T}{\sigma\sqrt{T}} = d_1 - \sigma\sqrt{T}$$

$$S' = S - PV(D) = S - \sum \frac{D_t}{(1 + r)^t}$$

C——看涨期权的价格；

S——指标的资产的当前价值；

X——期权的执行价格；

σ^2——标的资产价值变化的方差；

T——距离期权到期日的时间；

r——无风险利率；

$N(d)$为对于给定变量 d,服从平均值为 0、标准差为 1 的标准正态分布 N(0,1)的概率。

3. Black - Scholes 模型分析。下面我们结合风险投资期权的特征,分析使用 Black - Scholes 模型计算风险投资项目期权价值时,各变量的取值。

(1)标的资产的当前价值(S)。由于期权是一种取决于标的资产价值的资产,因此标的资产价值的变化会影响期权的价值,标的资产当前价值的上升,会增加看涨期权的价值。在风险投资中,标的资产的价值指的是风险投资项目中所能得到的全部资金流量的现值。

(2)标的资产价值变化的方差(σ^2)。因为期权购买者的损失最多不会超过其购买期权所支付的期权费,却能从标的资产价格的剧烈变动中获得显著收益,所以代表标的资产价值变动性的指标方差越大,期权的价值越大。就风险投资而言,衡量标的资产价值变动性的指标是指与被投资项目有关的远期现金流入价值变动率的标准差,由于期权具有锁定损失的特征,不论风险多大,其损失最多就是已投入的资本,而风险越大则同时意味着获得更大收益的可能性越高。因而投资项目的风险越大,投资价值就越大。与传统投资不同,风险在这里成为一个十分有利的因素。因而被投资项目未来可取得的现金流量的不确定性越高,期权价值越大。

(3)标的资产支付的红利(D)。由于在期权的有效期内,多数期权的执行价格并不作调整,因此当标的资产支付红利时,标的资产的价格可能会下降,造成看涨期权价值下跌。在风险投资中,红利则是由期权有效期内流失的价值来表示的。这可能是为暂时回避竞争或为保留期权所发生的费用,也可能是由于竞争对手已实现投资于类似的高技术风险项目,提前获取红利或占领市场而发生的损失。如同股票的红利为股票投资者创造了现金流,但却减少了股票的价值一样,对风险投资而言,现金的流失也意味着期权价值的减少。

(4)期权的执行价格(X)。该价格是决定期权是否被执行的一个关键点。对于看涨期权,期权的价值会随着执行价格的上升而降低。在风险投资中可以将风险项目有效期内预期的投资支出看作期权的行使价格。由前面分析得出结论:执行价格越大,期权的价值越低。因此,对于风险投资而言,对相同的项目,投入成本越高,利润空间越小,投资价值越低。

(5)距离期权到期日的时间(T)。该段时间的长短会影响期权的时间价值。时间越长，对于期权持有者获利的机会就会越多、越大。所以期限越长，期权的价值就会增加。另外，期限长短还会影响到期权执行时所使用的执行价格的现值的大小，期限越长，现值越小。在风险投资中，它的等值含义是指上一轮投资距离下一阶段投资的有效时间。在这一有效期内，投资者有权对是否继续投资进行决策，并且可以根据项目经营的情况对投资时机进行合理选择。有效期的长短取决于投资协议、产品的生命周期、市场竞争等因素的综合影响。到期日越长，期权价值越高，越适宜等待相关信息推迟投资；到期日越短，期权价值越低，越宜于投资。

(6)期权有效期内的无风险利率(r)。它主要取决于期权执行时，由谁来支付执行价格，该利率越高，这一支付额的现值就越低，同时它又影响到期权费的机会成本的大小。在风险投资中，无风险利率指的是风险投资资金的时间价值。由于风险投资高度不确定的特殊性，投资者必须要以高回报来补偿其无法规避的风险，此时收益率是一个高于无风险利率的利率。

对于美式期权，由于可以在期权到期日之前的任何时候执行，使得美式期权比其他条件相同的欧式期权的价值更高。在大部分情况下，期权剩余有效时间溢价使得提前执行并不是最优方案。

各变量取值如表 9 – 7 所示。

表 9 – 7　利用 Black – Scholes 模型计算风险投资项目期权价值变量的取值

变量	欧式看涨期权	风险投资项目
S	标的资产的当前价值	投资项目的市场价值(现金流折现值)
X	期权的执行价格	投资项目将来的投资额
T	距离期权到期日的时间	投资决策可延迟的时间
r	无风险利率	资金的时间价值
σ^2	标的资产价值变化的方差	投资项目风险(项目未来现金流折现值的方差)
D	标的资产支付的红利	投资项目现金的流失

将 B – S 模型运用于分析实物期权时，有着许多优点：一是 B—S 模型较简易，便于决策者应用，决策者只要将决策问题简化，归纳出需要设定的变量，便大致上可得出所需要的答案。因此，非常具有实用价值。二是 B—S 模型很容易与传统的 NPV 评价方法作比较。由于 B – S 模型应用在实物期权问题上，和传统 NPV 分析方法所需要的重要变量，如现金流出、流入是相同的，通过两者的比较，对决策者的应用或参考具有重要使用价值。

实物期权法是一种全新的评估方法，它克服了传统评估方法没有考虑经营柔性价值的缺点,增加了风险投资灵活性的潜在价值,在很大程度上改变了过去决策中通常低估项目价值,丧失投资机会的状况。并且由于这种方法并非对传统评估方法的全盘否定,它结合了传统评估方法的优点,是对使用最为广泛的传统评估方法——收益法的一种重大改进,使之更加符合风险投资的实际状况。它的出现为现代评估提供了一种崭新的思路,是一种较为合理和科学的评估方法。

(五)实物期权法在风险投资中的应用实例

关于实物期权的应用可以通过下述案例加以说明。例如,某风险投资公司准备投资于高新技术项目开发一种新产品。该项目在起初需要大量的投资,但计划现金流量较小。预计Ⅰ期现金流量如表9-8所示。

表9-8 Ⅰ期现金流量表　　单位:百万元

年份(t)	0	1	2	3	4	5
净现金流	-450	60	59	195	310	125

预计在产品开发3年后商业化,如果商业化后产品能够迅速占领市场,带来丰厚利润,风险投资公司则进行Ⅱ期投资。Ⅱ期投资现金流量如表9-9所示。

表9-9 Ⅱ期现金流量表　　单位:百万元

年份(t)	3	4	5	6	7	8
净现金流	-900	120	118	390	598	250

但若产品市场前景不如预测的好,投资者则可放弃后续投资。

假设投资者要求贴现率为20%,市场无风险利率为10%,标的资产的年标准差为0.35。则

$$\text{Ⅰ期 NPV} = -450 + \frac{60}{(1+20\%)} + \frac{59}{(1+20\%)^2} + \frac{195}{(1+20\%)^3} + \frac{310}{(1+20\%)^4} + \frac{125}{(1+20\%)^5} = -46.45\text{(百万元)}$$

$$\text{Ⅱ期收益的现值} = \left(\frac{120}{(1+20\%)} + \frac{118}{(1+20\%)^2} + \frac{390}{(1+20\%)^3} + \frac{598}{(1+20\%)^4} + \frac{250}{(1+20\%)^5}\right) \div (1+20\%)^3 = 460.9350\text{(百万元)}$$

$$\text{Ⅱ期 NPV}=\frac{-900}{(1+20\%)^3}+460.935\ 0=-59.898\ 4(\text{百万元})$$

可见,在 NPV 法下投资者会作出拒绝投资的决策。因为投资者执行两期投资,预计净损失可能达到 106.348 4(46.45+59.898 4)百万元。

利用实物期权的思想,投资项目的价值由项目的现金流和企业的成长机会共同决定。I 期项目的选择还要考虑有后续投资机会所带来的期权的价值。当市场有利时进行Ⅱ期投资,不利时放弃。投资于净现值为负的项目也即像支付期权费一样是为了在后续投资中获利。46.45 百万元可以认为是从Ⅱ期投资中获得增长而必须支付的价格,投资者支付了期权费从而获得了一张为期 3 年的欧式看涨期权,标的资产的价格为 460.935 0 百万元,执行价格为 900 百万元。利用实物期权定价模型可求出:

$$d_1=\frac{\text{In}(460.935\ 0/900)+(0.1+0.35^2/2)\times 3}{0.35\times\sqrt{3}}=-0.305\ 8$$

$$d_2=-0.305\ 8-0.35\times\sqrt{3}=-0.912\ 0$$

$$N(d_1)=N(-0.305\ 8)=0.379\ 9$$

$$N(d_1)=N(-0.912\ 0)=0.180\ 9$$

$$\begin{aligned}\text{Ⅱ期权的价值 } C&=460.935\ 0\times 0.379\ 9-900\times 2.718\ 28^{-0.1\times 3}\times 0.180\ 9\\&=54.496\ 6(\text{百万元})\end{aligned}$$

$$\begin{aligned}\text{该项目投资价值的 } NPV&=\text{Ⅰ期 } NPV+\text{Ⅱ期权的价值 } C\\&=-46.45+54.496\ 6=8.046\ 6(\text{百万元})\end{aligned}$$

可见,NPV 法容易低估项目价值从而使投资者放弃投资机会。实物期权法在综合考虑了项目投资的不确定性和投资者决策的灵活性后最终判定项目的真实价值。在此方法的指导下,即使在 NPV <0 的情况下,投资者为了获得战略价值还会选择投资。这种战略价值就是寻求风险企业价值增值的机会。

(六)实物期权法在应用中要注意的问题

通过以上分析我们可以看出,将期权定价理论应用于风险投资项目的投资决策,其分析思路及计算方法与传统的投资决策理论及方法有着明显的区别,并且能够克服传统决策理论的某些缺陷。引入看涨期权后的实物期权评价方法尤其适用于灵活性较强的风险投资决策,它可以使投资者在了解更多投资前景的情况下再决定是否投资,这种跟进式的投资(Follow - on Investment)比运用现金流贴现的方法更接近实际,有利于提高投资决策的科学性和准确性。

然而,在风险投资的应用中还要需要注意下述几方面的问题。

1. 风险投资项目往往是依靠私人权益资本多次融资壮大的,风险投资家通过这种多阶段的投资方式一方面可以使经营者努力工作,另一方面也可以避免一次在一个项目上投资过大。但在第一轮的投资合同中,风险投资家往往会留有对下一轮投资拥有优先权的条款。这种不断跟进的投资方式也可能从另一个角度放大“灵活性”对价值评估的负面影响。

2. 要将现实生活中的问题概括成可以运用期权定价模型来解决的问题,无疑是较为艰难的,因而降低实际情况中的复杂性,便于应用简单的方法来解决实际问题,已成为现实工作中的重要一环。例如,放弃开发某项目的权利就类似于看跌期权,在一个金融租赁项目中,承租人可以有支付一定费用而拥有放弃租赁的权利等等。又如,在计算期权的五项变量(X,S,T,r,σ)中的(X,S,T,r)是相对直观的,而标准差σ则往往由估计获取,通过观察具有类似资产结构的企业股价的变动性,可以得出标准差的估计值,在这种情况下估计出的标准差需要考虑作出调整。一般来说,单个企业的标准差在20%～30%,小型科技企业可能达到40%～50%。

3. 并非所有风险投资项目的价值评估都适用期权定价模型,比如一系列的购买期权若是嵌套式的,如一个人的期权不能在另一人行使之前行使,这就成为一个棘手的问题。

当风险投资的收入,满足上述假设条件时可以采用类似于上面的评价方法。从理论上来说,运用期权定价方法来对具有选择权的投资项目进行评估,要比用决策树方法在分析质量上能获得更好的结果。因为决策树只考虑有限的一些可能结果,而现实中,所发生的可能结果是无限的、连续分布的。运用期权定价方法能克服决策树中只考虑离散分布的情况,得到更精确的结果。但是在运用期权定价模型时,必须满足其假设条件,而现实中的投资项目很难完全满足其假设条件,从而限制了 Black - Scholes 的期权定价模型的运用,此时用决策树方法更能让人们接受。

四、风险投资项目评估方法的选择应用

风险企业在种子期、创建期、成长期和成熟期四个阶段自身的差异很大。因此,根据不同时期的特点应选用不同的方法来评估企业价值。

(一)种子期风险企业价值评估方法

种子期是项目处于创意、发明或仅有实验室初级产品的阶段。由于此时风险企业尚未设立,无任何业绩可言,且产品正处于样品研制和开发阶段,能否开发成功尚无法确定,只能预期产品开发成功后的市场容量。在种子期,创业者需要投入资金研发产品(或项目)、生产出成熟样品和形成产业化生产方案,以验证其创意的可行性和经济技术的合理性。鉴于企业尚未正式创立,创业者仅有创意意图,产品也处于酝酿发明阶段,其经营方式还只是处在概念和计划阶段,对于企业成立后的经营状况如何,还存在着许多不确定性因素。企业可能会因为技术攻关失败而使项目流产,或是由于市场潜力不够、产品成本过高、产品开发延迟、技术发展迅速、产品的高附加值丧失等原因而使项目无法实现

投资目的,因而这时的风险程度非常高。另外,在种子期阶段,由于风险资本投资者很难根据商务计划书的资料来评估项目的性质与营运业绩,再加上项目所面临的风险远比产品成长阶段高,企业的未来价值很难量化,只能对投资项目本身的驱动因素进行评价,因而因素评价法比较适用,可以是德尔菲法、层次分析法或者 Tyebjee - Bruno 模型。

(二)创建期风险企业价值评估方法

在创建期,创新产品完成主要技术攻关,产品处于试生产并开始进入试销阶段。比起种子期来说,创建期的被投资企业已经积累了一些历史信息,投资者还可从经营计划书的资料中获取少量关于评估项目的性质与营运业绩的信息,被投资企业所面临的风险也有所降低,评估工作难度降低。但由于该时期产品尚未被市场普遍接受,企业经营的不确定性仍然很大,技术风险很高,不过一旦技术开发成功就可能给企业带来较高的未来收益,因此这一阶段风险投资的实质是选择了获取较高未来收益的机会。这种机会从投资者角度看,俨如拥有一项实物期权,而传统的评估方法可能会低估风险投资项目的价值,故使用期权估价法较适当。因此可以采用实物期权方法对企业价值进行评估。而在实物期权评估方法中,Black - Scholes 模型是常用的一种方法。

(三)成长期风险企业价值评估方法

成长期是企业处于扩大生产、开拓市场从而达到一定经营规模和市场占有率的阶段。此阶段的重要任务是实现成功的产业化运作,为成熟期企业大规模占有市场打下坚实的基础。在这一阶段,由于企业已经开始规模化生产,此时的技术风险相对较小,主要是经营管理和市场开发风险。处在扩张期的风险企业,产品已被市场接受,销售额开始迅速增加,有些企业已经开始盈利,此时的市场需求比较明确,企业组织也渐具规模。由于企业已有一段经营经历,风险投资家可以较方便地获取更多的关于评估项目营运业绩的历史信息,并且由于被投资企业的经营前景逐渐明朗,面临的风险进一步降低,评估的不确定性和难度比起前两个阶段也大大降低。

考虑到成长期风险投资企业的特点,单独使用任何一种评估方法来评估成长期风险企业的价值,常常会出现较大的误差,与风险企业的实际价值偏离较大。由于成长期风险投资企业价值是其现实获利能力和潜在获利机会的货币化表现,因此,如果把现金流量折现法与期权估价法的评估原理有机地结合起来,就可以较全面地评估成长期风险企业的投资价值。

(四)成熟期风险企业的价值评估方法

风险企业进入成熟期,既标志着企业已进入大规模生产阶段,也标志着风险投资开始考虑退出企业的阶段。在成熟期,企业快速成长,生产能力接近饱和状态;技术成熟、市场稳定;企业已具有良好的资信和较强的融资能力,现金流量充足;其项目无论在市场上还是技术上的风险都比较低,但企业仍有可能存在关键职位管理者流失、财务失控、竞争者介入、市场增长率和资产收益率降低等风险。就评估方法而言,由于这一阶段企业所面临的风险很低,投资者可以方便地获取评估所需的各种信息,需要投资者进行专业判断的环节很少,基本上可以采用传统的现金流折现模型评估方法,评估结果也相对客观。

可以说,没有一种普遍实用的风险项目投资评估方法,我们必须在充分考虑其各成长阶段的特点以及各种评估方法特点的基础上,选择采用适当的评估方法。这样,所选择的评估方法就能较好地与企业所处的经济环境、风险资本投资的特征、企业经营状况相匹配,从而保证评估结果的准确性、可靠性,进而使风险投资家据此作出正确的风险投资决策。

案例

从典型案例看互联网项目投资评估方法

随着4G时代的到来,移动互联网一词不断见诸报端,作为一种新兴的互联网商业模式,移动互联网领域的发展逐渐成为财经界和科技界的关注焦点。2015年,一家名为"全球创业公司报告"的组织发布了一份集合了全球50个国家的150家互联网创业公司的创业调查报告,报告中显示,目前整个互联网行业里,最具商业价值的领域是通信服务,此类公司的平均价值接近200亿美元,最为普遍的领域则是互联网媒体公司,其价值平均约为50亿美元。而所有产业里最热门和最出风头的领域则是电子商务及搜索,它们共同构成了互联网行业的根基。移动互联网是行业里一个细分的领域,它的业务范围几乎涵盖了以上所有的方向。

作为一种新兴的互联网商业模式,移动互联网领域的发展逐渐成为财经界和科技界的头号关注焦点。毫不夸张地说,在整个互联网大行业里,移动互联网是目前最吸引风投者目光的一个新兴的细分领域。互联网企业向来是以高风险著称的投资目标,而移动互联网企业自然也不例外,移动互联网企业具有不稳定性高、实体性缺乏、成长性较难估计、受影响因素较复杂等特点。

赛迪智库于2015年发布的《移动互联网白皮书(2015)》指出移动互联网已经成为最大的信息消费市场、最活跃的创新领域和最强的ICT产业驱动力量,报告中认为新的信息革命已经开启,从智能硬件、可穿戴设备,到虚拟现实、共享经济及智能机器人等都将成为发展趋势,这类产品将沿着移动互联网的发展路径持续向各个产业领域蔓延,推动经济环境乃至整个社会的变革。

此外,移动互联网产业的发展正在催生出新的经济增长点和细分产业。根据实力媒体集团的研究,2016 年,移动互联网流量占互联网流量的比例约为 68%,到 2017 年底达到 75%。移动设备的普及使用为行业发展做了铺垫,2016 年,智能手机普及率达到了 56%。与之相关联的则是消费活动,2016 年,60% 的互联网消费来自移动端,支出已达到 710 亿美元。移动互联网的消费规模不断扩大,也来源于移动产业规模的增大。

当前用户思维已经成为移动互联网企业研究的重点,借此来探索企业增值新空间。移动支付、可穿戴设备、共享服务、人工智能等新的应用创新和商业模式创新不断涌现,引发传统行业生态的深刻变革。移动互联网在各行各业改变原有行业的运行方式和盈利模式,将用户和开发者进行有机结合,使其沟通更为顺畅,继而用户会逐渐形成对信息服务的依赖,良性循环由此而始。

现在的移动互联网企业可大致分为两类:一类是传统的互联网企业看中了移动互联网这块大蛋糕,于是商业版图便不止局限于 PC 端,开始涉足移动平台上的业务,这一类的移动互联网企业,由于拥有其母公司的资金支持而发展迅速;另一类则是由技术人员或创意开发者领导而成的移动互联网创业团队,他们往往有技术、有创意甚至是有经验,但多数是白手起家,必须依靠外部资金的注入才能持续发展。在初创时期,资金需求一般相对于成熟期和高速发展期相对较小,但投资风险却相对更大。

一、互联网投资项目的评估方法

1. DEVA 估值法。最早出现的适用于互联网领域的估值辅助手段是股票价值折现分析法(Discounted Equity Valuation Analysis, DEVA),这种方法适用于那些创新型的处于初创期和种子期的企业。这些企业的特点就是,未必会有明确的产品和成果,但对其预测表明其未来的市值或销售额的复合成长率高于 15%,具有典型的高风险、高收益的特性。DEVA 模型最早成型是来源于摩根史丹利的首席金融分析师 Mary Meeker 于 1995 年发表的一篇论文,该理论提出后迅速成为风险投资领域对高新技术企业进行估值的参考标准。该理论来源于经典的摩尔定律,但 Meeker 认为在互联网投资领域,18 个月带来的不仅仅是产品价格的成倍下降,其市场价值也会呈现指数增长,即下式:

$$E = MC^2$$

(其中 E 为目标企业的企业价值,M 为投入的初始资本,C 为客户价值增长的平方值)

DEVA 模型中,评估方不单纯考虑企业已拥有的用户对于企业所产生的直接价值,而是更多考虑用户与用户之间的联系与互动所产生的价值,这些价值便是企业在实际运营过程中,由用户自身带来的附加价值。在互联网企业的发展中,用户资源是企业发展的基础,企业盈利便是建立在对用户资源的有效利用和深入挖掘上。因此,DEVA 模型的建立便是基于对大规模的用户群体的互动中所产生附加值和用户自身价值的计算和分析,最终得出被评估企业的真实价值。

当一个企业仅拥有一个客户时,企业仅可以从这一个客户身上获取价值,而无法获得其他附加价值,此时其自身价值基本为零;当其锁定第二个客户后,企业与客户之间,乃至客户与客户之间就可以进行全方位的互动,客户的附加价值也就由此产生,此时附加价值的测算是客户数量2的平方4;当企业锁定第三个客户时,其附加价值呈指数倍增长,即客户数量3的平方9,依次类推。随着客户数量的增多,企业开始形成庞大的客户群,此时由客户群所带来的附加价值就不可同日而语了。另外,固定成本 M 和 C 呈现指数关系,即越过固定成本线后的增长就不再是线性变动,而是呈指数倍增长。从理论中可以看出,DEVA 模型其实是规模经济的一种体现,随着企业经营规模扩大,经济效益会大幅增加;随着客户数量的增加进而逐渐形成规模,企业所获得的附加价值也就随之大幅上涨。移动互联网巨头 Facebook 高达千亿美元的天价估值就可以用这种方式推算出来。假定 Facebook 的单个用户的市场价值为每人 10 美分,随着用户的增长,1 亿用户的市场价值就是 1 000 万美元。运用到整个企业的估值,1 000 万美元的平方即 100 亿美元。据报告显示,Facebook 目前约有 17 亿用户,那么最小市值至少达到了 1 700 亿美元。

而实际上根据官方的报告显示,早在 2008 年 Facebook 的估值仅为 40 亿美元; 2010 年,投资者对 Facebook 的估值最低为 120 亿美元,最高则达 594 亿美元;2012 年的 5 月 Facebook 上市 IPO 每股定价 38 美元后,其估值为 1 040 亿美元。2012 年 Facebook 的用户数量约为 10 亿,因此证明 DEVA 模型的可适用。

DEVA 估值理论的诞生催生了一批大规模的高新技术企业的并购浪潮。当两家企业合并时,其合并后估值并不只是自身估值的相加,而是会随着规模的扩大产生一定的溢价,因此对合并双方都是会产生巨大利益的合作方式。

2. 情景化收益现值法。20 世纪 90 年代末,世界领先的麦肯锡管理咨询公司提出了这一概念,它是由情景化和现值法两个层面组成。现值法即绝对估值法,对企业的经济增长率,资本预期回报率等投资与运营因素进行测算,每个小小的变动将会带来巨额的净现值的变动。麦肯锡引入了情景概念,针对不同的假设提出相应的乐观和消极场景。其后再分别为几种场景赋予权重,再对此得出结果。这种方法实际上就是几种模型相结合,然后明确在评估过程中的主要因素。但绝对估值法派生出来的多种方法,在预测变化较快,影响因素较多的移动互联网公司来说依然存在巨大的困难。

3. 营销回报法。移动互联网公司的每一笔营销所带来的收入或者净利润,在商业模式上都是有极大影响的。一个新的创业公司要做营销,需要一定的资本推动,不少公司在融资过程中遭遇资金链断裂等情况时,通常表现是销售收入大幅下降,或干脆企业破产。而一个迎合市场需求的公司,营销费用投入相较于其他企业的营销成本都会更低,这样的公司未来的盈利能力已算是有保证。但毕竟,营销回报法也只是观察互联网公司的某一侧面,无法单独运用其去为企业做出准确的估值。

二、典型案例及分析

Pinterest(拼趣)是一个基于兴趣图谱的视觉社交类网站,是一个可以帮助人们发现和保存创造性想法的视觉性探索工具。Pinterest,即Pin和Interest,即图钉和兴趣,把自己感兴趣的东西用图钉钉在钉板(PinBoard)上。Pinterest通过瀑布流的形式展现图片内容,用户不必手动操作,在浏览的过程中图片会进行自动加载,源源不断地出现在页面底端,用户可以依照自己的兴趣关注各种类型的图片,也可以自由将喜爱的图片放在自己的Board上。Pinterest为用户提供在线收藏和分享视觉艺术图片的服务,堪称图片版的Twitter。

网站在2011年创办于美国加州,在创办后的一年中先后得到1 000万美元及2 700万美元投资,估值达两亿美元左右。据统计,新用户中70%会在一周内回归应用,这使得一些投资机构认为这家网站的发展速度可与Facebook等巨头比肩。Pinterest企业内部流行这样一句话,Facebook是关于过去的,而Pinterest是关于未来的。它也是继Facebook、Twitter、Tumblr等社交网站之后,又一个受世界瞩目的网站。

Pinterest企业的股票价值折现模型构建(DEVA)

移动互联网企业里的员工数和用户数的对比是一项可参考的数据。目前Pinterest公司拥有雇员1153名,则将用户分摊到每个个体上便是151778名,即平均每个员工服务15万个用户,如此高度的服务数量比,可谓是理想的移动互联网创业企业。在行业内寻找其他企业来作为参考,当下最为热门的几个移动互联网社交企业中,Facebook的员工与用户数比约53万,OMGPOP约为87万,Instagram约为207万。在移动社交类企业中,Facebook和Instagram是Pinterest的主要对标企业,由此可见,越是有价值的移动互联网企业,其员工与用户数的比率越高,这也是企业效率高的体现。因此,企业规模越是属于袖珍型的移动互联网企业,因其组织架构精炼简洁,因此相对来说企业价值也就越高。除此之外,这里主要关注以用户价值为中心的DEVA模型分析。Pinterest历年融资情况分析见表9－10 。

表9－10　Pinterest历年融资情况分析

时间	融资回合	筹资额(美元)	投资后估值(美元)	股票发行量	股票价格(美元)	用户数
2017.06	H轮	1.5亿	123亿	20亿	7.18	1.5亿
2015.02	G轮	5.779亿	112亿	20亿	7.18	1亿
2014.05	F轮	2亿	50亿	10亿	3.4	3 800万
2013.10	E轮	2.25亿	41亿	10亿	2.91	3 200万

续表

时间	融资回合	筹资额（美元）	投资后估值（美元）	股票发行量	股票价格（美元）	用户数
2013.02	D 轮	2 亿	28 亿	10 亿	2.16	3 040 万
2012.05	C 轮	1 亿	17 亿	10 亿	1.56	2 700 万
2011.10	B 轮	2710 万	2.49 亿	10 亿	0.24	1 080 万
2011.04	A 轮	1 260 万	5 080 万	8.96 亿	0.06	560 万
2010.11	天使二轮	99 万	610 万	6.7 亿	0.01	
2009.07	天使轮	54 万	220 万	5.6 亿	——	

数据来源:Equidate

企业市值=股票发行量×股票价格

我们首先以B轮融资为例。根据Pinterest官方公布的数据显示,B轮融资后,该公司的市值约为:1 000 000 000 ×0.24 =240 000 000 美元,Pinterest2011 年的用户数约为1 080万,因此:

$$单用户价值=\frac{1\ 000\ 000\ 000\times 2.4}{10\ 800\ 000}=22.222\ 2$$

带入DEVA模型中

$E\ =\ MC^2$

(E:被评估企业价值,M:被评估企业初始资本,C:单体用户价值)

因此企业价值估值为:

$$E=540\ 000\times 22.222\ 2\times 22.222\ 2=266\ 666\ 133$$

相应地,我们对所得估值与投资方所给出的估值作误差分析:

$$误差率=\frac{266\ 666\ 133-249\ 000\ 000}{249\ 000\ 000}=7.09\%$$

以此类推得其他几轮融资的估值额,如9-11表所示。

表9-11　Pinterest公司估值情况分析　　(单位:美元)

	A 轮	B 轮	C 轮	D 轮	E 轮	F 轮	G 轮
公司市值	53 760 000	2 400 000 000	1 560 000 000	2 160 000 000	2 910 000 000	3 400 000 000	14 360 000 000
单用户价值	9.6	22.222 2	57.777 8	71.052 6	90.94	89.47	143.6

续表

	A轮	B轮	C轮	D轮	E轮	F轮	G轮
E	49 766 400	266 666 133	1 802 668 053	2 726 174 862	4 465 845 144	4 322 635 686	11 135 318 400
误差率	-7.43%	7.09%	6.04%	-2.63%	8.92%	-13.5%	0.58%

由表9-11可见，由以上模型得出的估值结果与投资方给出的估值结果相对比，误差率控制在±10%以内，在价值资产评估对于估值误差的范围之内。由于Pinterest公司经过多年的发展和扩张，目前已处于相对下的发展成熟期在后期的投资者主要也都是前几回合的投资者，因此严格上来说已经不能算在风险投资的范畴，所以主要还是以前几轮的估值为主要参考。当然由于该模型所涵盖的变量有限，移动互联网的企业成长过程中不确定的影响因素较多，因此结果会存在一定的误差，但相对来说是可以作为移动互联网企业的一种估值参考，但在估值过程中必须结合企业不同时期的发展现状和内外部的影响因素同步分析，从多角度来对企业做出相对准确的估值。

由表9-11可见，该企业公司市值和企业价值增长迅速，除短暂的波动外基本呈现上升态势。单用户价值随企业价值上涨而上涨。该企业具有良好的投资价值。截至2015年5月，视觉社交网站Pinterest一共获得了七轮融资。目前企业估值110亿美元。

资料来源：孙奕聪. 基于企业价值评估的移动互联网企业风险投资实证研究[D]. 哈尔滨工业大学，2017.

复习思考题

1. 对比风险投资项目评估和一般项目评估的区别。

2. 结合我国风险投资业的实际情况和特殊问题，说明我国风险投资项目评估的重点。

3. 如何运用德尔菲法对风险投资的项目进行评估？

4. 简述综合评分法的评估步骤。

5. 运用传统项目评估方法评价风险投资项目的局限性表现在哪些方面？

6. 分析风险投资在哪些方面具有实物期权的特征。

7. 结合风险企业发展各阶段的特点，说明如何恰当选择风险投资项目评估的各种方法。

第十章

风险投资运作的政策与法律

本章要点：

◆风险投资机构设立的政策与法律规定
◆风险投资机构对外投资的政策与法律规定
◆风险投资机构退出的政策与法律规定
◆对风险投资扶持和监管的政策与法律规定

第一节　风险投资运作政策与法律概述

一、风险投资运作政策与法律的含义和特征

（一）含义

所谓风险投资运作政策与法律，是指规范和调整在风险投资机构设立、对外投资和退出各阶段所发生的风险投资关系，以及规范和调整政府对风险投资运作进行扶持和监管的各种行为的总称。

（二）主要特征

1. 风险投资运作的制度环境包括政策和法律两个层次。在我国，对风险投资的规

范、调整,一方面采取原则性、灵活性、指导性比较强的政策形式,以利于根据风险投资市场环境的变化及时作出方向性的引导和调控,比如国务院办公厅转发科技部等部门《关于建立风险投资机制若干意见》的通知(国办发[1999]105 号)就是一种规范风险投资的政策;另一方面,也采取由国家制定或认可的并由国家强制力保证实施的、具有普遍效力的法律形式,以便对风险投资作出具体的、规范的、稳定的调整,比如由国家发展改革委、科技部、财政部、商务部、中国人民银行、国家税务总局、国家市场监督管理总局、中国银保监会、中国证监会、国家外汇管理局联合发布并自 2006 年 3 月 1 日起施行的《创业投资企业管理暂行办法》就属于对风险投资进行调整的、部委规章层次的法律。2016 年 9 月,我国创业投资界热切盼望的《国务院关于促进创业投资持续健康发展的若干意见》(简称"创投国十条")正式发布,从政策落地的情况看,"创投国十条"已经列出国家发改委、证监会、银保监会、科技部、财政部、国家税务总局等部门的分工负责任务,对于这一行业的规划已经从单个部门走向国家层面的顶层设计。政策的发布旨在促进对创业投资等私募股权投资的鼓励。总体来看,风险投资政策与风险投资法律相互影响、相互作用,共同促进风险投资持续、健康发展。

2. 风险投资政策与法律调整的对象多样化。风险投资政策与法律规范、调整的对象多样性,从风险投资运作的各个阶段来看,主要包括以下三个方面:风险投资机构设立方面的社会关系,具体主要是规范和调整风险投资机构的设立条件、设立程序、组织机构、风险投资机构的投资者的市场准入条件等方面的社会关系;风险投资机构向风险企业投资和退出时发生的各种社会关系,具体主要包括规范风险投资机构对外投资范围、投资方式、投资比例及以何种方式退出所投资风险企业的社会关系;政府对风险投资予以扶持、激励以及监督、管理的社会关系,具体主要包括调整风险投资税收优惠、财政金融支持等激励方面的社会关系,以及政府对风险投资机构直接进行监督管理方面的社会关系。

3. 风险投资政策与法律的表现形式多样化。总的来说,我国风险投资的制度环境包括政策与法律两个层次。但是,由于参与风险投资的主体是多样的、复杂的,以风险投资主体为核心所形成的风险投资社会关系的范围也是广泛的、复杂的和多样的,因此,国家难以制定一部统一的、包罗万象的风险投资运作政策或者法律,而是颁行了众多的、表现形式多样化的单行法律和单行政策。这种风险投资政策,既包括中央制定的政策,也包括地方制定的政策;既包括以政府名义制定的政策,也包括以某个政府职能部门名义制定的政策。这种风险投资法律,既包括全国人大及其常委会、国务院和部委机关制定的法律、法规或规章,也包括地方权力机关制定的地方性法规、地方政府制定的规章和地方政府职能部门制定的具有法律性质的规范性文件等。

二、我国风险投资政策与法律的分类

按照不同的分类标准，我国现有的风险投资政策与法律可以划分为不同的种类。

（一）按照是否专门针对风险投资进行规范、调整分类

按照是否专门针对风险投资进行规范、调整，可以划分为专门的风险投资政策与法律和适用于风险投资的一般性政策与法律。

专门的风险投资政策与法律主要是指专门针对风险投资所制定、颁行的政策和法律，比如原对外贸易经济合作部、科学技术部、国家市场监督管理总局、国家税务总局和国家外汇管理局2003年1月30日颁布的《外商投资创业投资企业管理规定》，专门针对外国投资者或外国投资者与中方投资者共同在中国境内设立风险投资机构进行风险投资的活动进行规范、调整；国家发展改革委等十部委2005年11月15日联合发布的《创业投资企业管理暂行办法》，专门针对在中华人民共和国境内注册的风险投资企业的设立、对外投资和退出等风险投资行为进行规范、调整；财政部、国家税务总局2007年2月7日发布的《关于促进创业投资企业发展有关税收政策的通知》，专门对风险投资机构的税收扶持问题作出规定。如《国务院关于促进创业投资持续健康发展的若干意见》（国发〔2016〕53号），明确界定创业投资基金主要指向处于创建或重建过程中的未上市成长性创业企业进行股权投资，以期所投资企业成熟后主要通过股权转让获得资本增值收益的私募股权基金。财税部门出台的《关于创业投资企业和天使投资个人有关税收政策的通知》（财税〔2018〕55号），提到符合《私募投资基金监督管理暂行办法》规定的创业投资企业，完成备案且规范运作，符合相关条件的可享受该税收政策，明确并细化了在中国证券投资基金业协会备案的哪些创业投资基金可申请享受该项政策。目前，这种专门性的政策、法律数量相对较少。在最近的两年内，对创业投资基金是否符合享受税收政策的各项条件，税务总局明确进行发文公示：税务总局发布的《关于创业投资企业和天使投资个人税收政策有关问题的公告》（国家税务总局公告2018年第43号）、《关于发布修订后的〈企业所得税优惠政策事项办理办法〉的公告》（国家税务总局公告2018年第23号）和《企业所得税优惠事项管理目录（2017年版）》规定。2019年6月，证监会发布了《私募基金监管问答——关于享受税收政策的创业投资基金标准及申请流程》，予以风险投资创业基金最新的税收政策解读。

适用于风险投资的一般性政策与法律并非专门针对风险投资颁行，通常情况下，其既可适用于一般的市场经济行为，也可适用于风险投资这种特殊的市场经济行为。比如，第十届全国人民代表大会常务委员会2005年10月27日修订、并于2006年1月1日起施行的《中华人民共和国公司法》中有关有限责任公司、股份有限公司的设立条件、注册资本制度、组织机构、股权转让等一般性规定也适用于风险投资机构的设立、管理、投

资运作等;第十届全国人民代表大会常务委员会2006年8月27日修订通过、自2007年6月1日起施行的《中华人民共和国合伙企业法》中有关合伙企业特别是有限合伙企业的一般性规定也适用于有限合伙企业形式的风险投资机构的设立、管理和运作;第九届全国人民代表大会通过并自1999年10月1日起施行的《中华人民共和国合同法》中有关合同的成立、生效、合同违约责任等一般性规定也适用于风险投资合同;2005年10月27日第十届全国人民代表大会常务委员会修订通过的《中华人民共和国证券法》中有关股票的发行、上市和转让等规定也适用于风险投资机构向投资者融资、风险投资机构从风险企业退出。《中华人民共和国证券法》于2019年12月28日通过了修正,并于2020年3月1日开始实施新的法案;第十届全国人民代表大会常务委员会于2006年8月27日通过、自2007年6月1日起施行的《中华人民共和国企业破产法》中有关企业破产清算等一般性规定也适用于风险投资机构以破产清算方式从风险企业中退出,等等。目前,这种一般性政策法律相对于专门性政策法律来说,数量较多。

这种分类的意义在于:风险投资运作属于一种市场经济行为,在有专门的风险投资政策法律的相关规定时,首先使用这些专门的规定;没有专门规定时,则使用那些可适用于一般市场经济行为的一般性政策法律。

(二)按照颁布的主体不同分类

按照颁布的主体不同可以划分为中央颁布的风险投资政策与法律和地方颁布的风险投资政策与法律。

中央颁布的风险投资政策与法律主要是指以全国人大及其常委会、国务院或部委机关名义颁行的各种风险投资政策和法律。比如,国务院办公厅转发的科技部等部门《关于建立风险投资机制若干意见》的通知(国办发〔1999〕105号)、国务院颁布的《关于印发实施〈国家中长期科学和技术发展规划纲要(2006—2020年)〉若干配套政策的通知》(国发〔2006〕6号)、国家发展改革委等十部委联合发布的《创业投资企业管理暂行办法》、财政部国家税务总局2007年2月7日颁布的《关于促进创业投资企业发展有关税收政策的通知》、国家税务总局发布的《关于外商投资创业投资公司缴纳企业所得税有关税收问题的通知》《企业所得税优惠政策事项办理办法》(国家税务总局公告2015年第76号发布)、《财政部国家税务总局商务部科技部国家发展改革委关于完善技术先进型服务企业有关企业所得税政策问题的通知》(财税〔2014〕59号),中国证券监督管理委员会发布的《公开募集证券投资基金风险准备金监督管理暂行办法》(2014年实施),都属于中央颁布的风险投资政策与法律。

地方颁布的风险投资政策与法律主要是指以地方人大及其常委会、地方政府或地方政府的职能部门名义颁行的各种风险投资政策和法律。比如,北京市财政局2001年12月6日颁布的《北京市风险投资机构享受财政专项资金支持确认办法》、深圳市人民代表大会常务委员会2003年2月27日公布的《深圳经济特区创业投资条例》、北京市中关村科技园区管理委员会2006年11月1日起实施的《中关村创业投资引导资金参股创业投资企业的暂行管理办法》。近十年内，地方颁布的法规主要基于《关于创业投资引导基金规范设立与运作指导意见》（国办发〔2008〕116号）、《创业投资企业管理暂行办法》（国家发改委令2005年第39号），出台的地方风险投资政策主要包括：《杭州市创业投资引导基金管理办法》（杭政函〔2019〕42号）、《广东省人民政府关于印发广东省加快促进创业投资持续健康发展实施方案的通知》（粤府〔2017〕62号）、《贵州省创业投资引导基金管理办法》（2018年）、《市科委市财政局关于印发天津市创业投资引导基金管理暂行办法的通知》（津科金〔2015〕128号）等，都属于地方颁布的风险投资政策与法律。

这种分类的意义在于：风险投资运作首先应该遵循中央的统一规定，地方可以在中央颁布的风险投资政策与法律的框架内，根据当地风险投资的实际情况，灵活颁行相应的规定，但不得违背中央相关的强制性规定。

（三）按照是否针对外国投资者分类

按照是否针对外国投资者分类可以划分为适用于内资风险投资企业的风险投资政策与法律、适用于外商风险投资企业的风险投资政策与法律和同时适用于内资、外资风险投资企业的风险投资政策与法律。

适用于内资风险投资企业的风险投资政策与法律只适用于风险投资机构的投资者完全是具有中国国籍的企业、公司或者个人的风险投资行为。例如，《创业投资企业管理暂行办法》中关于风险投资企业设立、对外投资和监督管理的规定只适用于内资企业。

适用于外商风险投资企业的风险投资政策与法律只适用于风险投资机构的投资者不具有中国国籍的企业、公司或者个人的外国投资者的风险投资行为。比如，《外商投资创业投资企业管理规定》专门针对外国企业、公司或者个人在中国境内投资设立风险投资企业的投资活动；《关于外商投资创业投资公司缴纳企业所得税有关税收问题的通知》只适用于外商投资的风险投资企业缴纳企业所得税的相关投资活动。

适用于内资和外资风险投资企业的风险投资政策与法律既对内资风险投资企业适用，也对外商投资的风险投资企业适用。比如，《合同法》《证券法》《关于建立风险投资机制的若干意见》《科学技术部财政部关于科技型中小企业技术创新基金的暂行规定》等政策与法律一般都同时适用于内资和外资风险投资机构。

这种分类的意义在于：内资和外资风险投资机构的设立、运行可能适用不同的政策法律规定、享受不同的优惠政策等。

三、风险投资运作政策与法律的作用

（一）确认作用

确认作用主要是指通过风险投资政策与法律的颁行，国家确认风险投资机构的市场主体地位、明确其设立条件和程序等。比如，《创业投资企业管理暂行办法》第一条规定其立法宗旨是为了促进风险投资企业发展，规范其投资运作。这实际上是确认了风险投资企业的法律地位。

（二）激励作用

与一般投资活动相比较，风险投资运作具有较高的不确定性和信息不对称性，这决定了风险投资成功的可能性远远低于一般的投资活动，因此，风险投资家一般不愿轻易投资于风险企业。为了鼓励风险投资资本投资于急需资金、管理经验等要素支持的风险企业，国家通过颁布有关税收优惠、财政金融支持等政策、法律的方式，为风险资本创造一个与高风险相匹配的高收益环境，指引、激励风险投资的相关市场主体特别是风险投资者关注和积极参与风险投资运作，保障其合法权益，增强其投资信心，从而促进风险投资市场的发展。

（三）规范作用

风险投资的市场化、社会化程度很高，涉及风险投资机构的设立、风险资本的筹集、风险资本的投入与参与管理，以及风险资本退出等众多环节和过程，风险投资复杂程度高、投资回收时间跨度大，整个风险投资过程由于存在信息的不对称性，存在着各种不可预测和不可控因素，因此充满了高度的风险性、不确定性。为此需要通过风险投资政策与法律来界定风险资本供给者（投资者）、风险资本运作者（风险投资机构）和风险资本接受者（风险企业）等各类风险投资市场参与主体之间的权利和义务，规范其各种风险投资运作行为，从而有效降低风险投资的商业风险和法律风险，保障交易各方的交易安全，以促进风险投资市场的健康、持续和稳健发展。

第二节　风险投资机构设立的政策与法律规定

一、内资风险投资机构的设立

按照《创业投资企业管理暂行办法》的法定解释，所谓内资风险投资机构，是指由具有中国国籍的公司、企业或者个人在中华人民共和国境内注册设立，并向在中华人民共和国境内注册设立的、处于创建或重建过程中的且未在公开市场上市的创业企业进行股权投资，以期所投资创业企业发育成熟或相对成熟后主要通过股权转让获得资本增值收益的企业组织。目前，在我国内资风险投资企业主要采取有限责任公司、股份有限公司、合伙企业形式设立。

（一）有限责任公司形式的内资风险投资机构的设立

有限责任公司组织形式的内资风险投资机构是指由法定人数的投资者（股东）所组成的，投资者（股东）以其认缴的出资额为限对内资风险投资机构（公司）承担责任，内资风险投资机构（公司）以其全部财产对自身的债务承担责任的企业法人。

1. 有限责任公司形式的内资风险投资机构的设立条件。

（1）投资者（股东）符合法定人数。有限责任公司形式的内资风险投资机构应由50个以下股东出资设立。按照《创业投资企业管理暂行办法》和《公司法》的规定，有限责任公司形式的内资风险投资机构可以是一个投资者（股东）投资设立的一人有限责任公司，也可以是两个或者两个以上、50个以下（含50个）的投资者设立的有限责任公司。

（2）投资者（股东）出资达到法定资本最低限额。按照《创业投资企业管理暂行办法》的规定，所有投资者应当以货币形式出资，而不得以实物、知识产权、土地使用权等作价出资。

（3）投资者（股东）共同制定公司章程。有限责任公司形式的内资风险投资机构的章程由股东共同制定，所有股东应该在公司章程上签名、盖章。风险投资公司章程除了应当载明“公司名称和住所”“公司注册资本”等一般性公司章程应该载明的一般要求外，还应特别明确“风险投资的主要业务范围”“风险投资公司的主要经理人员或委托管理公司的管理咨询专业机构及其他员工的分红标准”等事项。

（4）有公司名称，建立符合有限责任公司要求的组织机构。有限责任公司形式的风险投资机构必须具有公司名称，并且在公司名称中标明“有限责任公司”或者“有限公司”字样。

规模较大、人数较多的有限责任公司形式的风险投资机构，应该设立股东会、董事会和监事会、经理等组织机构对公司进行管理。股东人数较少或者规模较小的风险投资机构，可以设一名执行董事，不设董事会。执行董事可以兼任公司经理。这些组织机构按照《公司法》或者公司章程的规定行使相应的职权。

按照《创业投资企业管理暂行办法》的规定，以有限责任公司形式设立的风险投资企业，可以委托其他创业投资企业、创业投资管理顾问企业作为管理顾问机构，负责其投资管理业务。委托人和代理人的法律关系适用《中华人民共和国民法通则》《中华人民共和国合同法》等有关法律法规。也就是说，风险投资机构的经理，既可以为自然人，也可以为管理顾问机构。这种规定主要适合于一些规模较小的创业投资企业,这样不仅可以避免因为自身资本规模小难以请到一流管理团队的问题,还可提高创业投资管理的规模效应。

(5)有公司住所。有限责任公司形式的风险投资机构以其主要办事机构所在地为住所。

2. 有限责任公司形式的内资风险投资机构的设立程序。

(1)订立公司章程。有限责任公司形式的风险投资机构的投资者(股东)应共同制定公司章程。

(2)申请公司名称预先核准。设立该类公司,应由全体股东指定的代表或者共同委托的代理人向公司登记机关申请公司名称预先核准。

(3)法律、行政法规规定需经有关部门审批的,要进行报批,获得批准文件。一般来说,该类公司只要不涉及法律、法规的特别要求,直接注册登记即可成立。但法律、行政法规规定设立公司必须报经批准的,应当在公司登记前依法办理批准手续,获得批准文件。

(4)股东缴纳出资并经法定的验资机构验资后出具证明。

(5)向公司登记机关申请设立登记。设立该类公司,应当由全体股东指定的代表或者共同委托的代理人向公司登记机关申请设立登记。

(6)登记发照。对于设立申请,登记机关应当依法进行审查。对于不符合《公司法》规定条件的,不予登记;对于符合《公司法》规定条件的,依法核准登记,发给营业执照。营业执照的签发日期为有限责任公司的成立日期。

(7)备案。在国家工商行政管理部门注册登记的创业投资企业,向国务院管理部门申请备案。在省级及省级以下工商行政管理部门注册登记的创业投资企业,向所在地省级(含副省级城市)管理部门申请备案。

(二)股份有限公司组织形式的内资风险投资机构的设立

股份有限公司形式的内资风险投资机构,是指其全部资本分为等额股份,股东以其所持股份为限对公司承担责任,公司以其全部资产对公司的债务承担责任。

1. 股份有限公司形式的内资风险投资机构的设立条件。

(1)发起人和投资者(股东)符合法定人数。设立股份有限公司形式的内资风险投资机构,应当有两人以上200人以下(含200人)为发起人,发起人均为具有中国国籍的公司、企业或者个人,其中须有半数以上的发起人在中国境内有住所。

(2)股份发行、筹办事项符合法律规定。股份有限公司形式的内资风险投资机构的设立,可以采取发起设立或者募集设立的方式。发起设立,是指由发起人认购公司应发行的全部股份而设立公司。募集设立,是指由发起人认购公司应发行股份的一部分,其余股份向社会公开募集或者向特定对象募集而设立公司。股份有限公司形式的内资风险投资机构的发起人承担公司筹办事务。发起人应当签订发起人协议,明确各自在公司设立过程中的权利和义务。

(3)发起人制定公司章程,采用募集方式设立的经创立大会通过。股份有限公司形式的内资风险投资机构的章程由股东共同制定,所有股东应该在公司章程上签名、盖章。风险投资公司章程除了应当载明"公司名称和住所""公司注册资本"等一般性公司章程应该载明的一般要求外,还应特别明确"风险投资的主要业务范围""风险投资公司的主要经理人员或委托管理公司的管理咨询专业机构及其他员工的分红标准"等事项。

(4)有公司名称,建立符合股份有限公司要求的组织机构。股份有限公司组织形式的内资风险投资机构应该具有符合法律规定的公司名称,同时应该设立股东大会、董事会、监事会和经理等组织机构,行使《公司法》或者公司章程所赋予的职权。

按照《创业投资企业管理暂行办法》的规定,以股份有限公司组织形式设立的风险投资企业,可以委托其他创业投资企业、创业投资管理顾问企业作为管理顾问机构,负责其投资管理业务。委托人和代理人的法律关系适用《中华人民共和国民法通则》《中华人民共和国合同法》等有关法律法规。

(5)有公司住所。股份有限公司形式的内资风险投资机构以其主要办事机构所在地为住所。

2. 股份有限公司形式的风险投资机构的设立程序。股份有限公司形式的风险投资机构的设立分为发起设立和募集设立,其设立程序因发起设立和募集设立的不同而有所区别。

(1)发起设立的程序。

第一步,发起人之间以书面形式订立发起人协议,它是发起人之间以书面形式表达的有关公司的组建方案、发起人之间的职责分工等的共同意思。发起人协议通常包括以下一些主要内容:发起人的姓名以及住所;公司拟发行的股份类别、每股的面值、发行价;每个发起人的认购数额;发起人缴纳股款的时间和方式等。

第二步,发起人认购、缴纳公司应发行的全部股份股款。每一个发起人都应当以书面的方式承诺自己将要购买多少股份,并且所有发起人所承诺购买股份的总和应当等于公司应发行的全部股份。发起人在认购股份之后,就应当缴纳他所认购股份的全部金额。

第三步,选举产生公司的董事会和监事会成员。应按照《公司法》及其他有关规定选举产生公司的董事会和监事会成员。

第四步,申请设立登记。发起人在交付全部出资并选任董事会和监事会后,应当由董事会依法向公司登记机关提出申请,并报送有关文件。公司登记机关对报送的文件进行审查，对符合法定条件的，予以登记，并颁发《企业法人营业执照》，自领取《企业法人营业执照》时起，公司即告成立。同时，公司应当依法进行公告。

第五步，备案。发起人在国家工商行政管理部门注册登记的创业投资企业，向国务院管理部门申请备案。在省级及省级以下工商行政管理部门注册登记的创业投资企业，向所在地省级（含副省级城市）管理部门申请备案。

（2）募集设立的程序。

第一步，发起人认购法定数额的股份，发起人在确定公司的资本总额及股份总数后，应当承诺购买一定数额的股份。

第二步，募集股份。在发起人认购一定数额的股份后，其余股份应向社会公开募集或者向特定的对象募集。

第三步，缴纳股款。发起人及社会公众认购股份后，应当依法缴纳自己所认购股份的全部股款。

第四步，举行创立大会。股款缴足后，发起人应当依法召开创立大会，选举产生公司董事和监事，组成公司董事会和监事会。

第五步，申请设立登记。董事会应当依法向公司登记机关申请设立登记。公司登记机关对符合法定条件的，予以登记，颁发《企业法人营业执照》。自领取《企业法人营业执照》时起，公司即告成立。同时，公司应当依法进行公告。

第六步，备案。发起人在国家工商行政管理部门注册登记的创业投资企业，向国务院管理部门申请备案。在省级及省级以下工商行政管理部门注册登记的创业投资企业，向所在地省级（含副省级城市）管理部门申请备案。

（三）合伙企业形式的内资风险投资机构的设立

风险投资机构采用合伙企业组织形式时，通常采用有限合伙形式。有限合伙形式的风险投资机构是指由普通合伙人和有限合伙人订立合伙协议，共同出资、共享收益、共担风险，普通合伙人对该风险投资机构债务承担无限连带责任，有限合伙人以其认缴的出资额为限对该风险投资机构的债务承担责任的营利性组织。通常来说，有限合伙人是风险投资的资金供给者，其出资比例较大，只对风险投资机构承担有限责任；普通合伙人是具有丰富的专业知识或科技经验的经理人员，他们负责经营风险投资机构的资产，出资额较少，对风险投资机构承担无限责任。这可以使有资金而无暇管理的人和有技术、管理才能而缺乏资金的人结合起来。

1. 有限合伙企业形式的内资风险投资机构的设立条件。

（1）有两个以上、200 个以下的合伙人。合伙人为自然人的，应当具有完全民事行为能力；有限合伙企业至少应当有一个普通合伙人。

（2）有书面合伙协议。合伙协议应当载明下列事项：有限合伙形式的风险投资机构的普通合伙人和有限合伙人的姓名或者名称、住所；风险投资机构的主要业务范围；合伙人的数额和缴付期限；利润分配、亏损分担方式；有限合伙人入伙、退伙的条件、程序以及相关责任；合伙事务的执行等内容。

(3)有限合伙人认缴或者实际缴付的出资。

(4)有限合伙企业的名称和生产经营场所。有限合伙形式的风险投资机构名称中应当标明“有限合伙”字样。

(5)法律、行政法规规定的其他条件。

2. 有限合伙企业形式的内资风险投资机构的设立程序。

(1)制定合伙协议。合伙协议经全体合伙人签名、盖章后生效。合伙人按照合伙协议享有权利，履行义务。

(2)向企业登记机关提出设立申请。设立有限合伙形式的风险投资机构，应当由全体合伙人指定的代表或者共同委托的代理人向企业登记机关提交登记申请书、合伙协议书、合伙人身份证明等文件，申请设立登记。有限合伙形式的风险投资机构的经营范围中有属于法律、行政法规规定在登记前须经批准的项目的，该项经营业务应当依法经过批准，并在登记时提交批准文件。

(3)核准登记。申请人提交的登记申请材料齐全、符合法定形式，企业登记机关能够当场登记的，应予当场登记，发给营业执照。除此之外，企业登记机关应当自受理申请之日起 20 日内，作出是否登记的决定。予以登记的，发给营业执照；不予登记的，应当给予书面答复，并说明理由。有限合伙形式的风险投资机构的营业执照签发日期，为该风险投资机构成立日期。

3. 有限合伙企业形式的内资风险投资机构的管理。有限合伙形式的风险投资机构由普通合伙人执行合伙事务，有限合伙人不执行合伙事务，不得对外代表有限合伙企业。执行事务合伙人可以要求在合伙协议中确定执行事务的报酬及报酬提取方式。

有限合伙形式的风险投资机构不得委托其他风险投资企业、风险投资管理顾问企业作为管理顾问机构来负责其投资管理业务。

二、外商投资风险投资机构的设立

(一)外商投资风险投资机构的概念和特征

1. 概念。外商投资风险投资机构是指外国投资者或外国投资者根据中国法律注册成立的公司、企业或其他经济组织，根据《外商投资创业投资企业管理规定》在中国境内设立的以风险投资(即主要向未上市高新技术企业进行股权投资，并为之提供创业管理服务，以期获取资本增值收益的投资活动)为经营活动的外商投资企业。

2. 特征。

(1)投资者。外国投资者为外国公司、组织或者个人,中方投资者为根据中国法律注册成立的公司、企业或其他经济组织,具有中国国籍的个人不得作为合营中方的投资者。中国香港特别行政区、中国澳门特别行政区、中国台湾地区的投资者在大陆投资设立风险投资企业,参照《外商投资创业投资企业管理规定》执行。

(2)外商投资风险投资机构的投资活动。从事风险投资,即主要向未上市高新技术企业进行股权投资,并为之提供创业管理服务,以期获取资本增值收益。

(3)组织形式。外商投资风险投资机构可以采取非法人制的组织形式,也就是说,按照新修改的《合伙企业法》,外商投资风险投资企业可以采用有限合伙组织形式。此外,外商投资风险投资机构也可以采取公司制组织形式,即可以采取有限责任公司或者股份有限公司的形式设立外商投资风险投资机构。

采取非法人制组织形式的外商投资风险投资机构的投资者对该风险投资机构的债务承担连带责任。非法人制风险投资机构的投资者也可以在风险投资企业合同中约定在非法人制风险投资机构资产不足以清偿该债务时由该风险投资机构的必备投资者承担连带责任,其他投资者以其认缴的出资额为限承担责任。采用公司制组织形式的风险投资机构的投资者以其各自认缴的出资额为限对该风险投资机构责任。

(二)外商投资风险投资机构的设立条件

根据《外商投资创业投资企业管理规定》(2015 年修订),设立外商投资风险投资机构应具备下列条件。

1. 投资者人数在 2 人以上 50 以下,这表明不能设立一人有限责任公司形式的外商投资创投企业。同时,应至少拥有一个必备投资者。所谓必备投资者,是指同时符合以下条件的投资者。

(1)以风险投资为主营业务。

(2)在申请前三年其管理的资本累计不低于 1 亿美元,且其中至少 5 000 万美元已经用于进行风险投资。在必备投资者为中国投资者的情形下,本款业绩要求为:其申请前三年其管理的资本累计不低于 1 亿元人民币,且其中至少 5 000 万元人民币已经用于进行创业投资。

(3)拥有 3 名以上具有 3 年以上风险投资从业经验的专业管理人员。

(4)如果某一投资者的关联实体满足上述条件,则该投资者可以申请成为必备投资者。这里所称关联实体是指该投资者控制的某一实体,或控制该投资者的某一实体,或与该投资者共同受控于某一实体的另一实体。本处所称控制是指控制方拥有被控制方超过 50% 的表决权。

(5)必备投资者及其上述关联实体均应未被所在国司法机关和其他相关监管机构禁止从事风险投资或投资咨询业务或以欺诈等原因进行处罚。

(6)非法人制风险投资企业的必备投资者,对风险投资企业的认缴出资及实际出资分别不低于投资者认缴出资总额及实际出资总额的1%,且应对风险投资企业的债务承担连带责任;公司制风险投资企业的必备投资者,对风险投资企业的认缴出资及实际出资分别不低于投资者认缴出资总额及实际出资总额的30%。

2. 非法人制风险投资企业的投资者的出资及相关变更应符合如下规定。

(1)投资者可以根据风险投资进度分期向风险投资企业注入认缴出资,最长不得超过5年。各期投入资本额由风险投资企业根据风险投资企业合同及其与所投资企业签订的协议自主制定。投资者应在风险投资企业合同中约定投资者不如期出资的责任和相关措施。

(2)必备投资者在风险投资企业存续期内不得从风险投资企业撤出。特殊情况下确需撤出的,应获得占总出资额超过50%的其他投资者同意,并应将其权益转让给符合《外商投资创业投资企业管理规定》的必备投资者条件的新投资者,且应当相应修改风险投资企业的合同和章程,并报审批机构批准。

其他投资者如转让其认缴资本额或已投入资本额,须按风险投资企业合同的约定进行,且受让人应符合风险投资企业设立条件的有关要求。投资各方应相应修改风险投资企业合同和章程,并报审批机构备案。

(3)风险投资企业设立后,如果有新的投资者申请加入,须符合《外商投资创业投资企业管理规定》和风险投资企业合同的约定,经必备投资者同意,相应修改风险投资企业合同和章程,并报审批机构备案。

(4)风险投资企业出售或以其他方式处置其在所投资企业的利益而获得的收入中相当于其原出资额的部分,可以直接分配给投资各方。此类分配构成投资者减少其已投资的资本额。风险投资企业应当在风险投资企业合同中约定此类分配的具体办法,并在向其投资者作出该分配之前至少30天内向审批机构和所在地外汇局提交一份要求相应减少投资者已投入资本额的备案说明,同时证明风险投资企业投资者未到位的认缴出资额及风险投资企业当时拥有的其他资金至少相当于风险投资企业当时承担的投资义务的要求。但该分配不应成为风险投资企业对因其违反任何投资义务所产生的诉讼请求的抗辩理由。

公司制风险投资企业投资者的出资及相关变更,按照《公司法》和其他有关规定办理。

3. 有明确的组织形式。非法人制风险投资企业设联合管理委员会。公司制风险投资企业设董事会。联合管理委员会或董事会的组成由投资者在风险投资企业合同及章程中予以约定。联合管理委员会或董事会代表投资者管理风险投资企业。

联合管理委员会或董事会下设经营管理机构,根据风险投资企业的合同及章程中规定的权限,负责日常经营管理工作,执行联合管理委员会或董事会的投资决策。经营管理机构应定期向联合管理委员会或董事会报告以下事项:①经授权的重大投资活动;②中期、年度业绩报告和财务报告;③法律、法规规定的其他事项;④风险投资企业合同及章程中规定的有关事项。

联合管理委员会或董事会可以不设立经营管理机构,而将该风险投资企业的日常经营权授予一家风险投资管理企业或另一家风险投资企业进行管理。该风险投资管理企业可以是内资风险投资管理企业,也可以是外商投资风险投资管理企业,或境外风险投资管理企业。但受托管理风险投资企业的风险投资管理企业应具备下列条件:①以受托管理风险投资企业的投资业务为主营业务;②拥有3名以上具有3年以上风险投资从业经验的专业管理人员;③注册资本或出资总额不低于100万元人民币或等值外汇;④有完善的内部控制制度。在此情形下,该风险投资企业与该风险投资管理企业应签订管理合同,约定风险投资企业和风险投资管理企业的权利义务。该管理合同应经全体投资者同意并报审批机构批准后方可生效。但受托管理风险投资企业的风险投资管理企业应具备下列条件:①以受托管理风险投资企业的投资业务为主营业务;②拥有3名以上具有3年以上风险投资从业经验的专业管理人员;③有完善的内部控制制度。

风险投资企业的投资者可以在风险投资合同中依据国际惯例约定内部收益分配机制和奖励机制。

4. 有明确合法的投资方向。创投企业境内投资比照执行《指导外商投资方向规定》和《外商投资产业指导目录》的规定,可以投向鼓励类、允许类的所投资企业。

5. 除了将本企业经营活动授予一家风险投资管理公司进行管理的情形外,风险投资企业应有3名以上具备风险投资从业经验的专业人员。

6. 法律、行政法规规定的其他条件。

(三)外商投资风险投资企业的设立程序

设立外商投资风险投资机构应按以下程序办理。

1. 投资者须向拟设立风险投资机构所在地省级外经贸主管部门报送设立申请书及有关文件。这些文件包括:①必备投资者签署的设立申请书;②投资各方签署的风险投资企业合同及章程;③必备投资者书面声明(声明内容包括:投资者符合规定的资格条件;所有提供的材料的真实性;投资者将严格遵循本规定及中国其他有关法律法规的要求);④律师事务所出具的对必备投资者合法存在及其上述声明已获得有效授权和签署的法律意见书;⑤必备投资者的风险投资业务说明、申请前三年其管理资本的说明、其已投资资本的说明,及其拥有的风险投资专业管理人员简历;⑥投资者的注册登记证明(复印件)、法定代表人证明(复印件);⑦名称登记机关出具的风险投资企业预先核准通知书;⑧如果必备投资者的资格条件是依据前面所述的必备投资者条件的第(4)项的规定的，则还应报送其符合条件的关联实体的相关材料；⑨审批机构要求的其他与申请设立有关的文件。

2. 省级外经贸主管部门应在收到全部上报材料后15天内完成初审并上报商务部。

3. 商务部在收到全部上报材料之日起45天内，经与科学技术部协商同意后，作出批准或不批准的书面决定。予以批准的，发给《外商投资企业批准证书》。

4. 获得批准设立的风险投资企业应自收到审批机构颁发的《外商投资企业批准证书》之日起一个月内，持此证书向国家工商行政管理部门或所在地具有外商投资企业登记管理权的省级工商行政管理部门申请办理注册登记手续。

申请设立风险投资企业应当向登记机关报送下列文件，并对其真实性、有效性负责：①风险投资企业董事长或联合管理委员会负责人签署的设立登记申请书；②合同、章程以及审批机构的批准文件和批准证书；③投资者的合法开业证明或身份证明；④投资者的资信证明；⑤法定代表人的任职文件、身份证明和企业董事、经理等人员的备案文件；⑥企业名称预先核准通知书；⑦企业住所或营业场所证明。

申请设立非法人制风险投资企业，还应当提交境外必备投资者的章程或合伙协议。企业投资者中含符合前面所述的必备投资者条件的第(4)项规定的，还应当提交关联实体为其出具的承担出资连带责任的担保函。

5. 经登记机关核准的公司制风险投资企业，领取《企业法人营业执照》；经登记机关核准的非法人制风险投资企业，领取《营业执照》。《营业执照》应载明非法人制风险投资者认缴的出资总额和必备投资者名称。

第三节 风险投资机构对外投资和退出的政策法律规定

一、风险投资机构对外投资应该遵循的规定

(一)对外投资的业务范围

1. 内资风险投资机构对外投资的业务范围。根据《创业投资企业管理暂行办法》的规定，内资投资企业的经营范围限于：①风险投资业务，投资的企业，仅限于未上市企业，但是所投资的未上市企业上市后，风险投资企业所持股份的未转让部分及其配售部分不在此限；②代理其他风险投资企业等机构或个人的风险投资业务；③提供风险投资咨询业务；④为风险企业提供风险管理服务；⑤参与设立风险投资企业与风险投资管理顾问机构。

风险投资企业不得从事担保业务和房地产业务，但是购买自用房地产除外。

2. 外商投资风险投资机构对外投资的业务范围。根据《外商投资创业投资企业管理规定》，外商投资风险投资企业可以经营以下业务：①以全部自有资金进行股权投资，具体投资方式包括新设企业、向已设立企业投资、接受已设立企业投资者股权转让以及国家法律法规允许的其他方式，风险投资企业资金应主要用于向所投资企业进行股权投资；②提供风险投资咨询；③为所投资企业提供管理咨询；④审批机构批准的其他业务。

外商投资风险投资机构不得从事下列活动：①在国家禁止外商投资的领域投资；②直接或间接投资于上市交易的股票和企业债券，但所投资企业上市后，创投企业所持股份不在此列；③直接或间接投资于非自用不动产；④贷款进行投资；⑤挪用非自有资金进行投资；⑥向他人提供贷款或担保，但风险投资企业对所投资企业1年以上的企业债券和可以转换为所投资企业股权的债券性质的投资不在此列（这并不涉及所投资企业能否发行该等债券）；⑦法律、法规以及风险投资企业合同禁止从事的其他事项。

（二）对外投资的资产比例限额

外资风险投资企业可以以全额资产对外投资，其他资金只能存放银行、购买国债或其他固定收益类的证券。不过，内资风险投资机构可以通过债权融资提高风险投资企业投资能力，比如内资风险投资机构可以通过贷款、发行债券等方式融资来对外进行股权投资。

（三）对外投资的方式

经与被投资的风险企业签订投资协议，内资风险投资企业可以以股权和优先股、可转换优先股等准股权方式对该未上市风险企业进行投资。这有利于促使创业投资企业在投资决策时，为了与这种高风险的投资方式相适应，就只能选择具有高成长性的创业企业进行投资。

外商投资风险投资企业可以以全部自有资金进行股权投资，具体投资方式包括新设企业、向已设立企业投资、接受已设立企业投资者股权转让以及国家法律法规允许的其他方式。

（四）组合投资规定

根据《创业投资企业管理暂行办法》的规定，内资风险投资企业对单个企业的投资不得超过风险投资企业总资产的20%，这使得风险投资企业必须将资金分散投资于多个企业，从而与投资控股公司区别开来。

对于外商投资风险投资机构，则没有这种组合投资的明确规定。

二、风险投资资本退出的政策法律规定

（一）内资风险投资资本退出的政策法律规定

根据《创业投资企业管理暂行办法》的规定，内资风险投资企业可以通过股权上市转让、股权协议转让、被投资企业回购等途径，实现投资退出。

1. 股权上市转让的法律规定。

（1）国内主板上市的法律规定。风险投资企业所投资的风险企业如果不是股份有限公司，应该依照“先改制、后发行”原则，先改制设立股份有限公司，然后上市。根据2006年1月1日起施行的《证券法》的规定，公司公开发行新股，应当符合下列条件：具备健全且运行良好的组织机构；具有持续赢利能力，财务状况良好；最近三年财务会计文件无虚假记载，无其他重大违法行为；经国务院批准的国务院证券监督管理机构规定的其他条件。此外，股份有限公司申请股票上市，应当符合下列条件：股票经国务院证券监督管理机构核准已公开发行；公司股本总额不少于人民币3 000万元；公开发行的股份达到公司股份总数的25%以上；公司股本总额超过人民币4亿元的，公开发行股份的比例为10%以上；公司最近三年无重大违法行为，财务会计报告无虚假记载。

证券交易所可以规定高于前款规定的上市条件，并报国务院证券监督管理机构批准。上市公司非公开发行新股，应当符合经国务院批准的国务院证券监督管理机构规定的条件，并报国务院证券监督管理机构核准。

风险投资企业作为发起人持有的该风险企业（公司）的股份，自该风险企业（公司）成立之日起一年内不得转让。该风险企业（公司）公开发行股份前已发行的股份，自公司股票在证券交易所上市交易之日起一年内不得转让。这项规定能加快风险投资基金在企业的退出节奏，有利于实现创业资本的良性循环。

（2）创业板或中小企业板公开上市的有关规定。国内主板上市对上市公司有严格的条件限制，为了降低上市条件，我国目前正在积极筹备创业板市场，风险投资机构将来有望在国内通过创业板上市退出。不过，我国2004年5月设立的中小企业板已为高新技术企业搭建了一个发展平台。中小企业板块是主板市场的组成部分，同时实行运行独立、监察独立、代码独立、指数独立的做法。运行独立是指中小企业股板块的交易由独立于主板市场交易系统的第二交易系统承担。监察独立是指深圳交易所将建立独立的监察系统实施对中小企业板块的实时监控，该系统将针对中小企业板块的交易特点和风险特征设置独立的监控指标和报警阈值。代码独立是指将中小企业板块股票作为一个整体，使用与主板市场不同的股票编码。指数独立是指中小企业板块将在上市股票达到一定数量后，发布该板块独立的指数。目前，中小企业板块运行所遵循的法律、法规和部门规章，与主板市场相同，同时，中小企业板块的上市公司须符合主板市场的发行上市条件和

信息披露要求。

(3)境外上市的有关规定。根据《国务院关于股份有限公司境外募集股份及上市的特别规定》,符合条件的风险投资机构所投资的风险企业可以选择境外上市,比如选择到香港联合交易所、纽约交易所等境外交易所上市,风险投资机构从而可借此实现投资退出。

风险企业申请境外上市,除了需要符合上市所在地的相关规定外,还要符合中国的相关规定,比如根据《中国证券监督管理委员会关于企业申请境外上市有关问题的通知》,中国公司(包括符合条件的风险企业)申请境外上市条件须符合下列条件:符合中国有关境外上市的法律、法规和规则;筹资用途符合国家产业政策、利用外资政策及国家有关固定资产投资立项的规定;净资产不少于 4 亿元人民币,过去一年税后利润不少于6 000万元人民币,并有增长潜力,按合理预期市盈率计算,筹资额不少于 5 000 万美元;具有规范的法人治理结构及较完善的内部管理制度,有较稳定的高级管理层及较高的管理水平;上市后分红派息有可靠的外汇来源,符合中国外汇管理的有关规定;中国证券监督管理委员会规定的其他条件。又如,根据 1999 年 9 月 21 日中国证券监督管理委员会发布的《境内企业申请到香港创业板上市审批与监管指引》,境内企业申请到香港创业板上市须符合以下条件:经省级人民政府或其他有权部门批准、依法设立并规范运作的股份有限公司(以下简称"公司");公司及其主要发起人符合国家有关法规和政策,在最近两年内没有重大违法违规行为;符合香港创业板上市规则规定的条件;上市保荐人认为公司具备发行上市可行性并依照规定承担保荐责任;科技部认证的高新技术企业优先批准。

2. 股权协议转让的有关规定。根据新修改的《公司法》,有限责任公司形式的风险投资机构作为所投资的风险企业的股东,可以向所投资的风险企业的其他股东转让其所持风险企业的全部或者部分股份,但其向所投资的风险企业的股东以外的人转让股权,应当经其他股东过半数同意。该风险投资机构应就其股权转让事项书面通知其他股东征求同意,其他股东自接到书面通知之日起满 30 日未答复的,视为同意转让。其他股东半数以上不同意转让的,不同意的股东应当购买该转让的股权,不购买的,视为同意转让。经股东同意转让的股权,在同等条件下,其他股东有优先购买权。两个以上股东主张行使优先购买权的,协商确定各自的购买比例;协商不成的,按照转让时各自的出资比例行使优先购买权,但公司章程对股权转让另有规定的,从其规定。

3. 被投资企业回购的有关规定。作为风险投资退出方式的股份回购,是专指风险企业购回风险投资机构在本企业所持股份的行为,是风险投资资本退出的方式之一。

(1)根据新修改的《公司法》第七十五条规定,有下列情形之一的,对有限责任公司形式的风险企业股东会某项决议投反对票的风险投资机构(即该风险企业股东)可以请求该风险企业按照合理的价格收购其股权:该风险企业连续5年不向股东分配利润,而该风险企业该5年连续赢利,并且符合《公司法》规定的分配利润条件的;该风险企业合并、分立、转让主要财产的;该风险企业章程规定的营业期限届满或者章程规定的其他解散事由出现,股东会会议通过决议修改章程使公司存续的。

自该风险企业股东会会议决议通过之日起60日内,作为股东的风险投资机构与该风险企业不能达成股权收购协议的,风险投资机构可以自股东会会议决议通过之日起90日内向人民法院提起诉讼。

(2)根据新修改的《公司法》第一百四十三条,风险投资机构所投资的股份有限公司形式的风险企业不得收购该风险企业自己的股份。但是,有下列情形之一的除外:减少该风险企业注册资本;与持有该风险企业股份的其他公司合并;将股份奖励给该风险企业职工;该风险企业股东因对股东大会作出的公司合并、分立决议持异议,要求公司收购其股份的。如果风险投资机构所投资的风险企业是上市公司,根据中国证券监督管理委员会发布的《上市公司回购社会公众股份管理办法(试行)》(该办法所称上市公司回购社会公众股份是指上市公司为减少注册资本而购买本公司社会公众股份并依法予以注销的行为),该风险企业回购股份应当符合以下条件:该风险企业股票上市已满一年;该风险企业最近一年无重大违法行为;回购股份后,该风险企业具备持续经营能力;回购股份后,该风险企业的股权分布原则上应当符合上市条件;该风险企业拟通过回购股份终止其股票上市交易的,应当符合相关规定并取得证券交易所的批准;中国证监会规定的其他条件。

4.有关清算规定。

(1)《公司法》有关有限责任公司或者股份有限公司清算的规定。风险投资机构所投资的风险企业如果是有限责任公司或者股份有限公司,则该风险投资机构可以通过该风险企业清算的形式实现风险投资资本的退出。根据《公司法》的规定,风险投资机构所投资的风险企业清算时应该遵循以下规定:

第一,成立清算组。在风险投资机构所投资的风险企业需要解散时,除因该风险企业合并或者分立需要解散外,应当在解散事由出现之日起15日内成立清算组,开始清算。有限责任公司形式的风险企业的清算组由股东组成,股份有限公司形式的风险企业的清算组由董事或者股东大会确定的人员组成。逾期不成立清算组进行清算的,债权人可以申请人民法院指定有关人员组成清算组进行清算。人民法院应当受理该申请,并及时组织清算组进行清算。

第二,该风险企业债权人依法申报债权。清算组应当自成立之日起10日内通知债权人,并于60日内在报纸上公告。债权人应当自接到通知书之日起30日内,未接到通知书的自公告之日起45日内,向清算组申报其债权。债权人申报债权,应当说明债权的有关事项，并提供证明材料。清算组应当对债权进行登记。申报债权期间，清算组不得对债权人进行清偿。

第三，清算组制订清算方案，并据此分配该风险企业财产。清算组在清理该风险企业财产、编制资产负债表和财产清单后，应当制订清算方案，并报股东会、股东大会或者人民法院确认。

该风险企业财产在分别支付清算费用、职工的工资、社会保险费用和法定补偿金，缴纳所欠税款，清偿该风险企业债务后的剩余财产，有限责任公司形式的风险企业按照股东的出资比例分配，股份有限公司形式的风险企业按照股东持有的股份比例分配。

清算期间，该风险企业存续，但不得开展与清算无关的经营活动。该风险企业财产在未依照前款规定清偿前，不得分配给股东。

清算组在清理该风险企业财产、编制资产负债表和财产清单后，发现该风险企业财产不足清偿债务的，应当依法向人民法院申请宣告破产。

该风险企业经人民法院裁定宣告破产后，清算组应当将清算事务移交给人民法院。

第四，清算结束和公司注销登记。该风险企业清算结束后，清算组应当制作清算报告，报股东会、股东大会或者人民法院确认，并报送公司登记机关，申请注销公司登记，公告该风险企业终止。

(2)《合伙企业法》有关合伙企业清算的规定。风险投资机构所投资的风险企业如果是合伙企业，则该风险投资机构可以依据《合伙企业法》的规定，通过该风险企业清算的形式实现风险投资资本的退出。根据《合伙企业法》的规定，风险投资机构所投资的合伙企业形式的风险企业清算时应该遵循以下规定：

第一，指定清算人。在该风险企业需要解散时，应当指定清算人进行清算。清算人由全体合伙人担任；经全体合伙人过半数同意，可以自该风险企业解散事由出现后15日内指定一个或者数个合伙人，或者委托第三人，担任清算人。自该风险企业解散事由出现之日起15日内未确定清算人的，合伙人或者其他利害关系人可以申请人民法院指定清算人。该风险企业不能清偿到期债务的，债权人可以依法向人民法院提出破产清算申请，也可以要求普通合伙人清偿。该风险企业依法被宣告破产的，普通合伙人对合伙企业债务仍应承担无限连带责任。

第二，该风险企业债权人申报债权：清算人自被确定之日起10日内将该风险企业解散事项通知债权人，并于60日内在报纸上公告。债权人应当自接到通知书之日起30日内，未接到通知书的自公告之日起45日内，向清算人申报债权。债权人申报债权，应当说明债权的有关事项，并提供证明材料。清算人应当对债权进行登记。清算期间，该风险企业存续，但不得开展与清算无关的经营活动。

第三，该风险企业财产的分配。该风险企业财产在支付清算费用和职工工资、社会保险费用、法定补偿金以及缴纳所欠税款、清偿债务后的剩余财产，依照下述规定进行分配：该风险企业的利润分配、亏损分担，按照合伙协议的约定办理；合伙协议未约定或者约定不明确的，由合伙人协商决定；协商不成的，由合伙人按照实缴出资比例分配、分担；无法确定出资比例的，由合伙人平均分配、分担。

第四，清算结束和注销登记。清算结束，清算人应当编制清算报告，经全体合伙人签名、盖章后，在15日内向企业登记机关报送清算报告，申请办理该风险企业的注销登记。该风险企业注销后，原普通合伙人对该风险企业存续期间的债务仍应承担无限连带责任。

（3）《外商投资企业清算办法》中有关清算的规定。如果内资风险投资机构所投资的风险企业属于外商投资企业，则该风险投资机构可以依据《外商投资企业清算办法》的规定，通过该风险企业清算的形式实现风险投资资本的退出。根据《外商投资企业清算办法》的规定，作为外商投资企业的风险企业清算时应该遵循以下规定：

第一，该风险企业能够自行组织清算委员会进行清算的，应当由企业权力机构组织成立清算委员会；不能自行组织清算委员会进行清算或者依照普通清算的规定进行清算出现严重障碍的，该风险企业董事会或者联合管理委员会等权力机构、投资者或者债权人可以向企业审批机关申请进行特别清算；若企业被依法责令关闭，此时则由企业审批机关或其委托的部门组织中外投资者、有关机关的代表和有关专业人员成立清算委员会。

第二，在该风险企业债权人申报债权的基础上，清算委员会清理风险企业的财产，制订清算方案。该清算方案经风险企业权力机构确认并报风险企业审批机关备案后执行。清算财产优先支付清算费用后，按照下列顺序清偿：职工的工资，劳动保险费，国家税款，其他债务。该风险企业支付清算费用，并清偿其全部债务后的剩余财产，按照投资者的实际出资比例分配，但是法律、行政法规或者企业合同、章程另有规定的除外。

第三，清算委员会完成清算方案所确定的工作后，制作清算报告。如果由风险企业自行组织清算的，该清算报告经企业权力机构确认后报企业审批机关备案；如果风险企业进行特别清算或者企业被依法责令关闭进行清算的，该清算报告应经风险企业审批机关确认。

第四，自清算报告提交风险企业审批机关之日起10日内，清算委员会须向税务机关、海关分别办理注销登记。清算委员会应当自办结前款手续之日起10日内，将清算报告并附税务机关、海关出具的注销登记证明，报送企业登记机关，办理该风险企业注销登记，缴销营业执照，并负责在一种全国性报纸、一种当地省或者市级报纸上公告该风险企业终止。

5. 有关破产的规定。如果内资风险投资机构所投资的风险企业破产，则该风险投资机构可以依据2007年6月1日起施行的新《破产法》的规定，通过该风险企业破产清算的形式实现风险投资资本的退出。根据新《破产法》的规定，风险企业破产清算主要包括以下程序：

（1）申请破产。作为债务人的风险企业或者风险企业的债权人，在风险投资机构所投资的风险企业（法人）不能清偿到期债务，并且资产不足以清偿全部债务或者明显缺乏清偿能力时，可以向人民法院提出破产清算申请。风险企业已解散但未清算或者未清算完毕，资产不足以清偿债务的，依法负有清算责任的人应当向人民法院申请破产清算。债权人申请对债务人进行破产清算的，在人民法院受理破产申请后、宣告债务人破产前，债务人或者出资额占债务人注册资本1/10以上的出资人，可以向人民法院申请重整。债务人可以依照《破产法》的规定，直接向人民法院申请和解；也可以在人民法院受理破产申请后、宣告债务人破产前，向人民法院申请和解。债务人申请和解，应当提出和解协议草案。

（2）指定管理人。人民法院应依法裁定是否受理该破产申请。人民法院裁定受理破产申请的，应当同时指定对风险企业的财产、印章和账簿、文书等资料和事项进行管理的管理人。人民法院宣告风险企业破产后，破产企业由清算组接管，负责对破产企业的财产进行管理、清理、估价、处理、分配，代表破产企业参与民事活动，对人民法院负责并汇报工作。

（3）清理债务人破产财产、破产费用和权益债务。

（4）申报破产债权、成立债权人会议。债权人会议行使“核查债权”“通过破产财产的分配方案”等职权。人民法院受理破产申请时对债务人享有债权的债权人依照该《破产法》的规定申报债权，并依法参加债权人会议。

（5）破产宣告。人民法院依法宣告风险企业破产。

（6）破产财产变价和分配。管理人按照债权人会议通过的或者人民法院依法裁定的破产财产变价方案，适时变价出售破产财产。管理人执行由人民法院裁定认可的破产财产分配方案。破产财产在优先清偿破产费用和共益债务后，依照下列顺序清偿：①破产人所欠职工的工资和医疗、伤残补助、抚恤费用，所欠的应当划入职工个人账户的基本养老保险、基本医疗保险费用，以及法律、行政法规规定应当支付给职工的补偿金；②破产人欠缴的除前项规定以外的社会保险费用和破产人所欠税款；③普通破产债权。破产财产不足以清偿同一顺序的清偿要求的，按照比例分配。破产财产的分配应当以货币分配方式进行。但是，债权人会议另有决议的除外。

（7）破产程序的终结。破产人无财产可供分配的，管理人应当请求人民法院裁定终结破产程序；或者管理人在最后分配完结后，应当及时向人民法院提交破产财产分配报告，并提请人民法院裁定终结破产程序。

人民法院应当自收到管理人终结破产程序的请求之日起15日内作出是否终结破产程序的裁定。裁定终结的，应当予以公告。

（8）注销登记。管理人应当自破产程序终结之日起10日内，持人民法院终结破产程序的裁定，向破产人的原登记机关办理注销登记。

6. 其他退出规定。风险投资机构还可以通过其他方式实现风险投资退出，比如通过三板市场实现投资退出。三板市场是指非上市证券市场，即证券公司代办股份转让系统。中国证券业协会2006年1月16日发布《证券公司代办股份转让系统中关村科技园区非上市股份有限公司股份报价转让试点办法》（简称《办法》），规定中关村科技园非上市股份有限公司（以下简称“园区公司”）的股份经过批准后可以进入证券公司代办股份转让系统进行报价转让，证券公司接受投资者委托，通过报价系统为其转让园区公司股份，提供代理报价、成交确认和股份过户的服务。根据该《办法》，主办报价券商推荐的园区公司须具备以下条件：①设立满3年；②属于经北京市政府确认的股份报价转让试点企业；③主营业务突出，具有持续经营记录；④公司治理结构健全，运作规范；⑤协会要求的其他条件。

北京市中关村科技园区的非上市公司可以进入三板市场进行股份的转让试点，为风险投资企业拓宽了资本退出渠道。如果试点能够扩大，此项政策可为当前更多的风险投资企业的后续发展提供基本的制度保障。

（二）外商投资风险投资资本退出的政策法律规定

根据《外商投资创业投资企业管理规定》（2015年修正），外商投资风险投资企业主要以出售或以其他方式处置其在所投资企业的股权获得收益。外商投资风险投资企业以出售或以其他方式处置其在所投资企业的股权时，可以依法选择如下适用的退出机制。

1. 将其持有的所投资企业的部分股权或全部股权转让给其他投资者。

2. 与所投资企业签订股权回购协议，由所投资企业在一定条件下依照中国证券监督管理委员会发布的《上市公司回购社会公众股份管理办法（试行）》以及其他相关规定回购其所持有的股权。

3. 所投资企业在符合前面介绍的《证券法》有关股票上市或者行政法规规定的上市条件时，可以申请到境内外证券市场上市。风险投资企业可以依法通过证券市场转让其拥有的所投资企业的股份。

4. 中国法律、行政法规允许的其他方式。比如，外商投资风险投资企业依照前面介绍的破产的规定，通过外商投资风险投资机构所投资的风险企业的破产清算实现投资退出。又如，如果外商投资风险投资机构所投资的风险企业属于外商投资企业，则可依据《外商投资企业清算办法》的规定，通过该风险企业的解散清算，实现投资退出。再比如，

符合条件的外商投资风险投资机构还可以通过前面所述的三板市场实现投资退出。

第四节　对风险投资扶持与监管的政策法律规定

一、有关风险投资扶持的政策法律规定

第十届全国人民代表大会2007年3月16日通过的《中华人民共和国企业所得税法》第三十一条明确规定，风险投资企业从事国家需要重点扶持和鼓励的风险投资，可以按投资额的一定比例抵扣应纳税所得额。这为风险投资企业享受税收扶持提供了基本的法律保障。

（一）内资风险投资机构可以享受的扶持政策

1. 根据财政部、国家税务总局2007年2月7日颁布的《关于促进创业投资企业发展有关税收政策的通知》，风险投资企业采取股权投资方式投资于未上市中小高新技术企业2年以上（含2年），凡符合下列条件的，可按其对中小高新技术企业投资额的70%抵扣该创业投资企业的应纳税所得额。

（1）经营范围符合《创业投资企业管理暂行办法》规定，且工商登记为“创业投资有限责任公司”“创业投资股份有限公司”等专业性风险投资企业。在2005年11月15日《创业投资企业管理暂行办法》发布前完成工商登记的，可保留原有工商登记名称，但经营范围须符合《创业投资企业管理暂行办法》规定。

（2）遵照《创业投资企业管理暂行办法》规定的条件和程序完成备案程序，经备案管理部门核实，投资运作符合《办法》有关规定。

（3）风险投资企业投资的中小高新技术企业职工人数不超过500人，年销售额不超过2亿元，资产总额不超过2亿元。

（4）风险投资企业申请投资抵扣应纳税所得额时，所投资的中小高新技术企业当年用于高新技术及其产品研究开发经费须占该中小高新技术企业销售额的5%以上（含5%），技术性收入与高新技术产品销售收入的合计须占该中小高新技术企业当年总收入的60%以上（含60%）。

根据这项扶持政策，风险投资机构即使是对今后可能失败的项目，也可以在投资后申请核定一定的应纳税所得抵扣额度，用于抵扣赢利项目的应纳税所得。同时，由于申请核定应纳税所得额度不必等到风险投资机构从投资项目获得收益之时，因而也有利于风险投资机构从事相对长期的投资。此外，由于风险投资企业只能以“对中小高新技术

企业投资额"来申报所得税抵扣,这将有效激励风险投资企业增加对中小高新技术企业的投资,从而更好地发挥风险投资支持中小企业技术创新的作用。而且,由于并未规定风险投资企业必须将多高比例资金投资于中小高新技术企业,使得我国的风险投资机构能够在未上市企业范围内自主选择投资空间,有利于促进风险投资多元化发展。此外,根据该项政策,风险投资企业从事股权投资的收益如果在所投资的风险企业已经足额缴纳所得税的,风险投资企业就无须再缴纳所得税,从而避免了对风险投资机构投资对风险企业从事股权投资的收益进行双重征税的问题。

风险投资企业申请享受投资抵扣应纳税所得额,应向其所在地的主管税务机关报送以下资料:经备案管理部门核实的创业投资企业投资运作情况等证明材料;中小高新技术企业投资合同的复印件及实投资金验资证明等相关材料;中小高新技术企业基本情况,以及省级科技部门出具的高新技术企业认定证书和高新技术项目认定证书的复印件。

当地主管税务机关对风险投资企业的申请材料进行汇总审核并签署相关意见后,按备案管理部门的不同层次报上级主管机关:凡按照《办法》规定在创业投资企业所在地省级(含副省级城市)管理有关部门备案的,报省、自治区、直辖市税务部门,省级财政、税务部门共同审核;凡按照《办法》规定在国务院有关管理部门备案的,报国家税务总局,财政部和国家税务总局共同审核。

2. 风险投资企业按本通知第一条规定计算的应纳税所得额抵扣额,符合抵扣条件并在当年不足抵扣的,可在以后纳税年度逐年延续抵扣。

3. 风险投资企业从事股权投资业务的其他所得税事项,按照国家税务总局《关于企业股权投资业务若干所得税问题的通知》(国税发〔2000〕118 号)的有关规定执行。

(二)外商投资风险机构可以享受的税收扶持政策

1. 根据《创业投资企业管理暂行办法》规定,依法设立的外商投资风险投资企业,投资运作符合《外商投资创业投资企业管理规定》的,可以享受前面介绍的内资风险投资机构所享受的税收政策扶持。

2. 根据国家税务总局 2003 年 6 月 4 日发布的《关于外商投资创业投资公司缴纳企业所得税有关税收问题的通知》,组建为法人的风险投资企业,应以风险投资企业为纳税人,按照税法的规定,统一申报缴纳企业所得税。组建为非法人的风险投资企业,根据新《企业所得税法实施条例》,对于高新技术企业认定的具体指标有:拥有核心自主知识产权、研发费用占销售收入的比例、高新技术产品收入占总收入的比例、科技人员占职工总数的比例等,体现了新税法税收优惠向自主创新性企业倾斜。新的《中华人民共和国企业所得税法》(2018 年修订)第二十七条规定,国家需要重点扶持的高新技术企业,减按 15% 的税率征收企业所得税。新法第三十一条规定,创业投资企业从事国家需要重点扶持和鼓励的创业投资，可以按投资额的一定比例抵扣应纳税所得额。

（三）有关财政金融扶持规定

1. 有关风险投资引导基金扶持的规定。根据《创业投资企业管理暂行办法》规定，国家与地方政府可以设立风险投资引导基金，通过参股和提供融资担保等方式扶持风险投资企业的设立与发展。风险投资引导基金是一种主要由财政出资设立的，不以赢利为目的，旨在引导社会资金设立风险投资企业的政策性基金。

目前，国家层面的风险投资引导基金管理办法已经存在。已于 2016 年正式实施，此前，类似性质的基金管理办法，比如科技部、财政部 1999 年开始实施的《关于科技型中小企业技术创新基金的暂行规定》（国务院办公厅国办发 47 号）规定设立用于支持科技型中小企业技术创新项目的政府专项基金。该创新基金是一种引导性资金，创新基金的资金来源为中央财政拨款及其银行存款利息，通过资本金投入（数额一般不超过企业注册资本的 20%）、贷款贴息、无偿资助等方式，吸引科技风险投资机构等主体对中小企业技术创新的投资。另外，许多地方制定了自己的风险投资引导基金管理办法。比如，天津滨海新区管理委员会 2007 年 2 月颁布了《天津滨海新区创业风险投资引导基金管理暂行办法》。该办法规定，创业风险投资引导基金是由天津滨海新区管委会代表天津市政府与国家开发银行共同发起设立的政策性基金，引导基金的主要资金来源为滨海新区开发建设专项资金、国家开发银行的直接投资和国家创业投资引导基金和其他财政性资金。该基金按“母基金”方式运作，通过与风险投资机构合作设立商业性创业投资基金或签订合作投资协议的方式，主要用于投资于高成长型、高新技术企业，吸引国内外优秀的风险投资机构及其管理公司进入滨海新区。引导基金的出资原则是参股不控股，通过股权结构的科学设计，保证所投资的商业基金的决策及经营的独立性及商业化运作。《国务院关于促进创业投资持续健康发展的若干意见》（国发〔2016〕53 号，以下简称“53 号文”）明确了，发挥政府资金的引导作用。充分发挥政府设立的创业投资引导基金作用，加强规范管理，加大力度培育新的经济增长点，促进就业增长。充分发挥国家新兴产业创业投资引导基金、国家中小企业发展基金、国家科技成果转化引导基金等已设立基金的作用。对于已设立基金未覆盖且需要政府引导支持的领域，鼓励有条件的地方按照“政府引导、市场化运作”原则推动设立创业投资引导基金，发挥财政资金的引导和聚集放大作用，引导民间投资等社会资本投入。进一步提高创业投资引导基金市场化运作效率，促进政策目标实现，维护出资人权益。鼓励创业投资引导基金注资市场化母基金，由专业化创业投资管理机构受托管理引导基金。综合运用参股基金、联合投资、融资担保、政府出资适当让利于社会出资等多种方式，进一步发挥政府资金在引导民间投资、扩大直接融资、弥补市场失灵等方面的作用。建立并完善创业投资引导基金中政府出资的绩效评价制度。

2. 其他财政金融扶持规定。关于对风险投资机构的经济补助，许多地方颁布了对风险投资机构进行某种形式的经济补助的规定，以鼓励风险投资。例如，北京市财政局 2001 年 12 月 6 日颁布的《北京市风险投资机构享受财政专项资金支持确认办法》规定，对在北京市注册、具有独立法人资格的风险投资机构对北京市认定的高新技术成果转化项目投资超过当年投资总额的 70% 的，该风险投资机构当年缴纳所得税地方收入部分的 50%，由北京市财政安排专项资金支持。2006 年 1 月 1 日起实施的《中关村科技园区创业投资企业风险补贴暂行办法》规定，中关村科技园区中的创业投资企业的风险补贴是指对经认定的风险投资企业，根据其投资于园区初创企业的实际投资额，按一定比例给予的专项补贴。《北京市政府引导基金管理办法》规定，引导基金的比例参股创业企业实收资本最高可达 30%。上海市科学技术委员会、上海市发展和改革委员会、上海市财政颁布的《上海市创业投资风险救助专项资金管理办法（试行）》设立了主要来源于上海创业投资机构自愿提取的风险准备金和政府匹配的资金的风险救助专项资金，规定创业投资机构因投资失败而清算或减值退出的风险投资项目所发生的损失，在符合该办法规定的条件下，创业投资机构可以从上海市设立的风险救助专项资金获得部分补偿。

关于外商投资风险投资机构外方投资者的外汇汇出支持方面，根据《外商投资创业投资企业管理规定》风险投资企业中属于外国投资者的利润等收益汇出境外的，应当凭管理委员会或董事会的分配决议，由会计师事务所出具的审计报告、外方投资者投资资金流入证明和验资报告、完税证明和税务申报单（享受减免税优惠的，应提供税务部门出具的减免税证明文件），从其外汇账户中支付或者到外汇指定银行购汇汇出。外国投资者回收的对创投企业的出资可依法申购外汇汇出。公司制创投企业开立和使用外汇账户、资本变动及其他外汇收支事项，按照现行外汇管理规定办理。

二、对风险投资企业的监管规定

（一）对内资风险投资企业的监管

1. 对风险投资机构设立的备案管理规定。根据《创业投资企业管理暂行办法》规定，在国家工商行政管理部门注册登记的风险投资企业，向国务院有关管理部门（国家发展和改革委员会）申请备案。在省级及省级以下工商行政管理部门注册登记的风险投资企业，向所在地省级（含副省级城市）管理部门申请备案。管理部门由同级人民政府确定，一般为省级（含副省级城市）的发展改革部门。国务院管理部门应当加强对省级（含副省级城市）管理部门的指导。对未履行管理职责或管理不善的，应当建议其改正；造成不良后果的，应当建议其追究相关管理人员的失职责任。

(1) 风险投资企业向管理部门备案应当具备的条件。

第一，已在工商行政管理部门办理注册登记。

第二,经营范围符合《创业投资企业管理暂行办法》的规定。

第三,实收资本不低于3 000万元人民币,或者首期实收资本不低于1 000万元人民币且全体投资者承诺在注册后的5年内补足不低于3 000万元人民币实收资本。单个投资者对风险投资企业的投资不得低于100万元人民币。

第四,投资者不得超过200人。其中,以有限责任公司形式设立风险投资企业的,投资者人数不得超过50人。单个投资者对风险投资企业的投资不得低于100万元人民币。所有投资者应当以货币形式出资。

第五,有至少3名具备2年以上创业投资或相关业务经验的高级管理人员承担投资管理责任。委托其他风险投资企业、风险投资管理顾问企业作为管理顾问机构负责其投资管理业务的,管理顾问机构必须有至少3名具备2年以上风险投资或相关业务经验的高级管理人员对其承担投资管理责任。这里所称“高级管理人员”,系指担任副经理及以上职务或相当职务的管理人员。

(2)风险投资企业向管理部门备案时,应当提交的文件有:①公司章程等规范风险投资企业组织程序和行为的法律文件;②工商登记文件与营业执照的复印件;③投资者名单、承诺出资额和已缴出资额的证明;④高级管理人员名单、简历。

由管理顾问机构受托其投资管理业务的,还应提交下列文件:①管理顾问机构的公司章程等规范其组织程序和行为的法律文件;②管理顾问机构的工商登记文件与营业执照的复印件;③管理顾问机构的高级管理人员名单、简历;④委托管理协议。

(3)管理部门在收到风险投资企业的备案申请后,应当在5个工作日内,审查备案申请文件是否齐全,并决定是否受理其备案申请。在受理风险投资企业的备案申请后,应当在20个工作日内,审查申请人是否符合备案条件,并向其发出“已予备案”或“不予备案”的书面通知。对“不予备案”的,应当在书面通知中说明理由。

2. 对风险投资机构投资运作监管的规定。

(1)管理部门已予备案的风险投资企业及其管理顾问机构,应当在每个会计年度结束后的4个月内向管理部门提交经注册会计师审计的年度财务报告与业务报告,并及时报告投资运作过程中的修改公司章程等重要法律文件、增减资本、分立与合并、高级管理人员或管理顾问机构变更、清算与结业之类的重大事件。

(2)管理部门已予备案的风险投资企业及其管理顾问机构,应当遵循《创业投资企业管理暂行办法》的规定进行投资运作,并接受管理部门的监管。管理部门应当在每个会计年度结束后的5个月内,对风险投资企业及其管理顾问机构是否按照《创业投资企业管理暂行办法》的规定进行投资运作,进行年度检查。在必要时,可在《创业投资企业管理暂行办法》相关条款规定的范围内,对其投资运作进行不定期检查。省级(含副省级城市)管理部门应当及时向国务院管理部门报告所辖地区风险投资企业的备案情况,并于每个会计年度结束后的6个月内报告已纳入备案管理范围的风险投资企业的投资运作情况。

3. 对违规行为适当处罚。对未按《创业投资企业管理暂行办法》规定进行投资运作的，管理部门应当责令其在30个工作日内改正；未改正的，应当取消备案，并在自取消备案之日起的3年内不予受理其重新备案申请。对已经享受税收优惠政策的，应补缴应缴税额。对已经享受政策性风险投资引导基金参股支持的，应退还政策性风险投资引导基金的出资。

（二）对外商投资风险投资企业的监督管理

1. 对外商投资风险投资机构对外投资领域的管理。外商投资风险投资机构境内投资比照执行《指导外商投资方向规定》和《外商投资产业指导目录》的规定。外商投资风险投资机构投资于任何鼓励类和允许类的所投资企业，应向所投资企业当地授权的外经贸部门（商务部门）备案。当地授权的外经贸部门（商务部门）应在收到备案材料后15天内完成备案审核手续并向所投资企业颁发外商投资企业批准证书。所投资企业持外商投资企业批准证书向登记机关申请办理注册登记手续。登记机关依照有关法律和行政法规规定决定准予登记或不予登记。准予登记的，颁发外商投资企业法人营业执照。

外商投资风险投资机构投资于限制类的所投资企业，应向所投资企业所在地省级外经贸部门（商务部门）提出申请，并提供下列材料：风险投资企业关于投资资金充足的声明；风险投资企业的批准证书和营业执照（复印件）；风险投资企业（与所投资企业其他投资者）签订的所投资企业合同与章程。省级外经贸主管部门接到上述申请之日起45日内作出同意或不同意的书面批复。作出同意批复的，颁发外商投资企业批准证书。所投资企业持该批复文件和外商投资企业批准证书向登记机关申请登记。登记机关依照有关法律和行政法规规定决定准予登记或不予登记。准予登记的，颁发外商投资企业法人营业执照。

2. 外商投资风险投资机构增加或转让其在所投资企业投资等行为的管理，依照前述对外商投资风险投资机构对外投资领域进行管理的程序办理。

3. 外商投资风险投资机构应在履行完前述管理程序之日起一个月内向审批机构备案。

4. 外商投资风险投资机构应在每年3月份将上一年度的资金筹集和使用情况报审批机构备案。审批机构在接到该备案材料起5个工作日内应出具备案登记证明。该备案登记证明将作为风险投资企业参加联合年检的必备材料之一。凡未按上述规定备案的，审批机构将协商国务院有关部门后予以相应处罚。

复习思考题

1. 创业板或中小企业板公开上市有哪些规定?
2. 国内企业境外上市应该符合哪些条件?
3. 风险投资机构所投资的风险企业清算时应该遵循哪些规定?
4. 内资风险投资机构所投资的风险企业破产时,应如何申请破产?
5. 外商投资风险投资企业可以选择哪些适用的退出方式?

模拟实训

分组进行风险投资创业项目评估

以小组为单位,组成一个风险投资评估团队,可以邀请一些风险投资机构或行业专家的相关专业人士作为顾问,在AI人工智能领域,选择某创业项目进行模拟评估。小组组成具体包括有行业分析小组、技术评估小组、财务分析小姐、市场分析小组和政策法律顾问小组等。模拟评估时,由创业人详细阐述商务计划书,由风险投资评估团队进行分项估计,最后得出整体评价意见,对创业项目进行表决。如果项目表决通过的,再模拟签订投资协议,包括项目投资金额、实施步骤、股权分配、退出方式等,再现风险投资真实过程。

参考文献

[1]徐宪平. 风险投资的风险评价与控制[J]. 中国管理科学,2001(4).

[2]翁亮. 风险投资的风险识别、评估与管理[J]. 经济技术与管理研究,2002(4).

[3]尹淑亚. 风险投资中的创业企业价值评估模型及其应用[J]. 中国软科学,1999(6).

[4]谢科范,杨青. 风险投资管理[M]. 北京:中央编译出版社,2004.

[5]张元萍. 创业融资与风险投资[M]. 北京:中国金融出版社,2006.

[6]李艺,刘文海. 中国风险投资战略与制度[M]. 北京:中国财政经济出版社,2003.

[7]沈蕾. 现阶段传统产业与高新技术产业的地位及其相互关系[J]. 经济论坛,2004(11).

[8]杨志. 新世纪企业经营管理者知识更新读本——企业风险投资[M]. 北京: 企业管理出版社,2001.

[9] 俞自由,李松涛,赵容信,等. 风险投资理论与实践[M]. 上海:上海人民出版社,2001.

[10] Tyebjee T T, Bruno A V. A model of venture capitalist investment activity[J]. Management Science,1984,30(9).

[11] Macmillan I C, Zemann L,Subba Narasimha P N. Criteria used for distinguishing successful from unsuccessful ventures in the venture screening process[J]. Journal Business Venturing,1987(2).

[12] 王俊峰. 风险投资实务与案例[M]. 北京: 清华大学出版社,2000.

[13] 李建良. 风险投资操作指南[M]. 北京: 中华工商联合出版社.

[14] J R 卡纳达, J A 怀特. 管理与工程的投资决策分析[M]. 喻辅华,译. 武汉:华中理工大学出版社,1991.

[15] 成思危. 科技风险投资论文集[M]. 北京: 民主与建设出版社,1997.

[16] 田增瑞. 创业资本在不对称信息下博弈的委托代理分析[J]. 中国软科学,2001(6).

[17] 张维迎. 博弈论与信息经济学[M]. 上海：上海人民出版社,1996.

[18] 徐维祥,张全寿. 从定性到定量信息系统项目评价方法研究[J]. 系统工程理实践,2001(3).

[19] 约翰·赫尔. 期权、期货和衍生证券[M]. 张陶伟,译. 北京：华夏出版社,1997.

[20] 周晓宏,程希骏. 期权理论在风险投资项目评估中的应用[J]. 运筹与管理,2002(2).

[21] 张丽云. 高新技术产业风险投资评估决策模型的研究[J]. 华东工业大学学报,1997,23(4).

[22] 汤京华,王玉珍. 风险投资项目评估指标体系研究[J]. 北京工业大学学报,1999,25(6).

[23] 周万隆,侯成琪. 基于 Black - Scholes 公式和 ARCH 模型的风险投资项目评价[J]. 决策借鉴,2001,14(6).

[24] 高佳卿,刘胜军,康力立,等. 资本投资的期权理论与方法[J]. 经济经理与经济管理, 1998(4).

[25] 吴云,何建敏. 净现值决策法和期权决策法的比较研究[J]. 东南大学学报(哲学社会科学版),2001,3(4).

[26]潘焕学. 风险投资运作机理与操作实务[M]. 北京:经济科学出版社,2006.

[27]蔡莉. 我国风险投资公司宏观支撑环境与运作机制[M]. 北京:中国人民大学出版社,2006.

[28]奚君羊. 投资银行学[M]. 北京:首都经济贸易大学出版社,2003.

[29] Pandey I M. Venture capital investment criteria used by venture capitalists in India [R]. Seventh Annual International Symposium on Small Business Finance, Florida, 1995, 24 - 25, April.

[30] Pandey I M. Venture capital for financing technology in Taiwan[J]. Technovation, 1996,16(9).

[31] Rah J, Jung K, Lee J. Validation of the venture evaluation model in Korea[J]. Journal of Business Venturing,1994(9).

[32]徐明亮. 风险投资中的项目评估体系研究[J]. 经济论坛,2006(9).

[33]高民芳,徐焕章,贾艳玲. 我国风险投资项目评估指标体系的构建[J]. 统计与决策,2006(14).

[34]王瑞兰. 风险投资退出方式的比较与选择[J]. 商场现代化,2006(467).

参考文献

[35]张丰,李红梅.层次分析法在风险投资项目评估中的应用[J].商业研究,2005(24).

[36]葛兰新.我国风险投资项目后管理与监控[J].中国科技信息,2005(24).

[37]张维然,洪奕娜.全过程风险投资退出规划[J].经济管理,2001(10).

[38]潘焕学,钱军,秦涛.风险投资运行机理与操作实务[M].北京:经济科学出版社,2006.

[39]赵爽.浅谈我国风险投资退出机制[J].现代商业,2008(12).

[40]朱慈蕴.风险投资与有限合伙制度的契合[J].中国商法年刊,2009(7).

[41]周健.基于风险管理角度探讨投资融资渠道拓展方法[J].中国城市经济,2011(12).

[42]李思霖,任汝娟.创业板风险投资企业股权结构与企业绩效[J].中国外资,2013(12).

[43]周伶,山峻,张津.联合投资网络位置对投资绩效的影响——来自风险投资的实证研究[J].管理评论, 2014(12).

[44]曹婷,冯照桢,温军.我国创业板异质性风险投资及其联合持股与IPO抑价关系研究[J].上海经济研究,2015(12).

[45]卞永祖,杨谠峰.风险投资:撬动互联网企业发展[J].互联网经济,2016(12).

[46]蒋文军.风险投资对技术创新作用的实证研究[J].西部金融,2017(12).

[47]李梦颖.风险投资与IPO抑价的实证研究——基于创业板市场数据[D].大连:东北财经大学,2018.

[48]刘刚,梁晗,殷建瓴.风险资声誉、联合投资与企业创新绩效——基于新三板企业的实证分析[J].中国软科学,2018(12).

[49]赵红梅.我国政府引导基金对创投企业风险投资影响的实证研究[J].华北金融,2019(4).

[50]杨娟.风险投资退出时机的决策[J].现代营销,2019(6):132-133.

[51]钟昀珈,何小锋.创业投资机构的退出方式与时机选择——基于政府支持的分析视角[J].现代财经,2019(6).

[52]叶红雨,鲁瑶.联合风险投资对企业技术创新影响的实证研究——基于股权结构的调节作用[J].西部经济管理论坛,2019(7).

[53]樊明雪,谢赤,黄维亮.基于门槛模型的风险投资进入创新型企业时机与方式研究[J].管理学报,2019(7).

[54]杨昀,滕向阳,冉渝.风险投资对政府补贴高新技术企业创新激励有效性影响[J].统计与决策,2019(7).

[55]孙奕聪. 基于企业价值评估的移动互联网企业风险投资实证研究[D]. 哈尔滨:哈尔滨工业大学,2017.

[56]王汉锋,周昌杰. 创新中国(2):中国风险投资的发展与启示[R]. 中金公司研究部,2017(8).

后 记

风险投资在我国还处在一个不断发展和完善的阶段，发展的空间和成功的机会都很大。本教材在第二版的基础上，根据国内外风险投资的发展现状和业内动态，对内容进行了修订和补充，案例内容进行了更新。但由于风险投资领域，行业发展较快，政策的变化也随之不断更新，因此，本书内容可能迟于最新的政策变化，未及时更新部分，欢迎广大师生、业内人士和专家批评和指导，使我们的水平不断提高，共同为发展我国风险投资做出贡献。